Nitin Rane
Omer Kaya
Jayesh Rane

Inteligência Artificial para uma Indústria 4.0 e 5.0 Sustentável

Nitin Rane
Omer Kaya
Jayesh Rane

Inteligência Artificial para uma Indústria 4.0 e 5.0 Sustentável

Aprendizagem automática, aprendizagem profunda e análise de grandes volumes de dados para uma indústria 4.0, 5.0 e uma sociedade 5.0 inteligentes e sustentáveis

ScienciaScripts

Imprint

Any brand names and product names mentioned in this book are subject to trademark, brand or patent protection and are trademarks or registered trademarks of their respective holders. The use of brand names, product names, common names, trade names, product descriptions etc. even without a particular marking in this work is in no way to be construed to mean that such names may be regarded as unrestricted in respect of trademark and brand protection legislation and could thus be used by anyone.

Cover image: www.ingimage.com

This book is a translation from the original published under ISBN 978-620-8-00969-4.

Publisher:
Sciencia Scripts
is a trademark of
Dodo Books Indian Ocean Ltd. and OmniScriptum S.R.L publishing group

120 High Road, East Finchley, London, N2 9ED, United Kingdom
Str. Armeneasca 28/1, office 1, Chisinau MD-2012, Republic of Moldova, Europe
Printed at: see last page
ISBN: 978-620-8-08051-8

Descrição do livro

Este livro fornece uma compreensão abrangente do poder transformador da Inteligência Artificial (IA), da Aprendizagem Automática (ML), da Aprendizagem Profunda (DL) e da análise de grandes volumes de dados de uma forma crítica, em última análise, para o avanço da Indústria 4.0 e 5.0 e para moldar a Sociedade 5.0. O livro analisa em profundidade a forma como estas tecnologias estão a revolucionar as indústrias, a impulsionar a inovação e a resolver problemas sociais - para que os leitores tenham um roteiro para o mundo tecnológico em movimento. A integração da IA com a análise de grandes volumes de dados neste livro aborda os principais temas concebidos para melhorar a eficiência industrial, otimizar os cuidados de saúde, transformar o comércio a retalho, transformar a indústria da construção, desenvolver veículos autónomos e promover a sustentabilidade ambiental. Os capítulos examinam em pormenor cada uma destas tecnologias aplicadas para trazer estudos detalhados, metodologias e aplicações do mundo real. A evolução da Indústria 4.0 para a Indústria 5.0 é um dos temas centrais do livro. Como resultado, a Indústria 4.0 se concentra na automação e na troca de dados em tecnologias de fabricação usando sistemas ciber-físicos, a Internet das Coisas e a rota de computação em nuvem para fábricas inteligentes. Nesta fase, aumenta a eficiência operacional, a manutenção preditiva e a monitorização em tempo real, reduzindo significativamente o tempo de inatividade e vários custos operacionais.

À medida que as indústrias avançam para a Indústria 5.0, muito se tem notado - soluções orientadas para o ser humano que combinam a criatividade e a inteligência humanas com ferramentas tecnológicas altamente automatizadas e distribuídas. Uma maior cooperação entre humanos e máquinas durante esses tempos resultará, portanto, numa produção mais personalizada que visa processos sustentáveis. O livro descreve em pormenor como, graças aos gémeos digitais - ou seja, inúmeras réplicas virtuais de sistemas físicos - é dado um passo em frente, permitindo a análise de dados em tempo real e, consequentemente, formas inovadoras de fabrico em que os interesses dos trabalhadores e dos clientes estão em primeiro lugar. O presente livro aborda a forma como a IA e a análise de grandes volumes de dados transcendem as aplicações industriais para atingir fins mais societais, à medida que a sociedade dá início à sua quinta revolução. A sociedade 5.0 postula que uma sociedade digital superinteligente impulsionará a transformação em todos os aspectos da vida, desde a saúde e a educação até ao planeamento de recursos e infra-estruturas urbanas e à garantia da segurança pública. A combinação de IA com Big Data torna possível a prestação de serviços de saúde personalizados, o planeamento competente de recursos nas cidades e a sustentabilidade ambiental através de análises preditivas ou modelos de simulação.

Um desses sectores em que estão a ocorrer mudanças significativas, de acordo com a análise de IA e de Big Data, é o dos cuidados de saúde. Este livro mostra como estas tecnologias melhoram a precisão do diagnóstico, permitem planos de tratamento personalizados e optimizam a atribuição de recursos. Os conhecimentos preditivos podem prever surtos e admissões, o que ajuda a uma melhor preparação contra doenças e também optimiza a utilização dos recursos de saúde.

A IA na imagiologia médica e na deteção de anomalias reforça a eficiência dos profissionais de saúde, proporcionando assim melhores resultados para os doentes. A IA e a análise de grandes volumes de dados remodelaram ainda mais o sector do retalho, proporcionando aos retalhistas conhecimentos profundos sobre o comportamento e as preferências dos consumidores. Com esta informação, os retalhistas podem adotar técnicas de marketing segmentadas por pessoas e otimizar os níveis de inventário, permitindo simultaneamente elevados níveis de serviço ao cliente utilizando chatbots e assistentes virtuais alimentados por IA. Estas tecnologias ajudam os retalhistas a manterem-se competitivos num ambiente de mercado em constante evolução, oferecendo soluções estruturadas com base nas necessidades individuais expressas pelos clientes. A IA e a análise de grandes volumes de dados combinam-se para formar uma sinergia ligada aos veículos autónomos. O relatório prossegue discutindo a enorme quantidade de dados necessários para treinar estes modelos de IA e a análise de grandes volumes de dados para aperfeiçoar a precisão e a segurança dos sistemas de condução autónoma.

Outro domínio crítico em que a IA e a análise de grandes volumes de dados têm um impacto considerável é a sustentabilidade ambiental. Ao aplicar estas análises a grandes conjuntos de dados relacionados com alterações climáticas, consumo de energia e recursos naturais, os modelos de IA podem estabelecer tendências e reconhecer padrões que indicam alterações futuras. Esta capacidade de previsão dota as organizações e os governos de ferramentas para desenvolverem pegadas ambientais mais reduzidas e promoverem práticas sustentáveis de forma proactiva. Além disso, explica os sistemas de gestão de energia com IA que conduzem a uma utilização optimizada da energia nos edifícios para reduzir as emissões de carbono e poupar nos custos associados. Parece, sem dúvida, algo para um vasto público: dirige-se mais a académicos, profissionais que trabalham na indústria e decisores - mas, na verdade, a qualquer pessoa que procure compreender o poder transformador da IA e da análise de grandes volumes de dados. Esta fonte fornecerá informações sobre orientações gerais e uma rica fonte de inspiração na utilização destas tecnologias para permitir a inovação e o desenvolvimento sustentável em diferentes sectores. São apresentados exemplos de casos reais e aplicações práticas para transmitir os conhecimentos e os elementos que os leitores precisam de saber ao utilizarem a IA e a análise de grandes volumes de dados.

Este livro inclui também debates sobre a política dinâmica e os cenários regulamentares da IA, salientando que é necessário dispor de políticas normalizadas que devem ser implementadas para uma utilização ética da IA que reduza os riscos. Este livro também se centra nos desafios da implementação da IA para indústrias inteligentes e sustentáveis, ou seja, barreiras técnicas, éticas e operacionais. Descreve os custos elevados, os dados de baixa qualidade e a necessidade de profissionais qualificados; são necessárias preocupações éticas e medidas robustas de cibersegurança. Como tal, este livro irá cativar um público que vai desde académicos a profissionais da indústria e decisores políticos que trabalham para compreender e utilizar a IA e os grandes volumes de dados para o desenvolvimento sustentável e o avanço tecnológico.

Índice

Capítulo 1: Inteligência artificial, aprendizagem automática e tecnologias de aprendizagem profunda que impulsionam a indústria 4.0, 5.0 e a sociedade 5.0

Resumo:

A Indústria 4.0 trouxe consigo os paradigmas da Indústria 5.0 e da Sociedade 5.0 da próxima geração, catalisados pelas tecnologias de Inteligência Artificial (IA), Aprendizagem Automática (ML) e Aprendizagem Profunda (DL). Estes avanços têm a vantagem de incentivar a sustentabilidade, melhorar a produção e atualizar o fabrico. Ao permitir a auto-decisão, a monitorização contínua e a manutenção preditiva com o processamento de grandes volumes de dados, a IA está a reduzir drasticamente o tempo de inatividade e os custos associados ao tempo de inatividade do sistema. Como resultado, os algoritmos de ML, tendo em conta a sua aplicabilidade à aprendizagem e adaptação contínuas, contribuíram para enriquecer a qualidade dos produtos, racionalizar as redes de abastecimento e proporcionar experiências personalizadas aos clientes. As redes neuronais também estão a ser aproveitadas para melhorar a visão computacional e as capacidades de fala, para aplicações como a automação inteligente e a cooperação entre humanos e robôs em contextos industriais exigentes. A Indústria 5.0 volta a colocar os seres humanos no centro da inovação. Isto inclui a utilização de ferramentas baseadas em IA para apoiar uma melhor colaboração entre humanos e robôs, bem como abordagens de trabalho inclusivas, criativas e inovadoras. O objetivo é criar uma sociedade evoluída em que a IA, o ML e o DL se fundam com o mundo digital e físico Sociedade 5.0. A integração visa dar resposta a uma série de desafios societais: sustentabilidade ambiental, saúde e envelhecimento da população, entre outros. É a convergência destas tecnologias que conduz a uma mudança de paradigma no sentido de ecossistemas industriais mais resilientes, adaptáveis e sustentáveis. O documento examina tendências, algoritmos, estruturas e o futuro da IA, ML e DL para impulsionar a evolução da Indústria 4.0, 5.0 e Sociedade 5.0. Isto ilustra o facto de estas tecnologias estarem a mudar o paradigma do desenvolvimento industrial e social. Este documento tem como objetivo abordar estas questões de forma sistemática para oferecer uma visão abrangente do que poderá ser o futuro panorama industrial, aproveitando a promessa da Indústria 4.0 e da Indústria 5.0, e mais oportunidades para abraçar as indústrias inteligentes e sustentáveis de amanhã.

Palavras-chave: Inteligência artificial, Aprendizagem automática, Aprendizagem profunda, Internet das coisas, Indústria 4.0, Indústria 5.0, Sociedade 5.0

Introdução

A Indústria 5.0 e a Sociedade 5.0 representam a próxima fase de modernização na forma como as tecnologias foram incorporadas nos processos industriais e no quadro social da Indústria 4.0, a quarta revolução industrial durante a qual os sistemas digitais são integrados com os sistemas físicos, e as realidades comuns associadas de maior automação, troca de dados e capacidades em tempo real permitidas pelas tecnologias industriais contemporâneas, tais como; computação em nuvem, sistemas ciber-físicos e a Internet das Coisas (IoT) (Paschek et al., 2022; Raja Santhi, & Muthuswamy, 2023). A colaboração entre pessoas e máquinas é a principal intenção da Indústria 5.0 para criar uma profissão em que trabalhadores e máquinas possam facilmente trabalhar juntos (Paschek et al., 2022). A Indústria 5.0 representa o método combinado entre a Indústria 4.0 e as aplicações em linha amigas do trabalhador, utilizando esta utilização ou necessidade de mão de obra, que desempenhará uma interface contemporânea entre os seres humanos e a mais recente tecnologia (Mourtzis et al., 2022). Utiliza o poder da criatividade humana para resolver problemas e é complementado pela precisão e eficiência dos sistemas inteligentes. Na Sociedade 5.0, uma sociedade futura em que tanto o sector público como o privado podem encontrar soluções para muitos dos desafios societais estruturais, tirando partido de abordagens sociotécnicas sofisticadas, estas ideias são exploradas em maior pormenor (Huang et al., 2022). Estas mudanças transformacionais podem ser alcançadas através da aprendizagem profunda (DL), da aprendizagem automática (ML) e da inteligência artificial (IA), que são os três elementos básicos (Adel, 2023). Trata-se de capacidades analíticas e computacionais que nos ajudam a processar e analisar grandes volumes de dados, a encontrar padrões e a tomar decisões autónomas. O facto de ser uma organização que permite à IA construir a Indústria 4.0 através da concentração específica na IA e no ML e um pouco do que a DL permite para a manutenção preditiva, na qualidade do produto. São eles que permitem que a Indústria 5.0 traga aquele toque personalizado e humanizado, onde a automação é agora um catalisador para as competências humanas e não um substituto. A Sociedade 5.0 concretiza uma espécie de utopia, cujos beneficiários são a partilha e a criação de todos os tipos de recursos de informação neste mundo e, melhor do que os seus antecessores, são abençoados com os benefícios da resolução de problemas sociais complexos com soluções alimentadas por IA sobre o ambiente, a saúde, a segurança ou mesmo o planeamento urbano.

A aplicação de IA, ML e DL combinada com os princípios da Indústria 4.0, 5.0 e Sociedade 5.0 parece levar-nos a um novo domínio de sistemas inteligentes e flexíveis (Kasinathan et al., 2022; Paschek et al., 2022). Esta interseccionalidade conduz a uma sociedade melhor e mais equilibrada e também faz com que as pessoas tenham um melhor desempenho e pensem melhor. Todas estas tecnologias emergentes estão a ser assimiladas, em curso, em sistemas de saúde mais recentes, veículos autónomos e cidades inteligentes. Desafios da implementação Apesar das possibilidades interessantes da IA, do ML e da DL em sistemas industriais e sociais complexos, a implementação efectiva é uma tarefa difícil de realizar (Rane, 2023a). Os factores incluem a necessidade de quadros regulamentares sólidos, questões de ética e desafios em torno da privacidade dos dados. Além disso, o trabalhador deve cultivar continuamente novas competências e adaptar-se à evolução da tecnologia, o que sublinha a importância da educação e da reciclagem.

Contribuições do trabalho de investigação:

1) A revisão da literatura fornece uma análise abrangente das tendências actuais, dos desafios e dos potenciais desenvolvimentos futuros neste domínio.
2) Este estudo fornece um retrato do atual campo de investigação, extraindo as palavras-chave mais frequentes e os grupos de tópicos que foram mais discutidos nos artigos relevantes nos últimos anos.

Metodologia

Neste estudo, aplicando uma abordagem sistemática, tenta-se compreender a interação das tecnologias de IA, ML e DL na Indústria 4.0, Indústria 5.0 e Sociedade 5.0 com base na revisão da literatura. A metodologia começou com uma revisão sistemática da literatura para extrair artigos de investigação significativos, documentos de conferências e documentos de revisão para diferentes tipos de áreas, a partir de uma série de diferentes bases de dados académicas (por exemplo, IEEE Xplore, ScienceDirect, SpringerLink e Google Scholar). Esta pesquisa foi efectuada com palavras-chave específicas de "Indústria 4.0", "Indústria 5.0", "Sociedade 5.0", "IA", "ML" e "DL", com a intenção de abranger os últimos dez anos de trabalho para proporcionar uma visão abrangente dos avanços e tendências recentes. A literatura foi então examinada com base no título e no resumo, seguido de uma análise do texto integral dos artigos selecionados para extrair informações e conhecimentos essenciais. Esta organização temática conduziu a uma perspetiva alargada do papel das tecnologias baseadas em IA, ML e DL na melhoria da Indústria 4.0, da Indústria 5.0 e da Sociedade 5.0, e permitiu-nos reconhecer espaços de investigação e potenciais áreas de foco para investigação futura. Em seguida, foi realizada uma análise de palavras-chave para atualizar a tendência de investigação e a área de foco na literatura no corpus do artigo selecionado. As palavras-chave extraídas foram analisadas para encontrar os termos mais populares nos artigos identificados, o que também daria uma ideia sobre as áreas focais e os temas emergentes de preocupação entre os grupos académicos. Uma nuvem de palavras com a primeira para mostrar intuitivamente os principais tópicos e a segunda para quantificar o domínio e a importância desses tópicos, respetivamente.

Para observar as relações entre os diferentes temas da investigação, efectuámos uma análise de coocorrência das palavras-chave utilizadas nos estudos incluídos. A investigação analisou a frequência com que duas palavras-chave apareciam juntas nos artigos. Utilizámos os dados de coocorrência para construir um mapa de rede, a fim de mostrar as ligações e interações entre diferentes tópicos de investigação. Este mapa de rede ajudou a identificar os grupos de temas coincidentes e os tópicos centrais que ajudam a ligar diferentes corpos de investigação. A fim de revelar conhecimentos mais profundos sobre a estrutura e a organização do panorama da investigação, efectuámos uma análise de agrupamento dos dados de coocorrência. Implementámos algoritmos de agrupamento para dividir a rede de palavras-chave coincidentes em grupos. Cada agrupamento era um conjunto claro de tópicos que eram frequentemente intitulados em conjunto na literatura. Os clusters foram analisados tendo em conta os temas e subtemas em todo o campo de investigação. Os resultados da análise de clusters proporcionaram um conhecimento mais explícito do aspeto multifacetado das tecnologias de IA, ML e DL no que diz respeito à Indústria 4.0, Indústria 5.0 e Sociedade 5.0

Resultados e discussões

Análise de coocorrência e de agrupamento das palavras-chave

O diagrama de rede (Fig. 1) mostra a análise de agrupamentos juntamente com a coocorrência de palavras-chave. A rede ilustra estas áreas de preocupação e a forma como estão inter-relacionadas, mostrando a ocorrência e as ligações de termos importantes na Indústria 4.0, 5.0 e Sociedade 5.0. No centro do diagrama está colocada a "Indústria 4.0" e, por conseguinte, também são destacadas as tecnologias subjacentes de interesse. O conceito de Indústria 4.0 é a quarta geração de transformação industrial que inclui sistemas ciber-físicos, a Internet das coisas e a Internet dos sistemas. Outra palavra-chave que ganhou relevância é a "inteligência artificial", que sugere a urgência de orientar a inovação e a eficiência em vários domínios. Como os nós são maiores, isso implica que são frequentes e bastante críticos na literacia. Em apenas dois pólos, agrupam-se "aprendizagem automática" e "aprendizagem profunda". A aprendizagem automática é o aspeto da ciência da IA e inclui a criação de algoritmos que permitem a um computador aprender com os dados e fazer previsões exactas. A aprendizagem profunda insere-se no âmbito da aprendizagem automática, em que muitos algoritmos de aprendizagem automática se baseiam na utilização de grandes redes neuronais em camadas para interpretar e aprender com padrões de dados complexos. Isto deve-se ao facto de estes nós estarem muito próximos uns dos outros e de terem fortes ligações entre si, dependendo assim uns dos outros, o que se traduz na pegada da Indústria 4.0.

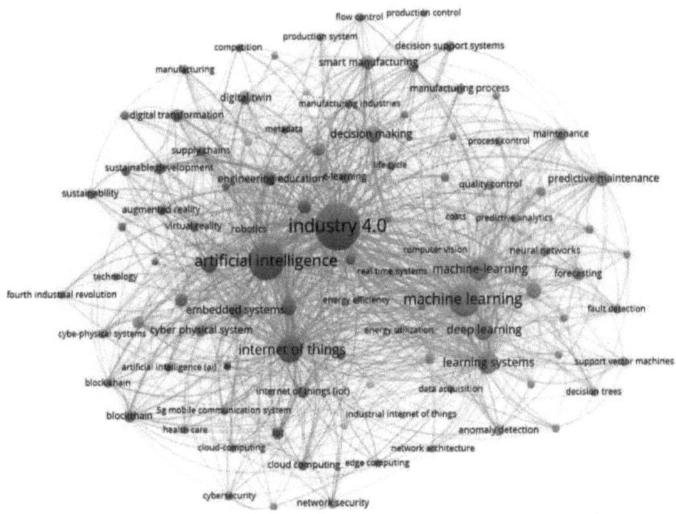

Fig. 1 Análise de coocorrência das palavras-chave na literatura

A Internet das Coisas (IoT) é outro termo amplamente utilizado que realça a necessidade, no mesmo domínio, da sua funcionalidade básica de ligação, partilha de dados e automatização. O termo "cluster IoT", um termo ligado a "sistema ciber-físico" ou "sistema incorporado" ou "sistema de comunicação móvel 5G", fornece o quadro tecnológico em termos do qual os dispositivos e sistemas podem ligar-se uns aos outros. No contexto da Indústria 4.0, as áreas do "fabrico inteligente" e da "tomada de decisões" são os domínios mais importantes. O fabrico inteligente é a aplicação de tecnologia de ponta às fábricas, com o objetivo de utilizar a aprendizagem automática e a inteligência artificial para produzir os melhores resultados para uma empresa. Esta associação é indicativa da forma como as tecnologias de IA estão a transformar o sector industrial no sentido dos dados e da automatização. A Fig. 1, outro conceito-chave que aborda ainda mais a importância da "sustentabilidade" e do "desenvolvimento sustentável"; que acompanha a tendência atual e crescente de práticas amigas do ambiente na indústria. Esta classe é representada pelos temas da eficiência energética e da utilização de energia, indicando a necessidade de reduzir a utilização de recursos e de energia para atingir os objectivos de sustentabilidade.

A cadeia de blocos e a computação em nuvem são sectores básicos da indústria de redes e deverão dominar o futuro para o processamento seguro e descentralizado de dados e permitir uma utilização paralela e livre do poder computacional. Estas tecnologias combinadas formam uma parte integrante da forma como a automatização das indústrias pode ser aplicada para aumentar a visibilidade, a proteção e a rentabilidade das indústrias. A segurança de uma rede informática refere-se a uma das áreas mais amplas que define as necessidades de interconexões seguras de quaisquer dispositivos em rede contra a cibercriminalidade ou outra forma de ciberincidentes de potenciais pacotes não autorizados disponibilizados por estas redes. Considerando que estes pacotes têm ligações estreitas com a IA e projectos relacionados como a IoT, torna-se um ponto bastante necessário para a utilização intensiva de controlos de segurança robustos numa era de ambientes industriais mais ligados e mais automatizados. A utilização de técnicas de IA e ML na manutenção preditiva permite a previsão de possíveis avarias do equipamento e, ao mesmo tempo, permite selecionar cuidadosamente o calendário de manutenção de diferentes actividades. Esta classificação enquadra-se na "garantia de qualidade", na "deteção de erros" e na "análise de previsão", o que, mais uma vez, prova o quão valiosa pode ser a informação baseada em dados no que diz respeito à obtenção de uma maior TI e à redução do tempo de inatividade.

No âmbito da rede, o "gémeo digital" e a "realidade aumentada" dividem uma parte do bolo tecnológico emergente no contexto da indústria 4.0. O gémeo digital é a representação virtual/visual sofisticada do sistema físico que permite a inspeção e a avaliação em tempo real. A realidade aumentada, por outro lado, apresenta informações virtuais sobre o mundo real para melhorar a interação do utilizador e a tomada de decisões. Por outro lado, há a educação, a formação e a inovação e a forma como estão a ajudar a desenvolver competências e capital humano e estes clusters estão intimamente relacionados com as novas tecnologias, como a IA e a IdC.

Evolução da indústria 4.0, 5.0 e sociedade 5.0

Fig. 2. Mostra as revoluções industriais. A Revolução Industrial foi uma das transformações mais tremendas da história da humanidade. Teve início em finais do século XVIII, em Inglaterra, e constituiu uma mudança colossal nos métodos de produção, do trabalho manual para as fábricas mecanizadas. A mecanização e a introdução da energia a vapor influenciaram, de um modo geral, a produção agrícola e a produtividade na indústria transformadora. Esta era reformulou a estrutura das sociedades, as economias e o estilo de vida das pessoas e lançou as bases da sociedade industrializada. Atualmente, continua a simbolizar o ímpeto tecnológico-industrial da humanidade.

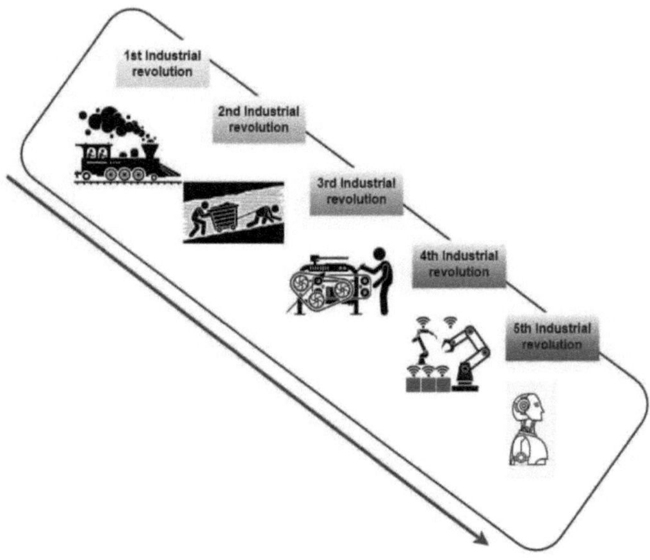

Fig. 2. As revoluções industriais

A Fig. 3 descreve os fundamentos da Indústria 5.0 e da Sociedade 5.0, realçando o seu pilar comum: a centralidade no ser humano. Tanto a Indústria 5.0 como a Sociedade 5.0 têm como objetivo criar um futuro sustentável, resiliente e centrado no ser humano, tirando partido de tecnologias avançadas para melhorar os processos industriais e a qualidade de vida em geral.

A Indústria 5.0 tem três objectivos básicos:

1. Sustentável: Liderar ativamente a sustentabilidade e o respeito pelos limites do planeta.

2. Resiliente: O valor de ser ágil e resiliente reside na flexibilidade e adaptabilidade da tecnologia.

3. Centrado no ser humano: Promoção do talento, diversidade e capacitação em todos os aspectos, com um compromisso global de conceção e funcionamento centrados no ser humano.

A Sociedade 5.0 integra os princípios da Indústria 5.0 na sociedade, avançando para uma sociedade super inteligente com:

1. Super inteligente: O ciberespaço integrar-se-á perfeitamente com o espaço físico utilizando tecnologias como as associadas ao 5G, grandes conjuntos de dados e inteligência artificial, entre outras.

2. Lean: Fornecimento garantido de bens e serviços necessários, com uma tónica na eficiência aos níveis e tempos exigidos.

3. Centrado no ser humano: Envolver uma vida de alta qualidade com conforto e vitalidade, alargando ainda mais a abordagem centrada no ser humano da Indústria 5.0.

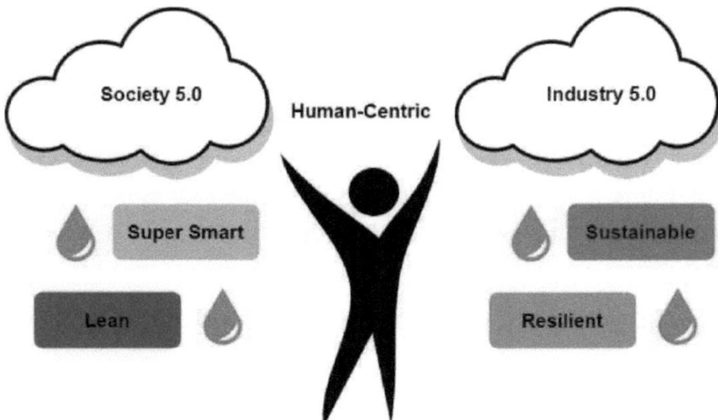

Fig 3 Evolução centrada no ser humano: Indústria 5.0 e Sociedade 5.0

A Tabela 1 compara as diferentes perspectivas tecnológicas entre a Indústria 4.0 e a Indústria 5.0. A primeira perspetiva centra-se na continuação e na melhoria incremental das tecnologias digitais já existentes, vistas como parte de uma extensão natural da Indústria 4.0. As tecnologias enfatizadas por esta perspetiva incluem o fabrico aditivo, a análise de grandes volumes de dados, a cadeia de blocos, a computação em nuvem e a Internet das Coisas (IoT). A segunda perspetiva simboliza um desvio de longo alcance das tecnologias digitais convencionais com uma mudança revolucionária no avanço tecnológico. Centra-se em inovações como a inteligência artificial geral, as tecnologias de inspiração biológica, as interfaces cérebro-máquina e os materiais auto-curativos. A Perspetiva Três faz a ponte entre a Indústria 4.0 e a Indústria 5.0 com uma abordagem híbrida, centrando-se mais nas novas tecnologias trans-formativas. Nesta perspetiva, encontramos a robótica adaptativa, os sistemas ciberfísicos cognitivos, a realidade alargada e os sistemas inteligentes de gestão da energia. Estas três visões combinam-se num conceito abrangente, faseado, do desenvolvimento de diferentes direcções na transformação digital da indústria.

Quadro 1 Comparação das perspectivas tecnológicas na Indústria 4.0 e na Indústria 5.0

Perspective One: Well, it's like the natural, incremental extension of Industry 4.0.	Perspective Two: Radical Departure from Industry 4.0	Perspective Three: Considerable transformation of Industry 4.0 technologies
Additive manufacturing: Boosting the power of 3D	Artificial General Intelligence: A system with	Adaptive, cognitive robotics—robots which adapt

printing for custom production.	cognitive capabilities like humans.	and learn in non-stationary environments.
Big data means advanced analytics for improved decision-making.	Bio-inspired technologies: Imitation of biological processes for innovation.	Cognitive cyber-physical systems: An integrated AI basis of physical processes to Smarter Operations.
Blockchain: Protecting transactions and data integrity.	Biosensors: Real-time monitoring of biological conditions.	Cognitive/creative artificial intelligence: AI systems that do create and innovate.
Cloud computing: Scalable, flexible IT resources.	Brain-machine interfaces— direct communication between brains and machines.	Extended Reality: Augmented and Virtual Realities for Immersive Experiences.
Cybersecurity and Cryptography: The Security of Digital Infrastructures.	Causal artificial intelligence would be AI that understands cause-effect relations.	Human Recognition Technologies: High-Tech Biometric Systems for Security and Personalization.
Edge computing: Processing data at source.	Fiber computing technologies: High-speed data transmission and processing.	Industrial wearables: intelligent devices that empower workers' abilities and safety.
Embedded Systems: Specialized computing systems inside larger devices.	Genomics: advances in personalized medicine and genetic engineering.	Internet of Everything: All devices interconnected for the purpose of perfect communication.
Enterprise systems are integrated software for business processes.	Humanoid robots: These are robots that the resemblance and act like human beings.	Mobile autonomous robots are designed to move on their own and perform tasks independently.
Execution systems: Those systems in charge of production and operation management.	Internet of Medical Things: Connected Medical Devices for Healthcare.	The multiscale dynamic simulation will compute processes at various involved scales for optimization.
Industrial control systems: Manufacturing process electrification and automation.	Autoself-healing/repairing material: Materials that, in some way, automatically self-repair.	Smart energy management systems: Efficiency through better use of energy.
Industrial robots: These are production automatons.	Smart learning material: Educational material responding to learners' needs.	Smart product lifecycle management: Managing product data from creation to disposal.
Internet of Things: Interconnected devices sharing data.	Swarm Intelligence: A Collective Behavior in Decentralized Systems.	
Machine Learning: Algorithms that improve from experience.		
Networking Infrastructure: Robust, scalable networks.		

Tecnologias-chave na Indústria 4.0, 5.0 e Sociedade 5.0

A Indústria 4.0, a Indústria 5.0 e a Sociedade 5.0 são fases de desenvolvimento tecnológico e de integração em diferentes aspectos da vida humana (Carayannis et al., 2022). Cada fase alavanca a inovação da fase anterior, à medida que novas tecnologias e paradigmas são adicionados, o que aumenta a eficiência social geral, a produtividade e a prosperidade da sociedade (Kasinathan et al., 2022; Tyagi et al., 2023). Os princípios básicos da Indústria 4.0 são a IoT, a análise de grandes volumes de dados, a IA, a computação em nuvem e os sistemas ciber-físicos. A Tabela 2 mostra as tecnologias-chave na Indústria 4.0, 5.0 e Sociedade 5.0.

Indústria 4.0: A quarta revolução industrial

IoT: A IoT é a base da Indústria 4.0 que liga os dispositivos físicos à Internet e recolhe e partilha os dados (Dautaj, & Rossi, 2021). Esta interconexão permite o rastreio em tempo real, as previsões de manutenção e a automatização (Roblek et al., 2021; Dautaj, & Rossi, 2021). As fábricas inteligentes, por exemplo, utilizam a IoT para racionalizar as linhas de produção, minimizar o tempo de inatividade e melhorar o desempenho operacional.

Análise de grandes volumes de dados - Os dados recolhidos pelos dispositivos IoT são enormes e é necessário utilizar a análise de grandes volumes de dados para obter informações acionáveis (Trehan et al., 2022). Para os fabricantes, a análise de megadados tem tudo a ver com a análise de tendências, a tomada de melhores decisões e a redução do desperdício no processo. Ajuda na previsão de falhas do equipamento, melhora a qualidade dos produtos e reduz os custos operacionais.

IA: A IA desempenha um papel fundamental na conversão de dados em conhecimentos, pelo que é essencial para todas as organizações (Huang et al., 2022; Carayannis, & Morawska-Jancelewicz, 2022). A previsão do fluxo de caixa, a otimização da cadeia de abastecimento e a atualização do design do produto podem ser melhoradas com a utilização de algoritmos de aprendizagem automática. Há outras formas de utilizar a IA para aumentar a precisão e a velocidade de fabrico, como neste caso, com robôs e sistemas de automação alimentados por

IA, os fabricantes podem melhorar o nível de coordenação entre estes sistemas e realizar uma grande parte das tarefas automaticamente, minimizando assim o erro humano e os custos operacionais.

Computação em nuvem: Um tipo de computação baseada na Internet que fornece recursos de processamento e dados partilhados a computadores e outros dispositivos, 24 horas por dia, 7 dias por semana, a pedido Os sistemas de computação em nuvem são uma das formas mais rentáveis de utilizar a IA (Paschek et al., 2022; Sharma et al., 2024). Facilita a colaboração entre locais, promovendo a integração e organização das etapas de produção. Outra facilidade importante que as plataformas de nuvem fornecem são medidas de segurança avançadas para proteger dados confidenciais.

Sistemas Ciber-Físicos (CPS): Um sistema que liga os mundos dos sistemas incorporados, conectando os mundos digital e real através de redes e permite a partilha de informação e o controlo em tempo real (Jazdi, 2014). O CPS permite a realização de fábricas inteligentes, onde máquinas e sistemas inteiros estão ligados em rede e são capazes de comunicar e agir de forma autónoma (Jazdi, 2014; Oks et al., 2022). Isto resulta em maior eficiência, menor desperdício e melhor qualidade do produto.

Indústria 5.0: Inovação centrada no ser humano

É uma fase focada na personalização, sustentabilidade e ética baseada em tecnologias como cobots (robôs colaborativos), AR (realidade aumentada) e HMIs (interfaces homem-máquina) avançadas (Xu et al., 2021; Leng et al., 2022). A Fig. 2 mostra o diagrama de sankey sobre tecnologias-chave na Indústria 4.0, 5.0 e Sociedade 5.0.

Robots colaborativos (Cobots): Os Cobots são concebidos para colaborar com os humanos para aumentar a eficiência e a segurança (Prassida, & Asfari, 2022; Liao et al., 2023). Estas máquinas são construídas com sensores e IA para serem capazes de adaptar os movimentos humanos de modo a poderem estar perto deles sem perigo na área de trabalho, algo que os robots industriais não conseguiam fazer até agora. Estes são cada vez mais utilizados em tarefas que exigem precisão e flexibilidade, como a montagem, a inspeção da qualidade e a embalagem.

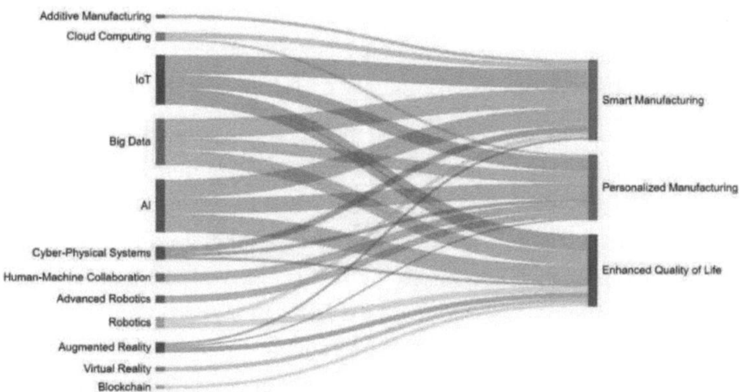

Fig. 3 Diagrama de Sankey sobre tecnologias-chave na Indústria 4.0, 5.0 e Sociedade 5.0

Realidade Aumentada (RA): A RA sobrepõe informação digital ao mundo físico, oferecendo ajuda em tempo real aos trabalhadores (Leng et al., 2022; Zafar et al., 2024). A RA também pode ser utilizada para ajudar os técnicos da indústria transformadora a navegar num trabalho de montagem complexo, detetar erros e melhorar a formação. Abre também a possibilidade de colaboração remota, para que os especialistas de um local possam prestar apoio imediato a outro, independentemente do número de quilómetros que os separa.

Interfaces Homem-Máquina (IHM): facilitam a interação humana com as máquinas (Adel, 2023; Panter et al., 2024). As interfaces pretendem utilizar o processamento da linguagem natural (PNL), o reconhecimento de gestos e as interfaces cérebro-computador (BCI) para estabelecer vias de comunicação simples e eficazes. O papel das HMI é essencial para melhorar a experiência do utilizador e fazer com que a tecnologia responda às exigências humanas.

Personalização e customização: A indústria 5.0 está a mudar no sentido de fabricar produtos individualizados que estão mais de acordo com as preferências individuais. Um exemplo é a utilização de algoritmos avançados de IA que utilizam os dados dos consumidores para prever tendências e preferências, de modo a podermos fabricar produtos personalizados à escala. Isto melhora a satisfação do cliente, uma vez que o vendedor só produz bens quando é efectuada uma encomenda.

Sustentabilidade e questões éticas incorporar a sustentabilidade na Indústria 5.0 é importante a necessidade de uma economia sustentável, ou seja, uma economia que tem a capacidade de continuar, durante um longo período de tempo, a funcionar bem, apoiar a comunidade e a vitalidade ecológica, e ser suficientemente flexível para se adaptar à mudança (Tyagi et al., 2024). A IA e a IoT são aqui aproveitadas para a gestão sustentável da energia e para reduzir a poluição, as emissões ou a economia circular. A Indústria 5.0 também engloba questões éticas que abrangem a privacidade dos dados e os direitos laborais, entre outros, para garantir que a adoção e o avanço da tecnologia beneficiam a sociedade em geral.

Quadro 2 Tecnologias-chave na Indústria 4.0, 5.0 e Sociedade 5.0

References	Technology Category	Industry 4.0	Industry 5.0	Society 5.0
Coronado et al., (2022)	Automation and Robotics	Advanced robotics and automation	Human-robot collaboration	Social robots and human-centered robotics

Mourtzis et al., (2022); Uddin et al., (2023)	AI	AI and machine learning for process optimization	AI for personalized solutions and human enhancement	AI for societal well-being and sustainable development
Mourtzis et al., (2022); Adel, (2022); Saikia, (2023)	IoT	IoT for connected machines and devices	IoT for human-centric applications	IoT for enhancing quality of life and smart living
Mourtzis et al., (2022); Adel, (2022); Troisi et al., (2023)	Big Data and Analytics	Data analytics for operational efficiency	Data-driven decision making with human input	Data for societal insights and public services
Adel, (2023)	Cloud Computing	Cloud-based infrastructure and services	Hybrid cloud solutions for better human interaction	Cloud services for public welfare and smart cities
Sverko et al., (2022); Taj, & Zaman, (2022)	Cyber-Physical Systems (CPS)	Integration of physical and digital systems	Human-in-the-loop CPS	CPS for societal challenges and disaster management
Yao et al., (2024); Mourtzis et al., (2022)	Additive Manufacturing	3D printing and rapid prototyping	Customization and personalization through 3D printing	Distributed manufacturing for local needs
Leng et al., (2023); Hemamalini et al., (2024)	Blockchain	Secure and transparent supply chains	Blockchain for trust and human rights	Blockchain for secure digital identities and democracy
Hassan et al., (2024)	Augmented Reality (AR) and Virtual Reality (VR)	AR/VR for training and maintenance	AR/VR for enhanced human-machine interaction	AR/VR for education, healthcare, and social inclusion
Mourtzis et al., (2022); Narkhede et a., (2023)	Sustainable Technologies	Green manufacturing and energy efficiency	Sustainable practices with human focus	Technologies for environmental sustainability
Adel, (2023); Sharma et al., (2024)	Edge Computing	Real-time data processing at the edge	Enhanced human-machine interaction at the edge	Edge computing for public safety and emergency response
Efe, 2023; Sharma et al., (2024)	Quantum Computing	Emerging quantum technologies for complex problems	Quantum computing for advanced human applications	Quantum computing for societal problem-solving
Alves (2022); Pereira et al., (2023)	Human Augmentation	Wearable technology and exoskeletons	Augmented reality interfaces and	Human augmentation for disability

			brain-computer interfaces	support and enhancement
Lv, (2023); Wang et al., (2024); Fernández-Caramés, & Fraga-Lamas, (2024)	Digital Twin	Real-time digital replicas of physical assets	Digital twins for human-centric applications	Digital twins for societal infrastructure and services

Sociedade 5.0: Uma sociedade inteligente

IA: A IA é o principal elemento de inovação em todos os sectores da Sociedade 5.0 (Zamzami et al., 2022). Melhores resultados para os doentes através de diagnósticos guiados por IA e planos de tratamento adaptados nos cuidados de saúde (Al Mamun et al., 2021; Zamzami et al., 2022). Os veículos autónomos e os sistemas inteligentes de gestão do tráfego que utilizam a IA podem melhorar a segurança e reduzir o congestionamento do tráfego nos transportes. A IA também garante uma educação adequada para os estudantes, utilizando experiências de aprendizagem pessoais, juntamente com o progresso, proporcionando a facilidade de aquisição de conhecimentos.

IoT : Tal como na fase importante da sociedade, a IoT desempenha um papel fundamental na quinta fase, ligando dispositivos e sistemas para criar cidades, casas e indústrias inteligentes (Nair et al., 2021; Mishra, & Pandey, 2023). Através da IoT, as iniciativas de cidades inteligentes monitorizam e gerem infra-estruturas urbanas, como a gestão de resíduos, a distribuição de energia e a segurança pública. Os dispositivos IoT nas casas inteligentes aumentam a comodidade e a eficiência energética através da automatização e da monitorização em tempo real.

Robótica: A sociedade 5.0 é, por definição, não só uma robótica industrial, mas também uma robótica para os cuidados de saúde e para a agricultura, para a vida quotidiana (Calp, & Bütüner, 2022; Bissadu, et al., 2024). Inspirados por este facto, existem alguns robôs prestadores de cuidados que podem ajudar os idosos a manter um estilo de vida ativo e independente (Dautaj, & Rossi, 2021; Calp, & Bütüner, 2022). Os agricultores podem utilizar robôs agrícolas para melhorar os métodos de cultivo, aumentando a produção e reduzindo as tarefas domésticas. Na vida quotidiana, os robôs são ferramentas úteis para a limpeza e reduzem a carga de trabalho.

Segurança dos dados, transparência e confiança na tecnologia de cadeia de blocos: No sector financeiro, a cadeia de blocos permite transacções mais seguras e mais eficientes, evitando a fraude e aumentando a confiança (Beniiche et al., 2022; Tyagi, et al., 2023). A cadeia de blocos na gestão da cadeia de abastecimento proporciona visibilidade e rastreabilidade, garantindo a genuinidade dos produtos. Também fornece suporte para identidade descentralizada e habilitação de privacidade e segurança de dados por meio de blockchain.

Conectividade 5G: Fornecer a conetividade de alta velocidade e baixa latência necessária para a integração perfeita de dispositivos IoT e a troca de dados em tempo real e em grande volume (Ghosh et al., 2021). Também torna possíveis inovações como a telemedicina, a condução autónoma e o funcionamento de redes inteligentes. O nascimento da Sociedade 5.0 é uma realidade, mas para ter um impacto abrangente é necessária a realização do 5G, que suporta separadamente a transmissão de dados em grande escala e os encargos de comunicação associados a uma sociedade super inteligente (Ghosh et al., 2021; Thakur et al., 2022).

Computação quântica: A computação quântica tem o potencial de resolver problemas tão complexos que estão fora do alcance dos computadores clássicos (Griffin et al., 2021). A computação quântica pode ser suficientemente poderosa para ser objeto de engenharia inversa, e os domínios da Sociedade 5.0, como a criptografia, a ciência dos materiais e a descoberta de medicamentos, serão alterados para sempre (Griffin et al., 2021; Zamzami et al., 2022). Quando se trata de processar enormes quantidades de dados com extrema rapidez, pode potencialmente revolucionar muitas indústrias e proporcionar enormes ganhos em otimização e inovação.

Este diagrama de Sankey (Fig. 3) revela como as tecnologias avançadas fluem e se inter-relacionam em três grandes paradigmas industriais e sociais. O diagrama prevê que, na Indústria 4.0, tecnologias como a IdC, os grandes volumes de dados, a IA, os sistemas ciber-físicos, a computação em nuvem, a robótica, o fabrico aditivo e a realidade aumentada serão cada vez mais aplicadas em processos de fabrico inteligentes. Este tipo de tecnologias ajuda a automatizar coisas, a analisar dados em tempo real e a executar um processo de produção eficiente. Na Indústria 5.0, a tónica passa para o fabrico personalizado de bens, as pessoas colaborarão entre máquinas e seres humanos, substituindo a robótica avançada, a IA, a IoT, os grandes dados, os sistemas ciber-físicos, a computação em nuvem e a realidade aumentada, etc. Esta abordagem destaca a colaboração entre a inteligência humana e as capacidades das máquinas para desenvolver novos sistemas de fabrico que sejam mais flexíveis e eficazes. A Sociedade 5.0 vai mais longe, aplicando estas tecnologias para melhorar a nossa qualidade de vida enquanto sociedade. As aplicações ilustram a forma como a IA, a IdC, os megadados, a robótica, a realidade aumentada, a realidade virtual, as cadeias de blocos e os sistemas ciber-físicos são fundamentais para atenuar os desafios nos diferentes aspectos da vida quotidiana, incluindo a saúde, a mobilidade e o bem-estar geral da sociedade. O diagrama mostra também que as tecnologias intersectoriais IA, IoT e Big data são cruciais para os três paradigmas. Este é evidentemente o caso da IA, que provou ser transversal a várias indústrias no seu papel no fabrico inteligente, no fabrico personalizado e na saúde, como exemplo de apenas três formas em que está a ter um impacto tão profundo nas vidas. A IoT e os megadados foram algumas das áreas que revelaram grandes influências que marcaram estas duas áreas como essenciais para ligar dispositivos, analisar grandes quantidades de dados e tomar decisões com conhecimentos. Esta perspetiva holística realça a interação e a versatilidade da tecnologia para criar inovação e produtividade em vários domínios industriais e sociais.

Papel das tecnologias de inteligência artificial na indústria 4.0, 5.0 e na sociedade 5.0

A revolução industrial 4.0, também conhecida como Indústria 4.0, refere-se à integração de processos de tecnologias digitais nas indústrias transformadoras (Rane, 2023b). Para o efeito, as tecnologias de IA contribuem para melhorar a eficiência, a produtividade e a flexibilidade dos sistemas de fabrico (Huang et al., 2022; Kasinathan et al., 2022). As principais aplicações de IA para a Indústria 4.0 são a manutenção preditiva, o controlo de qualidade e os robôs autónomos. As ferramentas de manutenção preditiva têm normalmente modelos de aprendizagem automática implementados que utilizam dados dos sensores colocados nas máquinas. Os efeitos físicos do desgaste do equipamento podem ser previstos para determinar quando é provável que o equipamento falhe e, com a manutenção preditiva, os fabricantes podem gerir e prevenir proactivamente essas falhas, o que, por sua vez, pode reduzir o tempo de inatividade e os custos operacionais. Outro domínio fundamental em que a IA tem um potencial extraordinário é o controlo da qualidade (Carayannis, & Morawska-Jancelewicz, 2022; Paschek et al., 2022). Os sistemas de visão por computador apoiados pela IA analisam os produtos para detetar defeitos mais rapidamente e com maior precisão do que os humanos, com maior consistência e menos desperdício. As linhas de produção estão a ser transformadas por robôs controlados por IA que são independentes da orientação humana.

A Indústria 4.0 trata da automação e digitalização dos processos de fabrico, enquanto a Indústria 5.0 se concentra mais na colaboração entre humanos e máquinas e quer ir para uma forma mais centrada no ser humano e sustentável (Mourtzis et al., 2022; Polat, & Erkollar, 2021). A investigação realizada apresenta uma visão para a primeira, que inclui o papel essencial da IA na colaboração homem-máquina e na melhoria da sustentabilidade do fabrico. Agregação de cobots baseados em IA A Indústria 5.0 envolve cobots (robots colaborativos) orientados para a IA para ajudar a força de trabalho existente e fornecer energia aos trabalhadores existentes em vez de os substituir. Os cobots são robôs colaborativos construídos para compreender e reagir às acções dos seres humanos, enquanto os cobots executam as tarefas e os cobots se adaptam. Os exoesqueletos baseados em IA podem ajudar os trabalhadores a levantar objectos pesados, o que reduz a carga física e melhora a eficiência. A indústria 5.0 também é marcada pela sustentabilidade (Trehan et al., 2022; Rane, 2023c). A IA é uma mão invisível que torna a gestão de recursos mais eficiente em termos de consumo de energia, reduz os resíduos e diminui a carga ambiental da produção. Um exemplo: Ao examinar os dados das linhas de produção, os algoritmos de IA podem eliminar as ineficiências e recomendar alterações que poupam energia e reduzem as emissões. Além disso, o realinhamento optimizado da cadeia de abastecimento com recurso à IA garante que a aquisição de matérias-primas é sustentável e que os níveis de inventário são mantidos baixos, de forma a reduzir a pegada de carbono das operações de fabrico. Através da implementação da IA em toda a cadeia de valor, a Indústria 5.0 gira em torno da ideia de criar uma economia circular através da reciclagem e reutilização de recursos, bem como da sua reorientação, promovendo assim a sustentabilidade e reduzindo a pegada de carbono.

Concebida no Japão, a Sociedade 5.0 refere-se ao positivo final que molda o futuro ideal - a criação de uma sociedade super inteligente centrada no ser humano, repleta de prosperidade e de soluções para os desafios sociais que, de forma inata, se sentem como melhorias (Huang et al., 2022; Kasinathan et al., 2022). Esta visão não se limita apenas ao sector industrial, mas inclui todos os sectores da vida, desde os cuidados de saúde e a educação aos transportes e serviços públicos. A IA está a mudar o panorama do diagnóstico, do tratamento e dos cuidados de saúde. As ferramentas de IA podem processar imagens médicas, como radiografias ou ressonâncias magnéticas, para efetuar a deteção do cancro com elevada eficiência. Com base na aprendizagem automática, a análise preditiva revela padrões nos dados dos pacientes e informa planos de tratamento personalizados e uma gestão proactiva dos cuidados de saúde. Além disso, os assistentes virtuais alimentados por IA estão a ser utilizados na tele-saúde para oferecer aconselhamento e consultas médicas em áreas remotas. A IA na Sociedade 5.0 está também a transformar o panorama educativo. Com a ajuda da IA, as plataformas de aprendizagem podem oferecer um ensino personalizado que satisfaça as necessidades de cada estudante, proporcionando uma experiência de aprendizagem que é simultaneamente cativante e direcionada para melhorar os resultados da aprendizagem. Por último, os sistemas de tutoria inteligente (STI) que fornecem feedback imediato aos alunos podem proporcionar melhores formas de aprender conceitos difíceis. Além disso, a IA pode apoiar os professores, realizando algumas das suas tarefas administrativas, permitindo-lhes empenhar-se no ensino e comunicar mais com os alunos. Em toda a indústria dos transportes, a IA está a alimentar uma nova vaga de aplicações que melhoram a segurança, a eficiência e a sustentabilidade. Presume-se que os veículos autónomos conduzidos por IA reduzam os acidentes causados por erros humanos e optimizem o tráfego. Os sistemas de gestão do tráfego podem ser optimizados utilizando algoritmos de IA para reduzir o congestionamento e as emissões. Além disso, as rotas de entrega podem beneficiar de soluções logísticas alimentadas por IA, para que o transporte de mercadorias seja efectuado de forma mais rápida e eficiente. A IA também está a mudar os serviços públicos na Sociedade 5.0. As cidades inteligentes alimentadas por IA fornecem serviços melhorados aos seus cidadãos, optimizando a atribuição de recursos e um melhor planeamento urbano. Isto inclui a monitorização em tempo real da qualidade do ar, ou o potencial para medir as condições de tráfego com sensores alimentados por IA, permitindo assim que as autoridades municipais respondam de forma proactiva e melhorem o conforto de vida no final. Um exemplo de utilização da IA na segurança pública é a previsão da criminalidade, em que tecnologias sofisticadas de análise de dados e de vigilância ajudam a identificar e a prevenir a criminalidade.

A IA está a chegar ao sector da construção e a mudar o vasto mundo da eficiência dos projectos de construção, da segurança ambiental e dos trabalhadores e da sustentabilidade (Rane, 2023d; Marinelli, 2023). Todas as partes da construção, desde a conceção e o planeamento até à execução e manutenção, estão a tirar partido das soluções baseadas em IA. A combinação da Modelação da Informação da Construção (BIM) com a tecnologia de IA produz um modelo 3D inteligente, que revoluciona o planeamento, a conceção e a execução de projectos de construção. A utilização destes modelos pode ajudar-nos a identificar alguns destes problemas numa fase inicial, reduzindo assim os custos e os atrasos. Isto inclui a capacidade de utilizar a análise preditiva baseada na IA para prever os prazos, os custos e as necessidades de recursos dos projectos, e as plataformas devem dar um impulso aos projectos, aumentando a confiança na gestão dos projectos e na tomada de decisões. Os drones e robôs com IA são também amplamente utilizados para assentar tijolos, escavar e realizar digitalizações, entre outros, para tarefas como a topografia. Este equipamento de construção autónomo está a crescer mais rapidamente nestas actividades de construção e é conhecido por melhorar a precisão, reduzindo simultaneamente os custos de mão de obra. Além disso, a IA está a permitir locais de construção mais seguros através da monitorização em tempo real das condições do local, da identificação preditiva de perigos e de alertas para evitar quaisquer acidentes. Porque os benefícios da IA não se limitam à nossa vida quotidiana, mas também em termos de sustentabilidade no que diz respeito à construção, como a eficiência energética, a redução de resíduos e a utilização de materiais ecológicos (Marinelli, 2023; Musarat et al., 2023). Ao tirar partido dos sistemas de IA, os edifícios inteligentes podem ajudar a minimizar o consumo de energia, o que é essencial para a eficiência e sustentabilidade globais do ambiente construído. A indústria da construção continuará a evoluir no sentido de se tornar ainda mais eficiente, segura e sustentável à medida que as tecnologias de IA continuarem a integrar-se nela, em nome da Indústria 4.0, 5.0 e Sociedade 5.0.

Quadro 3 Benefícios para todos os sectores: revelando as vantagens da computação em nuvem

Industry	Advantages
Healthcare	* Remote patient monitoring and diagnosis * Robotic-assisted surgeries and minimally invasive procedures * Electronic health records (EHRs) and secure sharing of patient data
Manufacturing	* Optimization of production lines and reduced downtime * Supply chain management and inventory tracking * Enhanced collaboration for product development and innovation
Education	* Personalized learning experiences and online courses * Augmented learning and virtual reality (VR)-based education * Improved communication and collaboration tools for teachers and students
Supply chain management	* Real-time asset tracking and visibility * Blockchain technology for secure and transparent supply chain management * Faster and more efficient deliveries
Disaster management	* Early warning systems and advanced analytics for emergency response * Coordination of resources for disaster recovery and reconstruction * Improved communication between citizens and authorities

O quadro 3 mostra os benefícios para cada sector. Nos últimos anos, a computação em nuvem tem feito uma grande diferença em vários sectores verticais. Trata-se de um modelo de fornecimento de recursos de TI, como armazenamento e processamento, através da Internet. Isto permite que as organizações obtenham enormes benefícios da tecnologia sem terem de investir e gerir as suas infra-estruturas, o que pode ser feito sem elas. O quadro seguinte mostra algumas das vantagens significativas da computação em nuvem em diferentes sectores. Nem todas as vantagens e desvantagens podem apontar ou relacionar-se com um sector. A computação em nuvem é uma ferramenta vital com muitas vantagens que podem ajudar muito qualquer empresa. No entanto, cada empresa deve estar ciente das suas próprias necessidades e requisitos antes de escolher qualquer solução específica para a computação em nuvem. Além disso, as empresas precisam de ter consciência das várias desvantagens da computação em nuvem.

Papel das tecnologias de aprendizagem automática na Indústria 4.0, 5.0 e Sociedade 5.0

Os sistemas ciber-físicos, a IoT, a computação em nuvem e a

computação cognitiva são uma linha de montagem bem industrializada no mundo da Indústria 4.0 (Mourtzis et al., 2022; Trehan et al., 2022). No centro deste ecossistema está o ML, que ajuda a tornar a automação inteligente, a manutenção preditiva e permite que as organizações tomem decisões eficazes (Polat, & Erkollar, 2021; Iqbal et al., 2022). Por exemplo, os algoritmos de ML são utilizados na indústria transformadora para processar a grande quantidade de dados criados por equipamentos e sensores IoT para prever antecipadamente a falha de máquinas, o que, por sua vez, permite à indústria reduzir o tempo de inatividade e poupar nos custos de manutenção (Paschek et al., 2022; Mishra et al., 2023). Este tipo de solução de manutenção preditiva não só aumenta a eficiência operacional como também aumenta a vida útil. Além disso, os sistemas de controlo da qualidade baseados na aprendizagem automática utilizam a visão por computador e o reconhecimento de padrões para confirmar que não ocorrem defeitos, uma vez que estes podem ser identificados em tempo real e evitados a partir daí, não deixando espaço para mais discrepâncias na qualidade da produção. A gestão da cadeia de abastecimento também beneficia muito da aprendizagem automática. Utilizando dados históricos e tendências de mercado existentes, os modelos de aprendizagem automática prevêem a procura, optimizam o inventário e melhoram a logística. Isto resulta em custos mais baixos, maior satisfação do cliente e uma cadeia de fornecimento mais robusta.

Na Indústria 4.0, automação e eficiência, na Indústria 5.0, colaboração homem-máquina, sustentabilidade e resiliência, a aprendizagem automática continua a ser um aspeto central, aumentando as capacidades humanas e criando um ecossistema industrial mais sustentável (Mourtzis et al., 2022; Mishra et al., 2023). Em vez disso, na Indústria 5.0, a automação precisa de ser harmonizada com os humanos para que os robôs e os sistemas inteligentes ajudem o trabalho humano apenas durante tarefas mais complicadas (Roblek et al., 2021; Iqbal et al., 2022). É aqui que a aprendizagem automática se torna útil, uma vez que ensinará estes sistemas a saber como as pessoas estão a reagir e como preferem que as coisas lhes sejam administradas e, por vezes, a aprender sobre as suas emoções. Por exemplo, robôs colaborativos (ou cobots) com capacidades de aprendizagem automática e visão por computador, que podem ser treinados no local de trabalho por operadores humanos e ajudá-los em tarefas que exigem precisão e capacidades motoras. Para além do aumento da eficiência, a colaboração torna, nomeadamente, o local de trabalho mais seguro e menos exigente do ponto de vista físico para os trabalhadores. Outro grande objetivo da Indústria 5.0 é a sustentabilidade. Isto está a ser conseguido, em parte, com tecnologias de aprendizagem automática que reduzem a procura de energia e o desperdício. Os algoritmos de aprendizagem automática em redes inteligentes podem otimizar o equilíbrio entre a procura e o fornecimento de energia em tempo real, facilitando assim uma melhor integração da energia verde e minimizando as emissões de carbono. Os modelos de aprendizagem automática são utilizados no segmento da indústria transformadora para racionalizar os processos de produção, o que conduz a uma menor utilização dos recursos e a uma menor produção de resíduos, tornando-a, assim, numa economia sustentável e circular.

Talvez a contribuição mais importante da aprendizagem automática para a Sociedade 5.0 seja no domínio dos cuidados de saúde (Mourtzis et al., 2022; Iqbal et al., 2022). As máquinas de aprendizagem de máquina são capazes de analisar exames de imagem e registos de saúde electrónicos para detetar doenças subjacentes e propor um curso de tratamento personalizado. Desta forma, podem oferecer alternativas mais saudáveis aos pacientes que possam estar em risco de desenvolver uma ou mais doenças crónicas, em particular, e assim diminuir a pressão global sobre o sistema de saúde. Além disso, ao analisar grandes volumes de dados utilizando algoritmos de aprendizagem automática, estes algoritmos podem ajudar a elevar a descoberta de medicamentos a novos patamares, encontrando rapidamente novos agentes terapêuticos. A aprendizagem automática permite que as cidades no domínio das cidades inteligentes funcionem de forma inteligente, melhorando a gestão do tráfego, a segurança pública e a gestão de recursos através da aprendizagem a partir dos dados de utilização. A cidade inteligente visa especificamente os sistemas IoT que ajudam a criar a infraestrutura da cidade inteligente. Os sistemas de previsão de tráfego apoiados pelo AM processam basicamente dados em tempo real de sensores e câmaras para controlar o fluxo de tráfego, reduzir o congestionamento e melhorar a qualidade do ar. No que respeita à segurança pública, os algoritmos de aprendizagem automática utilizam dados de diferentes fontes (redes sociais, sistemas de vigilância) para prever e atuar contra potenciais perigos, tornando assim o ambiente de vida mais seguro e o público mais seguro.

Papel das tecnologias de aprendizagem profunda na Indústria 4.0, 5.0 e na Sociedade 5.0

A aprendizagem profunda, um subconjunto especializado da aprendizagem automática, tem um papel crucial a desempenhar na Indústria 4.0, 5.0 e na Sociedade 5.0, pois agrega valor por meio de análises de dados mais sofisticadas, manutenção preditiva e recursos de tomada de decisão autodirigida (Mourtzis et al., 2022; Iqbal et al., 2022). A manutenção preditiva é uma das aplicações importantes da aprendizagem profunda na Indústria 4.0. As indústrias são capazes de prever falhas de equipamentos antes mesmo que elas ocorram, usando algoritmos de aprendizagem profunda, como redes neurais convolucionais (CNNs) e redes neurais recorrentes (RNNs). Isto, por sua vez, minimiza o tempo de inatividade, reduz os custos de manutenção e prolonga o ciclo de vida das máquinas. As soluções de manutenção preditiva baseadas na aprendizagem profunda permitiram poupar muito dinheiro ao aumentar a eficácia operacional. A aprendizagem profunda está por detrás da manutenção preditiva, bem como da melhoria do controlo de qualidade e das tarefas de inspeção. Os sistemas de visão computacional baseados na aprendizagem profunda podem identificar defeitos e anomalias nos produtos com uma precisão nunca antes vista (Rane, 2023a). As empresas proponentes da aprendizagem profunda, como a Siemens, podem olhar para as peças geradas à medida que saem de uma linha para detetar defeitos. A otimização da cadeia de abastecimento é uma área muito crítica em que a aprendizagem profunda é utilizada em grande medida. Os modelos de aprendizagem automática profunda são alimentados com dados de várias fontes e podem ajudar a manter eficazmente o inventário, a previsão da procura e a logística. A Amazon, por exemplo, utiliza algoritmos de aprendizagem profunda para ajudar a melhorar a eficiência e a reduzir os custos nas suas operações da cadeia de abastecimento, o que acaba por resultar numa entrega mais rápida.

Na Indústria 5.0, os cobots, ou robôs colaborativos, são uma marca registada (Taj, & Zaman, 2022; Khosravy, et al., 2023; Adel, et al., 2023). Os robôs integrados com algoritmos avançados de aprendizagem profunda que trabalham ao lado de trabalhadores humanos para complementar as suas capacidades demonstram uma maior produtividade. Um exemplo seriam os cobots da Universal Robots, que utilizam a aprendizagem profunda para aprender as acções humanas e executar com elevada precisão e eficiência operações como a montagem e a inspeção de qualidade. A aprendizagem profunda também torna possível o fabrico personalizado, uma parte essencial da Indústria 5.0. Os modelos de aprendizagem profunda podem utilizá-los para ajustar os produtos à sua própria conveniência, automaticamente, analisando as preferências e o feedback dos clientes ao longo do tempo. No que diz respeito à indústria automóvel, as ofertas personalizadas podem ser vistas em empresas como a Tesla, que utilizam a aprendizagem profunda para fornecer personalizações e funcionalidades à medida das necessidades de cada um, o que elevaria a experiência do utilizador. A sustentabilidade é outra área em que a Indústria 5.0 dá ênfase, e esta visão é acelerada em parte pela aprendizagem profunda. A aprendizagem profunda aplica métodos de otimização global que utilizam análises de dados avançadas para reduzir o consumo de energia, o desperdício e a dependência de fontes não renováveis. Na agricultura, a aprendizagem profunda pode ajudar a permitir práticas agrícolas mais sustentáveis, optimizando os processos de irrigação e fertilização.

De facto, no domínio dos cuidados de saúde, a era do tratamento de diagnóstico, bem como dos cuidados aos doentes, está próxima de um avanço, graças às tecnologias de aprendizagem profunda (Taj, & Zaman, 2022; Dlamini et al., 2023). As redes neurais convolucionais profundas (DCNN) têm sido utilizadas para classificar imagens médicas com grande sucesso, e esta capacidade tem sido utilizada para a identificação precoce de doenças como o cancro. Um dos conceitos que está a emergir no sector dos cuidados de saúde da Google é o reconhecimento facial utilizando a aprendizagem profunda e ferramentas de diagnóstico que podem exceder os radiologistas humanos nas tarefas. Além disso, a aprendizagem profunda está a revolucionar a medicina personalizada. Por exemplo, componentes como dados genéticos, informações sobre o estilo de vida e historial médico podem ser analisados com a aprendizagem profunda para informar planos de tratamento mais refinados e personalizados para pacientes individuais. Um exemplo disso é o IBM Watson Health, que utiliza a aprendizagem profunda para administrar medicamentos personalizados a doentes com cancro com base nas suas assinaturas mutacionais. Um dos domínios em que a prática da aprendizagem profunda faz isso é a educação. Os sistemas de tutoria inteligentes orientados para a IA podem ser personalizados para se adaptarem às preferências e velocidades de aprendizagem de cada aluno, fornecendo instruções e assistência personalizadas. Os algoritmos de aprendizagem profunda são utilizados por plataformas como a Coursera para otimizar a aprendizagem, fornecendo aos utilizadores conteúdos e feedback personalizados. Na Sociedade 5.0, até os sistemas de transporte estão a ser revolucionados pela aprendizagem profunda. A aprendizagem profunda para a navegação, a deteção de objectos e a tomada de decisões, que é o tema central dos veículos autónomos das futuras cidades inteligentes, depende fortemente destas tecnologias de IA.

Conclusões

A convergência da computação em nuvem, da IoT e dos sistemas ciber-físicos, coletivamente designados por Indústria 4.0, permitiu a rápida adoção de capacidades avançadas, como a IA e o ML, para racionalizar e melhorar a eficiência em casos de utilização como a gestão da cadeia de abastecimento, a manutenção preditiva e a otimização dos processos industriais. Esta revolução digital também ajuda na análise de grandes volumes de dados, com base na qual podem ser tomadas decisões em tempo real, conduzindo, em última análise, a uma produtividade eficiente e reduzindo assim os custos operacionais. A Indústria 5.0 está mais virada para soluções que colocam as necessidades e o bem-estar dos seres humanos acima dos avanços tecnológicos que dela beneficiam. Apoiado pela IA e pelo DL, este paradigma está a ser concretizado através de robôs colaborativos (cobots) que trabalham em conjunto com os seres humanos, aumentando a eficiência e mantendo a segurança e as capacidades ergonómicas. Além disso, produtos futuristas personalizados criados a pedido com soluções de fabrico personalizadas de IA num ambiente industrial mais resistente e reativo. A Sociedade 5.0 tem como objetivo enfrentar os desafios societais e melhorar a qualidade de vida dos indivíduos numa sociedade superinteligente com acesso em qualquer altura e em qualquer lugar à revolução digital da vida. Nas cidades inteligentes alimentadas por IA, esta ideia torna-se uma realidade, uma vez que combina o poder dos serviços de IA com as infra-estruturas. A IA e a aprendizagem profunda mantêm uma posição significativa na construção de cidades resilientes e inclusivas. Estes sistemas incluem sistemas de saúde inteligentes para prescrever cursos de tratamento personalizados e prever diagnósticos e sistemas de transporte complexos para racionalizar o fluxo de tráfego e reduzir as emissões. A IA, a ML e a DL, quando integradas nos paradigmas industriais e societais, permitem o desenvolvimento económico juntamente com o progresso dos objectivos ambientais globais. Estas tecnologias devem ser harmonizadas com as tecnologias de energias renováveis e devem ser impulsionadas pelos princípios da economia circular. É imperativo estabelecer mecanismos de governação rigorosos e considerações éticas aquando da utilização de novas tecnologias. No entanto, no final do dia, a IA, o ML e a DL estão a remodelar os sectores verticais e a conduzir-nos para um destino mais previsível, mais diversificado e mais amigo do ambiente.

Referências

Adel, A. (2022). Futuro da indústria 5.0 na sociedade: soluções centradas no ser humano, desafios e áreas de investigação prospetivas. Jornal de Computação em Nuvem, 11(1), 40.

Adel, A. (2023). Desbloquear o futuro: promover a colaboração homem-máquina e impulsionar a automação inteligente através da indústria 5.0 em cidades inteligentes. Smart Cities, 6(5), 2742-2782.

Al Mamun, S., Kaiser, M. S., & Mahmud, M. (2021). Uma abordagem baseada em inteligência artificial para a prestação de cuidados de saúde inclusivos na sociedade 5.0: uma perspetiva sobre distúrbios cerebrais. Na Conferência Internacional sobre Informática do Cérebro (pp. 157-169). Cham: Springer International Publishing.

Alves, A. C. (2022). Lean thinking: uma mentalidade essencial. IEEE Engineering Management Review, 50(4), 127-133.

Beniiche, A., Rostami, S., & Maier, M. (2022). Sociedade 5.0: A Internet como se as pessoas fossem importantes. IEEE Wireless Communications, 29(6), 160-168.

Calp, M. H., & Bütüner, R. (2022). Sociedade 5.0: Tecnologia eficaz para uma sociedade inteligente. Em Inteligência Artificial e Indústria 4.0 (pp. 175-194). Imprensa académica.

Carayannis, E. G., & Morawska-Jancelewicz, J. (2022). Os futuros da Europa: Sociedade 5.0 e Indústria 5.0 como forças motrizes das futuras universidades. Journal of the Knowledge Economy, 13(4), 3445-3471.

Coronado, E., Kiyokawa, T., Ricardez, G. A. G., Ramirez-Alpizar, I. G., Venture, G., & Yamanobe, N. (2022). Avaliação da qualidade na interação homem-robô: Uma pesquisa sistemática e classificação de desempenho e factores, medidas e métricas centradas no ser humano para uma indústria 5.0. Journal of Manufacturing Systems, 63, 392-410.

Dautaj, M., & Rossi, M. (2021). Rumo a uma nova sociedade: resolvendo o dilema entre a Sociedade 5.0 e a Indústria 5.0. Na Conferência Internacional IFIP sobre Gestão do Ciclo de Vida do Produto (pp. 523-536). Cham: Springer International Publishing.

Dlamini, Z., Miya, T. V., Hull, R., Molefi, T., Khanyile, R., & de Vasconcellos, J. F. (2023). Sociedade 5.0: Realizando a próxima geração de cuidados de saúde. In Sociedade 5.0 e cuidados de saúde de próxima geração: Terapias de precisão centradas no paciente e assistidas por tecnologia (pp. 1-30). Cham: Springer Nature Switzerland.

Efe, A. (2023). Avaliação da Inteligência Artificial e da Computação Quântica nos Sistemas de Informação de Gestão Inteligente. Bilisim Teknolojileri Dergisi, 16(3), 177-188.

Fernández-Caramés, T. M., & Fraga-Lamas, P. (2024). Forjando o Metaverso Industrial - onde a Indústria 5.0, Realidade Aumentada e Mista, IIoT, Computação de Borda Oportunista e Gêmeos Digitais se encontram. arXiv preprint arXiv: 2403.11312.

Ghosh, T., Saha, R., Roy, A., Misra, S., & Raghuwanshi, N. S. (2021). Comunicação baseada em IA - como um serviço para gerenciamento de rede na sociedade 5.0. IEEE Transactions on Network and Service Management, 18(4), 4030-4041.

Griffin, P. R., Boguslavsky, M., Huang, J., Kauffman, R. J., & Tan, B. R. (2021). Computação Quântica: Excelência computacional para a sociedade 5.0. Em Ciência de dados e inovações para sistemas inteligentes (pp. 1-32). CRC Press.

Hassan, A., Dutta, P. K., Gupta, S., Mattar, E., & Singh, S. (Eds.). (2024). Abordagens centradas no ser humano na indústria 5.0: Interação Homem-Máquina, Formação em Realidade Virtual e Análise do Sentimento do Cliente: Interação Homem-Máquina, Formação em Realidade Virtual e Análise do Sentimento do Cliente. IGI Global.

Hemamalini, V., Mishra, A. K., Tyagi, A. K., & Kakulapati, V. (2024). Aplicativos em nuvem baseados na Internet das Coisas habilitados para Inteligência ArtificialBlockchain para a sociedade de próxima geração. Computação segura automatizada para sistemas de próxima geração, 65-82.

Huang, S., Wang, B., Li, X., Zheng, P., Mourtzis, D., & Wang, L. (2022). Indústria 5.0 e Sociedade 5.0-Comparação, complementação e co-evolução. Jornal de sistemas de fabrico, 64, 424428.

Iqbal, M., Lee, C. K., & Ren, J. Z. (2022, dezembro). Indústria 5.0: Da indústria de manufatura à sociedade sustentável. Em 2022 Conferência Internacional IEEE sobre Engenharia Industrial e Gestão de Engenharia (IEEM) (pp. 1416-1421). IEEE.

Jazdi, N. (2014). Sistemas físicos cibernéticos no contexto da Indústria 4.0. Em 2014 IEEE conferência internacional sobre automação, qualidade e testes, robótica (pp. 1-4). IEEE.

Kasinathan, P., Pugazhendhi, R., Elavarasan, R. M., Ramachandaramurthy, V. K., Ramanathan, V., Subramanian, S., ... & Alsharif, M. H. (2022). Realização de objectivos de desenvolvimento sustentável com tecnologias disruptivas através da integração da indústria 5.0, sociedade 5.0, cidades e aldeias inteligentes. Sustentabilidade, 14(22), 15258.

Khosravy, M., Gupta, N., Pasquali, A., Dey, N., Crespo, R. G., & Witkowski, O. (2023). Inteligência Artificial Colaborativa Humana Junto com Valores Sociais na Indústria 5.0: Uma pesquisa sobre o estado da arte. IEEE Transactions on Cognitive and Developmental Systems.

Leng, J., Sha, W., Wang, B., Zheng, P., Zhuang, C., Liu, Q., ... & Wang, L. (2022). Indústria 5.0: Perspetiva e retrospetiva. Journal of Manufacturing Systems, 65, 279-295.

Liao, S., Lin, L., & Chen, Q. (2023). Pesquisa sobre a aceitação de robôs colaborativos para a era da indústria 5.0 - o efeito mediador da competência percebida e o efeito moderador da autoeficácia do uso do robô. Jornal Internacional de Ergonomia Industrial, 95, 103455.

Lv, Z. (2023). Gémeos digitais na indústria 5.0. Investigação, 6, 0071.

Marinelli, M. (2023). Da Indústria 4.0 à Construção 5.0: Exploring the Path towards HumanRobot Collaboration in Construction [Explorando o caminho para a colaboração entre homem e robô na construção]. Systems, 11(3), 152.

Mishra Ph. D, K. N., & Pandey Ph. D, S. C. (2023). Convergência de Cloud-IoT, Indústria 4.0 e Sociedade 5.0. Em Tecnologias Cloud-IoT na Sociedade 5.0 (pp. 1-25). Cham: Springer Nature Switzerland.

Mishra, K. N., & Pandey, S. C. (2023). Tecnologias Cloud-IoT na Sociedade 5.0 (pp. 1-332). Springer.

Mourtzis, D., Angelopoulos, J., & Panopoulos, N. (2022). A Literature Review of the Challenges and Opportunities of the Transition from Industry 4.0 to Society 5.0 [Revisão da literatura sobre os desafios e oportunidades da transição da indústria 4.0 para a sociedade 5.0]. Energias, 15(17), 6276.

Musarat, M. A., Irfan, M., Alaloul, W. S., Maqsoom, A., & Ghufran, M. (2023). Uma revisão sobre o caminho a seguir na construção através da revolução industrial 5.0. Sustentabilidade, 15(18), 13862.

Nair, M. M., Tyagi, A. K., & Sreenath, N. (2021, janeiro). O futuro com a indústria 4.0 no centro da sociedade 5.0: Questões abertas, oportunidades e desafios futuros. Em 2021 conferência internacional sobre comunicação por computador e informática (ICCCI) (pp. 1-7). IEEE.

Narkhede, G., Pasi, B., Rajhans, N., & Kulkarni, A. (2023). Indústria 5.0 e o futuro da fabricação sustentável: Uma revisão sistemática da literatura. Estratégia e Desenvolvimento Empresarial, 6(4), 704-723.

Oks, S. J., Jalowski, M., Lechner, M., Mirschberger, S., Merklein, M., Vogel-Heuser, B., & Moslein, K. M. (2022). Sistemas ciber-físicos no contexto da indústria 4.0: Uma revisão, categorização e perspetiva. Fronteiras dos Sistemas de Informação, 1-42.

Panter, L., Leder, R., Keiser, D., & Freitag, M. (2024). Requisitos para aplicações de interação homem-máquina na produção e logística na indústria 5.0 - uma abordagem de estudo de caso. Procedia Computer Science, 232, 1164-1171.

Paschek, D., Luminosu, C. T., & Ocakci, E. (2022). Desafios e perspectivas da indústria 5.0 para sistemas de manufatura na sociedade 5.0. Sustentabilidade e Inovação em Empresas de Manufatura: Indicadores, Modelos e Avaliação para a Indústria 5.0, 17-63.
Pereira, A. C., Alves, A. C., & Arezes, P. (2023). Realidade aumentada em um ambiente de trabalho enxuto em fábricas inteligentes: um estudo de caso. Ciências Aplicadas, 13(16), 9120.

Polat, L., & Erkollar, A. (2021). Indústria 4.0 vs. Sociedade 5.0. Em Conversão digital no caminho para a indústria 4.0: Artigos selecionados do ISPR2020, 24-26 de setembro de 2020 Online-Turquia (pp. 333-345). Springer International Publishing.

Prassida, G. F., & Asfari, U. (2022). Um modelo conceitual para a aceitação de robôs colaborativos na indústria 5.0. Procedia Computer Science, 197, 61-67.

Raja Santhi, A., & Muthuswamy, P. (2023). Indústria 5.0 ou indústria 4.0 S? Introdução à indústria 4.0 e uma espreitadela às tecnologias prospectivas da indústria 5.0. Jornal Internacional sobre Design e Fabrico Interactivos (IJIDeM), 17(2), 947-979.
Rane, N. (2023a). ChatGPT e Inteligência Artificial Generativa (IA) semelhante para o sector da construção civil: Contribuição, oportunidades e desafios de modelos linguísticos de grande dimensão para a indústria 4.0, a indústria 5.0 e a sociedade 5.0. Oportunidades e desafios dos modelos de linguagem de grande dimensão para a indústria, 4.

Rane, N. (2023b). ChatGPT e Inteligência Artificial Generativa (IA) semelhante para a Indústria Inteligente: papel, desafios e oportunidades para a indústria 4.0, indústria 5.0 e sociedade 5.0. Desafios e oportunidades para a indústria, 4.

Rane, N. (2023c). Transformadores na Indústria 4.0, Indústria 5.0 e Sociedade 5.0: Papéis e desafios.

Rane, N. (2023d). ChatGPT e Inteligência Artificial Generativa (IA) semelhante para a Indústria Inteligente: papel, desafios e oportunidades para a indústria 4.0, indústria 5.0 e sociedade 5.0. Desafios e oportunidades para a indústria, 4.

Roblek, V., Mesko, M., & Podbregar, I. (2021). Mapeamento da emergência da Sociedade 5.0: Uma análise bibliométrica. Organizacija, 54(4), 293-305.

Saikia, B. (2023). Indústria 5.0 - Seu papel em relação à sociedade humana: Obstáculos, oportunidades e fornecimento de soluções centradas no ser humano. Em Fostering Sustainable Businesses in Emerging Economies: The Impact of Technology (pp. 109-126). Emerald Publishing Limited.

Sharma, M., Tomar, A., & Hazra, A. (2024). Edge computing for industry 5.0: fundamental, aplicações e desafios de investigação. IEEE Internet of Things Journal.

Sverko, M., Grbac, T. G., & Mikuc, M. (2022). Sistemas Scada com foco na fabricação contínua e na indústria siderúrgica: Uma pesquisa sobre arquiteturas, padrões, desafios e indústria 5.0. Acesso IEEE, 10, 109395-109430.

Taj, I., & Zaman, N. (2022). Rumo à revolução industrial 5.0 e à inteligência artificial explicável: Challenges and opportunities. Revista Internacional de Computação e Sistemas Digitais, 12(1), 295320.

Thakur, R., Borkar, P. S., & Agarwal, M. (2022). Smart Society 5.0 para Sustentabilidade Social e Tecnológica. Em Análise de decisão para o desenvolvimento sustentável na Smart Society 5.0: Issues, Challenges and Opportunities (pp. 299-319). Singapura: Springer Nature Singapore.

Trehan, R., Machhan, R., Singh, P., & Sangwan, K. S. (2022). Indústria 4.0 e Sociedade 5.0: Drivers and challenges. IUP Journal of Information Technology, 18(1), 40-58.

Troisi, O., Visvizi, A., & Grimaldi, M. (2023). Repensando a inovação através dos paradigmas da indústria e da sociedade 5.0: uma abordagem multinível para a gestão e formulação de políticas. Jornal Europeu de Gestão da Inovação, 27(9), 22-51.

Tyagi, A. K., Arumugam, S. K., Prasad, P. R., & Sharma, A. (2024). A posição da sociedade digital, saúde 5.0 e consumidor 5.0 na era da indústria 5.0. Em Advancing Software Engineering Through AI, Federated Learning, and Large Language Models (pp. 262-280). IGI Global.

Tyagi, A. K., Dananjayan, S., Agarwal, D., & Thariq Ahmed, H. F. (2023). Aplicativos Blockchain-Internet das Coisas: Oportunidades e desafios para a indústria 4.0 e a sociedade 5.0. Sensores, 23(2), 947.

Tyagi, A. K., Lakshmi Priya, R., Mishra, A. K., & Balamurugan, G. (2023). Indústria 5.0: Potenciais, problemas, oportunidades e desafios para a sociedade 5.0. Preservação da privacidade dos dados genómicos e médicos, 409-432.

Uddin, M. S., Tanvir, M. H., Arafat, M. Y., & Jane, J. S. (2023). Contribuições do ML na Indústria 5.0 para o Desenvolvimento Sustentável. Em Fostering Sustainable Businesses in Emerging Economies (pp. 87-107). Emerald Publishing Limited.

Wang, B., Zhou, H., Li, X., Yang, G., Zheng, P., Song, C., ... & Wang, L. (2024). Gémeo Digital Humano no contexto da Indústria 5.0. Robótica e fabrico integrado por computador, 85, 102626.

Xu, X., Lu, Y., Vogel-Heuser, B., & Wang, L. (2021). Indústria 4.0 e Indústria 5.0 -Incepção, conceção e perceção. Jornal de sistemas de manufatura, 61, 530-535.

Yao, X., Ma, N., Zhang, J., Wang, K., Yang, E., & Faccio, M. (2024). Melhorando a fabricação de sabedoria como metaverso industrial para a indústria e a sociedade 5.0. Journal of Intelligent Manufacturing, 35(1), 235-255.

Zafar, M. H., Langâs, E. F., & Sanfilippo, F. (2024). Explorando as sinergias entre robótica colaborativa, gémeos digitais, aumento e indústria 5.0 para fabrico inteligente: A state-of-the-art review. Robotics and Computer-Integrated Manufacturing, 89, 102769.

Zamzami, I. F., Pathoee, K., Gupta, B. B., Mishra, A., Rawat, D., & Alhalabi, W. (2022). Algoritmos de aprendizagem automática para um sistema de saúde inteligente e inteligente na Sociedade 5.0. Revista Internacional de Sistemas Inteligentes, 37(12), 11742-11763.

Capítulo 2: Indústria inteligente e sustentável: aplicações da inteligência artificial, da aprendizagem automática e da aprendizagem profunda

Resumo:

A integração contínua da inteligência artificial (IA), da aprendizagem automática (ML) e da aprendizagem profunda (DL) no domínio da indústria moderna, inteligente e sustentável constitui um trampolim para a Indústria 4.0, a Indústria 5.0 e a Sociedade 5.0. Estas tecnologias revolucionam a eficiência operacional, a sustentabilidade e a inovação em muitos sectores. A programação da manutenção preditiva com recurso à IA diminui o tempo de inatividade e reduz as despesas operacionais. Os algoritmos de aprendizagem automática ajudam a prever a procura e a gerir o inventário de forma eficaz, para uma melhor utilização dos recursos disponíveis. Através da utilização de práticas de DL, é possível um controlo de qualidade robusto e a identificação de defeitos, por exemplo, tudo devido ao avanço na qualidade dos produtos de fabrico. Além disso, a automatização da produção com recurso à IA tem a capacidade de escalar e flexibilizar, alimentando um mundo industrial ágil. Uma rede inteligente com integração de IA ajuda a trazer sustentabilidade e eficiência energética, optimizando a distribuição de energia e o padrão de consumo. Os sistemas autónomos alimentados por IA e ML reforçam os sistemas que analisam dados em tempo real, que melhoram o desempenho das entregas e reduzem a pegada de carbono na logística e na gestão da cadeia de abastecimento. Além disso, as aplicações de IA na monitorização ambiental apoiam a sustentabilidade, o que proporciona resultados acionáveis no controlo da poluição e na gestão dos recursos. Vemo-los a trabalhar em conjunto com indivíduos humanos, como os cobots, o que mostra que a IA está a apoiar o design centrado no ser humano na Indústria 5.0. A convergência de IA, ML e DL desempenhou um papel fundamental na transformação para uma indústria inteligente e sustentável e abriu caminho para soluções inovadoras e sustentáveis no cenário industrial contemporâneo. As aplicações e tendências recentes são exploradas neste documento e descrevem a forma como essas tecnologias estão a transformar o caminho para um futuro industrial mais resiliente e sustentável.

Palavras-chave: Indústria inteligente, Desenvolvimento sustentável, Artificial
inteligência, aprendizagem automática, aprendizagem profunda, Internet das coisas, Indústria 5.0.

Introdução

Os recentes progressos tecnológicos em matéria de inteligência artificial (IA), aprendizagem automática (ML) e aprendizagem profunda (DL), como a DL, alimentaram o surgimento de uma indústria inteligente e ecológica, ao longo dos anos, em vários sectores industriais que ajudaram a criar indústrias sustentáveis (Rao et al., 2022; Rai et al., 2021; Drakaki, et al., 2022). Estas permitem às indústrias aumentar a eficiência, a produtividade e a sustentabilidade com um processamento de dados sem paralelo, capacidades de reconhecimento de padrões e capacidades de tomada de decisões (Rai et al., 2021; Lampropoulos, et al., 2023). Com a economia global sob pressão crescente devido a questões ambientais, à escassez de recursos e à procura de sistemas mais resilientes, a adoção de IA, ML e DL nos processos industriais é uma parte imperativa de uma estratégia mais ampla para se alinhar com a agenda de sustentabilidade a longo prazo (Lilhore et al., 2021; Ahmed, et al., 2022). Estas indústrias estão a utilizar soluções baseadas em IA para melhorar as operações e reduzir o desperdício, melhorando também o desempenho do sistema das respetivas fábricas. Um exemplo disto é a utilização de algoritmos de AM para a manutenção preditiva, que permite prever quando o equipamento vai falhar, de modo a podermos repará-lo antes que falhe, reduzindo assim os tempos de paragem e prolongando a vida útil das máquinas. As técnicas de IA para o fabrico permitem uma grande precisão nos processos de produção, o que resulta em produtos de maior qualidade e menos desperdício de material (Bonada et al., 2020; Kumar et al., 2023). Além disso, os modelos de DL são utilizados para garantir a qualidade, para encontrar falhas com grande precisão, em que apenas a melhor das melhores produções chega aos mercados (Hernavs et al., 2018; Villalba-Díez et al., 2020). O futuro da sustentabilidade deve muito à IA. Também ajudará a reduzir as pegadas de carbono, uma vez que mais indústrias começaram a implementar os sistemas de gestão de energia baseados em IA para monitorizar e controlar a utilização de energia. A otimização das cadeias de abastecimento é um exemplo do tipo de trabalho em que os algoritmos de AM podem estar envolvidos, o que ajuda a tornar a logística mais eficiente e ajuda a reduzir as emissões (Gebhardt et al., 2022). Além disso, a IA pode ajudar a desenvolver processos de reciclagem de alta qualidade e sistemas de gestão de resíduos, por sua vez, está a fundir práticas industriais com objectivos de sustentabilidade ambiental, bem, passemos a mais alguns benefícios.

Os contributos deste trabalho de investigação:
1) Uma revisão fornece uma análise sistemática da integração de IA, ML e DL em aplicações industriais a partir de estudos existentes para extrair tendências, lacunas e futuras direcções de investigação.
2) Análise de coocorrência com base nas palavras-chave mais utilizadas na literatura (temas e conceitos centrais), para explicar as suas relações.
3) Uma análise de clusters abrangente que classifique os domínios de investigação nestes clusters ajuda a compreender as principais áreas em que a IA, o ML e o DL são aplicados em indústrias inteligentes e sustentáveis, bem como as tendências emergentes nas mesmas.

Metodologia

O estudo adopta um método estruturado, incluindo a revisão da literatura em quatro fases, a análise de palavras-chave, a análise de coocorrência e a análise de clusters para mapear a integração e o impacto da IA, do ML e do DL no desenvolvimento de indústrias inteligentes e sustentáveis. Para identificar a literatura relevante publicada na última década, foram recolhidos artigos de investigação, documentos de conferências e análises das bases de dados IEEE Xplore,

ScienceDirect, Springer Link e Google Scholar. A estratégia de pesquisa foi conduzida para identificar as principais publicações relevantes sobre IA/ML/DL para aplicações industriais (tipos de indústrias inteligentes e sustentáveis). Para melhorar os resultados da pesquisa, melhorámos o processo de pesquisa com palavras-chave específicas, nomeadamente "indústria inteligente", "indústria sustentável", "inteligência artificial", "aprendizagem automática", "aprendizagem profunda", "Indústria 4.0", "Indústria 5.0" e "sustentabilidade". Para uma melhor compreensão do cenário atual, a revisão da literatura foi realizada a fim de identificar as últimas tendências que ocorrem na adoção da IA, ML e DL na indústria, bem como os avanços tecnológicos associados à mesma. Para selecionar as áreas e os conceitos mais frequentemente citados nas bases de dados, procedeu-se a uma análise de palavras-chave na literatura recolhida. Esta análise foi efectuada através de técnicas de extração de texto, extraindo palavras-chave dos resumos e títulos dos artigos selecionados. Os termos de pesquisa, a sua frequência e a distribuição dessas pesquisas foram analisados para apresentar os temas e as tendências identificados. Esta análise forneceu uma base quantitativa para destacar as principais áreas e tópicos estudados no domínio da investigação sobre indústrias inteligentes e sustentáveis. Durante a análise das palavras-chave, foi efectuada uma análise de coocorrência para estudar as diferentes relações entre as várias palavras-chave/conceitos identificados na coocorrência da palavra-chave e do conceito. O método utilizado foi a construção de uma matriz de coocorrência, que pode ser usada para ver com que frequência diferentes pares de palavras-chave aparecem juntos na literatura. A análise de clusters foi utilizada para agrupar as palavras-chave e os conceitos em clusters. O estudo utilizou técnicas estatísticas como o agrupamento hierárquico para agrupar palavras-chave semelhantes de acordo com os seus padrões de coocorrência.

Resultados e discussões

Análise de coocorrência e de agrupamento das palavras-chave

O diagrama de rede, que reflecte a coocorrência e o agrupamento de palavras-chave (Fig. 1). O diagrama representa visualmente quais as palavras-chave que estão inter-relacionadas em termos da frequência das suas co-ocorrências nas publicações. No diagrama, as palavras-chave estão divididas em vários grupos por uma cor. Assim, é possível determinar que o termo mais proeminente associado a muitas outras palavras-chave é "inteligência artificial". Seguem-se-lhe termos tão relevantes como "aprendizagem profunda", "aprendizagem automática" e "Internet das coisas". Este facto realça que a IA é da maior importância e contribui para diversas inovações. Um dos principais subgrupos é o azul, onde apenas a palavra "machine learning" é destacada. Os autores mencionam outros termos complementares, como "máquinas de vectores de apoio", "previsão", "modelos de aprendizagem automática" e "florestas aleatórias". Pode assumir-se que todos eles descrevem vários tipos de métodos e algoritmos de aprendizagem automática. Esta conclusão baseia-se no facto de estes termos estarem intimamente associados à análise preditiva e à tomada de decisões corretas. Alguns deles incluem a utilização das palavras "predição" e "previsão", o que permite ao leitor presumir que se trata de prever resultados e tendências futuras no sector.

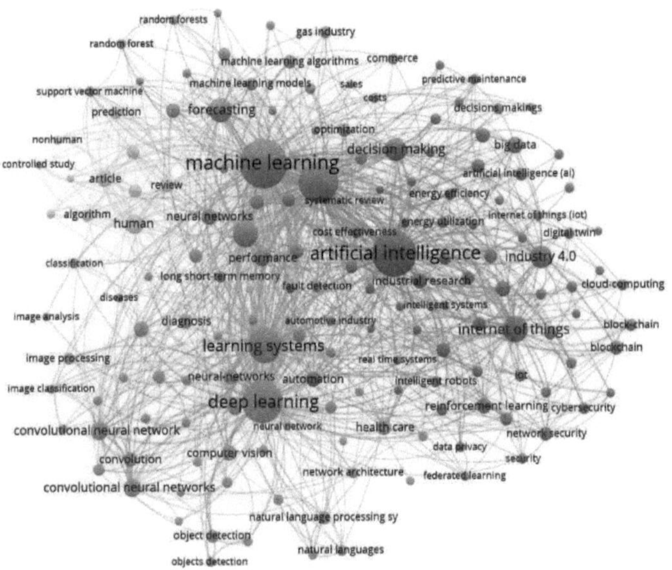

Fig. 1 Análise de coocorrência das palavras-chave na literatura

As áreas de concentração da aprendizagem profunda e dos sistemas de aprendizagem do "cluster verde" são adjacentes ao cluster da aprendizagem automática. Palavras como "redes neuronais", "rede neuronal convolucional", "visão por computador", "processamento de imagem" e "deteção de objectos" encontram-se normalmente neste agrupamento. Neste caso, estamos a observar os métodos de aprendizagem avançados e a estudar a sua aplicação na tarefa de reconhecimento de padrões e imagens. Em particular, este tipo destaca-se com um sistema em detalhe que permite recolher e processar uma imagem gerada inacabada como entrada visual, uma vez que envolve tarefas de automatização, monitorização, controlo de qualidade na produção de fabrico inteligente. Um cluster vermelho da indústria 4.0 que se centra na "Internet das coisas" e na "Indústria 4.0", coloca principalmente uma discussão de tópicos que integram a IA, ou aprendizagem automática e a "Internet das coisas". Frases como "big data", "computação em nuvem", "manutenção preditiva", "eficiência energética", "gémeo digital" e "manutenção preditiva" dão conta de um conjunto de um grande número de tecnologias que conseguiram criar um sistema industrial inteligente e uni-las a um nível de rede ou "Indústria 4.0", termos de computação em nuvem e IoT, integração de sistemas ciber-físicos, formando processos industriais amigos do ambiente e fábricas inteligentes. Entre todos eles, os gémeos digitais, a representação do conteúdo digital da propriedade, e a manutenção preditiva foram particularmente proeminentes devido à redução do tempo de inatividade e à nossa capacidade de tornar as operações tão eficientes quanto possível.

Exemplos de termos relacionados com os cuidados de saúde e o diagnóstico médico que estão relacionados com a inteligência artificial e a aprendizagem automática são "classificação", "diagnóstico", "algoritmo", "doenças" e "análise de imagens". Este tipo de agrupamento demonstra as vantagens das tecnologias transdisciplinares de IA e como podem ser benéficas para vários sectores, como os cuidados de saúde. No domínio dos cuidados de saúde, a análise de imagens e os algoritmos de previsão podem fazer uma diferença muito significativa na prestação de cuidados aos doentes e na melhoria da precisão dos diagnósticos. As línguas naturais e o processamento de línguas naturais formam outro grupo de palavras e estão relacionados com o facto de a IA aprender, em certa medida, a linguagem humana. Os termos encontrados neste grupo incluem "aprendizagem federada", "arquitetura de rede", "aprendizagem por reforço" e "privacidade dos dados". Esta homogeneidade de termos significa que ter uma PNL avançada na IA é um objetivo importante dos investigadores e que os dados devem ser privados e seguros quando utilizados em sistemas de IA. A aprendizagem federada tem uma importância específica neste contexto porque permite treinar modelos de forma descentralizada com a privacidade dos dados a ser congelada. O facto de se utilizar "segurança", "cibersegurança", "segurança da rede" e "privacidade *dos dados*" significa que a IA e a IoT se tornam cada vez mais importantes para combater as ameaças em linha. As empresas estão cada vez mais orientadas para as redes e dependem dos dados, pelo que a cibersegurança é importante para proteger os dados e a integridade dos sistemas. A palavra "humano" e os conceitos com ela relacionados, como "revisão sistemática", "custo-eficácia", "desempenho" e "otimização", significam que tudo o que está relacionado com a utilização de tecnologias de IA e de aprendizagem automática está centrado no ser humano. Os termos significam que os algoritmos devem ser utilizados com base na tentativa de alcançar o melhor desempenho humano, otimizar tudo a baixo custo e realizar análises para medir a eficácia e o significado das aplicações de IA. É importante garantir que todos os avanços tecnológicos não se opõem à sociedade, mas satisfazem as necessidades humanas.

Aplicações da inteligência artificial, da aprendizagem automática e da aprendizagem profunda na indústria inteligente e sustentável

Melhoria dos processos de fabrico

A IA e o AM estão a desempenhar um papel central na otimização dos processos de fabrico (Zheng et al., 2021). Os algoritmos de ML ajudam a oferecer manutenção preditiva, o que ajuda a determinar potenciais falhas de equipamentos antes que elas se tornem uma (Angelopoulos et al., 2019; Rai et al., 2021). Este trabalho é feito pelos algoritmos que, analisando os dados obtidos a partir dos sensores incorporados nas máquinas, prevêem quando uma máquina irá falhar e, assim, minimizam o tempo de inatividade e o custo de manutenção (Rai et al., 2021). Esta mentalidade proactiva não só aumenta a eficiência operacional, como também aumenta a vida útil do equipamento, o que contribui para a sustentabilidade ao reduzir o desperdício. Outro caso de utilização fundamental é o controlo de qualidade impulsionado pela IA. Os sistemas de visão baseados em DL são capazes de realizar inspecções não invasivas a uma velocidade superior, proporcionando inspecções sem defeitos para aplicações em que os inspectores humanos podem falhar (Hernavs et al., 2018). Isto diminui as hipóteses de devoluções e retrabalho, o que leva a uma menor introdução de produtos com uma qualidade inferior.

Gestão inteligente da energia

Também no sector da energia, a IA, o ML e a DL desempenham um papel significativo na gestão das redes inteligentes (Mostafa et al., 2022; Mourtzis et al., 2022). Estas tecnologias fornecem informações em tempo real sobre os padrões efectivos de utilização de energia e a rede eléctrica pode, por conseguinte, adaptar-se dinamicamente a esses padrões em tempo real, melhorando a oferta para satisfazer a procura. Isto melhorará a eficiência energética a todos os níveis, desde os picos de utilização até às horas de ponta, podendo estes algoritmos prever e distribuir a energia para criar um enorme desperdício. A IA também desempenha um papel fundamental na integração de fontes de energia renováveis na rede (Moreno et al., 2021; Mostafa et al., 2022). Os sistemas de IA podem prever o fornecimento de energia solar e eólica através da análise de dados históricos, bem como da previsão das condições meteorológicas. Aumentar e diminuir a potência dos parques eólicos e solares de acordo com essas previsões é crucial para fornecer um abastecimento consistente de energia renovável à rede, mantendo os recursos de combustíveis fósseis inexplorados e promovendo a sustentabilidade.

Promoção da agricultura inteligente

A IA e o ML na agricultura estão a transformar a agricultura convencional em agricultura de precisão (Shaikh et al., 2022). Sistemas alimentados por IA para aumentar a precisão na análise da saúde do solo, monitorizar as condições das culturas e prever a produção com elevada exatidão (Gera et al., 2022; Pallathadka et al., 2022). Os drones, que têm câmaras equipadas com IA, fornecem uma atualização constante e em tempo real do estado das culturas e, por conseguinte, os agricultores podem tomar medidas atempadas, como a aplicação de fertilizantes ou pesticidas apenas onde for necessário (Shaikh et al., 2022). Esta reprodução direcionada não só melhora o rendimento das culturas, como também diminui drasticamente a utilização de produtos químicos, promovendo assim práticas agrícolas sustentáveis. Além disso, a IA agrícola também desempenha um papel na otimização dos sistemas de irrigação. Os algoritmos de IA que estudam os dados meteorológicos e o teor de humidade do solo podem ajudar a decidir a quantidade exacta de água de que uma cultura necessita, poupando água e garantindo a sua utilização sustentável. O quadro 1 mostra as aplicações e técnicas da inteligência artificial na indústria inteligente e sustentável.

Sistemas de transporte inteligentes (STI)

A IA utilizada para conceber sistemas de transporte inteligentes, que são cruciais para o desenvolvimento de cidades modernas inteligentes e sustentáveis, é a que mais contribui para a sustentabilidade (Akhmatova et al., 2022; Lom et al., 2016). Mais especificamente, uma das utilizações mais comuns da IA nos ITS é a otimização do fluxo de tráfego (Gong, 2022). Os dados em tempo real dos sensores de tráfego e das câmaras são analisados por algoritmos de IA para ajustar dinamicamente os sinais de trânsito. Esta prática ajuda a reduzir o congestionamento e a diminuir as emissões produzidas pelos veículos devido ao ralenti. Além disso, na logística, a IA é utilizada para a otimização de rotas, ajudando os veículos de entrega a mudar para rotas mais eficientes e a reduzir o consumo de combustível e a produção de emissões. Por último, em maior escala, a IA ajuda a alimentar os veículos autónomos, cujo desenvolvimento se baseia em algoritmos de DL. Por sua vez, a utilização de veículos autónomos aumenta a segurança dos transportes e permite diminuir o número de veículos, uma vez que os problemas relacionados com o ser humano são uma das principais causas de acidentes de viação. Os sistemas de transporte público também podem ser alimentados por IA para ajudar a analisar dados e otimizar rotas para cada tipo de destino e horário dos utilizadores, aumentando assim a sua utilização e reduzindo a necessidade de transporte privado, que é uma das maiores fontes de poluição urbana.

Quadro 1. Aplicações e técnicas da inteligência artificial na indústria inteligente e sustentável

References	Application Area	AI Techniques	ML Techniques	DL Techniques	Description
Drakaki et al., (2022)	Predictive Maintenance	Expert systems, Anomaly detection	Regression analysis, Decision trees, Random forests	Convolutional Neural Networks (CNNs), Recurrent Neural Networks (RNNs)	Predicting equipment failures before they occur by analyzing sensor data and historical maintenance records.
Angelopoulos et al., (2019); Kotsiopoulos et al., (2021)	Quality Control and Inspection	Machine vision, Pattern recognition	Support Vector Machines (SVMs), Clustering algorithms	CNNs, Autoencoders	Automated inspection of products using image analysis to detect defects.
Bahrpeyma, & Reichelt, (2022); Mazzei, & Ramjattan, (2022)	Supply Chain Optimization	Intelligent agents, Decision support systems	Reinforcement learning, Optimization algorithms	Long Short-Term Memory (LSTM) networks, Deep Q-Networks (DQN)	Optimizing logistics, inventory management, and demand forecasting.
Ahsan et al., (2023); Guato Burgos et al., (2024); Khalil et al., (2021)	Energy Management	Smart grids, Energy consumption modeling	Time series forecasting, Ensemble methods	LSTM networks, Generative Adversarial Networks (GANs)	Monitoring and optimizing energy usage in manufacturing processes and buildings.
Bilal et al., (2019); Çınar et al., (2020)	Smart Manufacturing	Robotics, Process automation	Bayesian networks, K-Nearest Neighbors (KNN)	CNNs, RNNs	Automating manufacturing processes, enhancing robotics, and improving human-robot collaboration.
Tatipala et al., (2021); Bilal et al., (2019)	Product Design and Development	Generative design, Simulation	Genetic algorithms, Clustering	Variational Autoencoders (VAEs), GANs	Using AI to create innovative product

Authors	Application	Techniques	Methods	Models	Description
					designs and simulate performance under different conditions.
Oláh et al., (2020); Javaid et al., (2022)	Environmental Monitoring	Sensor networks, Environmental modeling	Regression analysis, Clustering	CNNs, RNNs	Monitoring air and water quality, predicting environmental changes, and managing resources.
Júnior et al., (2021); Savković et al., (2021)	Worker Safety and Training	Wearable technology, Safety analytics	Classification algorithms, Reinforcement learning	CNNs, RNNs	Monitoring worker health and safety, providing real-time feedback, and personalized training.
Khatter et al., (2021); Pereira et al., (2023)	Customer Service and Support	Chatbots, Virtual assistants	Natural Language Processing (NLP), Sentiment analysis	Transformer models, RNNs	Providing 24/7 customer support, handling inquiries, and resolving issues.
Mahmoodi et al., (2024); Grillo et al., (2022)	Sustainable Resource Management	Resource allocation algorithms, Optimization	Predictive analytics, Time series analysis	RNNs, Deep belief networks (DBNs)	Managing natural resources efficiently, optimizing usage, and minimizing waste.
Gera et al., (2022); Pallathadka et al., (2022); Shaikh et al., (2022)	Smart Agriculture	Precision farming, Crop monitoring	Decision trees, Random forests	CNNs, RNNs	Monitoring crop health, optimizing irrigation, and improving yield prediction.
Motroniet et al., (2021); Nagy, & Lăzăroiu, (2022)	Autonomous Vehicles	Path planning, Sensor fusion	Reinforcement learning, Bayesian networks	CNNs, RNNs	Enabling self-driving cars to navigate, detect obstacles, and make decisions autonomously

Kotsiopoulos et al., (2021)	Smart Grids	Load forecasting, Fault detection	Time series analysis, Clustering	LSTM networks, Autoencoders	Managing electricity distribution, detecting faults, and optimizing load balancing.
Paul et al., (2021); Popov et al., (2022)	Smart Healthcare	Medical imaging analysis, Diagnostics	Classification algorithms, Regression models	CNNs, RNNs	Analyzing medical images, predicting disease outbreaks, and personalizing treatment plans.
Kurniawan et al., (2023); Mohammadi et al., (2023)	Waste Management	Route optimization, Waste sorting	Clustering, Regression models	CNNs, RNNs	Optimizing waste collection routes, automating waste sorting, and predicting waste generation.
Elsisi et al., (2021); Rahimian et al., (2021)	Smart Buildings	HVAC optimization, Lighting control	Reinforcement learning, Time series forecasting	LSTM networks, Autoencoders	Managing heating, ventilation, air conditioning, and lighting systems for energy efficiency.
Li et al., (2021); Kaššaj, & Peráček, T. (2024)	Urban Planning	Traffic flow analysis, Land use optimization	Clustering, Regression models	CNNs, RNNs	Analyzing urban traffic patterns, optimizing land use, and planning infrastructure development.
Demertzis et al., (2020); Chang et al., (2022)	Fraud Detection	Anomaly detection, Risk assessment	Classification algorithms, Clustering	CNNs, RNNs	Identifying fraudulent transactions, assessing risks, and monitoring for suspicious activities.
Nia et al., (2021); Ahmad et al., (2022)	Renewable Energy Management	Energy forecasting, Resource allocation	Time series analysis, Regression models	LSTM networks, Autoencoders	Predicting renewable energy generation, optimizing

					resource allocation, and integrating with the grid.
Bruni, & Piccarozzi, (2022)	Smart Retail	Customer behaviour analysis, Inventory management	Clustering, Recommendation systems	CNNs, RNNs	Analyzing customer behavior, optimizing inventory, and personalizing shopping experiences.
Karabegović et al., (2019); Karabegović et al., (2020)	Industrial Automation	Process control, Robotics	Reinforcement learning, Decision trees	CNNs, RNNs	Automating industrial processes, controlling machinery, and enhancing robotics.
Tao et al., (2021); Jakubczak et al., (2021)	Financial Analytics	Algorithmic trading, Risk management	Regression models, Time series analysis	LSTM networks, GANs	Analyzing financial markets, predicting stock prices, and managing risks.

Edifícios e infra-estruturas inteligentes

A IA e o ML são tecnologias que podem ser utilizadas para gerir edifícios e infra-estruturas (Elsisi et al., 2021). Os sistemas de gestão de edifícios são sistemas de monitorização e controlo que são utilizados para gerir e controlar o equipamento mecânico e elétrico de um edifício. Os sistemas de gestão de edifícios podem ser utilizados para monitorizar o clima interior, a iluminação e a utilização de energia dos edifícios e proporcionar-lhes muito mais formas de poupar dinheiro no dia a dia (Elsisi et al., 2021; Rahimian et al., 2021). A IA está a ser utilizada com os sistemas de gestão de edifícios existentes para dar resposta a uma série de desafios na gestão da energia em edifícios (Seraj et al., 2024). Em primeiro lugar, a IA permite uma melhor focalização, garantindo que certas áreas desocupadas de uma divisão não são desperdiçadas quando não está lá mais ninguém. Além disso, a IA também pode ser utilizada na análise preditiva, utilizando dados de sítios semelhantes. Por exemplo, a análise preditiva pode ser utilizada na construção, comparando os dados actuais com informações históricas sobre projectos de construção semelhantes. Isto pode ajudar a prever um potencial atraso, e as actividades susceptíveis de conduzir a um atraso podem ser realizadas, garantindo que o trabalho é concluído a tempo. Além disso, a utilização dos recursos é mais eficiente. O principal objetivo desta utilização é a sustentabilidade do sector da construção.

Gestão sustentável da cadeia de abastecimento

Transparência, eficiência e sustentabilidade são os três atributos que a IA, o ML, o DL, ou todos eles em conjunto, trazem para o mundo da gestão da cadeia de abastecimento (Bahrpeyma, & Reichelt, 2022). Ao criar algoritmos de TI que podem processar grandes quantidades de dados, por exemplo, a IA pode ajudar as empresas a otimizar o processo de gestão do seu inventário. Como resultado, podem reduzir a deterioração ou certificar-se de que uma prateleira nunca está vazia quando um cliente quer comprar algo. Por exemplo, no sector dos transportes marítimos, há muitas mercadorias que podem perecer, e é crucial gerir corretamente a cadeia de abastecimento; caso contrário, as mercadorias estragam-se e a empresa perde dinheiro. A análise preditiva permite fazer previsões muito precisas da procura futura, para que as empresas possam planear a sua produção e armazenamento em conformidade. Por um lado, não fabricam demasiados produtos e deixam-nos parados nas prateleiras. Por outro lado, não ficam sem produtos para vender. Outra tecnologia é a blockchain, que combinada com a IA pode tornar a cadeia de abastecimento completamente transparente (Esmaeilian et al., 2020; Mazzei, & Ramjattan, 2022). Com a tecnologia, todas as transacções são registadas e não podem ser apagadas, o que ajuda a rastrear tudo e, assim, ajuda a evitar fraudes.

Controlo e conservação do ambiente

A IA e o ML ajudam a monitorizar e a proteger o ambiente (Oláh et al., 2020). Os drones e satélites de IA analisam dados de câmaras fotográficas e de vídeo, determinando as taxas de desflorestação, as populações de diferentes espécies, etc. Algoritmos optimizados permitem aos ambientalistas avaliar e detetar as rápidas mudanças no ambiente e implementar soluções a tempo (Oláh et al., 2020; Javaid et al., 2022). Além disso, os algoritmos de IA são capazes de avaliar a probabilidade de ocorrência de uma variedade de eventos ambientais fatais e adaptar acções de resposta preventiva. Os algoritmos de IA também são capazes de modelar os efeitos das alterações climáticas e prever futuros impactos ambientais. Os modelos de AM são necessários para ajudar a desenvolver estratégias eficazes para combater o efeito de estufa, as pegadas de carbono e outras alterações ambientais. Para além das pegadas de carbono, a IA ajuda a monitorizar e a recolher artigos não recicláveis. Posteriormente, os robots e os transportadores alimentados por IA fazem a triagem dos resíduos recolhidos, separando os artigos não recicláveis dos recicláveis.

Promover cuidados de saúde inteligentes

Os cuidados de saúde são um domínio em que as organizações médicas podem alcançar melhorias significativas utilizando tecnologias baseadas em IA, ML e DL (Paul et al., 2021; Popov et al., 2022). Alguns exemplos de tais melhorias incluem melhores diagnósticos, tratamentos e cuidados aos doentes. Assim, os algoritmos de IA podem ser utilizados para analisar imagens médicas com elevada precisão, permitindo assim a deteção de cancros e outras doenças nas suas fases iniciais. Isto ajuda a melhorar a qualidade dos cuidados prestados aos doentes, uma vez que é possível efetuar um diagnóstico atempado e menos doentes terão de ser tratados com métodos cirúrgicos. Além disso, a medicina personalizada utiliza a IA para analisar o genoma e determinar a melhor forma de tratamento para o doente (Schlingensiepen et al., 2016; Popov et al., 2022). Esta abordagem garante que o tratamento selecionado será o melhor e que os efeitos secundários serão minimizados, podendo também o custo do tratamento ser reduzido. A análise preditiva baseada em IA é utilizada para otimizar o funcionamento de um hospital. São aplicadas para prever as datas em que é provável que um hospital tenha mais ou menos admissões de doentes, bem como os recursos que serão necessários. Isto ajuda a garantir que o hospital está a funcionar de forma eficiente e que os doentes recebem os cuidados necessários em tempo útil.

Retalho e comércio eletrónico inteligentes

A IA, o ML e o DL são utilizados nos sectores do retalho e do comércio eletrónico para ajudar a melhorar as experiências gerais dos clientes e otimizar as operações comerciais (Bruni, & Piccarozzi, 2022). Por exemplo, os sistemas de recomendação orientados para a IA analisam o comportamento e as preferências dos clientes, sugerindo produtos específicos com maior probabilidade de serem adequados para os clientes. Utilizando algoritmos de DL, os sistemas de recomendação podem ajustar as suas sugestões, tornando as suas ofertas mais personalizadas ao longo do tempo. Este tipo de ferramenta ajuda a reter clientes e a atrair novos, aumentando as vendas através da satisfação com a experiência do cliente. Outro exemplo são os chatbots e assistentes virtuais baseados em IA, que são utilizados para automatizar o processo de receber feedback dos clientes e resolver os problemas. A maior vantagem dos serviços de apoio ao cliente orientados para a IA é o facto de conseguirem comunicar com um grande número de clientes em simultâneo, reduzindo os tempos de espera e, consequentemente, melhorando a experiência. Por último, a IA é também utilizada para otimizar as estratégias de preços, analisando as peculiaridades do mercado, os preços dos concorrentes e a procura dos clientes (Ghosh et al., 2020). Toda esta informação pode ser processada de forma a oferecer dinamicamente preços específicos que maximizem as receitas de uma empresa e garantam a sua competitividade.

Melhorar a gestão dos recursos humanos

A gestão de recursos humanos está a beneficiar de tecnologias avançadas como a IA, o ML e o DL, que não só a tornam mais eficaz como mais eficiente (Grillo et al., 2022). O processo de RH é considerado individual, num sentido em que a subjetividade do processo de recrutamento é considerada a base. Por conseguinte, quaisquer informações geradas e fornecidas pela IA são limitadas na era dos grandes volumes de dados. A primeira área de aplicação da IA nos RH é o processo de recrutamento. O sistema alimentado por IA analisa o currículo, as cartas de apresentação e os perfis dos candidatos para identificar quem se adequa melhor ao posto de trabalho em aberto. Ajuda a poupar tempo e recursos humanos e conduz a resultados mais rigorosos. Além disso, num mercado de trabalho em constante mudança, os sistemas de IA utilizam algoritmos de ML para melhorar sempre a correspondência e torná-la ainda melhor. O segundo exemplo é aplicado à gestão do desempenho dos trabalhadores. A IA pode trabalhar com os dados sobre o desempenho anterior dos trabalhadores e processá-los com o sistema da empresa. Ajuda a tirar as conclusões necessárias para o empregador e a obter informações tangíveis a partir dos dados existentes. O gestor pode simplesmente processar este tipo de dados, ver as tendências e certificar-se de que as decisões importantes sobre promoções, formação e desenvolvimento de talentos são as mais relevantes. Também é considerado útil, uma vez que o programa de análise de sentimentos alimentado por IA pode analisar os comentários dos empregados ou a sua comunicação entre si e medir o seu estado de espírito e moral.

Serviços financeiros

A IA, o ML e a DL contribuem para a otimização de tarefas específicas relacionadas com as finanças de várias formas (Jakubczak et al., 2021; Tao et al., 2021). Por exemplo, uma das funções cruciais em que podem ajudar é a análise de fraudes. Os algoritmos de IA identificam os padrões das condições de procedimento da conta e, caso ocorra um desvio desses padrões, ajudam a fornecer deteção de fraude em tempo útil. Por exemplo, as instituições financeiras identificam regularmente uma fuga de fundos e reagem rapidamente. Além disso, a IA é utilizada para a avaliação do risco de crédito: é analisada uma grande quantidade de informações para chegar a uma conclusão sobre a solvabilidade de uma pessoa, incluindo demonstrações financeiras da empresa ou da pessoa, indicadores económicos e de mercado e tendências. Por último, os robôs baseados em IA, ou seja, os robo-consultores, prestam assistência a um cliente, aconselhando-o sobre os pormenores da realização de investimentos (Dhanabalan, & Sathish, 2018). O desenvolvimento na esfera do ML permite selecionar a melhor solução possível num determinado período de tempo.

Cidades inteligentes e planeamento urbano

Para começar, a IA, o ML e o DL potenciam o desenvolvimento de cidades inteligentes, que são cidades onde a tecnologia melhora significativamente o bem-estar das pessoas (Kassaj, & Perácek, T. 2024). Por exemplo, os sistemas de informação de gestão do tráfego baseados em IA reduzem o congestionamento do tráfego e a poluição, ajustando as luzes da cidade em tempo real com base em dados de sensores de todos os semáforos da cidade, sensores de fluxo de tráfego, sensores adicionais e câmaras nas estradas da cidade. A função do sistema de gestão do tráfego para otimizar e ajustar a luminosidade das luzes da cidade está ligada às actividades do sistema de resposta a incidentes de tráfego, que recebe a informação sobre o acidente a partir das mesmas fontes de dados e diminui o fluxo do tráfego que se dirige ao local do acidente. Além disso, para o planeamento urbano, por um lado, a IA, o ML e o DL avaliam os dados disponíveis para a cidade em comparação com os dados de outras cidades ao mesmo tempo, como o crescimento da população, as necessidades de habitação e o impacto no ambiente (Li et al., 2021; Kassaj, & Perácek, T. 2024). Como resultado, as soluções baseadas em IA desenvolvem um plano para o crescimento sustentável da cidade com sistemas verdes eficientes para o desenvolvimento da habitação e transportes rápidos. Por outro lado, as aplicações de IA em cidades inteligentes optimizam o processo de gestão de resíduos, tomando uma decisão sobre a recolha atempada de resíduos em locais onde se espera que estes se encham. Como resultado, o consumo de combustível pelo camião do lixo diminui, o que significa que ocorre a correspondente diminuição das emissões.

Reforçar a cibersegurança

Para manter a cibersegurança moderna e eliminar a maioria dos problemas em tempo real, são utilizadas a IA, o ML e a DL (Lezzi et al., 2018; Culot et al., 2019). Em primeiro lugar, com a ajuda de sistemas de IA, é possível analisar o tráfego de rede. Dado que estes sistemas compreendem a forma como os utilizadores normais realizam as suas tarefas e identificam comportamentos e pedidos invulgares, é uma boa oportunidade para detetar qualquer problema que possa ter ocorrido. Em seguida, o DL também é amplamente utilizado para este fim, uma vez que os sistemas que empregam técnicas de DL continuam a aprender com os dados que recebem e tornam-se mais eficientes na deteção de ameaças. Para além da deteção de ameaças, a IA é fundamental na resposta a incidentes. Há casos em que um sistema de IA pode bloquear um determinado sistema ou segmentar os dispositivos que possam ter sido atacados e proteger com êxito os alvos do ataque. Esses sistemas podem analisar as razões pelas quais um ataque à rede pode ter ocorrido em primeiro lugar e oferecer métodos para eliminar a ameaça (Culot et al., 2019). Outro aspeto importante que está amplamente associado à IA é a privacidade dos dados. A IA pode definir o tipo de informação que é utilizada, como é armazenada e por quem pode ser solicitada. Além disso, com a ajuda dos sistemas de IA, é possível detetar qualquer tendência invulgar na forma como os dados são tratados e responder-lhe, mantendo-se em linha com as mais recentes regras de armazenamento e distribuição de dados.

Gestão inteligente da água

A gestão eficaz da água é essencial para a sustentabilidade, e a IA, o ML e o DL já são utilizados em várias regiões. Em primeiro lugar, os sistemas alimentados por IA são utilizados para monitorizar o consumo de água, detetar fugas e prever a necessidade de manutenção em tempo real. Estas soluções são desenvolvidas para analisar os dados obtidos a partir de sensores integrados nas infraestruturas de água investigadas, identificar inviabilidades e gerar sugestões relativas à eliminação do problema para evitar perdas de água (Alabi et al., 2019; Saravanan et al., 2021). Além disso, a análise prescritiva orientada por IA pode ser adotada na gestão de recursos para prever a demanda de água em relação a dados históricos e previsões meteorológicas para garantir que esse objetivo seja alcançado. Essas abordagens minimizam o desperdício de água, garantindo, portanto, a conservação (Saravanan et al., 2021).

Educação

Tecnologias como a IA, o ML e o DL têm sido aplicadas no domínio da educação para personalizar a aprendizagem e simplificar os processos administrativos (Coçkun et al., 2019; Mian et al., 2020). Por exemplo, ao longo dos anos, foram desenvolvidos vários sistemas de aprendizagem adaptativa orientados para a IA que analisam dados do desempenho dos alunos para ajustar o material didático ao ritmo e ao estilo de aprendizagem dos alunos. Por conseguinte, os processos de aprendizagem tornaram-se mais personalizados, o que permite obter melhores resultados e evitar elevadas taxas de abandono escolar. Além disso, a IA ajuda a analisar dados relacionados com o envolvimento e o desempenho dos alunos para identificar eventuais carências ou outros problemas no processo de aprendizagem (Mian et al., 2020). Esta caraterística também promove a sustentabilidade, uma vez que os recursos da educação são utilizados de forma mais eficaz. A IA e as tecnologias que lhe estão associadas simplificam vários processos administrativos, como o planeamento, as admissões e as classificações, o que permite que os educadores se concentrem mais no ensino, na assistência aos alunos e no apoio.

Otimização das energias renováveis

Para além dos algoritmos que permitem controlar as redes inteligentes e integrar as fontes de energia renováveis, a IA e o ML são incorporados no funcionamento dos sistemas de energias renováveis (Nia et al., 2021; Ahmad et al., 2022). Por exemplo, a IA determina as caraterísticas óptimas de desempenho dos painéis solares e das turbinas eólicas, com base em dados em tempo real sobre a meteorologia e o histórico de funcionamento destes dispositivos. Ao mesmo tempo, no domínio das energias renováveis, a manutenção preditiva baseada na IA é particularmente valiosa, o que faz com que o equipamento de energias renováveis funcione em modos óptimos, o que prolonga a sua vida útil e garante a máxima contribuição para a produção segura de energia.

Segurança na construção

A construção é um domínio em que a segurança é uma das principais preocupações, e a IA, o ML e a DL trouxeram melhorias aos protocolos e práticas de segurança nos estaleiros de construção (Júnior et al., 2021). Por exemplo, os sistemas de visão computacional alimentados por IA podem monitorizar os estaleiros de construção em tempo real e detetar riscos de segurança ou o não cumprimento dos regulamentos de segurança. Por exemplo, podem detetar comportamentos inseguros, como o facto de os trabalhadores não usarem equipamento de proteção, e enviar imediatamente um alerta ao supervisor do estaleiro. A análise preditiva utilizada na construção pode analisar dados históricos para detetar padrões perigosos e prever potenciais incidentes. Desta forma, as empresas de construção podem adotar medidas preventivas para melhorar o desempenho da segurança e reduzir o número de acidentes.

Avaliação dos riscos ambientais

A IA, o ML e o DL são utilizados na avaliação dos riscos ambientais para prever e minimizar as consequências do funcionamento das instalações industriais (Oláh et al., 2020; Javaid et al., 2022). Os algoritmos de IA analisam dados sobre o estado do ambiente, o funcionamento da empresa e as consequências do seu trabalho. Por exemplo, os dados sobre o estado do equipamento e os parâmetros de produção permitem prever a probabilidade de um derrame ou derrame de petróleo, as sementes de plantas na produção de petróleo recomendam as melhores soluções seguras. Como resultado, a empresa tomará medidas preventivas e evitará a poluição ambiental. Os sistemas de IA são também utilizados para monitorizar o ambiente em tempo real (Javaid et al., 2022). Os sistemas de monitorização ambiental baseados na IA acompanham as alterações na qualidade do ar e da água e as emissões tóxicas são registadas mesmo antes de a poluição ocorrer. Como resultado, a empresa reage rapidamente, muitas vezes as emissões não atingem o ecossistema.

Segurança pública e resposta a emergências

A segurança pública e a resposta a emergências são agora melhoradas pela IA, pelo ML e pela DL com a ajuda da análise de dados em tempo real e de conhecimentos preditivos (Longo et al., 2019; Reegu et al.,

2020). Por exemplo, os sistemas de vigilância baseados em IA monitorizam agora o desempenho do público em qualquer tipo de espaços públicos para evitar qualquer atividade invulgar e ameaças ao público. Assim que essas ameaças aparecem, os agentes da autoridade podem interferir e impedir que as ameaças se desenvolvam. Em caso de emergência, os sistemas de IA aprenderam a analisar todas as fontes de dados possíveis. Por exemplo, utiliza as redes sociais, os sensores, as chamadas de emergência e outros tipos de informação para compreender o que está a acontecer e como pode ser gerida a situação de emergência. Os algoritmos de IA também são capazes de reconhecer padrões de catástrofes naturais e prever a sua propagação com base nas condições meteorológicas e noutros dados relevantes (Reegu et al., 2020). Por exemplo, essas tecnologias podem agora reconhecer incêndios, indicá-los aos departamentos locais e prever a sua propagação horas antes de os incêndios se propagarem efetivamente. Além disso, estes sistemas podem também ajudar na comunicação. Por exemplo, existem plataformas de comunicação com IA que ajudam a fornecer informações rapidamente compreensíveis ao público em caso de dúvidas. Essas plataformas podem trabalhar com processamento de linguagem natural e processar todas as perguntas muito rapidamente, bem como fornecer respostas que sejam eficazes e compreensíveis.

Mobilidade urbana

A IA, o ML e o DL estão a mudar a mobilidade urbana (Lom et al., 2016). Estão a ser desenvolvidas redes de transportes inteligentes com a ajuda de plataformas de partilha de boleias baseadas em IA (Lom et al., 2016; Hamidi et al., 2017). Estas plataformas ajudam a encontrar as formas mais adequadas ou a fazer corresponder os passageiros aos veículos, optimizando rapidamente o número de automóveis nas estradas e diminuindo as emissões. A IA está também envolvida na assistência ao estacionamento inteligente, de forma a ajudar os condutores a encontrarem parques de estacionamento acessíveis mais rapidamente do que se o fizessem sozinhos. Estes sistemas baseiam-se em análises preditivas e em tempo real para otimizar a utilização do estacionamento. Também é possível destacar a popularização das scooters eléctricas ou bicicletas geridas por IA, que podem ser observadas em muitas cidades e zonas urbanas. O algoritmo de IA também é usado para gerenciar a distribuição e o estado técnico desses veículos, que devem permanecer carregados e em condições de prontidão em uma área necessária. Em geral, estes meios de transporte são ecológicos e ajudam a ultrapassar a utilização excessiva de automóveis particulares.

Conclusões

Os recentes avanços em IA, ML e DL permitiram um enorme progresso em indústrias mais inteligentes e sustentáveis. Estão a revolucionar uma vasta gama de indústrias, conduzindo a uma maior produtividade, à otimização da energia e dos recursos e à manutenção preditiva, que estão a impulsionar os esforços sustentáveis. Por exemplo, a inclusão da IA e do ML na indústria transformadora permitiu a implantação de fábricas inteligentes onde a análise sinóptica de dados combinada com capacidades de tomada de decisões automatizadas pode melhorar a qualidade dos produtos, reduzindo simultaneamente o desperdício. Especificamente, os algoritmos de DL, incluindo os utilizados na visão por computador e no processamento de linguagem natural, estão a transformar o controlo da qualidade e a gestão da cadeia de abastecimento, proporcionando uma identificação precisa dos defeitos e melhorando a comunicação ao longo da cadeia de abastecimento global. A IA e o ML desempenham um papel importante no ajuste da produção e distribuição de energia renovável no sector da energia, ajudando na mudança para uma economia com baixas emissões de carbono. As redes inteligentes alimentadas por IA gerem a procura de energia, resolvendo a grande questão da oferta e da procura em tempo real, uma vez que prevêem simultaneamente padrões de utilização para otimizar o fornecimento de energia com eficiência energética.

Além disso, os modelos de DL ajudaram a melhorar os sistemas autónomos nos transportes e na logística, permitindo a utilização generalizada de veículos eléctricos e de condução autónoma que reduzem as emissões de carbono e melhoram a mobilidade urbana. A IA está pronta a criar uma nova revolução no sector dos cuidados de saúde, por exemplo, para a criação de medicamentos adaptados, maior precisão de diagnóstico e planos de tratamento optimizados, melhorando assim os resultados para os doentes e reduzindo simultaneamente os custos dos cuidados de saúde. Essas tecnologias permitem análises exploratórias de dados em imensos volumes de dados para identificar informações que apoiam uma melhor tomada de decisões e impulsionam melhorias na investigação e desenvolvimento médicos. A integração de IA, ML e DL com a Internet das Coisas (IoT) e as tecnologias de cadeias de blocos está também a tornar as operações industriais mais transparentes, seguras e eficientes. Esta convergência ajuda a construir cidades inteligentes que envolvem a integração de sistemas e conhecimentos baseados em dados para um desenvolvimento urbano sustentável. As indústrias que desejem continuar num mercado global competitivo e ambientalmente consciente terão de abraçar estes desenvolvimentos.

Referências

Ahmad, T., Zhu, H., Zhang, D., Tariq, R., Bassam, A., Ullah, F., ... & Alshamrani, S. S. (2022). Sistemas energéticos e inteligência artificial: Aplicações da indústria 4.0. Energy Reports, 8, 334-361.

Ahmed, I., Jeon, G., & Piccialli, F. (2022). Da inteligência artificial à inteligência artificial explicável na indústria 4.0: uma pesquisa sobre o que, como e onde. IEEE Transactions on Industrial Informatics, 18(8), 5031-5042.

Ahsan, F., Dana, N. H., Sarker, S. K., Li, L., Muyeen, S. M., Ali, M. F., ... & Das, P. (2023). Rede inteligente de próxima geração orientada por dados para a evolução da energia sustentável: revisão de técnicas e tecnologia. Proteção e Controlo de Sistemas Eléctricos Modernos, 8(3), 1-42.

Akhmatova, M. S., Deniskina, A., Akhmatova, D. M., & Prykina, L. (2022). Integração de sistemas de gestão da qualidade (TQM) na era digital da indústria de sistemas de transporte inteligentes 4.0. Transportation research procedia, 63, 1512-1520.

Alabi, M., Telukdarie, A., & Van Rensburg, N. J. (2019). Indústria 4.0: Soluções inovadoras para a indústria da água. Em Proceedings of the International Annual Conference of the American Society for Engineering Management. (pp. 1-10). Sociedade Americana de Gestão de Engenharia (ASEM).

Angelopoulos, A., Michailidis, E. T., Nomikos, N., Trakadas, P., Hatziefremidis, A., Voliotis, S., & Zahariadis, T. (2019). Lidando com falhas na era da indústria 4.0 - uma pesquisa de soluções de aprendizado de máquina e aspectos-chave. Sensores, 20(1), 109.

Bahrpeyma, F., & Reichelt, D. (2022). Uma revisão das aplicações da aprendizagem por reforço multi-agente em fábricas inteligentes. Frontiers in Robotics and AI, 9, 1027340.

Bilal Ahmed, M., Imran Shafiq, S., Sanin, C., & Szczerbicki, E. (2019). Rumo ao design de produtos inteligentes baseados na experiência para a indústria 4.0. Cibernética e Sistemas, 50(2), 165-175.

Bonada, F., Echeverria, L., Domingo, X., & Anzaldi, G. (2020). IA para melhorar a eficiência geral do equipamento na indústria transformadora. Em Novas Tendências no Uso da Inteligência Artificial para a Indústria 4.0. IntechOpen.

Bruni, R., & Piccarozzi, M. (2022). Capacitadores da Indústria 4.0 no varejo: uma revisão da literatura. Jornal Internacional de Gestão de Varejo e Distribuição, 50(7), 816-838.

Chang, V., Di Stefano, A., Sun, Z., & Fortino, G. (2022). Métodos de deteção de fraude de pagamento digital em eras digitais e Indústria 4.0. Computadores e Engenharia Elétrica, 100, 107734.

Çinar, Z. M., Abdussalam Nuhu, A., Zeeshan, Q., Korhan, O., Asmael, M., & Safaei, B. (2020). Aprendizado de máquina em manutenção preditiva para manufatura inteligente sustentável na indústria 4.0. Sustentabilidade, 12(19), 8211.

Coskun, S., Kayikci, Y., & Gençay, E. (2019). Adaptação do ensino de engenharia à visão da indústria 4.0. Tecnologias, 7(1), 10.

Culot, G., Fattori, F., Podrecca, M., & Sartor, M. (2019). Abordando os desafios de segurança cibernética da indústria 4.0. IEEE Engineering Management Review, 47(3), 79-86.

Demertzis, K., Iliadis, L., Tziritas, N., & Kikiras, P. (2020). Deteção de anomalias por meio de contratos inteligentes de aprendizado profundo com blockchain na indústria 4.0. Computação Neural e Aplicações, 32(23), 17361-17378.

Dhanabalan, T., & Sathish, A. (2018). Transformando as indústrias indianas através da inteligência artificial e robótica na indústria 4.0. Jornal Internacional de Engenharia Mecânica e Tecnologia, 9(10), 835-845.

Drakaki, M., Karnavas, Y. L., Tziafettas, I. A., Linardos, V., & Tzionas, P. (2022). Métodos baseados em aprendizado de máquina e aprendizado profundo para a manutenção preditiva da indústria 4.0 em motores de indução: Pesquisa do estado da arte. Jornal de Engenharia e Gestão Industrial (JIEM), 15(1), 31-57.

Elsisi, M., Tran, M. Q., Mahmoud, K., Lehtonen, M., & Darwish, M. M. (2021). Indústria 4.0 baseada em aprendizagem profunda e internet das coisas para uma gestão eficaz da energia para edifícios inteligentes. Sensores, 21(4), 1038.

Esmaeilian, B., Sarkis, J., Lewis, K., & Behdad, S. (2020). Blockchain para o futuro da gestão sustentável da cadeia de suprimentos na Indústria 4.0. Recursos, conservação e reciclagem, 163, 105064.

Gebhardt, M., Kopyto, M., Birkel, H., & Hartmann, E. (2022). Tecnologias da Indústria 4.0 como facilitadoras da colaboração em cadeias de suprimentos circulares: Uma revisão sistemática da literatura. International Journal of Production Research, 60(23), 6967-6995.

Gera, U. K., Siddarth, D., & Singh, P. (2022). Agricultura inteligente: Indústria 4.0 na agricultura usando inteligência artificial. Em Inteligência artificial para o desenvolvimento da sociedade e bem-estar global (pp. 211-221). IGI Global.

Ghosh, D., Sant, T. G., Kuiti, M. R., Swami, S., & Shankar, R. (2020). Decisões estratégicas, concorrência e contrato de partilha de custos no âmbito da indústria 4.0 e considerações ambientais. Recursos, conservação e reciclagem, 162, 105057.

Gong, Y. (2022). Previsão de fluxo de tráfego e aplicação de cidade inteligente com base na indústria 4.0 e análise de Big Data. Problemas matemáticos em engenharia, 2022(1), 5397861.

Grillo, H., Alemany, M. M. E., & Caldwell, E. (2022). Problema de alocação de recursos humanos na Indústria 4.0: um quadro de referência. Computadores e Engenharia Industrial, 169, 108110.

Guato Burgos, M. F., Morato, J., & Vizcaino Imacaña, F. P. (2024). Uma revisão das abordagens de deteção de anomalias de rede inteligente pertencentes à inteligência artificial. Ciências Aplicadas, 14(3), 1194.

Hamidi, S. R., Ibrahim, E. N. M., Rahman, M. F. B. A., & Shuhidan, S. M. (2017, novembro). Mobilidade urbana da indústria 4.0: módulo de rastreamento de estacionamento inteligente goNpark. In Proceedings of the 3rd international conference on communication and information processing (pp. 503-507).

Hernavs, J., Ficko, M., Klancnik, L., Rudolf, R., & Klancnik, S. (2018). Aprendizagem profunda na indústria 4.0 - breve visão geral. Jornal de Engenharia de Produção, 1-5.

Jakubczak, W., Golçbiowska, A., & Prokopowicz, D. (2021). Os aspectos jurídicos e de segurança das TIC e a importância da indústria 4.0 para o desenvolvimento da indústria financeira 4.0.

Javaid, M., Haleem, A., Singh, R. P., Suman, R., & Gonzalez, E. S. (2022). Compreender a adoção de tecnologias da Indústria 4.0 na melhoria da sustentabilidade ambiental. Operações sustentáveis e computadores, 3, 203-217.

Júnior, G. G. S., Satyro, W. C., Bonilla, S. H., Contador, J. C., Barbosa, A. P., de Paula Monken, S. F., ... & Fragomeni, M. A. (2021). Construção 4.0: Tecnologias facilitadoras da Indústria 4.0 aplicadas para melhorar a segurança do trabalho na construção civil. Investigação, Sociedade e Desenvolvimento, 10(12), e280101220280- e280101220280.

Karabegovic, I., Karabegovic, E., Mahmic, M., & Husak, E. (2020). Implementação da indústria 4.0 e robôs industriais nos processos de fabricação. Em Novas Tecnologias, Desenvolvimento e Aplicação II 5 (pp. 3-14). Springer International Publishing.

Karabegovic, I., Turmanidze, R., & Dasic, P. (2019, setembro). Robótica e automação como base da quarta revolução industrial - indústria 4.0. Na Conferência Internacional de Grabchenko sobre Processos de Fabrico Avançados (pp. 128-136). Cham: Springer International Publishing.

Kassaj, M., & Perácek, T. (2024). Sinergias e potencial da indústria 4.0 e dos veículos automatizados em infra-estruturas de cidades inteligentes. Ciências Aplicadas, 14(9), 3575.

Khalil, R. A., Saeed, N., Masood, M., Fard, Y. M., Alouini, M. S., & Al-Naffouri, T. Y. (2021). Aprendizagem profunda na internet industrial das coisas: Potenciais, desafios e aplicações emergentes. IEEE Internet of Things Journal, 8(14), 11016-11040.

Khatter, H., Singh, P., Kumar, V., & Singh, D. (2021). Assistência de chatbot inteligente e inteligente para a futura indústria 4.0. Inteligência Artificial para uma Indústria Sustentável 4.0, 153-168.

Kotsiopoulos, T., Sarigiannidis, P., Ioannidis, D., & Tzovaras, D. (2021). Aprendizado de máquina e aprendizado profundo na manufatura inteligente: O paradigma da rede inteligente. Revisão de

Ciência da Computação, 40, 100341.

Kumar, R., Rani, S., & Khangura, S. S. (Eds.). (2023). Aprendizado de máquina para manufatura sustentável na indústria 4.0: Conceito, preocupações e aplicações. CRC Press.

Kurniawan, T. A., Meidiana, C., Othman, M. H. D., Goh, H. H., & Chew, K. W. (2023). Reforço da indústria de reciclagem de resíduos em Malang (Indonésia): Lições da gestão de resíduos na era da Indústria 4.0. Journal of Cleaner Production, 382, 135296.

Lampropoulos, G. (2023). Inteligência artificial, big data e aprendizado de máquina na indústria 4.0. Em Encyclopedia of data science and machine learning (pp. 2101-2109). IGI Global.

Lezzi, M., Lazoi, M., & Corallo, A. (2018). Cibersegurança para a Indústria 4.0 na literatura atual: Um quadro de referência. Computadores na Indústria, 103, 97-110.

Li, Z., He, Y., Lu, X., Zhao, H., Zhou, Z., & Cao, Y. (2021). Construção de um sistema inteligente orientado por big data de paisagem de rua de cidade inteligente com base na indústria 4.0. Inteligência computacional e neurociência, 2021(1), 1716396.

Lilhore, U. K., Simaiya, S., Kaur, A., Prasad, D., Khurana, M., Verma, D. K., & Hassan, A. (2021). Impacto do aprendizado profundo e do aprendizado de máquina na indústria 4.0: Impacto da aprendizagem profunda. Em sistemas ciber-físicos, IoT e autônomos na indústria 4.0 (pp. 179-197). CRC Press.

Lom, M., Pribyl, O., & Svitek, M. (2016, maio). A indústria 4.0 como parte das cidades inteligentes. Em 2016 Simpósio de Cidades Inteligentes de Praga (SCSP) (pp. 1-6). IEEE.

Lom, M., Pribyl, O., & Svitek, M. (2016, maio). A indústria 4.0 como parte das cidades inteligentes. Em 2016 Simpósio de Cidades Inteligentes de Praga (SCSP) (pp. 1-6). IEEE.

Longo, F., Nicoletti, L., & Padovano, A. (2019). Preparação para emergências em instalações industriais: Uma solução prospetiva baseada nas tecnologias facilitadoras da indústria 4.0. Computadores na indústria, 105, 99-122.

Mahmoodi, E., Fathi, M., Tavana, M., Ghobakhloo, M., & Ng, A. H. (2024). Sistema de apoio à decisão baseado em simulação orientada por dados para alocação de recursos na indústria 4.0 e manufatura inteligente. Jornal de sistemas de manufatura, 72, 287-307.

Mazzei, D., & Ramjattan, R. (2022). Aprendizado de máquina para a indústria 4.0: Uma revisão sistemática usando modelagem de tópicos baseada em aprendizado profundo. Sensores, 22(22), 8641.

Mian, S. H., Salah, B., Ameen, W., Moiduddin, K., & Alkhalefah, H. (2020). Adaptando universidades para a educação em sustentabilidade na indústria 4.0: Canal de desafios e oportunidades. Sustentabilidade, 12(15), 6100.

Mohammadi, M., Rahmanifar, G., Hajiaghaei-Keshteli, M., Fusco, G., & Colombaroni, C. (2023). Indústria 4.0 na gestão de resíduos: Uma abordagem integrada baseada em IoT para localização de instalações e roteamento de veículos verdes. Jornal de Integração da Informação Industrial, 36, 100535.

Moreno Escobar, J. J., Morales Matamoros, O., Tejeida Padilla, R., Lina Reyes, I., & Quintana Espinosa, H. (2021). Uma revisão abrangente sobre redes inteligentes: Challenges and opportunities. Sensores, 21(21), 6978.

Mostafa, N., Ramadan, H. S. M., & Elfarouk, O. (2022). Gestão de energia renovável em redes inteligentes usando análise de big data e aprendizado de máquina. Aprendizagem automática com aplicações, 9, 100363.

Motroni, A., Buffi, A., & Nepa, P. (2021). Rastreamento de empilhadeira: Implementação da Indústria 4.0 em armazéns de grande escala através da fusão de sensores uwb. Ciências Aplicadas, 11(22), 10607.

Mourtzis, D., Angelopoulos, J., & Panopoulos, N. (2022). Redes inteligentes como sistemas de produto-serviço no âmbito da energia 5.0 - uma revisão do estado da arte. Green Manufacturing Open, 1(1), 5.

Nagy, M., & Lãzãroiu, G. (2022). Algoritmos de visão computacional, técnicas de fusão de dados de deteção remota e ferramentas de mapeamento e navegação no setor automóvel eslovaco baseado na Indústria 4.0. Matemática, 10(19), 3543.

Nia, A. R., Awasthi, A., & Bhuiyan, N. (2021). Indústria 4.0 e previsão de demanda da cadeia de abastecimento de energia: Uma revisão da literatura. Computadores e Engenharia Industrial, 154, 107128.

Oláh, J., Aburumman, N., Popp, J., Khan, M. A., Haddad, H., & Kitukutha, N. (2020). Impacto da Indústria 4.0 na sustentabilidade ambiental. Sustainability, 12(11), 4674.

Pallathadka, H., Jawarneh, M., Sammy, F., Garchar, V., Sanchez, D. T., & Naved, M. (2022, abril). Uma revisão do uso de inteligência artificial e aprendizado de máquina na indústria de alimentos e agricultura. Em 2022 2ª Conferência Internacional sobre Computação Avançada e Tecnologias Inovadoras em Engenharia (ICACITE) (pp. 2215-2218). IEEE.

Paul, S., Riffat, M., Yasir, A., Mahim, M. N., Sharnali, B. Y., Naheen, I. T., ... & Kulkarni, A. (2021). Aplicações da Indústria 4.0 para serviços médicos / de saúde. Jornal de Redes de Sensores e Atuadores, 10(3), 43.

Pereira, R., Lima, C., Pinto, T., & Reis, A. (2023). Assistentes Virtuais na Indústria 4.0: Uma Revisão Sistemática da Literatura. Eletrónica, 12(19), 4096.

Popov, V. V., Kudryavtseva, E. V., Kumar Katiyar, N., Shishkin, A., Stepanov, S. I., & Goel, S. (2022). Indústria 4.0 e digitalização na área da saúde. Materiais, 15(6), 2140.

Rahimian, F. P., Goulding, J. S., Abrishami, S., Seyedzadeh, S., & Elghaish, F. (2021). Soluções da Indústria 4.0 para projeto e construção de edifícios: um paradigma de novas oportunidades. Routledge.

Rai, R., Tiwari, M. K., Ivanov, D., & Dolgui, A. (2021). Aprendizado de máquina em aplicações de manufatura e indústria 4.0. Jornal Internacional de Pesquisa de Produção, 59(16), 4773-4778.

Rao, T. V. N., Gaddam, A., Kurni, M., & Saritha, K. (2022). Confiança na inteligência artificial, na aprendizagem automática e na aprendizagem profunda na era da indústria 4.0. Conceção de sistemas de saúde inteligentes: aspetos de segurança e privacidade, 281-299.

Reegu, F., Khan, W. Z., Daud, S. M., Arshad, Q., & Armi, N. (2020, novembro). Uma estrutura de segurança pública confiável para a Internet das coisas industrial (IIoT). Em 2020 Conferência Internacional sobre Radar, Antena, Micro-ondas, Eletrônica e Telecomunicações (ICRAMET) (pp. 189-193). IEEE.

Saravanan, S. R. N. S. C. M. N., Renugadevi, N., Sudha, C. N., & Tripathi, P. (2021). Indústria 4.0:

Sistema de gestão inteligente de água usando IoT. Questões de segurança e preocupações com a privacidade em aplicativos da indústria 4.0, 1-14.

Savkovic, M., Dasic, M., Djapan, M., Vukicevic, A., Macuzic, I., & Stefanovic, M. (2021). Melhorar a segurança no local de trabalho usando tecnologias avançadas da indústria 4.0.

Schlingensiepen, J., Nemtanu, F., Mehmood, R., & McCluskey, L. (2016). Sistemas de gestão de transportes autónomos - facilitador para cidades inteligentes, medicina personalizada, participação e rede industrial / indústria 4.0. Sistemas de transporte inteligentes - problemas e perspetivas, 3-35.

Seraj, M., Parvez, M., Khan, O., & Yahya, Z. (2024). Otimizando sistemas de gerenciamento de energia de edifícios inteligentes por meio da indústria 4.0: Uma abordagem de metodologia de superfície de resposta. Tecnologias Verdes e Sustentabilidade, 100079.

Shaikh, T. A., Rasool, T., & Lone, F. R. (2022). Para alavancar o papel da aprendizagem automática e da inteligência artificial na agricultura de precisão e na agricultura inteligente. Computadores e Eletrónica na Agricultura, 198, 107119.

Tao, R., Su, C. W., Xiao, Y., Dai, K., & Khalid, F. (2021). Robo advisors, negociação algorítmica e gestão de investimentos: Maravilhas da quarta revolução industrial nos mercados financeiros. Previsão Tecnológica e Mudança Social, 163, 120421.

Tatipala, S., Larsson, T., Johansson, C., & Wall, J. (2021). A influência da indústria 4.0 no design e desenvolvimento de produtos: Fundamentos conceituais e revisão da literatura. Design for Tomorrow-Volume 2: Procedimentos do ICoRD 2021, 757-768.

Villalba-Díez, J., Molina, M., Ordieres-Meré, J., Sun, S., Schmidt, D., & Wellbrock, W. (2020). Aprendizagem geométrica profunda e enxuta: Aprendizagem profunda em redes complexas ciber-físicas da indústria 4.0. Sensores, 20(3), 763.

Zheng, T., Ardolino, M., Bacchetti, A., & Perona, M. (2021). As aplicações das tecnologias da Indústria 4.0 no contexto da manufatura: uma revisão sistemática da literatura. Jornal Internacional de Pesquisa em Produção, 59(6), 1922-1954.

Capítulo 3: Reforçar a resiliência na indústria 4.0, 5.0 e na
sociedade 5.0 através da inteligência artificial, da aprendizagem
automática e da aprendizagem profunda

Resumo:

A Indústria 4.0, 5.0, bem como a Sociedade 5.0, é um período de revoluções da nova era em que a inteligência artificial (IA), a aprendizagem automática (ML) e a aprendizagem profunda (DL) se tornam as ferramentas para melhorar e garantir a resiliência em diferentes domínios. A investigação atual centra-se na resiliência operacional, urbana, psicológica, cibernética, da cadeia de abastecimento e social. A resiliência é uma ferramenta poderosa no contexto moderno, e os sistemas baseados na IA ajudam a desenvolver capacidades e a reduzir os impactos negativos. A resiliência operacional e de produção pode ser alcançada com a ajuda de sistemas de aprendizagem automática concebidos para a manutenção preditiva e a deteção de anomalias. Estas ferramentas permitem reduzir o tempo de inatividade, estimar adequadamente as alterações e tomar decisões atempadas para otimizar o processo de produção e aumentar o nível de produtividade. Ao mesmo tempo, as aplicações de cibersegurança tornam-se mais sofisticadas com a introdução de tecnologias avançadas de ML. A sua caraterística peculiar é a capacidade de tornar o processo de deteção de ameaças mais eficiente e promover o desenvolvimento de algoritmos de resposta, o que é importante para proteger as infra-estruturas críticas do impacto dos ciberataques. No contexto da resiliência da cadeia de abastecimento, a IA e o ML tornam-se partes essenciais da análise preditiva que permite antecipar possíveis perturbações, gerir a logística e otimizar as quantidades e os locais dos artigos necessários. Os sistemas de fabrico inteligentes com IA tornam os processos de produção mais adaptáveis e flexíveis, o que é crucial na situação dos desafios actuais. A sociedade 5.0 não pode existir sem resiliência social, e esta é concretizada com a ajuda da IA, por exemplo, na gestão de estratégias destinadas à gestão de catástrofes, aos cuidados de saúde ou à conceção de cidades. A análise de dados em tempo real e os sistemas inteligentes inovadores podem ser desenvolvidos com a ajuda da IA, mesmo nos domínios em que a intervenção humana sempre foi considerada crucial. Além disso, o DL ajuda a conceber sistemas autónomos que são cruciais para aumentar a resiliência nos processos de transporte e logística. Este tipo de desenvolvimento é essencial no contexto da criação de modelos adequados e adaptáveis que reduzam os impactos negativos nas partes interessadas e as ajudem a ultrapassar barreiras e mudanças em tempo útil.

Palavras-chave: Resiliência, Inteligência artificial, Aprendizagem automática, Aprendizagem profunda, Resiliência da cadeia de abastecimento, Resiliência psicológica, Resiliência urbana, Resiliência social.

Introdução

Os paradigmas da Indústria 4.0, 5.0 e Sociedade 5.0 tornaram-se mais intensos e ambiciosos, através dos quais a resiliência parece ser um dos pontos centrais (Habibi Rad et al., 2021; Al-Banna et al., 2023; Marinagi et al., 2023). A Indústria 4.0 reflete a ideia de integrar tecnologias de última geração para melhorar o trabalho de qualquer organização, trazendo velocidade, qualidade e valor (Peres et al., 2020). Concretiza-se sob a forma de processos de fabrico avançados que são mais flexíveis e dinâmicos e, portanto, permitem a manutenção preditiva, a análise de dados em tempo real e os atrasos autónomos ou a correção de erros. Considerando uma abordagem da Indústria 5.0, os seres humanos passam a estar no centro do sistema, proporcionando formas de colaboração com máquinas inteligentes que actuam como os melhores assistentes dos gestores (Golovianko et al., 2023; Ivanov, 2023). O conceito, desenvolvido pelo Japão e conhecido como Sociedade 5.0, é semelhante ao da Indústria 5.0, mas é orientado principalmente para a integração das transformações digitais e da IA.

A inteligência artificial (IA), a aprendizagem automática (ML) e a aprendizagem profunda (DL) estão provavelmente no centro destes quadros industriais e sociais transformadores, mas mais significativo é o papel que devem desempenhar (Grabowska et al., 2022; Sindhwani et al., 2022; Paramesha et al., 2024a). As capacidades das tecnologias de IA para criar sistemas inteligentes, reactivos e flexíveis podem potencialmente abrir caminho para sair de uma catástrofe previsível. Os algoritmos de aprendizagem automática têm a capacidade de aprender com dados em grande escala para fornecer informações preditivas que podem ajudar a identificar e até otimizar processos em diferentes domínios. Ao utilizar uma técnica mais poderosa chamada DL, que é um subconjunto do próprio ML, está a utilizar redes neuronais para realizar tarefas mais avançadas, incluindo reconhecimento de imagem/fala, processamento de linguagem natural e controlo de sistemas autónomos. Coletivamente, essas tecnologias oferecem a resiliência e a flexibilidade necessárias para navegar nas complexidades da Indústria 4.0, Indústria 5.0 e Sociedade 5.0 (Leng et al., 2023; Ahmed et al., 2023; Raja Santhi, & Muthuswamy, 2023; Paramesha et al., 2024b). Por conseguinte, é importante garantir que sejam robustos e que continuem a funcionar a longo prazo, especialmente sob as maravilhosas incertezas dos futuros ciclos económicos, das ciberameaças, das alterações ambientais, etc. São aplicadas numa grande variedade de casos de utilização, incluindo, entre outros, a melhoria da gestão da cadeia de abastecimento, a eficiência energética, a cibersegurança e a resposta a catástrofes. Com o avanço das indústrias e das sociedades, a IA, o ML e a DL podem ser combinados para desempenhar um papel essencial na ajuda à melhoria da resiliência e na consecução dos objectivos de desenvolvimento sustentável.

O estudo de intenções é orientado pela seguinte questão principal de investigação e contributos:

1) Qual é a investigação existente sobre as aplicações de IA, ML e DL que apoiam a indústria moderna 4.0, a indústria 5.0 e a sociedade 5.0 em termos de reforço da resiliência?
2) Esta investigação utiliza bibliometria de ponta para investigar palavras-chave, padrões de coocorrência e agrupamentos para identificar potenciais tópicos quentes, temas emergentes e redes de colaboração que sustentam esta literatura.

3) Os resultados desta revisão e análise fornecem um conjunto de ideias para investigação futura, apontando as possíveis aplicações e desafios para melhorar o avanço da resiliência através da tecnologia de IA.

Metodologia

Este artigo faz uma revisão da literatura existente sobre o assunto, analisando o papel da IA, ML e DL para o caso específico da resiliência na Indústria 4.0, Indústria 5.0 e Sociedade 5.0. Na revisão da literatura, a identificação sistemática, a avaliação e a síntese dos artigos de investigação, documentos e relatórios técnicos disponíveis são feitas através de bases de dados académicas do IEEE Xplore, Scopus, Web of Science. Foram utilizadas ferramentas de software como o VOSviewer para efetuar a análise de palavras-chave e identificar temas e tendências fundamentais. A literatura identificada inclui palavras-chave como resiliência, IA, ML, DL, Indústria 4.0, Indústria 5.0 e Sociedade 5.0. Estas palavras-chave permitem a realização de uma análise de coocorrência que indica a frequência e as relações entre elas, revelando os conceitos mais importantes e os tópicos emergentes no domínio. Em segundo lugar, de forma análoga ao nosso agrupamento de documentos, efectuamos uma análise de agrupamentos para considerar os estudos topicamente relacionados como um só (para obter agrupamentos de investigação). Utiliza algoritmos como o k-means e o agrupamento hierárquico para agrupar a literatura de acordo com as semelhanças temáticas. Os resultados da análise de agrupamentos contribuem para identificar as principais áreas de investigação e as áreas que requerem maior atenção relacionadas com o domínio de estudo.

Resultados e discussões
Análise de coocorrência e de agrupamento das palavras-chave
O diagrama de rede (Fig. 1) mostra as ligações complexas e as palavras relacionadas com a IA, a aprendizagem automática, a aprendizagem profunda e a resiliência na Indústria 4.0, na Indústria 5.0 e na Sociedade 5.0. O facto de a "aprendizagem automática", a "aprendizagem profunda", a "inteligência artificial" e a "resiliência" ocuparem uma

posição central realça a sua importância para o debate. A sua dimensão indica que a utilização destas palavras é comum e pode ser muito relevante. Por sua vez, o elevado número de ligações que delas derivam pode sugerir que estas palavras podem ser utilizadas em diferentes disciplinas. No entanto, olhando para o termo "aprendizagem automática", é possível notar que se trata de uma ideia geral que une muitas aplicações e subcampos. Neste sentido, o termo "aprendizagem profunda" é muito semelhante, demonstrando a relação hierárquica. Por outras palavras, a "aprendizagem automática" é um subconjunto da "aprendizagem profunda", uma vez que envolve topologias de redes neuronais cada vez mais sofisticadas. Este facto pode, de um modo geral, estabelecer a relação de interdependência entre as duas noções, com o desenvolvimento de técnicas de aprendizagem profunda a ter um efeito substancial na aprendizagem automática em geral.

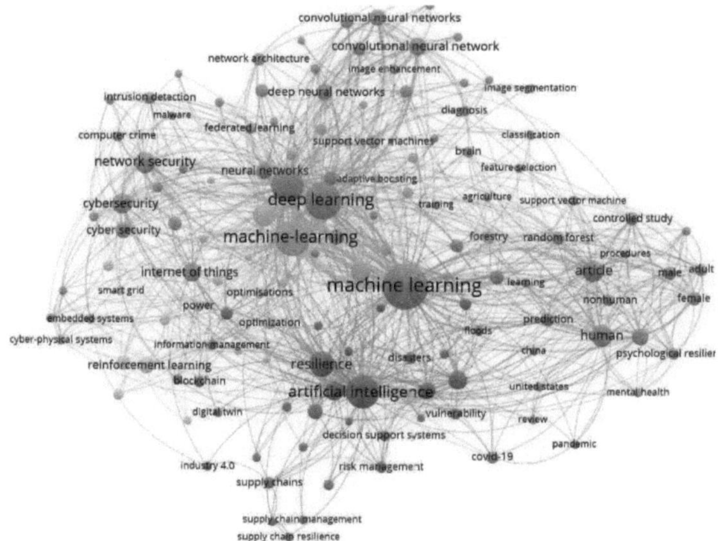

Fig. 1 Análise de coocorrência das palavras-chave na literatura

"Aprendizagem profunda", "redes neurais", "redes neurais convolucionais" e "rede neural convolucional" pertencem a um grupo

de palavras próximas umas das outras. De facto, as palavras representam alguns dos métodos de aprendizagem profunda que são essenciais para a tarefa de processamento de imagens e reconhecimento de padrões. Entretanto, no grupo com "aprendizagem profunda", vemos que existem palavras próximas como "diagnóstico", "segmentação de imagens" e "arquitetura de rede". Isto indica que o nosso campo de estudo, no qual a palavra "aprendizagem profunda" é central, é a medicina e o diagnóstico de doenças através de imagens médicas. Entretanto, o facto de as "máquinas de vectores de suporte" e a "floresta aleatória" estarem quase no mesmo grupo que a "aprendizagem segura" e outras mostra que existe um conjunto de métodos de aprendizagem automática utilizados em conjunto com a aprendizagem profunda para resolver uma série de problemas. Outro agrupamento, que se aproxima do agrupamento "aprendizagem profunda", é o agrupamento "inteligência artificial" que inclui "aprendizagem automática" e "resiliência". No cluster, podemos ver palavras como "gestão de riscos", "sistemas de apoio à decisão", "cadeias de abastecimento", entre outras. Isto indica que as utilizações industriais e das cadeias de fornecimento tornaram a IA adequada, e isto foi proposto para melhorar o julgamento e reduzir o risco. Estas palavras aparecem juntamente com "digital twin" e "blockchain", o que mostra que a tecnologia de ponta e a inteligência artificial estão combinadas para criar sistemas mais fiáveis e eficazes do que nunca.
Este grupo de resiliência inclui as ideias relativas à gestão da cadeia de abastecimento e à resiliência, vulnerabilidade e catástrofes da cadeia de abastecimento. Estes conceitos são transmitidos numa única cadeia que liga todas as noções à forma como a análise preditiva e as operações optimizadas por IA podem melhorar o funcionamento das redes de abastecimento, aumentando a sua capacidade de recuperação de uma perturbação. Por outras palavras, a resiliência consiste em construir sistemas industriais ricos que terão a força e a robustez necessárias para se manterem vivos face a perturbações exógenas ou endógenas de qualquer tipo. Esta ideia é partilhada com os clusters da Indústria 4.0 e da Indústria 5.0, tentando agrupá-los no contexto da "resiliência". Por

outro lado, a Internet das coisas é normalmente utilizada para definir não só a cibersegurança, mas também a aprendizagem automática e a segurança das redes. Além disso, pensa-se que o advento da Internet das coisas e da aprendizagem automática facilitará o tratamento adequado de fluxos de dados maciços. É descuidado que os próprios termos diretamente relacionados com a Internet das coisas, nomeadamente "cibersegurança" e "segurança das redes", impliquem que os sistemas devem ser protegidos contra ciberataques. Esta, por sua vez, é considerada uma parte necessária da resiliência no mundo atual.

Os agrupamentos de IoT e cibersegurança contêm normalmente palavras como sistemas incorporados, sistemas ciberfísicos e redes inteligentes. Dizem respeito à utilização da inteligência artificial ou da aprendizagem automática para a gestão e proteção de infra-estruturas complexas que são cruciais para o avanço dos processos industriais modernos, como os sistemas incorporados ou as redes de energia. No entanto, existe também um grupo centrado no ser humano que inclui palavras como "humano", "resiliência psicológica", "saúde mental" e "pandemia". Significa antes que, atualmente, as pessoas começam a prestar cada vez mais atenção às ligações entre a tecnologia e os seres humanos. Especialmente no contexto de desafios globais actuais como a pandemia de COVID-19. As palavras "saúde mental" e "resiliência psicológica" estão ligadas aos esforços para utilizar a IA ou a aprendizagem automática para melhorar o bem-estar humano e a resiliência psicológica, especialmente em tempos tão difíceis como as grandes emergências.

Reforçar a resiliência através da inteligência artificial, da aprendizagem automática e da aprendizagem profunda

A resiliência na indústria é a capacidade de uma indústria para antecipar, preparar, responder e adaptar-se às mudanças incrementais e às perturbações e oportunidades súbitas para manter e melhorar a capacidade da indústria para um funcionamento contínuo e uma evolução adaptativa (Al-Banna et al., 2023; Marinagi et al., 2023; Paramesha et al., 2024c). Tecnologias como a IA, o ML e o DL trouxeram uma revolução colossal no sector industrial, proporcionando muito mais resiliência às indústrias (Grabowska et al., 2022; Sindhwani et al., 2022). Com soluções para a previsão e mitigação de riscos, operações e continuidade do negócio, estas tecnologias estão a preparar o caminho para o futuro da indústria.

Manutenção preditiva e gestão de activos

Um dos factores importantes no que diz respeito à resiliência industrial é a manutenção dos activos. A manutenção preditiva baseada em IA e ML ajuda as indústrias a prever futuras falhas de equipamento antes de estas ocorrerem (Biard, & Nour, 2021; Compare et al., 2019). Os algoritmos de IA, por exemplo, podem classificar volumes maciços de dados de sensores e registos de máquinas e prever com grande precisão quando um equipamento é suscetível de falhar e, em seguida, programar a manutenção em conformidade. Esta estratégia preventiva pode diminuir o tempo de inatividade, aumentar a vida útil do equipamento e, em geral, reduzir os custos decorrentes de reparações não programadas. Na indústria transformadora, as empresas estão a implementar sistemas de manutenção preditiva baseados em IA - a Siemens e a General Electric lançaram ambas soluções semelhantes - que não só aumentaram a eficiência operacional como também a resiliência do sistema.

Resiliência da cadeia de abastecimento

A chegada da pandemia de COVID-19 veio reforçar ainda mais a necessidade de cadeias de abastecimento resilientes face a uma crise. Com a melhoria da previsão da procura, a otimização dos níveis de inventário e a identificação de perturbações, a IA e o ML participam no reforço da resiliência da cadeia de abastecimento (Sobb et al., 2020; Bedi et al., 2021). Os algoritmos de IA podem analisar dados históricos, tendências de mercado e factores externos para fornecer previsões precisas da procura às empresas e ajudá-las a manter o seu nível de inventário correto para que não fiquem sem stock ou enfrentem uma situação de excesso de stock (Bedi et al., 2021; Qader et al., 2022). Além disso, o sistema de gerenciamento da cadeia de suprimentos baseado em IA seria capaz de detetar interrupções iminentes (calamidades naturais e eventos geopolíticos) e recomendar opções de fornecimento de backup. Isto permite que as indústrias funcionem sem problemas, apesar das adversidades.

Resiliência em matéria de cibersegurança

A cibersegurança permite a resiliência industrial na era da transformação digital (Ferrag et al., 2021; Paramesha et al., 2024d). Estas ciberameaças estão a ser detetadas e prevenidas com recurso à IA/ML/DL (Bécue et al., 2021; Moustafa et al., 2023). Estas tecnologias permitem analisar o tráfego da rede, detetar anomalias e alertar para uma potencial violação da segurança no momento em que esta está a ocorrer. Em particular, os modelos de aprendizagem profunda são soberbos na identificação de padrões intrincados e capazes de discernir ciberataques sofisticados que os sistemas de segurança tradicionais podem ignorar; por conseguinte, um sistema de cibersegurança alimentado por IA pode responder a ameaças de uma forma muito mais atempada e eficiente, permitindo a proteção de infra-estruturas industriais vitais e a recolha e análise constantes de dados. A Tabela 1 mostra a resiliência através da IA, do ML e da DL.

Otimização operacional

A eficiência operacional é a base da resiliência operacional na indústria. Dos processos de produção à gestão da energia, a IA e o ML podem racionalizar as operações num espetro de operações industriais (Lee et al., 2020; Mallioris et al., 2024). No fabrico de sistemas alimentados por IA na produção, a IA pode analisar os dados de produção para encontrar estrangulamentos, facilitar os fluxos de trabalho e aumentar a produtividade. Por exemplo, a IA pode ajudar a planear a programação de tarefas e recursos dentro de uma fábrica, de modo a que as linhas de produção se movam rapidamente e sem problemas. Os algoritmos alimentados por inteligência artificial, quando implementados na gestão da energia, analisam os padrões de utilização da energia e a otimização da utilização da energia, reduzindo as perdas e tornando-a mais sustentável.

Quadro 1 Reforçar a resiliência através da inteligência artificial, da aprendizagem automática e da aprendizagem profunda

References	Resilience	AI	ML	DL
Lee et al., (2020) Mallioris et al., (2024)	Operational Resilience	Predictive maintenance for machinery	Anomaly detection in production lines	Predictive analytics for equipment failures
Bécue et al., (2021); Moustafa et al., (2023); Ferrag et al., (2021)	Cyber Resilience	Intrusion detection systems (IDS)	Pattern recognition in network traffic for identifying potential threats	Deep packet inspection using neural networks
Burrell, (2024); Ali et al., (2024)	Financial Resilience	Fraud detection systems using AI algorithms	Credit scoring and loan approval processes using ML models	Analyzing vast financial datasets for hidden patterns
Romão, & Pereira, (2021); Bongomin et al., (2020)	Community Resilience	Disaster response planning and simulation	Predictive modeling for disaster impact assessment	Image and video analysis for damage assessment
Mumtaz et al., (2022); Chen, et al., (2023)	Environmental Resilience	Climate modeling and prediction	Predictive analytics for environmental changes	Analyzing satellite imagery for deforestation detection
Mata et al., (2021); Futai et al., (2022); Paramesha et al., (2024e)	Infrastructure Resilience	Smart grid management and optimization	Predictive maintenance for infrastructure (e.g., bridges, roads)	Monitoring and analyzing structural health
Sobb et al., (2020); Bedi et al., (2021)	Supply Chain Resilience	Optimization of logistics and inventory management	Anomaly detection in supply chain operations	Real-time tracking of goods and shipments
Saha et al., (2022); Tortorella et al., (2022)	Healthcare Resilience	Predictive modeling for disease outbreaks	Early detection of diseases through pattern recognition	Analyzing patient data for predictive health monitoring
Nessari et al., (2024); Behl et al., (2023)	Economic Resilience	Economic impact analysis and prediction	Market trend prediction and economic forecasting	Real-time analysis of economic indicators
Pandey et al., (2023); Morelli et al., (2022);Khalid, (2024)	Energy Resilience	Smart energy management systems	Optimization of renewable energy sources	Real-time monitoring and analysis of energy consumption
Grybauskas et al., (2022); Abdillah et al., (2024); Qiu et al., (2022)	Social Resilience	Enhancing social services delivery	Predicting social unrest and public sentiment	Analyzing social networks for information dissemination
Bradu et al., (2023); Ramírez-Márquez et al., (2024)	Ecological Resilience	Monitoring biodiversity and ecosystem health	Analyzing patterns in species distribution and abundance	Predicting ecological changes and impacts from environmental stressors

Marinagi et al., (2023); Marcucci et al., (2022)	Technological Resilience	Ensuring robustness and adaptability of technological systems	Predicting and mitigating technology failures	Enhancing the resilience of critical technological infrastructures
Marcucci et al., (2022); Bianco et al., (2023)	Business Resilience	Strategic planning and risk management	Customer behaviour prediction and personalization	Enhancing the resilience of business operations through real-time data analysis
Habibi Rad et al., (2021); Chen et al., (2021)	Transportation Resilience	Traffic management and optimization	Predictive maintenance for transportation infrastructure	Route optimization and autonomous driving systems
Rane, (2023)	Educational Resilience	Personalized learning and adaptive educational systems	Analyzing educational outcomes and predicting student performance	Enhancing the resilience of educational institutions through real-time data analysis
Saefudin et al., (2022); Ricciardelli et al., (2023)	Cultural Resilience	Preserving cultural heritage through digitization and AI-driven restoration	Analyzing and predicting cultural trends and shifts	Enhancing cultural understanding through DL models of language and art

Controlo e garantia da qualidade

A fiabilidade é uma parte crítica da confiança do cliente, bem como do funcionamento contínuo da plataforma. A IA e o ML alteraram completamente o cenário do controlo de qualidade de diferentes indústrias (Ralston, & Blackhurst, 2020; Hsu et al., 2022). Utilizando visão computacional e DL, os sistemas de IA podem digitalizar peças imediatamente após a produção para detetar e classificar defeitos com uma precisão sem precedentes (Williams, & Tang, 2020; Hsu et al., 2022). Estes sistemas são capazes de analisar imagens e dados da linha de produtos e revelar anomalias que um inspetor humano poderia não conseguir detetar. Isto melhora a qualidade do trabalho, reduzindo o seu tempo de ciclo e contribuindo para a sua produtividade global à custa da redução do desperdício (redução do trabalho que é produzido e feito de novo). Na indústria automóvel, a BMW e a Toyota, por exemplo, utilizam sistemas de controlo de qualidade com IA para garantir a conformidade dos seus veículos com normas de elevada qualidade.

Gestão de crises e recuperação de desastres

As empresas devem ser capazes de enfrentar a crise e conseguir recuperar do desastre. Se forem corretamente utilizados, a IA e o ML podem ser instrumentos úteis para ajudar na gestão de crises e na recuperação de catástrofes (Romão, & Pereira, 2021; Bongomin et al., 2020). A análise preditiva alimentada por IA pode efetivamente simular uma situação crítica e ajudar as organizações a elaborar o plano de resposta mais adequado para tais situações (Habibi Rad et al., 2021; Raja Santhi, & Muthuswamy, 2022). Em situações de crise, a IA permite a análise de dados em tempo real para fornecer informações valiosas que podem apoiar ou influenciar as decisões. A IA pode ser utilizada para analisar as previsões meteorológicas e os meios de comunicação social e compará-los com eventos semelhantes armazenados numa base de dados para ajudar a prever o impacto de uma catástrofe natural e determinar a estratégia de resposta, caso esta ocorra. A IA de resposta a emergências e de recuperação também pode ajudar a automatizar o processo de gestão de catástrofes, optimizando ainda mais a mobilização de recursos e a logística da cadeia de abastecimento para garantir que os fornecimentos essenciais, por exemplo, cheguem prontamente às áreas afectadas (Sobb et al., 2020; Bedi et al., 2021).

Resiliência ambiental e de sustentabilidade

Os desafios ambientais e regulamentares levaram a uma maior ênfase na sustentabilidade como um elemento crucial da resiliência industrial. Ao otimizar a utilização de recursos e reduzir o impacto ambiental, as tecnologias de IA e ML podem tornar o mundo mais resiliente do ponto de vista ambiental (Mumtaz et al., 2022; Chen, et al., 2023). Com a ajuda da IA, é possível analisar diferentes fontes de dados, como sensores, imagens de satélite e muito mais - para rastrear as condições ambientais e detetar as localizações específicas dos requisitos (Aheleroff et al., 2022; Chen, et al., 2023). Isto inclui aplicações em que a IA pode ajudar a otimizar a utilização de água e energia em processos industriais e, assim, proporcionar um benefício ambiental direto através da redução de resíduos e emissões. As plataformas de sustentabilidade baseadas em IA, outra ferramenta para as indústrias, podem ajudar as empresas a monitorizar e a comunicar o seu desempenho ambiental para garantir que cumprem os regulamentos e melhoram a sua imagem de marca. As empresas, incluindo a Unilever e a Nestlé, estão a utilizar a IA para cumprir os seus objectivos de sustentabilidade e aumentar a sua resiliência.

Gestão das relações com os clientes (CRM)

As relações com os clientes são fundamentais, uma vez que a confiança e a lealdade dos clientes têm de estar em vigor para nos ajudar a gerir as perturbações e a manter a nossa força industrial. Além disso, com a IA e o ML, os clientes usam uma ferramenta adicional para a gestão do relacionamento com o cliente, que oferece serviços personalizados e aumenta a satisfação do cliente (Chatterjee et al., 2021; Marcucci et al., 2022; Bianco et al., 2023). A análise de dados pela IA no CRM ajuda a captar e abordar as preferências e o comportamento do cliente, que com isso, a empresa pode oferecer produtos sob medida e prestar serviços mais precisos aos seus clientes. Além disso, os chatbots de IA e os assistentes virtuais são capazes de dar rapidamente respostas/soluções aos clientes 24 horas por dia, 7 dias por semana (Marcucci et al., 2022; Bianco et al., 2023). Aumenta a satisfação do consumidor e também permite que as empresas sobrevivam e mantenham o seu fluxo de receitas em tempos difíceis.

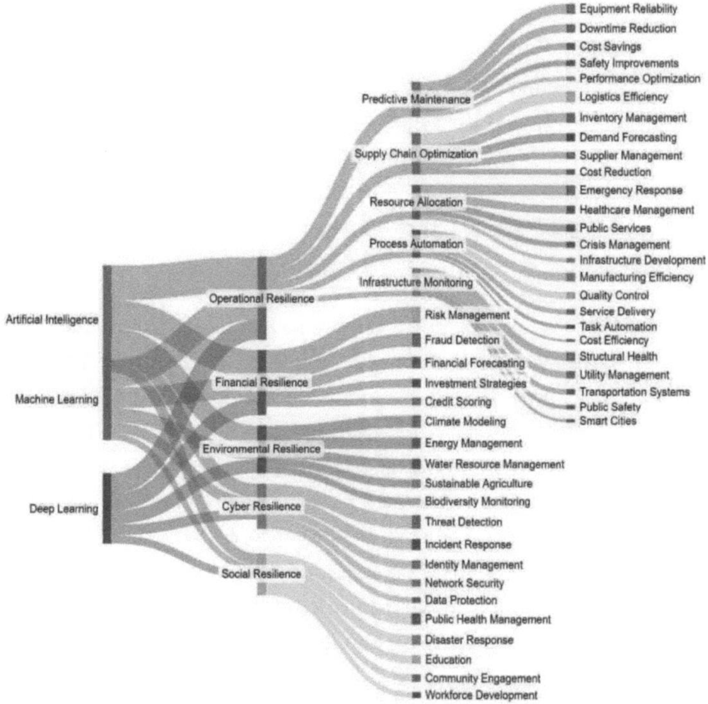

Fig. 2 O diagrama de Sankey destaca a forma como a IA, o ML e a DL contribuem para
resiliência diferente, incluindo a resiliência operacional, financeira, ambiental, cibernética e social

Resiliência financeira

É importante que as indústrias sejam financeiramente resilientes e sejam capazes de estar no jogo quando as coisas começam a não correr como elas querem. A IA é uma ferramenta importante para a previsão financeira, a gestão do risco e as estratégias de investimento, para as quais contribuem as tecnologias ML e DL (Burrell, 2024; Ali et al., 2024). Os algoritmos de IA podem ler dados financeiros históricos, bem como movimentos de mercado e indicadores económicos, para fazer previsões fiáveis e identificar potenciais perigos. A IA, por exemplo, pode prever o fluxo de caixa, permitindo às empresas manterem-se a par da gestão da liquidez. Os sistemas de gestão do risco alimentados por IA podem também analisar as finanças de fornecedores e parceiros para determinar áreas de fraqueza na cadeia de abastecimento. Nos investimentos, os algoritmos de negociação treinados por IA podem fazer optimizações de carteiras no sector dos investimentos, reduzindo o risco e maximizando os rendimentos.

Experiência e satisfação do cliente

A experiência e a satisfação do cliente são cruciais para a resiliência industrial, uma vez que retêm os clientes e garantem um lucro constante. A IA e o ML são eficientes na melhoria da experiência do cliente (Chatterjee et al., 2021; Marcucci et al., 2022). A IA pode permitir interações personalizadas com o cliente e apoio proactivo ao cliente. Em termos de interações com o cliente, isto pode ser conseguido com sistemas de gestão da relação com o cliente orientados para a IA que podem analisar os dados do cliente para compreender as preferências e comportamentos do cliente e adaptar o marketing do produto a grupos específicos de clientes-alvo (Chatterjee et al., 2021; Marcucci et al., 2022; Bianco et al., 2023). Quanto ao apoio ao cliente, a IA pode permitir chatbots e assistentes virtuais capazes de prestar serviços de apoio 24 horas por dia, 7 dias por semana. Graças a estas aplicações, os pedidos de informação e os problemas dos clientes são resolvidos no local, o que aumenta a sua satisfação. A IA também pode executar tarefas de rotina, o que liberta capital humano para tarefas mais complexas. Por exemplo, a Amazon e a Alibaba utilizam a IA para garantir uma experiência de compra personalizada e para uma gestão superior das relações com os clientes.

Gestão e sustentabilidade da energia

Um elemento importante da resiliência industrial é a gestão sustentável da energia. Atualmente, as indústrias enfrentam uma crescente pressão regulamentar, social e competitiva para agir de forma sustentável e enfrentar os desafios ambientais. Assim, as tecnologias de IA, como o ML e o DL, podem ser utilizadas para otimizar a utilização de energia de acordo com os requisitos de sustentabilidade (Nessari et al., 2024; Behl et al., 2023). Para utilizar a IA para otimizar a gestão da energia, uma empresa precisa de recolher dados sobre a taxa e os padrões de consumo de energia, bem como sobre as condições ambientais. Com esta informação em mãos, os sistemas de IA identificarão áreas onde a energia pode ser utilizada de forma sustentável e sugerirão a otimização da utilização de energia através da alteração do calendário de produção ou da utilização de tecnologias de poupança de energia. É importante salientar que a IA pode ser útil para orientar a utilização de fontes de energia renováveis, por exemplo, energia solar ou eólica, o que pode ajudar a alcançar a sustentabilidade.

Recursos humanos e gestão da força de trabalho

A segurança da força de trabalho humana é vital para manter a produtividade. Além disso, a proteção pode facilitar o surto limitado, mantendo a continuidade operacional. A IA e o ML podem otimizar a gestão da força de trabalho, fornecendo ferramentas mais sofisticadas para a gestão de talentos, a formação dos trabalhadores e o acompanhamento do desempenho (Flores et al., 2020). A IA analisa e avalia automaticamente as candidaturas recebidas de diferentes potenciais empregados ou voluntários e fornece uma lista de todos os currículos que satisfazem os requisitos desejados. Desta forma, as empresas empregam a pessoa mais qualificada e adequada para o trabalho, garantindo que atraem os melhores candidatos e os retêm para projectos futuros. Além disso, os sistemas orientados para a IA oferecem cursos personalizados para ajudar os funcionários a adquirir competências específicas e a adaptarem-se aos requisitos de qualquer trabalho. Além disso, acompanha e fornece feedback sobre o desempenho e os níveis de envolvimento dos funcionários.

Transformação digital e inovação

A resiliência industrial é alimentada pela transformação digital para ajudar as empresas a responder às mudanças tecnológicas e às mudanças na procura do mercado. A automatização baseada na IA, ao mesmo tempo que lida com funções não essenciais, permite poupar recursos e dinheiro, permitindo concentrar-se em imperativos estratégicos fundamentais (Dilyard et al., 2021; Ghobakhloo et al., 2023). Além disso, a análise baseada em IA ofereceria informações cruciais relativas aos resultados comerciais, às respostas dos consumidores e ao padrão do mercado, facilitando assim as escolhas baseadas em dados (Marcucci et al., 2022; Bianco et al., 2023). Desta forma, a IA pode também fornecer às empresas os meios para inovar, permitindo-lhes criar novos produtos, serviços e modelos de negócio.

O diagrama de Sankey (Fig. 2) ilustra a complexa interação das relações e contribuições destas tecnologias avançadas para a resiliência em múltiplos espectros de resiliência - operacional, financeira, ambiental, de cibersegurança e social. O diagrama começa com uma panorâmica geral da IA, do ML e do DL e da sua forte contribuição para vários domínios da resiliência. A IA é uma tecnologia de raiz profunda que proporciona o tipo oposto de resiliência, como operacional, financeira, ambiental, cibernética e social. Tal como a IA, cujo subconjunto ML é utilizado para conceber métodos que permitam aos sistemas aprender e melhorar a partir dos dados, o ML apresenta valores de entrada potenciais para a resiliência operacional, financeira, ambiental, cibernética e social. Esta difusão realça o poder do ML para racionalizar as operações, controlar os riscos e elevar a tomada de decisões em vários sectores. Do mesmo modo, a noção de DL, um aperfeiçoamento do ML que utiliza redes neuronais com várias camadas, é considerada muito influente na capacidade de resiliência. A DL ajuda a melhorar a robustez dos sistemas através da resiliência operacional e financeira, ambiental, cibernética e social. O diagrama prossegue com o alinhamento de aplicações mais específicas da resiliência. Para demonstrar o alcance do hardware de código aberto, nenhuma das aplicações listadas no exemplo utiliza uma variante proprietária do Linux, nem está especificamente optimizada para uma configuração de hardware multiplataforma. A resiliência das operações, por exemplo, prospera com a manutenção preditiva, a otimização da cadeia de fornecimento, a atribuição de recursos, a automatização de processos e a monitorização de infra-estruturas. Os casos de utilização de IA, ML e

DL ilustrados por estas aplicações mostram que as operações podem ser utilizadas não só para prever potenciais falhas, mas também para melhorar a logística e atribuir recursos eficientes, automatizar processos e monitorizar o estado das infra-estruturas muito antes de se tornarem obstáculos à produção.

O apoio à resiliência financeira pode assumir a forma, entre outras, de abordagens à gestão de riscos, deteção de fraudes, previsões financeiras, estratégias de investimento e pontuação de crédito. Estas aplicações servem para ilustrar as formas como as tecnologias de IA podem ser utilizadas para identificar e atenuar os riscos financeiros, identificar casos de fraude, prever tendências do mercado financeiro, desenvolver estratégias de investimento e determinar a solvabilidade, a fim de estabilizar os sistemas financeiros. Outro aspeto importante é o apoio à resiliência aos desafios ambientais, em que as ferramentas podem apoiar a modelação do clima, da energia, dos recursos hídricos, da agricultura sustentável e da biodiversidade. Isto apenas para mostrar o envolvimento da IA, ML e DL na abordagem das questões ambientais, optimizando os recursos energéticos e hídricos, promovendo formas sustentáveis de agricultura e biodiversidade relevantes para a monitorização necessária à preservação dos ecossistemas.

A ciber-resiliência é essencial em contribuições para a deteção de ameaças, a resposta a incidentes, a gestão de identidades, a segurança das redes e a proteção de dados. Estas aplicações realçam o papel crítico da IA na proteção das infra-estruturas digitais, detectando e respondendo a ameaças, gerindo identidades, protegendo redes e evitando violações de dados. A gestão da saúde pública, a resposta a catástrofes, a educação, o envolvimento da comunidade e o desenvolvimento da força de trabalho contribuem para a resiliência social - a capacidade de uma população para apoiar uma comunidade em qualquer emergência. Estes exemplos ilustram como as utilizações interessantes da IA com impacto social generalizado podem ser integradas num vasto número de sectores, incluindo a implantação na saúde pública para tornar os sistemas mais inteligentes, na resposta a catástrofes para tornar os resultados mais eficazes, na melhoria da educação, no envolvimento da comunidade e na capacitação da força de trabalho para se adaptar a ambientes em mudança. Além disso, o diagrama mapeia estas aplicações de criação de resiliência para os resultados de sustentabilidade, socioecológicos e de aplicação. Basicamente, os benefícios da manutenção preditiva resultam no aumento da fiabilidade do equipamento, na redução do tempo de inatividade, na redução de custos, na melhoria da segurança da situação e no aumento do desempenho do sistema. Isto inclui eficiência logística, gestão de stocks, previsão da procura, gestão de fornecedores e, claro, redução de custos. A afetação de recursos melhora a resposta a emergências, a gestão dos cuidados de saúde, a prestação de serviços públicos, a gestão de crises e o desenvolvimento de infra-estruturas. O aumento da eficiência do fabrico, o controlo da qualidade, a prestação de serviços, a automatização de tarefas e a redução de custos são os benefícios da automatização de processos.

Conclusões

A IA facilita a análise de dados em tempo real, a modelação preditiva e, por conseguinte, reforça a resiliência operacional. Isto permite que as indústrias prevejam e evitem as perturbações, mantendo os seus processos operacionais em forma. Uma decisão é uma escolha, e um modelo é algo que informa essa escolha com base nos nossos dados, formação (aprendizagem) e experiência. O DL e o ML avançado levam-no para o nível seguinte e têm um melhor desempenho a nível operacional. A IA, o ML e o DL também desempenham um papel importante na resiliência da cadeia de abastecimento. Estes integram a visibilidade em tempo real e a análise preditiva para simplificar as operações logísticas e atenuar os efeitos das perturbações. A IA actua como uma força significativa para a agilidade na cadeia de abastecimento, utilizando um sistema alimentado por IA de previsão da procura e gestão de inventários para manter a capacidade de resposta da cadeia de abastecimento às flutuações e perturbações do mercado. Além disso, as cadeias de abastecimento impulsionadas pela IA estão mais bem equipadas para responder a novas restrições e redirecionar recursos para serem mais sustentáveis e resilientes na presença de dificuldades. A IA e o ML permitem-no através de interfaces adaptativas e robôs colaborativos (cobots) que trabalham com humanos, aumentando a eficiência e protegendo os postos de trabalho. Para além do seu possível reforço da resiliência industrial, esta sinergia pode aumentar a satisfação e o bem-estar dos trabalhadores. A formação baseada em IA e os sistemas de assistência em tempo real ajudam os trabalhadores a aprender novas competências em tempo real e a adaptarem-se à mudança de funções, tornando a força de trabalho mais resiliente. A resiliência societal é considerada um aspeto da Sociedade 5.0, com o objetivo de enfrentar os desafios societais de uma forma mais sustentável e inclusiva através da transformação digital. A IA e a DL têm um papel importante a desempenhar na visão de cidade inteligente (incluindo a rede inteligente), tornando a infraestrutura urbana mais inteligente e eficiente em termos energéticos, o que é essencial para a resiliência urbana. Nomeadamente, a medicina de precisão baseada na IA e a análise preditiva estão a salvar vidas e a aliviar a pressão sobre o nosso sistema de saúde, permitindo a deteção precoce de doenças e planos de tratamento mais personalizados. Além disso, podemos agora utilizar a tecnologia de IA para sistemas inteligentes de gestão de energia que reduzem o consumo e a pegada de carbono, apoiando a sustentabilidade ambiental. [51]À medida que estes campos crescem e evoluem, a sua sinergia aplicada será de importância fundamental para navegar nas nuances da paisagem industrial e social do século XXI e para fazer avançar não só os resultados económicos, mas também sociais, ambientais e de saúde para um futuro mais resiliente, sustentável e regenerativo.

Referências

Abdillah, A., Widianingsih, I., Buchari, R. A., & Nurasa, H. (2024). Segurança de big data e resiliência (psicológica) individual: Uma análise dos riscos das redes sociais e das lições aprendidas na Indonésia. Array, 100336.

Aheleroff, S., Huang, H., Xu, X., & Zhong, R. Y. (2022). Rumo à sustentabilidade e resiliência com a Indústria 4.0 e a Indústria 5.0. Frontiers in Manufacturing Technology, 2, 951643.

Ahmed, T., Karmaker, C. L., Nasir, S. B., Moktadir, M. A., & Paul, S. K. (2023). Modelando os imperativos baseados em inteligência artificial da indústria 5.0 para cadeias de suprimentos resilientes: Uma perspetiva pós-pandemia de COVID-19. Computadores e Engenharia Industrial, 177, 109055.

Al-Banna, A., Rana, Z. A., Yaqot, M., & Menezes, B. (2023). Interconexão entre a resiliência da cadeia de suprimentos, a indústria 4.0 e o investimento. Logística, 7(3), 50.

Ali, M., Razaque, A., Yoo, J., Kabievna, U. R., Moldagulova, A., Ryskhan, S., ... & Kassymova, A. (2024). Projetando um sistema de pontuação inteligente para creditar fabricantes e importadores de mercadorias na indústria 4.0. Logística, 8(1), 33.

Bécue, A., Praça, I., & Gama, J. (2021). Inteligência artificial, ciberameaças e Indústria 4.0: Desafios e oportunidades. Revista de Inteligência Artificial, 54(5), 3849-3886.

Bedi, P., Upreti, K., Rajawat, A. S., Shaw, R. N., & Ghosh, A. (2021, setembro). Análise de impacto da indústria 4.0 no planejamento de produção inteligente em tempo real e gerenciamento da cadeia de suprimentos. Em 2021 IEEE 4ª Conferência Internacional sobre Computação, Energia e Tecnologias de Comunicação (GUCON) (pp. 1-6). IEEE.

Behl, A., Singh, R., Pereira, V., & Laker, B. (2023). Análise da Indústria 4.0 e dos facilitadores da economia circular: Um passo em direção à gestão de operações sustentáveis resilientes. Previsão Tecnológica e Mudança Social, 189, 122363.

Bianco, D., Bueno, A., Godinho Filho, M., Latan, H., Ganga, G. M. D., Frank, A. G., & Jabbour, C. J. C. (2023). O papel da Indústria 4.0 no desenvolvimento da resiliência para empresas de manufatura durante o COVID-19. Jornal Internacional de Economia da Produção, 256, 108728.

Biard, G., & Nour, G. A. (2021). Contribuição da Indústria 4.0 para a gestão de ativos na indústria elétrica. Sustentabilidade, 13(18), 10369.

Bongomin, O., Yemane, A., Kembabazi, B., Malanda, C., Chikonkolo Mwape, M., Sheron Mpofu, N., & Tigalana, D. (2020). A disrupção da Indústria 4.0 e seus neologismos nos principais setores industriais: A state of the art. Jornal de Engenharia, 2020(1), 8090521.

Bradu, P., Biswas, A., Nair, C., Sreevalsakumar, S., Patil, M., Kannampuzha, S., ... & Gopalakrishnan, A. V. (2023). Avanços recentes em tecnologia verde e Revolução Industrial 4.0 para um futuro sustentável. Environmental Science and Pollution Research, 30(60), 124488-124519.

Burrell, D. N. (Ed.). (2024). Innovations, Securities, and Case Studies Across Healthcare, Business, and Technology (Inovações, valores mobiliários e estudos de caso em saúde, negócios e tecnologia). IGI Global.

Chatterjee, S. R., Shukla, V. K., Wanganoo, L., & Dubey, S. (2021, setembro). Transformando a gestão da cadeia de suprimentos por meio da Indústria 4.0. Em 2021 9ª Conferência Internacional sobre Confiabilidade, Tecnologias Infocom e Otimização (Tendências e Direções Futuras) (ICRITO) (pp. 1-6). IEEE.

Chen, L., Chen, Z., Zhang, Y., Liu, Y., Osman, A. I., Farghali, M., ... & Yap, P. S. (2023). Soluções baseadas em inteligência artificial para as alterações climáticas: uma revisão. Environmental Chemistry Letters, 21(5), 25252557.

Chen, Y. T., Sun, E. W., Chang, M. F., & Lin, Y. B. (2021). Gestão logística pragmática em tempo real com infraestrutura de IoT de tráfego: Análise preditiva de big data do tempo de viagem de carga para a Logística 4.0. Jornal Internacional de Economia da Produção, 238, 108157.

Compare, M., Baraldi, P., & Zio, E. (2019). Desafios para a manutenção preditiva habilitada para IoT para a indústria 4.0. IEEE Internet of things journal, 7(5), 4585-4597.

Dilyard, J., Zhao, S., & You, J. J. (2021). Inovação digital e Indústria 4.0 para resiliência da cadeia de valor global: Lições aprendidas e caminhos a seguir. Thunderbird International Business Review, 63(5), 577-584.

Ferrag, M. A., Shu, L., Friha, O., & Yang, X. (2021). Deteção de intrusão de segurança cibernética para agricultura 4.0: Soluções baseadas em aprendizado de máquina, conjuntos de dados e direções futuras. IEEE/CAA Journal of Automatica Sinica, 9(3), 407-436.

Flores, E., Xu, X., & Lu, Y. (2020). Capital Humano 4.0: uma tipologia de competências da força de trabalho para a Indústria 4.0. Journal of Manufacturing Technology Management, 31(4), 687-703.

Futai, M. M., Bittencourt, T. N., Carvalho, H., & Ribeiro, D. M. (2022). Desafios na aplicação da transformação digital à inspeção e manutenção de pontes. Engenharia de Estruturas e Infraestruturas, 18(10-11), 1581-1600.

Ghobakhloo, M., Iranmanesh, M., Foroughi, B., Tseng, M. L., Nikbin, D., & Khanfar, A. A. (2023). Transformação digital da Indústria 4.0 e oportunidades para resiliência da cadeia de suprimentos: uma revisão abrangente e um roteiro estratégico. Planeamento e Controlo da Produção, 1-31.

Golovianko, M., Terziyan, V., Branytskyi, V., & Malyk, D. (2023). Indústria 4.0 vs. Indústria 5.0: coexistência, transição ou um híbrido. Procedia Computer Science, 217, 102-113.

Grabowska, S., Saniuk, S., & Gajdzik, B. (2022). Indústria 5.0: melhorando a humanização e a sustentabilidade da Indústria 4.0. Scientometrics, 127(6), 3117-3144.

Grybauskas, A., Stefanini, A., & Ghobakhloo, M. (2022). Sustentabilidade social na era da digitalização: Uma revisão sistemática da literatura sobre as implicações sociais da indústria 4.0. Tecnologia na Sociedade, 70, 101997.

Habibi Rad, M., Mojtahedi, M., & Ostwald, M. J. (2021). Indústria 4.0, gestão de risco de desastres e resiliência de infraestrutura: uma revisão sistemática e análise bibliométrica. Edifícios, 11(9), 411.

Hsu, C. H., Zeng, J. Y., Chang, A. Y., & Cai, S. Q. (2022). Implantação de capacitadores da Indústria 4.0 para fortalecer a resiliência da cadeia de suprimentos para mitigar os efeitos de ondulação: um estudo empírico do principal fabricante de relés na China. IEEE Access, 10, 114829-114855.

Ivanov, D. (2023). A estrutura da Indústria 5.0: integração baseada na viabilidade das perspetivas de resiliência, sustentabilidade e centralização no ser humano. Jornal Internacional de Pesquisa em Produção, 61(5), 1683-1695.

Khalid, M. (2024). Energia 4.0: Transformação digital com base em IA para redes de energia sustentáveis. Computadores e Engenharia Industrial, 110253.

Lee, J., Ni, J., Singh, J., Jiang, B., Azamfar, M., & Feng, J. (2020). Sistemas de manutenção inteligente e fabrico preditivo. Journal of Manufacturing Science and Engineering, 142(11), 110805.

Leng, J., Zhong, Y., Lin, Z., Xu, K., Mourtzis, D., Zhou, X., ... & Shen, W. (2023). Rumo à resiliência na Indústria 5.0: Um paradigma de fabricação autônomo descentralizado. Journal of Manufacturing Systems, 71, 95-114.

Mallioris, P., Aivazidou, E., & Bechtsis, D. (2024). Manutenção preditiva na Indústria 4.0: Um mapeamento sistemático multi-setorial. CIRP Journal of Manufacturing Science and Technology, 50, 80-103.

Marcucci, G., Antomarioni, S., Ciarapica, F. E., & Bevilacqua, M. (2022). O impacto das operações e das tecnologias-chave da Indústria 4.0 relacionadas a TI na resiliência organizacional. Planeamento e Controlo da Produção, 33(15), 1417-1431.

Marinagi, C., Reklitis, P., Trivellas, P., & Sakas, D. (2023). O impacto das tecnologias da indústria 4.0 nos principais indicadores de desempenho para uma cadeia de suprimentos resiliente 4.0. Sustentabilidade, 15(6), 5185.

Mata, J., Santos, J., & Barateiro, J. (2021). Utilização de tecnologias emergentes na monitorização e controlo da saúde estrutural de infraestruturas críticas. In Indústria 4.0 para o Ambiente Construído: Metodologias, Tecnologias e Competências (pp. 541-567). Cham: Springer International Publishing.

Morelli, G., Magazzino, C., Gurrieri, A. R., Pozzi, C., & Mele, M. (2022). Projetando sistemas de energia inteligentes em um paradigma da indústria 4.0 para um ambiente sustentável. Sustentabilidade, 14(6), 3315.

Moustafa, N., Koroniotis, N., Keshk, M., Zomaya, A. Y., & Tari, Z. (2023). Deteção de intrusão explicável para defesas cibernéticas na Internet das coisas: Oportunidades e soluções. IEEE Communications Surveys & Tutorials.

Mumtaz, N., Izhar, T., Pandey, G., & Labhasetwar, P. K. (2022). Utilizando inteligência artificial para sustentabilidade ambiental. Em Inteligência Artificial para Sistemas de Energia Renovável (pp. 259-279). Woodhead Publishing.

Nessari, S., Ghanavati-Nejad, M., Jolai, F., Bozorgi-Amiri, A., & Rajabizadeh, S. (2024). Uma abordagem de tomada de decisão baseada em dados para avaliar os projetos de acordo com a resiliência, economia circular e dimensão da indústria 4.0. Aplicações de Engenharia da Inteligência Artificial, 134, 108608.

Pandey, V., Sircar, A., Bist, N., Solanki, K., & Yadav, K. (2023). Acelerando o setor de energia renovável por meio da Indústria 4.0: Oportunidades de otimização na revolução digital. Revista Internacional de Estudos de Inovação, 7(2), 171-188.

Peres, R. S., Jia, X., Lee, J., Sun, K., Colombo, A. W., & Barata, J. (2020). Inteligência artificial industrial na indústria 4.0-revisão sistemática, desafios e perspectivas. Acesso IEEE, 8, 220121-220139.

Qader, G., Junaid, M., Abbas, Q., & Mubarik, M. S. (2022). A Indústria 4.0 permite a resiliência e o desempenho da cadeia de suprimentos. Previsão Tecnológica e Mudança Social, 185, 122026.

Qiu, D., Lv, B., & Chan, C. M. (2022). Como as plataformas digitais aumentam a resiliência urbana. Sustainability, 14(3), 1285.

Raja Santhi, A., & Muthuswamy, P. (2022). Pandemia, guerra, calamidades naturais e sustentabilidade: Tecnologias da indústria 4.0 para superar os desafios tradicionais e contemporâneos da cadeia de suprimentos. Logística, 6(4), 81.

Raja Santhi, A., & Muthuswamy, P. (2023). Indústria 5.0 ou indústria 4.0 S? Introdução à indústria 4.0 e uma espreitadela às tecnologias prospectivas da indústria 5.0. Jornal Internacional sobre Design e Fabrico Interactivos (IJIDeM), 17(2), 947-979.

Ralston, P., & Blackhurst, J. (2020). Indústria 4.0 e resiliência na cadeia de suprimentos: um motor de aprimoramento ou perda de capacidade? International Journal of Production Research, 58(16), 5006-5019.

Ramírez-Márquez, C., Posadas-Paredes, T., Raya-Tapia, A. Y., & Ponce-Ortega, J. M. (2024). Otimização de recursos naturais e sustentabilidade na sociedade 5.0: Uma revisão abrangente. Recursos, 13(2), 19.

Ricciardelli, A., Del Vecchio, P., Ventura, M., & Reina, R. (2023). Como a digitalização salvou as Capitais Europeias da Cultura de 2020. Jornal Europeu de Gestão da Inovação.

Romão, X., & Pereira, F. L. (2021). Redução inteligente do risco de desastres e gestão de emergências no ambiente construído. In Indústria 4.0 para o Ambiente Construído: Metodologias, Tecnologias e Competências (pp. 315-340). Cham: Springer International Publishing.

Saefudin, A., Triharwanto, F., Farida, Y. E., Mahalli, M., Rozaq, A., & Yulistianti, H. D. (2022, janeiro). A Resiliência Sócio-Cultural do Internato Islâmico: Fatores de apoio e inibição. Na Conferência Internacional sobre Reforma Madrasah 2021 (ICMR 2021) (pp. 207-214). Atlantis Press.

Saha, H. N., Chakraborty, S., Paul, S., Ghosh, R., & Bhattacharya, D. C. (2022). Impacto das tecnologias de saúde 4.0 para o futuro desenvolvimento de capacidades para controlar doenças epidémicas. Conceção de sistemas de saúde inteligentes: Aspectos de segurança e privacidade, 115-142.

Sindhwani, R., Afridi, S., Kumar, A., Banaitis, A., Luthra, S., & Singh, P. L. (2022). A indústria 5.0 pode revolucionar a onda de resiliência e criação de valor social? Uma estrutura multicritério para analisar facilitadores. Tecnologia na Sociedade, 68, 101887.

Sobb, T., Turnbull, B., & Moustafa, N. (2020). Cadeia de abastecimento 4.0: A survey of cyber security challenges, solutions and future diretions. Eletrónica, 9(11), 1864.

Tortorella, G. L., Fogliatto, F. S., Saurin, T. A., Tonetto, L. M., & McFarlane, D. (2022). Contribuições das aplicações digitais do Healthcare 4.0 para a resiliência das organizações de saúde durante o surto de COVID-19. Technovation, 111, 102379.

Williams, D., & Tang, H. (2020). Gestão da qualidade dos dados para a indústria 4.0: A survey. Software Quality Professional, 22(2), 26-35.

Capítulo 4: Inteligência artificial, aprendizagem automática e aprendizagem profunda para alcançar os objectivos de desenvolvimento sustentável (ODS)

Resumo:

A utilização da Inteligência Artificial (IA), da Aprendizagem Automática (AM) e da Aprendizagem Profunda (AP) tem um potencial transformador significativo no sentido de fazer com que os Objectivos de Desenvolvimento Sustentável (ODS) sejam abordados em várias indústrias. Este estudo investiga os novos desenvolvimentos e aplicações destas tecnologias no avanço dos programas de sustentabilidade em domínios industriais intensivos. As indústrias estão a começar a sofrer uma grande mudança, fazendo hoje, com a ajuda da IA, ML e DL, com que os recursos possam ser optimizados, a eficiência energética possa ser melhorada e os impactos ambientais possam ser mitigados. Uma série de outras tendências - incluindo a análise preditiva e a automação inteligente - permitem uma produção mais inteligente e eficiente, a minimização de resíduos e práticas de economia circular. As soluções baseadas em IA estão também a ser utilizadas no sector da energia para maximizar a produção de energia renovável, otimizar a gestão da rede e ajudar na transição para sistemas de energia com baixas emissões de carbono. Por exemplo, estão a ser utilizadas na indústria transformadora para aumentar a visibilidade na cadeia de abastecimento, acompanhar continuamente e trabalhar para uma forma mais sustentável. A investigação também destaca a importância da IA no reforço da Indústria 4.0 e da Indústria 5.0, demonstrando a colaboração homem-máquina - a combinação das capacidades dos seres humanos e das máquinas para a inovação sustentável. Isto permitirá às indústrias obter melhores benefícios ambientais e maior eficiência operacional através da análise de grandes volumes de dados e da IdC. A IA e o ML são também cruciais nas cidades inteligentes, no planeamento urbano, nos serviços públicos que proporcionam eficiência e apoiam globalmente a agenda da sustentabilidade. A investigação sublinha a necessidade crítica de implementar eticamente a IA e a inovação responsável para ser consistente com os objectivos mundiais de sustentabilidade destas tecnologias. Os resultados reforçam a importância de estruturas reguladoras fortes e da colaboração interdisciplinar para otimizar o aproveitamento da IA, do ML e da DL para os ODS, que serão intrínsecos à conceção da resiliência e da sustentabilidade.

Palavras-chave: Desenvolvimento sustentável, Inteligência artificial, Aprendizagem automática, Aprendizagem profunda, Internet das coisas, Sociedade 5.0, Sustentabilidade

Introdução

Os objectivos de desenvolvimento sustentável (ODS) devem ser um assunto de todos, com os líderes mundiais a reunirem-se para trabalharem em objectivos comuns que aliviem a comunidade global da pobreza, da desigualdade, das alterações climáticas, da degradação ambiental, da paz e da justiça - tanto para os que estão vivos hoje como para as gerações vindouras (Mhlanga, 2022; Goralski, & Tan, 2020; Singh et al., 2024). Enquanto o mundo continua a debater-se com vários desafios, a incorporação de tecnologias de ponta, em particular a inteligência artificial (IA), a aprendizagem automática (ML) e a aprendizagem profunda (DL), tem-se revelado um fenómeno revolucionário (Leal Filho et al., 2023; Mercier-Laurent, 2021). Essas tecnologias fornecem novas competências para processamento de dados, análise preditiva e tomada de decisão automatizada, o que pode ampliar muito a busca pelos ODS. Apesar da sua divisão, o termo IA é amplamente utilizado para descrever qualquer máquina capaz de simular um comportamento humano inteligente, como a resolução de problemas, a aprendizagem e a adaptação. O ML é um tipo de IA em que um algoritmo modifica o seu próprio comportamento e melhora o seu próprio desempenho de acordo com padrões nos dados (Liengpunsakul, 2021; Leal Filho et al., 2023). Aplicações alargadas com a aprendizagem profunda A aprendizagem profunda, um subconjunto do ML, utiliza redes neuronais com muitas camadas para identificar padrões intrincados em grandes volumes de dados. A combinação destas tecnologias pode desencadear uma onda de mudança em domínios como a saúde, a educação, a energia, a agricultura, etc., e alimentar o desenvolvimento de forma sustentável. A utilização de ML e DL para os ODS é uma boa melhoria tecnológica; representa uma oportunidade especial para um desenvolvimento mais inclusivo e equitativo (Mhlanga, 2022; Leal Filho et al., 2023). Estas tecnologias têm o potencial de oferecer soluções criativas para acompanhar e avaliar o progresso dos ODS, para fazer chegar os recursos onde são necessários e para otimizar os sistemas existentes com vista a um melhor desempenho (Vinuesa et al., 2020; Truby, 2020). Os modelos de IA podem prever alterações no ambiente e sugerir como lidar com essas alterações, e os algoritmos de ML podem ser utilizados para maximizar a utilização de energia em redes inteligentes ou otimizar as taxas de diagnóstico e os resultados dos tratamentos nos cuidados de saúde utilizando métodos de DL. Através de uma revisão exaustiva da literatura, da análise de palavras-chave e de coocorrência, e da análise de clusters, o objetivo desta investigação é investigar o papel da IA, do ML e do DL no trabalho de intervenção dos ODS. Para tal, resumimos os estudos relevantes, identificamos as tendências e lacunas recentes e apresentamos uma análise do panorama e das direcções futuras deste domínio interdisciplinar.

Quadro 1 Objectivos de desenvolvimento sustentável: objectivos e descrição

Goal No	Goal Name	Description
1	No Poverty	End poverty in all its forms everywhere.
2	Zero Hunger	End hunger, achieve food security and improved nutrition, and promote sustainable agriculture.
3	Good Health and Well-being	Ensure healthy lives and promote well-being for all at all ages.
4	Quality Education	Ensure inclusive and quality education for all and promote lifelong learning.
5	Gender Equality	Achieve gender equality and empower all women and girls.
6	Clean Water and Sanitation	Ensure access to water and sanitation for all, and manage these in a sustainable manner.
7	Affordable and Clean Energy	Ensure access to affordable, reliable, sustainable, and modern energy for all.
8	Decent Work and Economic Growth	Promote continuous, comprehensive, and sustained economic growth; full and productive employment; and decent work for all.
9	Industry, Innovation, and Infrastructure	Build Resilient Infrastructure that Promotes Inclusive and Sustainable Industrialization, and Foster Innovation.
10	Reduced Inequalities	Reduce inequality within and among countries.
11	Sustainable Cities and Communities	Make cities and human settlements inclusive, safe, resilient, and sustainable.
12	Responsible Consumption and Production	Ensure sustainable consumption and production patterns.
13	Climate Action	Take urgent action to combat climate change and its impacts.
14	Life Below Water	Conserve and sustainably use the oceans, seas, and marine resources for sustainable development.
15	Life on Land	Protect, restore, and promote the sustainable use of terrestrial and other ecosystems, sustainably manage forests, combat desertification, and stop and reverse land degradation and biodiversity loss.
16	Peace, Justice and Strong Institutions	Ensure that development is peaceful and inclusive, provide access to justice for all, and build a society with effective, accountable, and inclusive institutions at every level.
17	Partnerships for the Goals	Strengthen the means of implementation and revitalize the Global Partnership for Sustainable Development.

Tal como se pode ver no quadro 1, as Nações Unidas adoptaram os Objectivos de Desenvolvimento Sustentável (ODS) como uma espécie de intervenções para os problemas globais e caminhos para o desenvolvimento sustentável. São 17 objectivos que abrangem áreas extremamente relevantes, desde a redução e erradicação da pobreza e a erradicação da fome até à garantia de uma educação de qualidade e à igualdade de género. Os objectivos também abordam a água potável e o saneamento, a energia acessível e limpa e a promoção do crescimento económico sustentado e do trabalho digno para todos. Outras áreas de foco no âmbito dos ODS são a construção de infra-estruturas resilientes e a promoção da inovação nas mesmas, a redução das desigualdades dentro e entre países e tornar as cidades e os assentamentos humanos inclusivos, seguros, resilientes e sustentáveis. Os ODS também privilegiam o consumo e a produção responsáveis, a urgência da ação climática, a conservação dos ecossistemas marinhos e dos ecossistemas terrestres. Os objectivos também procuram promover sociedades pacíficas e inclusivas, o acesso à justiça e instituições fortes através do Objetivo 16, enquanto as parcerias globais para apoiar a implementação devem ser reforçadas através do Objetivo 17. A abordagem holística sublinha a complexa inter-relação dos desafios do desenvolvimento e apela à adoção de soluções integradas para um futuro sustentável e equitativo para todos.

Contribuições do trabalho de investigação:

1) Oferece um inventário exaustivo da literatura atual sobre a aplicação da IA, do ML e do DL à realização dos ODS, identifica as principais ideias e define as necessidades de investigação.
2) Detecta as principais palavras-chave e os seus padrões de coocorrência para revelar as tendências temáticas e o foco na área de investigação.
3) Executa análises de agrupamento para classificar e visualizar diferentes ligações de temas de investigação, a fim de fornecer uma visão sobre a natureza interdisciplinar do domínio.

Metodologia

Esta investigação analisa o papel da IA, do ML e do DL no contexto dos ODS através de uma revisão sistemática da literatura disponível. Foi efectuada uma pesquisa exaustiva de artigos revistos por pares, documentos de conferências e artigos de análise para identificar publicações relevantes presentes nas principais bases de dados científicas: Scopus, Web of Science e Google Scholar. A pesquisa destacou uma série de palavras-chave juntamente com "inteligência artificial", "aprendizagem automática" e "aprendizagem profunda", bem como ODS específicos como "objectivos de desenvolvimento sustentável", "redução da pobreza", "educação de qualidade", "energia limpa", entre outros. A literatura recolhida foi examinada através da análise de coocorrência e da análise de clusters com a frequência das palavras-chave no software VOSviewer. A extração e visualização dos termos mais frequentes e as relações entre eles no conjunto de dados permitiram identificar os principais temas e grupos de investigação. O método de agregação resultou em agregados coerentes centrados nas áreas-chave em que se identifica a aplicação da IA, do ML e do DL para o avanço dos ODS. Esta abordagem metodológica criou um andaime para a revisão sistemática e a síntese do que já se sabe, ajudando a identificar tendências, lacunas e direcções futuras no que respeita à integração das tecnologias de IA no contexto do desenvolvimento sustentável.

Resultados e discussões

Análise de coocorrência e de agrupamento das palavras-chave

O diagrama de rede (Fig. 1) é uma análise de palavras-chave, que expõe a coocorrência e os agrupamentos destes termos. O diagrama de rede é representado por arestas e nós. Os nós são termos importantes, sendo que o tamanho de um nó indica a quantidade de cada termo no conjunto de dados. As arestas indicam caminhos que ligam os termos, sendo que as arestas mais grossas correspondem a relações mais fortes. As diferentes cores na figura representam diferentes clusters, ou seja, agrupam os termos que se encontram frequentemente juntos. No gráfico, são destacados elementos-chave como o desenvolvimento sustentável, a IA, o ML e os objectivos de desenvolvimento sustentável. Estes são apenas os termos mais comuns nos dados e devem ser considerados como os mais influentes. A ênfase colocada no desenvolvimento sustentável diz respeito ao objetivo final de cunhar os três, ou seja, a IA, a tecnologia, o ML e, em terceiro lugar, o DL para produzir os benefícios desejados dos Objectivos de Desenvolvimento Sustentável (ODS). Os pontos positivos e negativos reflectem também o carácter complexo do desenvolvimento sustentável em três dimensões: ecológica, económica e social.

Centra-se na "inteligência artificial", na "aprendizagem automática" e na "aprendizagem profunda". Isto indica que deve ser feito um grande esforço na implementação destas tecnologias de ponta que podem ser utilizadas para as mesmas funcionalidades a aplicar aos problemas de sustentabilidade. É dada mais atenção à "previsão", "redes neurais", "algoritmos" e "sistemas de aprendizagem". Trata-se de práticas tecnológicas avançadas aparentemente utilizadas na sua investigação. A rede está dividida em grupos distintos, sendo que cada grupo é composto por um conjunto de termos. Estes agrupamentos realçam os temas específicos do domínio geral da IA, do ML, do DL e do desenvolvimento sustentável. As frases provenientes do grupo vermelho referem-se, em grande medida, à integração e ao cruzamento de tecnologias. Os termos essenciais utilizados são inteligência artificial, Internet das coisas, grandes volumes de dados, cadeias de blocos, digitalização e indústria 4.0. Este grupo tem como objetivo a utilização de tecnologia de ponta para promover o desenvolvimento sustentável. O facto de os grupos se centrarem em ideias como a "economia circular" e a "sustentabilidade" também demonstra o potencial destas tecnologias para apoiar as indústrias ambientais e as economias do futuro.

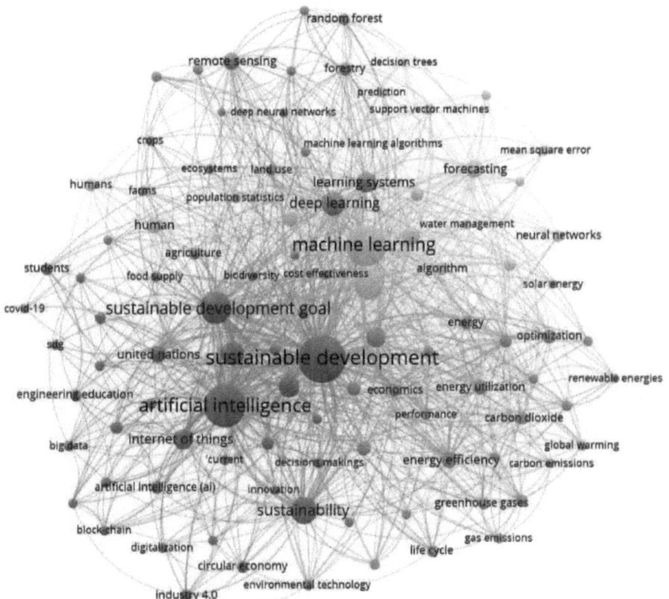

Fig. 1 Análise de coocorrência das palavras-chave na literatura

Green Cluster - Inovação em sustentabilidade energética e ambiental puramente da área científica da sustentabilidade energética e ambiental. Os termos e o conjunto de palavras concomitantes com a pesquisa e o estudo científicos são predominantes neste grupo. O tema vai desde a eficiência energética, energias renováveis, dióxido de carbono, emissões de carbono, gases com efeito de estufa, aquecimento global, etc. Esta investigação investiga a aplicação de procedimentos tecnológicos da próxima geração, por exemplo, IA, ML e DL, para melhorar o desempenho do sistema energético, reduzir as emissões e incentivar a utilização de fontes de energia renováveis. Isto reflecte-se na linguagem utilizada para descrever estas tecnologias - termos como "otimização" e "desempenho", que conota o pressuposto de que estas tecnologias são utilizadas para melhorar a eficiência e a eficácia das técnicas de gestão ambiental. O grupo das prímulas indica frases de gestão agrícola e ecológica. Em consonância com isto, há uma ênfase clara na utilização de técnicas de IA e ML para ajudar a gerir os recursos naturais e os sistemas agrícolas, com termos relacionados com a agricultura, as culturas, a utilização dos solos, os ecossistemas, a biodiversidade, a gestão da água e a silvicultura. Neste grupo, identificamos ainda termos como "random forest" (floresta aleatória), "support vetor machines" (máquinas de vectores de apoio) e "prediction" (previsão), que são consecutivos à utilização de técnicas genéricas de AM por detrás de tal situação.
Azul - Social Desenvolvimento sustentável centrado no ser humano. Do mesmo modo, a inclusão de termos como "humano", "estudante", "educação" e "pandemia" reflecte a importância de adotar uma abordagem centrada no ser humano e de desenvolver uma maior consciência de que os determinantes sociais são um fator-chave que influencia os resultados a longo prazo. O termo "educação em engenharia" é aqui utilizado para realçar o importante papel da educação na formação da geração mais jovem para a utilização optimizada da IA e do ML na conceção de soluções sustentáveis. A análise dos termos coincidentes fornece-nos tendências interessantes

quanto à amplitude do estudo. Isto pode ser visto, por exemplo, no frequente emparelhamento dos termos "desenvolvimento sustentável" com "inteligência artificial" e "aprendizagem automática", o que implica que estes são considerados ferramentas importantes para a sustentabilidade. A ligação a outros conceitos como energia, otimização e energias renováveis, entre outros, torna evidente que a inovação reside intrinsecamente na melhoria dos sistemas energéticos através de algoritmos inteligentes. A utilização da terminologia frequentemente associada aos objectivos de desenvolvimento sustentável sublinha a importância de um esforço holístico necessário para atingir esses objectivos. A ideia é que se façam progressos que incluam: avanços na tecnologia, práticas ambientais sustentáveis, quadros económicos e factores sociais. As expressões "objetivo de desenvolvimento sustentável", "Nações Unidas" e "ODS" têm ligações em todo o mundo - entre o conceito e os quadros internacionais e as políticas que deles resultam.

Aplicações de IA, ML e DL para os Objectivos de Desenvolvimento Sustentável (ODS)

As abordagens de IA, ML e DL ultrapassaram os limites e, nos últimos anos, demonstraram impulsionar o progresso dos ODS das Nações Unidas (Truby, 2020; Leal Filho et al., 2023). Estas tecnologias sofisticadas fornecem soluções poderosas para resolver desafios globais complexos, uma vez que podem tornar o crescimento sustentável mais inclusivo para todos os sectores internacionais (Mercier-Laurent, 2021; Liengpunsakul, 2021; Leal Filho et al., 2023). Podemos melhorar significativamente a eficiência, impulsionar a inovação e obter resultados revolucionários, integrando a IA, o ML e a DL em soluções específicas para os ODS. O quadro 1 apresenta as aplicações de IA, ML e DL para os ODS.

A IA, o ML e a DL na agricultura são benéficos para o ODS 2 (Ziesche et al., 2023). Por exemplo, drones e sensores inteligentes estão a recolher dados em tempo real sobre a saúde das culturas, a humidade do solo e as condições meteorológicas para a agricultura de precisão

(Ziesche et al., 2023; Pandey, & Pandey, 2023). Através deste modelo baseado em dados, os agricultores podem tomar melhores decisões no que diz respeito à irrigação e fertilização, bem como controlar a propagação de pragas e doenças, resultando em maiores rendimentos e menos desperdício. Os modelos de ML levam a previsão destas práticas para o nível seguinte, prevendo o desempenho de uma cultura, tendo em conta os dados históricos e as condições actuais (Shankar et al., 2020; Pandey, & Pandey, 2023). Por exemplo, as redes neuronais convolucionais (CNN) são utilizadas para a deteção de doenças em plantas através do processamento de imagens, funcionando assim como um modelo preditivo para o controlo seletivo de doenças, a fim de mitigar coletivamente a perda de colheitas com uma estratégia de intervenção precoce e rápida. Com a tecnologia, a produção e a distribuição de alimentos tornaram-se mais eficientes, o que está a aumentar a segurança alimentar em todo o mundo, contribuindo assim para eliminar a fome.

O ODS 3 é a saúde e o bem-estar, e a IA, o ML e a DL estão a contribuir para transformar os cuidados de saúde (Hameed et al., 2024). As aplicações mais promissoras são as de diagnóstico médico. Utilizando esta tecnologia, os modelos de ML foram treinados para analisar enormes quantidades de dados médicos - incluindo imagens de raios X, ressonância magnética e tomografia computadorizada - para reconhecer doenças como o cancro nas suas formas mais precoces (Fernandez, 2020; Hameed et al., 2024). A deteção precoce é fundamental para a sobrevivência dos doentes e o sucesso do tratamento. Os dispositivos portáteis com IA também ajudam a monitorizar os sinais vitais dos doentes e a notificar os profissionais de saúde antes que qualquer possível problema de saúde passe a ser grave. A utilização de tecnologias de Processamento de Linguagem Natural (PNL) permite que os assistentes de saúde virtuais possam dar conselhos sobre cuidados de saúde, marcar consultas e tratar os registos dos doentes, aumentando significativamente a acessibilidade e a eficiência dos serviços de saúde.

A IA, o ML e o DL também estão a convergir rapidamente para resolver subtarefas importantes no ODS 4, Educação de Qualidade, tais como Oportunidades e Desigualdades Educativas, Ensino e Aprendizagem (Pedro et al., 2019; Zdravkova, 2023; Klasnja-Milicevic, & Ivanovic, 2021). O advento do software de aprendizagem adaptativa fornece análises tecnológicas em tempo real e personaliza a aprendizagem para o aluno através do uso de dados integrados e análises de aprendizagem. Ao serviço deste universo de aspirantes a mentes que aprendem, as plataformas orientadas para a IA podem determinar o progresso individual dos alunos e recomendar melhorias adicionais para garantir que todos recebem o apoio necessário que merecem. Além disso, estas tecnologias permitem o ensino à distância, eliminando os constrangimentos da distância e permitindo que a educação de qualidade chegue aos estudantes a nível mundial (Zdravkova, 2023; Klasnja-Milicevic, & Ivanovic, 2021).

Experiências de aprendizagem interactivas e envolventes com sistemas de tutoria inteligentes alimentados por ML - Os sistemas de tutoria inteligentes que tiram partido do ML oferecem experiências de aprendizagem mais interactivas e, a longo prazo, ajudam os alunos a compreender melhor conceitos complexos.

A melhoria da gestão da água e dos sistemas de saneamento ajudará as aplicações baseadas em IA, ML e DL a beneficiar também o ODS 6, Água Limpa e Saneamento (Xu et al., 2020; Nti et al., 2023). O software baseado em inteligência artificial processa dados de sensores de redes de distribuição de água em tempo real para identificar fugas, monitorizar o consumo e permitir o planeamento de recursos (Xu et al., 2020). Estas tecnologias também ajudam a monitorizar a qualidade da água através da identificação de contaminantes e da previsão de eventos de poluição futuros. Os investigadores acreditam que os modelos de ML podem ser utilizados para ajudar a criar processos eficientes de tratamento de resíduos que tenham uma pegada ambiental mais pequena, ao mesmo tempo que definem as melhores formas de utilizar a água de forma sustentável. A IA, o ML e a DL ajudam a melhorar o desempenho, a eficácia e a fiabilidade dos sistemas de gestão da água, contribuindo assim para um acesso efetivo à água potável e ao saneamento a um preço acessível para todos.

Quadro 1 Aplicações de IA, ML e DL para os ODS

References	SDG	Application	Description	Techniques
Mhlanga, (2021); Mhlanga, (2023)	No Poverty	Financial Inclusion	Using AI to provide financial services to underserved populations, enhancing economic opportunities.	Natural Language Processing (NLP), Credit Scoring Algorithms
Ziesche et al., (2023) Pandey, & Pandey, (2023)	Zero Hunger	Precision Agriculture	Utilizing ML algorithms for crop monitoring, yield prediction, and pest control to increase productivity.	Computer Vision, Remote Sensing, Predictive Analytics
Fernandez, (2020); Hameed et al., (2024)	Good Health and Well-being	Predictive Healthcare	Employing DL models to predict disease outbreaks and patient outcomes, improving healthcare delivery.	Neural Networks, Time Series Analysis, Electronic Health Records (EHR) Analysis
Pedro et al., (2019); Zdravkova, (2023) Klašnja-Milićević, & Ivanović, (2021)	Quality Education	Personalized Learning	Implementing AI-driven personalized learning platforms to cater to individual student needs.	Recommender Systems, Adaptive Learning Algorithms, Intelligent Tutoring Systems
Patón-Romero (2022); Lütz, (2023)	Gender Equality	Bias Detection in Recruitment	Using AI to identify and mitigate gender biases in hiring processes, promoting equal opportunities.	Fairness Algorithms, NLP for Resume Screening, Bias Mitigation Techniques

References	SDG	Application	Description	Technologies
Xu et al., (2020); Nti et al., (2023)	Clean Water and Sanitation	Water Quality Monitoring	Applying IoT and AI to monitor and ensure the quality of water sources.	IoT Sensors, Anomaly Detection, Real-Time Data Analytics
Ponnusamy et al., (2021); Jayachandran et al., (2022)	Affordable and Clean Energy	Smart Grid Management	Utilizing AI for optimizing energy distribution and integrating renewable energy sources.	Demand Forecasting, Energy Optimization Algorithms, Reinforcement Learning
Beltozar-Clemente et al., (2023); Leal Filho et al., (2021)	Decent Work and Economic Growth	Workforce Automation and Skill Development	Implementing AI to automate routine tasks and provide training for new job skills.	Robotic Process Automation (RPA), Skill Gap Analysis, e-Learning Platforms
Mhlanga, (2021); Regona et al., (2024)	Industry, Innovation, and Infrastructure	Predictive Maintenance for Infrastructure	Using ML algorithms to predict maintenance needs for infrastructure, reducing downtime and costs.	Predictive Analytics, IoT Data Streams, Fault Detection Algorithms
Bachmann et al., (2022); Goralski, & Tan, (2023)	Reduced Inequalities	Accessibility Tools	Creating AI-powered tools to assist individuals with disabilities, enhancing accessibility.	Speech Recognition, Text-to-Speech, Computer Vision for Sign Language Interpretation
Leal Filho et al., (2024); Ismagiloiva et al., (2019); Schwarz-Herion, et al., (2019)	Sustainable Cities and Communities	Smart City Solutions	Applying AI for efficient urban planning, traffic management, and resource allocation.	Smart Sensors, Traffic Flow Optimization, Urban Planning Algorithms
Ivanov et al., (2024); Kulkov et al., (2023)	Responsible Consumption and Production	Waste Management Solutions	Using AI to optimize waste collection routes and recycling processes.	Route Optimization, Image Recognition for Waste Sorting, IoT for Waste Level Monitoring
Kumari, & Pandey, (2023); Sahil et al., (2023)	Climate Action	Climate Modeling and Prediction	Employing DL models to predict climate changes and assess environmental impact.	Climate Simulation Models, Neural Networks for Pattern Recognition, Big Data Analytics
Isabelle, & Westerlund, (2022); Ahmad, (2023)	Life Below Water	Marine Life Monitoring	Utilizing AI for monitoring marine biodiversity and health.	Underwater Drones, Image Recognition, Acoustic Signal Processing
Isabelle, & Westerlund, 2022); Kumari, & Pandey, (2023)	Life on Land	Wildlife Conservation	Applying ML for tracking and protecting endangered species.	GPS Tracking, Predictive Modeling, Computer Vision for Species Identification
Breczko et al., (2021); Tripathi, & Saxena, (2024); Mhlanga, (2022)	Peace, Justice, and Strong Institutions	Crime Prevention and Legal Analysis	Using AI to predict and prevent crime, and analyze legal documents for better judicial outcomes.	Predictive Policing, NLP for Legal Document Analysis, Anomaly Detection
Pigola et al., (2021); Singh et al., (2024)	Partnerships for the Goals	Global Collaboration Platforms	Leveraging AI to enhance global cooperation and data sharing for achieving SDGs.	Data Integration Platforms, Collaboration Tools, Blockchain for Secure Data Sharing

ODS 7 - Energia acessível e limpa na otimização da produção, distribuição e consumo de energia. Os algoritmos de IA podem ser encontrados no domínio do sistema de energias renováveis, por exemplo, prevendo a produção de energia a partir de energia fotovoltaica e eólica, permitindo uma melhor integração da produção de energia renovável na rede eléctrica e aumentando assim a fiabilidade do fornecimento de energia (Ponnusamy et al., 2021; Jayachandran et al., 2022). As soluções de armazenamento de energia podem ser optimizadas utilizando modelos de ML, garantindo uma oferta e procura sem desperdício de energia renovável (Singh et al., 2024; Hannanet al., 2021). Além disso, as redes inteligentes orientadas para a IA também funcionam em tempo real para controlar a procura e a oferta de energia, reduzindo muito o desperdício de energia, juntamente com os custos. Enquanto factores essenciais, estas tecnologias são essenciais para a transição energética e para contribuir para a atenuação das alterações climáticas. A IA, o ML e o DL estão a contribuir para melhorar o planeamento e o desenvolvimento das cidades, ajudando assim o ODS 11, Cidades e Comunidades Sustentáveis (Leal Filho et al., 2024; Ismagiloiva et al., 2019; Schwarz-Herion, et al., 2019). As tecnologias baseadas na IA utilizam todas estas diferentes fontes de dados - desde imagens de satélite a dados de redes sociais e de sensores - para criar provas e informar o planeamento e o desenvolvimento das cidades. Estas tecnologias ajudar-nos-ão a conceber cidades inteligentes, resilientes e sustentáveis que possam acomodar o número crescente de homens, mulheres e crianças que querem viver nas cidades. Isto pode incluir algoritmos de IA que optimizem os sistemas de transportes públicos para que fiquem menos congestionados e todos se desloquem mais facilmente. Os modelos baseados em ML também estão a ser utilizados para prever e reduzir a ocorrência de riscos naturais, aumentando a autossuficiência e as comunidades mais ecológicas.

Os impactos significativos da IA, ML e DL para o ODS 13 Ação Climática são alcançados na monitorização ambiental e na modelação climática (Kumari, & Pandey, 2023; Sahil et al., 2023). Os dados recolhidos por satélites, cientistas e sistemas alimentados por IA têm a capacidade de prever padrões meteorológicos, medir e detetar a desflorestação e quantificar o impacto das alterações climáticas. Utiliza algoritmos de inteligência artificial para conceber estratégias eficientes de redução da pegada de carbono e de conservação de recursos. O que permite respostas mais concretas e atempadas aos problemas induzidos pelo clima, paga a fatura do esforço global de atenuação das alterações climáticas e ajuda-nos na adaptação ao clima global. A governação e a transparência também podem ser aumentadas pela IA, pelo ML e pelo DL, pelo que também contribuem para o ODS 16, Paz, Justiça e Instituições Fortes (Breczko et al., 2021; Mhlanga, 2022). Ao analisar os dados (muitas vezes sob a forma de Big Data) para a corrupção e detetar padrões de fraude de abuso, as plataformas habilitadas para IA ajudaram a reduzir a opacidade em torno dos processos de corrupção, colocando pressão indevida sobre o governo, aumentando assim a transparência e a responsabilidade nas operações dos organismos públicos. Na previsão da criminalidade e na distribuição de recursos: Os modelos de aprendizagem automática podem prever qual será o próximo crime utilizando dados de várias fontes e permitir a afetação racional de recursos, apoiando as agências de aplicação da lei na prevenção e investigação de crimes. Também melhoram o acesso à justiça com a assistência jurídica que os chatbots e os assistentes virtuais baseados em IA podem prestar, permitindo às pessoas manobrar os sistemas jurídicos de forma mais eficaz.

Integrar a IA, o ML e a DL com a Internet das Coisas (IoT) e os megadados para os ODS

A IoT é o dispositivo que se liga entre si para transferir os dados entre eles. Por exemplo, estes dispositivos, que incluem sensores espalhados pelos campos agrícolas e contadores inteligentes nas casas, recolhem uma enorme quantidade de dados que podem ser totalizados para se obterem informações significativas sobre os mesmos. A IdC permite a monitorização e gestão de recursos, aumenta a eficiência e fornece dados em tempo real para uma tomada de decisão eficaz (Goundar et al., 2022; Teh, & Rana, 2023). No domínio do desenvolvimento sustentável, a IoT tem a capacidade de controlar as condições ambientais, monitorizar a utilização de energia e organizar melhor a gestão de resíduos (Maksimovic, 2018; Rane, 2023). Por exemplo, os sensores IoT podem monitorizar em tempo real a quantidade e a qualidade da água, o que permitiria uma gestão eficiente da água e também reduziria a escassez de água. Os dispositivos IoT também podem ser utilizados para monitorizar as condições do solo, as alterações climáticas e a saúde das culturas, o que pode ser uma grande ajuda na agricultura, tornando as operações mais eficazes e conduzindo a um maior rendimento.

O termo "Big Data" designa os grandes dados que são gerados a partir de todos os dispositivos electrónicos possíveis, como os dispositivos IoT, serviços como as redes sociais e registos criados também nos sistemas empresariais. A tomada de decisões e o desenvolvimento sustentável são eficazes através do processamento e da análise adequados destes dados (Allam, & Dhunny, 2019; AlZubi, & Galyna, 2023). Para os decisores políticos, as empresas e os investigadores, a análise de Big Data desvenda novos padrões e tendências que anteriormente não podiam ser descobertos. O Big Data permite a monitorização e a previsão em tempo real das alterações ambientais, bem como dos progressos relativos aos ODS, que utiliza para distribuir os recursos da forma mais eficiente possível para o desenvolvimento sustentável. Por exemplo, a transformação de dados recolhidos através de fontes variadas pode ajudar a identificar os locais de maior risco devido às alterações climáticas e a conceber intervenções adequadas. Os grandes volumes de dados no domínio dos cuidados de saúde podem ser utilizados para acompanhar os surtos de doenças e os factores de risco, de modo a que possam ser implementadas estratégias preventivas e de tratamento viáveis.

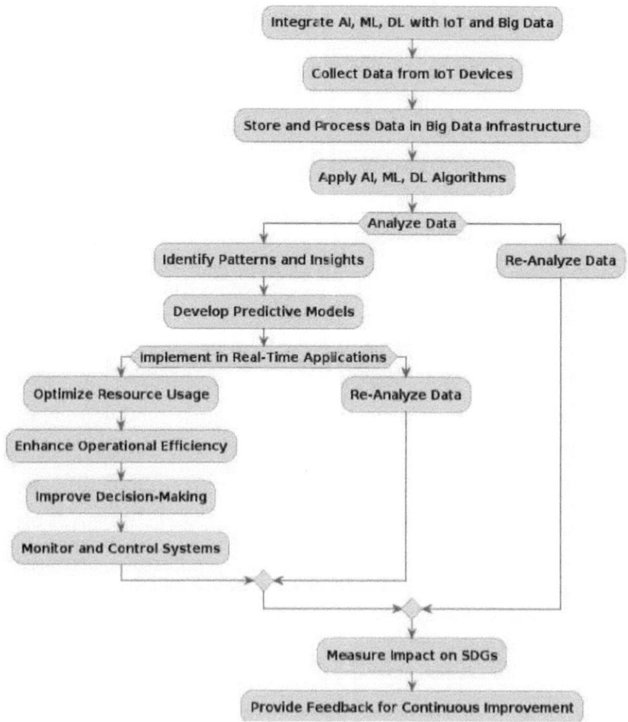

Fig. 2 Uma integração concetual da IA, do ML e da DL com a Internet das Coisas (IoT) e os megadados

A combinação destas tecnologias no ecossistema não só ajuda a aumentar a eficiência de cada tecnologia, como também impulsiona o crescimento sustentável global com a integração de IA, ML, DL, IoT e Big Data (Goundar et al., 2022; Teh, & Rana, 2023; Januszewski, & Zoltowski, 2023). A integração permite recolher dados em tempo real, executar análises avançadas e perspetivar decisões informadas que conduzam a soluções melhores e mais eficientes para alcançar os ODS. Nas cidades inteligentes, por exemplo, a integração permite que os dispositivos IoT recolham dados sobre o tráfego, a qualidade do ar, o consumo de energia, etc. Estes dados são depois analisados por algoritmos de IA e ML para reduzir o congestionamento do tráfego, diminuir a poluição e garantir a eficiência energética. Para além de enriquecer a vida dos residentes, complementa os ODS sobre energia limpa e acessível, cidades e comunidades sustentáveis e ação climática. A combinação simultânea destas tecnologias na agricultura conduzirá a melhores práticas agrícolas e à sustentabilidade. Os dados dos sensores IoT sobre o solo, as informações meteorológicas, a saúde das culturas, etc., são depois utilizados por algoritmos de IA e ML que analisam estes dados e os modelam para fornecer recomendações em tempo real sobre irrigação, fertilização e controlo de pragas que, por sua vez, podem garantir que os recursos são utilizados eficazmente e também aumentar o rendimento das culturas. Isto alinha-se com os ODS, tais como: Fome Zero, Água Limpa e Saneamento, e Consumo e Produção Responsáveis. A sua integração pode conduzir a melhores resultados para os doentes por menos custos no sector dos cuidados de saúde. Através da monitorização em tempo real dos sinais vitais dos pacientes por dispositivos IoT, com algoritmos de IA e ML, os problemas de saúde podem ser detectados precocemente e as suas complicações futuras podem ser previstas. O que, em última análise, conduz a um tratamento atempado e à personalização dos planos de tratamento, tornando-se um contributo significativo para os ODS de boa saúde e bem-estar.

A Fig. 2 mostra uma integração concetual de IA, ML e DL com a Internet das Coisas (IoT) e Big Data para uma melhor tomada de decisões e eficiências de desempenho. Começou com a integração de IA, ML e DL com a IoT e a tecnologia de megadados. Os dados são recolhidos pela primeira etapa, que lida com muitos dispositivos IoT que produzem constantemente grandes quantidades de dados. Em seguida, são armazenados e posteriormente processados numa infraestrutura de Big Data para poderem ser acedidos e geridos. Depois disso, os dados pré-processados são utilizados para algoritmos de IA, ML e DL para obter informações significativas. A análise é a fase mais importante do processo. O sistema pode reconhecer padrões e conhecimentos e, em seguida, criar modelos de previsão, desde que a análise dos dados tenha sido bem sucedida. Esses modelos são cruciais para prever o futuro e tomar decisões. A etapa seguinte consiste na demonstração dos modelos em aplicações em tempo real. Implica também poupar recursos, trabalhar melhor, obter melhor informação e monitorizar e controlar. Se as aplicações em tempo real não obtiverem resultados, os dados são reanalisados e o modelo é reaprendido, repetindo-se o processo até que a precisão melhore. Se a interpretação dos dados falhar no início, uma etapa de reanálise aperfeiçoa o processo. As últimas etapas do processo são a contabilização do impacto nos ODS e o feedback para uma melhoria constante. Este ciclo de feedback faz parte da garantia de que o sistema evolui e se adapta ao longo do tempo e ajuda a criar melhores resultados e sistemas mais eficientes.

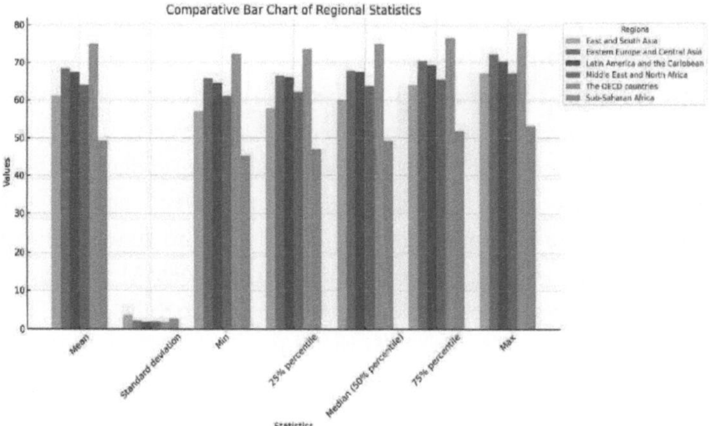

Fig. 3 Análise comparativa das estatísticas de desenvolvimento regional

O gráfico de barras comparativo apresenta resumos estatísticos das seis regiões mundiais seguintes: Ásia Oriental e do Sul, Europa Oriental e Ásia Central, América Latina e Caraíbas, Médio Oriente e Norte de África, países da OCDE e África Subsariana. O diagrama de dispersão mostra uma comparação lado a lado de sete métricas observadas para categorias como a média, o desvio padrão, o percentil 25 mínimo, a mediana ou percentil 50, o percentil 75 e os valores máximos. É fácil observar no gráfico que os países da OCDE têm sempre um desempenho melhor do que as outras regiões em muitas métricas, principalmente nos seus valores médios, que geralmente retratam um maior desenvolvimento e estabilidade. Mais uma vez, a África Subsariana apresenta os valores médios e máximos mais baixos, o que indica algumas dificuldades em termos de esforços de desenvolvimento. Apresentou um desvio-padrão relativamente elevado, demonstrando assim uma excelente dispersão na região. A Europa Oriental e a Ásia Central, juntamente com a América Latina e as Caraíbas, ocupam níveis intermédios de desempenho. Os desvios-padrão para estas duas últimas regiões são mais baixos - uma indicação de um desenvolvimento mais homogéneo. O Médio Oriente e o Norte de África são melhores do que a África Subsariana, mas piores do que os países da OCDE - um caso claro de divergência nos resultados do desenvolvimento. Enquanto a dispersão de valores na África Subsariana no que respeita aos indicadores é relativamente estreita, a da Ásia Oriental e do Sul é mais ampla porque a região detém tanto os valores mínimos como os máximos, o que parece apontar para discrepâncias intra-regionais significativas. Outro caso de variabilidade a ter em conta seria o dos desvios-padrão entre regiões. Mais uma vez, a África Subsariana, em particular a par do Leste e do Sul da Ásia, seria considerada altamente variável em relação aos países da OCDE, que tiveram um desempenho muito mais estável. A Fig. 3 sublinha, de um modo geral, as grandes disparidades entre os indicadores de desenvolvimento das várias regiões, mostrando que essas disparidades são um dos domínios em que os esforços direcionados e a cooperação internacional poderiam ser colocados diretamente.

Conclusões

A implementação generalizada das tecnologias de IA, ML e DL é essencial para a concretização dos ODS em vários sectores. A promessa de uma tecnologia avançada é a transformação dos processos de ponta a ponta, a eficiência e as inovações que traz. No contexto do desenvolvimento sustentável, a IA, o ML e a DL fornecem soluções maravilhosas para as necessidades imperativas da humanidade, incluindo a gestão de recursos, a conservação ambiental e a equidade social. As indústrias tiram partido do poder da IA e do ML para aumentar a eficiência energética, reduzir os resíduos e diminuir a pegada de carbono, desempenhando assim um papel fundamental na sustentabilidade ambiental (ODS 7 e 13). Os métodos de análise preditiva que utilizam algoritmos de aprendizagem automática facilitaram a otimização do consumo de energia e os modelos de aprendizagem profunda foram utilizados para gerir os recursos de energia solar e eólica renováveis com uma previsão e uma programação de manutenção mais precisas. É importante notar que as soluções baseadas em IA contribuem para o avanço do ODS 9 (Indústria, Inovação e Infra-estruturas) através da promoção de processos de fabrico inteligentes. Desde o controlo de qualidade automatizado, à manutenção preditiva e à otimização da cadeia de abastecimento, a produção pode tornar-se mais produtiva e os custos operacionais podem ser reduzidos em todos os sectores. Estas versões digitais dos sistemas, muitas vezes referidas como gémeos digitais alimentados por IA, proporcionaram simultaneamente uma monitorização operacional em tempo real e permitiram a correspondente tomada de decisões operacionais em tempo real, para manter a operação industrial resiliente e adaptável às circunstâncias em mudança. A IA e o ML estão também a mudar a forma como a agricultura é praticada, ajudando a cumprir as metas definidas no ODS 2 (Fome Zero) através do aumento da produtividade (melhores rendimentos das culturas) e da poupança de recursos, bem como tornando a agricultura mais ecológica. Graças à agricultura de precisão apoiada pela IA, os agricultores podem utilizar ferramentas inteligentes para tomar decisões com base em dados, a fim de promover a segurança alimentar e a sustentabilidade. Nos cuidados de saúde, as aplicações de IA e DL atingem vários objectivos do ODS 3 (Boa saúde e bem-estar) - como o diagnóstico precoce de doenças, planos de tratamento personalizados e a prestação eficaz de cuidados de saúde por robótica. Ajudam a criar novas ferramentas de diagnóstico e melhoram a prestação de cuidados de saúde e de serviços de qualidade, especialmente nas zonas remotas. A aplicação estratégica destas tecnologias será fundamental para um desenvolvimento sustentável, equitativo e plenamente envolvido nos esforços globais de desenvolvimento sustentável.

Referências

Ahmad, M. (2023). Inteligência artificial espacialmente consciente para os objectivos de desenvolvimento sustentável: Opportunities and Challenges. Aplicações de Engenharia Inteligente e Ciências Aplicadas para a Sustentabilidade, 456-472.

Allam, Z., & Dhunny, Z. A. (2019). Sobre big data, inteligência artificial e cidades inteligentes. Cities, 89, 80-91.

AlZubi, A. A., & Galyna, K. (2023). Inteligência artificial e internet das coisas para agricultura sustentável e agricultura inteligente. Acesso IEEE.

Bachmann, N., Tripathi, S., Brunner, M., & Jodlbauer, H. (2022). A contribuição das tecnologias baseadas em dados para alcançar os objectivos de desenvolvimento sustentável. Sustainability, 14(5), 2497.

Beltozar-Clemente, S., Iparraguirre-Villanueva, O., Pucuhuayla-Revatta, F., Sierra-Liñan, F., Zapata- Paulini, J., & Cabanillas-Carbonell, M. (2023). Contribuições da rede 5G no que diz respeito ao trabalho decente e ao crescimento económico (Objetivo de Desenvolvimento Sustentável 8): A Systematic Review of the Literature. Sustentabilidade, 15(22), 15776.

Breczko, A., Filipkowski, W., & Krasnicka, I. (2021). Ética e o Desenvolvimento da Inteligência Artificial: Desafios e Dilemas no Contexto da Agenda 2030 das Nações Unidas para o Desenvolvimento Sustentável. Prevenção do Crime e Justiça em 2030: A ONU e a Declaração Universal dos Direitos Humanos, 355-380.

Fernandez, R. M. (2020). ODS3 boa saúde e bem-estar: integração e conexão com outros ODS. Boa Saúde e Bem-Estar, 629-636.

Goralski, M. A., & Tan, T. K. (2020). Inteligência artificial e desenvolvimento sustentável. The International Journal of Management Education, 18(1), 100330.

Goralski, M. A., & Tan, T. K. (2023). Inteligência artificial: Alívio da pobreza, cuidados de saúde, educação e redução das desigualdades num mundo pós-COVID. In A ética da inteligência artificial para os objectivos de desenvolvimento sustentável (pp. 97-113). Cham: Springer International Publishing.

Goundar, S., Purwar, A., & Singh, A. (Eds.). (2022). Aplicações de Inteligência Artificial, Big Data e Internet das Coisas no Desenvolvimento Sustentável. CRC Press.

Hameed, K., Naha, R., & Hameed, F. (2024). Transformação digital para saúde e bem-estar sustentáveis: uma revisão e futuras direções de pesquisa. Discover Sustainability, 5(1), 104.

Hannan, M. A., Al-Shetwi, A. Q., Ker, P. J., Begum, R. A., Mansor, M., Rahman, S. A., ... & Muttaqi, K. M. (2021). Impacto da utilização de energia renovável e inteligência artificial na consecução de objetivos de desenvolvimento sustentável. Energy Reports, 7, 5359-5373.

Isabelle, D. A., & Westerlund, M. (2022). Uma revisão e categorização das oportunidades baseadas em inteligência artificial na conservação da vida selvagem, dos oceanos e da terra. Sustentabilidade, 14(4), 1979.

Ismagiloiva, E., Hughes, L., Rana, N., & Dwivedi, Y. (2019). O papel das cidades inteligentes na criação de cidades e comunidades sustentáveis: uma revisão sistemática da literatura. Em ICT Unbounded, Social Impact of Bright ICT Adoption: Conferência Internacional IFIP WG 8.6 sobre Transferência e Difusão de TI, TDIT 2019, Accra, Gana, 21-22 de junho de 2019, Proceedings (pp. 311-324). Springer International Publishing.

Ivanov, S., Seyitoglu, F., & Webster, C. (2024). Turismo, automação e consumo e produção responsáveis: um documento do horizonte 2050. Tourism Review.

Januszewski, A., & Zoltowski, D. (2023). Inteligência Artificial, Big Data, Computação em Nuvem e Internet das Coisas como TIC emergentes para a sustentabilidade. Actas do Desenvolvimento de Sistemas de Informação, 1-12.

Jayachandran, M., Gatla, R. K., Rao, K. P., Rao, G. S., Mohammed, S., Milyani, A. H., ... & Geetha, S. (2022). Desafios para alcançar o objetivo de desenvolvimento sustentável 7: energia acessível e limpa à luz das tecnologias nascentes. Tecnologias e Avaliações de Energia Sustentável, 53, 102692.

Klasnja-Milicevic, A., & Ivanovic, M. (2021). Sistemas de personalização de e-learning e educação sustentável. Sustentabilidade, 13(12), 6713.

Kulkov, I., Kulkova, J., Rohrbeck, R., Menvielle, L., Kaartemo, V., & Makkonen, H. (2023). Desenvolvimento sustentável orientado para a inteligência artificial: Examinando abordagens organizacionais, técnicas e de processamento para atingir objetivos globais. Desenvolvimento sustentável.

Kumari, N., & Pandey, S. (2023). Aplicação da inteligência artificial na sustentabilidade ambiental e nas alterações climáticas. Em Técnicas de visualização para mudanças climáticas com aprendizado de máquina e inteligência artificial (pp. 293-316). Elsevier.

Leal Filho, W., Azul, A. M., Brandli, L., Lange Salvia, A., & Wall, T. (Eds.). (2021). Trabalho digno e crescimento económico. Cham: Springer International Publishing.

Leal Filho, W., Mbah, M. F., Dinis, M. A. P., Trevisan, L. V., de Lange, D., Mishra, A., ... & Aina, Y. A. (2024). O papel da inteligência artificial na implementação do Objetivo de Desenvolvimento Sustentável 11 da ONU: Promover cidades e comunidades sustentáveis. Cidades, 150, 105021.

Leal Filho, W., Yang, P., Eustachio, J. H. P. P., Azul, A. M., Gellers, J. C., Gielczyk, A., ... & Kozlova, V. (2023). Implantação da digitalização e da inteligência artificial na investigação sobre o desenvolvimento sustentável. Ambiente, desenvolvimento e sustentabilidade, 25(6), 4957-4988.

Liengpunsakul, S. (2021). Inteligência artificial e desenvolvimento sustentável na China. The Chinese Economy, 54(4), 235-248.

Lütz, F. (2023). Igualdade de género e inteligência artificial: ODS 5 e o papel da ONU no combate aos estereótipos, preconceitos e discriminação de género. In O empoderamento das mulheres e os seus limites: Interdisciplinary and Transnational Perspectives Toward Sustainable Progress (pp. 153-180). Cham: Springer International Publishing.

Maksimovic, M. (2018). Tornar o futuro mais verde: Green Internet of Things (G-IoT) como um facilitador tecnológico fundamental do desenvolvimento sustentável. Internet das coisas e análise de grandes volumes de dados para a inteligência da próxima geração, 283-313.

Mercier-Laurent, E. (2021). A Inteligência Artificial pode apoiar eficazmente o desenvolvimento sustentável? Em Inteligência Artificial para Gestão do Conhecimento: 8º Workshop Internacional

IFIP WG 12.6, AI4KM 2021, Realizado no IJCAI 2020, Yokohama, Japão, 7 a 8 de janeiro de 2021, Artigos Selecionados Revisados 8 (pp. 144-159). Springer International Publishing.

Mhlanga, D. (2021). A inteligência artificial na indústria 4.0 e o seu impacto na pobreza, na inovação, no desenvolvimento de infra-estruturas e nos objectivos de desenvolvimento sustentável: Lessons from emerging economies? Sustentabilidade, 13(11), 5788.

Mhlanga, D. (2022). Inteligência artificial centrada no ser humano: A abordagem superlativa para alcançar os objectivos de desenvolvimento sustentável na quarta revolução industrial. Sustentabilidade, 14(13), 7804.

Mhlanga, D. (2022). O papel da inteligência artificial e da aprendizagem automática no contexto da pandemia de COVID-19: Que lições estamos a aprender sobre a 4IR e os objectivos de desenvolvimento sustentável. Revista Internacional de Investigação Ambiental e Saúde Pública, 19(3), 1879.

Mhlanga, D. (2023). FinTech e Inteligência Artificial para o Desenvolvimento Sustentável: O papel das tecnologias inteligentes na consecução dos objectivos de desenvolvimento. Em FinTech e Inteligência Artificial para o Desenvolvimento Sustentável: O Papel das Tecnologias Inteligentes na Realização dos Objectivos de Desenvolvimento (pp. 3-13). Cham: Springer Nature Switzerland.

Nti, E. K., Cobbina, S. J., Attafuah, E. A., Senanu, L. D., Amenyeku, G., Gyan, M. A., ... & Safo, A. R. (2023). Controlo e revitalização da poluição da água utilizando tecnologias avançadas: Descobrindo opções de inteligência artificial para proteção da saúde ambiental, sustentabilidade e segurança hídrica. Heliyon.

Pandey, P. C., & Pandey, M. (2023). Destacando o papel da agricultura e da tecnologia geoespacial na segurança alimentar e nos objectivos de desenvolvimento sustentável. Sustainable Development, 31(5), 3175-3195.

Patón-Romero, J. D., Vinuesa, R., Jaccheri, L., & Baldassarre, M. T. (2022). Estado da Igualdade de Género na e pela Inteligência Artificial. IADIS International Journal on Computer Science and Information Systems, 17(2), 31-48.

Pedro, F., Subosa, M., Rivas, A., & Valverde, P. (2019). Inteligência artificial na educação: Desafios e oportunidades para o desenvolvimento sustentável.

Pigola, A., da Costa, P. R., Carvalho, L. C., Silva, L. F. D., Kniess, C. T., & Maccari, E. A. (2021). Tecnologias digitais orientadas por inteligência artificial para a implementação dos objetivos de desenvolvimento sustentável: Uma perspetiva do Brasil e de Portugal. Sustentabilidade, 13(24), 13669.

Ponnusamy, V. K., Kasinathan, P., Madurai Elavarasan, R., Ramanathan, V., Anandan, R. K., Subramaniam, U., ... & Hossain, E. (2021). Uma revisão abrangente sobre aspectos sustentáveis da análise de big data para a rede inteligente. Sustentabilidade, 13(23), 13322.

Rane, N. (2023). Integração de inteligência artificial (IA) de ponta, Internet das coisas (IOT) e tecnologias de grandes volumes de dados para uma arquitetura, engenharia e construção (AEC) inteligentes e sustentáveis: Desafios e direcções futuras. Indústria da arquitetura, engenharia e construção (AEC): Challenges and Future Diretions (24 de setembro de 2023).

Regona, M., Yigitcanlar, T., Hon, C., & Teo, M. (2024). Inteligência Artificial e Objectivos de Desenvolvimento Sustentável: Revisão sistemática da literatura sobre a indústria da construção. Cidades e Sociedade Sustentáveis, 105499.

Sahil, K., Mehta, P., Bhardwaj, S. K., & Dhaliwal, L. K. (2023). Desenvolvimento de estratégias de mitigação das alterações climáticas com recurso à inteligência artificial para atingir a sustentabilidade. Em Visualization techniques for climate change with machine learning and artificial intelligence (pp. 421-448). Elsevier.

Schwarz-Herion, O. (2019). O papel das cidades inteligentes para a realização dos objectivos de desenvolvimento sustentável. Em Sustaining our Environment for Better Future: Challenges and Opportunities (desafios e oportunidades) (pp. 209-257). Singapura: Springer Singapore.

Shankar, P., Werner, N., Selinger, S., & Janssen, O. (2020, setembro). Otimização da proteção de culturas orientada por inteligência artificial para agricultura sustentável. Em 2020 Conferência Internacional IEEE / ITU sobre Inteligência Artificial para o Bem (AI4G) (pp. 1-6). IEEE.

Singh, A., Kanaujia, A., Singh, V. K., & Vinuesa, R. (2024). Inteligência artificial para os Objectivos de Desenvolvimento Sustentável: Padrões bibliométricos e trajectórias de evolução de conceitos. Desenvolvimento Sustentável, 32(1), 724-754.

Teh, D., & Rana, T. (2023). O uso da Internet das Coisas, Big Data Analytics e Inteligência Artificial para atingir os ODS da ONU. Em Handbook of big data and analytics in accounting and auditing (pp. 235-253). Singapura: Springer Nature Singapore.

Tripathi, P., & Saxena, P. (2024). Uma avaliação do papel da inteligência artificial nos objetivos de desenvolvimento sustentável. Em Tecnologias Digitais e Registos Distribuídos para o Desenvolvimento Sustentável: Desafios legais (pp. 3-23). Cham: Springer International Publishing.

Truby, J. (2020). Governar a inteligência artificial para beneficiar os objectivos de desenvolvimento sustentável da ONU. Desenvolvimento Sustentável, 28(4), 946-959.

Vinuesa, R., Azizpour, H., Leite, I., Balaam, M., Dignum, V., Domisch, S., ... & Fuso Nerini, F. (2020). O papel da inteligência artificial na concretização dos Objectivos de Desenvolvimento Sustentável. Comunicações da natureza, 11(1), 1-10.

Xu, W. A. N. G., Zhaoyue, W. A. N. G., Yirong, P. A. N., Yuli, L. U. O., Junxin, L. I. U., & Min, Y. A. N. G. (2020). Perspectivas e perspectivas sobre a aplicação da inteligência artificial para enfrentar os desafios hídricos e ambientais do século XXI. Boletim da Academia Chinesa de Ciências (versão chinesa), 35(9), 1163-1176.

Zdravkova, K. (2023). Educação personalizada para o desenvolvimento sustentável. Sustentabilidade, 15(8), 6901.

Ziesche, S., Agarwal, S., Nagaraju, U., Prestes, E., & Singha, N. (2023). Papel da inteligência artificial no avanço dos objetivos de desenvolvimento sustentável no setor agrícola. In A ética da inteligência artificial para os objectivos de desenvolvimento sustentável (pp. 379-397). Cham: Springer International Publishing.

Capítulo 5: Inteligência artificial centrada no ser humano na indústria 5.0: melhorar as aplicações para a interação e colaboração humanas

Resumo:

É provável que a quinta revolução industrial - ou Indústria 5.0 - veja a inteligência artificial (IA) centrada no ser humano revolucionar-se, colocando literalmente os seres humanos em contacto e integrados com os avanços da IA. Enquanto a sua antecessora, a Indústria 4.0, se centrou na automatização e na produtividade através da integração de sistemas ciberfísicos e da Internet das Coisas (IoT), a Indústria 5.0 centra-se na ligação cooperativa entre trabalhadores humanos e sistemas de IA. Este estudo investiga as utilizações recentes e bem estabelecidas da IA humanista e fornece uma visão mais aprofundada das possibilidades de melhorar vários sectores da indústria. Os casos de utilização vão desde tornar os cobots ainda mais colaborativos, tornando-os totalmente seguros para trabalharem ao lado de seres humanos, até à tomada de decisões assistida por IA que permite aos operadores humanos trabalhar em tempo real com decisões e resolução de problemas mais inteligentes. As sofisticadas tecnologias de processamento de linguagem natural (PNL) e de visão por computador criam interfaces homem-máquina intuitivas para comunicar e interagir sem qualquer obstáculo. Estão mesmo a experimentar ferramentas de formação e simulação com IA, reforçando e requalificando a atual força de trabalho afetada para satisfazer os requisitos em desenvolvimento e dinamicamente maiores da Indústria 5.0. Ao avançarmos para princípios éticos de IA, garantimos que as implementações de IA mantêm os valores humanos e os benefícios sociais no centro e atenuam as questões de privacidade, parcialidade e transparência. Esta investigação tem implicações para a IA centrada no ser humano, reafirmando o valor da construção de um ecossistema industrial integrado e resiliente que capitaliza os pontos fortes colectivos dos seres humanos e dos sistemas inteligentes para proporcionar inovação, resiliência e crescimento para a economia.

Palavras-chave: Indústria 5.0, centrada no ser humano, inteligência artificial, aprendizagem automática, aprendizagem profunda, Internet das coisas

Introdução

Nos últimos anos, a era da Indústria 5.0 veio alterar alguns pontos no caminho do desenvolvimento industrial (Xu et al., 2021). A integração de tecnologias avançadas com métodos de gestão humana deixou de ser uma solução futura. Enquanto a Indústria 4.0 se preocupava com a automação e a Internet das Coisas (IoT), a Indústria 5.0 trata da parceria entre humanos e máquinas no processo de fabrico que permite um novo nível de produtividade, criatividade e satisfação no trabalho (Leng et al., 2022; Huang et al., 2022). No centro desta nova era de pensamento está o princípio de ser centrado no ser humano na implantação e conceção do sistema de IA, que coloca os requisitos, os desejos e o bem-estar dos seres humanos no centro da poção do sistema. Com a evolução sem precedentes das tecnologias de IA, as máquinas são agora capazes de realizar trabalhos excecionalmente precisos e eficientes de natureza intrincada e complexa (Maddikunta, et al., 2022; Akundi et al., 2022). Esta integração da tecnologia na indústria suscita frequentemente receios de perda de postos de trabalho, dilemas éticos e a decadência das competências humanas. A IA centrada no ser humano, por outro lado, espera ultrapassar estas lacunas posicionando as máquinas ao serviço da humanidade, utilizando a IA para complementar - em vez de usurpar - o desempenho humano (Tiwari et al., 2022; Golovianko et al., 2023). Fá-lo de forma a manter o valor insubstituível dos trabalhadores humanos e a elevar as suas tarefas através de assistência e colaboração inteligentes.

Na Indústria 5.0, os sistemas de IA podem dar a capacidade de perceber as emoções, os desejos e a vontade do homem, interagindo com o homem de forma mais pura e intuitiva (Xu et al., 2021; Huang et al., 2022). Esta transição exige a criação de modelos de IA transparentes, interpretáveis e alinhados com os valores. Com uma abordagem centrada no ser humano, as organizações podem aproveitar a IA para criar locais de trabalho mais inclusivos e dinâmicos, nos quais a tecnologia é apenas uma ferramenta que permite as capacidades humanas e não uma fonte de concorrência. O presente estudo efectua uma análise exaustiva da literatura existente sobre a IA centrada no ser humano no contexto da Indústria 5.0, fornece uma panorâmica das aplicações da IA centrada no ser humano e investiga que tipos de tecnologias de IA podem ser aplicadas através de factores humanos.

Contribuições:

1) Analisa o trabalho existente em IA centrada no ser humano para codificar os tipos de temas, tendências e lacunas na literatura.
2) Estuda as palavras-chave que são proeminentes e coocorrem no domínio e dá uma visão complexa do panorama da investigação.
3) Aplica a análise de agrupamentos para extrair os principais agrupamentos de investigação, revelar a estrutura interna e a relação da literatura.

Metodologia

A metodologia desta investigação foi estruturada com base na revisão da literatura, na análise de palavras-chave, na análise de coocorrência, na análise de agrupamentos, etc. A pesquisa de artigos académicos, documentos de conferências e relatórios da indústria foi efectuada utilizando as palavras-chave através das bases de dados IEEE Xplore, Google Scholar e Scopus para recolher literatura relevante para a revisão da investigação. O tema central desta revisão foi identificar os conceitos primários, os padrões e as lacunas na literatura sobre IA centrada no ser humano no contexto da Indústria 5.0. Durante a análise por palavras-chave, foi efectuada a revisão da literatura e foram pesquisadas palavras-chave ou frases sobre a IA centrada no ser humano e a Indústria 5.0. Estas palavras-chave foram depois utilizadas para encontrar as ocorrências e as relações dentro do texto das palavras-chave. Foi efectuada uma análise de coocorrência para identificar as relações entre estas palavras-chave e estabelecer os principais temas de investigação, bem como as categorias emergentes no domínio de interesse. As palavras-chave e os temas relacionados foram agrupados em diferentes grupos para efetuar uma análise de grupos. A análise ajudou a identificar as principais áreas de investigação e as relações interdisciplinares no domínio da IA centrada no ser humano na Indústria 5.0

Resultados e discussões

Análise de coocorrência e de agrupamento das palavras-chave

O diagrama de rede (Fig. 1) mostra que as várias palavras-chave da inteligência artificial (IA) centrada no ser humano na Indústria 5.0 coexistem numa interconexão que estimula uma grande quantidade de inovação potencial subjacente a todo o sistema. Utiliza os nós para representar as palavras-chave individuais e as arestas para mostrar a ligação entre as palavras-chave com base na sua coocorrência. O tamanho dos nós indica a frequência com que cada termo aparece e a presença de associações entre dois termos é ilustrada pelos vários agrupamentos nas cores em que se encontram. O cluster verde, centrado na Indústria 5.0, apresenta a implementação de tecnologias de ponta e o desenvolvimento de um ambiente industrial orientado para os desejos e necessidades humanas. Uma das palavras-chave deste grupo é o termo "human- cantered", que sublinha a importância de manter as necessidades, preferências e interações humanas na vanguarda dos processos industriais. O design humanizado é centrado no ser humano. A atenção desmedida à alegria ou felicidade e à saúde ou bem-estar do indivíduo. O termo "intervenção selectiva humana" é semelhante a noções centradas no ser humano, como os factores humanos, a ergonomia ou a colaboração homem-robô. Serve para realçar o valor da eficácia do processo de fabrico. Revela-se quando as palavras se juntam quando são utilizadas palavras como montagem, sistema de produção e fabrico. É neste grupo que os robots e os seus homólogos colaborativos, os cobots, se tornam absolutamente críticos. O seu principal objetivo é colaborar com os seres humanos para melhorar a eficiência e garantir a segurança. De facto, a utilização de tecnologias inovadoras, como o gémeo digital e a realidade aumentada, combinadas com os dados do equipamento, pode melhorar significativamente a manutenção do equipamento e até os níveis de tomada de decisão, necessitando de interações que anteriormente eram impossíveis com as máquinas. Este cluster tem a ver com a transição para uma indústria sustentável e colaborativa, onde a saúde e a produtividade do indivíduo estão em foco.

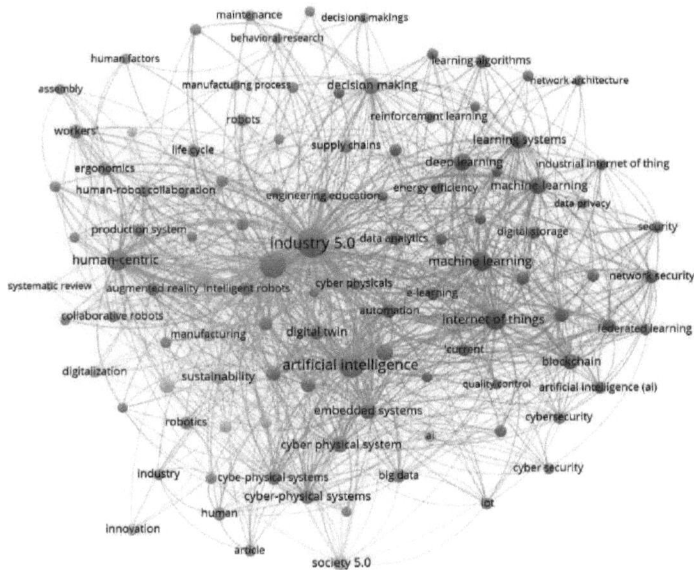

Fig. 1 Análise de coocorrência das palavras-chave na literatura

O cluster vermelho centra-se nas partes essenciais e de análise da Indústria 5.0, que é sustentada pelo ML e DL, respetivamente. Algoritmos avançados e sistemas de aprendizagem para processar grandes volumes de dados e tomar melhores decisões são os conceitos subjacentes a termos como "aprendizagem automática" ou "aprendizagem profunda". Ganhar conhecimento e evoluir em resposta requer uma compreensão dos algoritmos de aprendizagem, como a aprendizagem por reforço. A IdC é o conceito importante de tudo o que permite que os dispositivos e sistemas interoperem em tempo real e estejam sujeitos à sua forma de ligação. Este tema está intimamente ligado a termos como armazenamento digital, confidencialidade dos dados e cibersegurança. A confiança na marca é mantida pela tecnologia blockchain, que garante a integridade e a segurança dos dados na IoT e noutros sistemas interligados. Ao fazê-lo, promove a confiança nos sistemas digitalizados através de transacções de dados seguras. Originalmente concebido para entrar no mundo etéreo de um conto de fadas da Indústria 5.0, este cluster gosta de se apresentar como o epítome da utilização de métodos computacionais de ponta para criar sistemas inteligentes e autónomos.

No cluster azul, a IA e os sistemas incorporados estão em destaque. Esta relação é a pedra angular para se tornar uma bússola tecnológica autónoma e responsável. A IA é um tema vasto que abrange uma grande diversidade de aplicações e tecnologias em que as máquinas imitam a inteligência humana. Este termo está relacionado com conceitos semelhantes, como a aprendizagem automática, a aprendizagem profunda e os grandes volumes de dados, etc. O sucesso da IA em ambientes físicos dinâmicos baseados em sistemas incorporados e sistemas ciber-físicos. O poder destes sistemas é vital, pois ajuda no processamento de dados em tempo real, incorporando a interação entre o mundo digital e o mundo físico. Dado que a IA e os sistemas incorporados estão a ser cada vez mais utilizados, é também importante colocar uma grande ênfase na cibersegurança. A ideia acima descrita está profundamente relacionada com a segurança da rede, bem como com a solução de aprendizagem federada. Esta atividade é essencial para proteger os nossos dados e sistemas das incessantes ameaças cibernéticas. Este agrupamento promove tecnologias seguras e inteligentes na Indústria 5.0, utilizando a IA nos sistemas físicos.

O grupo amarelo explora as componentes sociais da Indústria 5.0 e analisa a forma como a sociedade e a sustentabilidade são afectadas por estas novas tecnologias. A sociedade 5.0 representa um conceito encantador baseado na evolução da cultura humana e da infraestrutura digital, a fim de mudar a nossa forma de fazer as coisas, de modo a abranger todo o espetro da vida em operações digitais, desde a vida quotidiana até à indústria e à sociedade. Todas estas mudanças trarão mais comodidade à vida e apoio para enfrentar desafios essenciais. O cluster relembra-nos a necessidade de sustentabilidade; presta mais atenção, esperamos, a práticas sustentáveis e amigas do ambiente nas indústrias. Foi com esta ideia que o conceito de inovação, de digitalização, de rever tudo ao pormenor se entrelaçou. Um trabalho meticuloso levado a cabo por investigadores de factores humanos e cientistas comportamentais concluiu a importância de compreender o comportamento humano e a ergonomia. Este conhecimento é também importante na conceção de sistemas fáceis de utilizar e de elevado desempenho. Cluster sobre a Indústria 5.0 que incorpora implicações da sociedade - Este cluster envolve o tecido social no advento da Indústria 5.0, com a integração universal da tecnologia tendo em conta os requisitos sociais e ambientais.

Esta análise da coocorrência expõe as interações complexas entre diferentes palavras-chave - demonstrando como os temas e as tecnologias estão interligados e actuam em conjunto para afetar a indústria 5.0. Isto enfatiza a importância dos conceitos da Indústria 5.0 e da IA, uma vez que demonstramos as ligações de conexão dentro do campo e o seu impacto mais amplo em vários sectores. O facto de muitos clusters estarem interligados indica convergência temática e interdependências. Um exemplo perfeito é a ligação inerente entre a IA e a Aprendizagem Automática - uma ponte entre o domínio técnico-específico e o seu lado humanizado. Esta ligação mostra uma forma de expandir as capacidades computacionais, mas também de permitir tipos significativamente novos de interações humanas. Mudanças como o gémeo digital, a realidade aumentada e a cadeia de blocos, entre muitas outras, estão a surgir como os avanços tecnológicos mais importantes e as tendências emergentes a que a rede está a assistir. Estes avanços são, por si só, indicativos do papel crescente que desempenham na Indústria 5.0.

Componentes e interações em sistemas de colaboração entre humanos e robôs

As informações sobre os componentes e as suas interações num melhor contexto de colaboração entre humanos e robôs são apresentadas na Fig. 2. A Fig. 2 apresenta a análise do trabalho cognitivo, o reconhecimento de gestos e a realidade virtual no âmbito da componente "Colaboração entre humanos e robôs", a fim de melhorar a sinergia entre humanos e robôs; apresenta também feedback visual contextual para melhorar a interação com base em sinais cerebrais no âmbito da componente "Interfaces cérebro-máquina". As outras componentes tecnológicas essenciais desta arquitetura serão os sistemas ciber-físicos, que são fundamentais para integrar a tecnologia nos sistemas sociais, e a inteligência artificial, que será aplicada com técnicas avançadas de IA. A figura demonstra que as interfaces homem-máquina e a previsão do movimento humano assumem uma importância igual ou muito necessária para permitir interações intuitivas e eficientes. Por último, o controlo da qualidade garantirá a manutenção de normas nos processos de colaboração, especialmente na montagem. Significa um quadro abrangente que sustenta a forma como as várias tecnologias e metodologias se interligam para fazer avançar a colaboração homem-robô no sentido de criar ambientes de colaboração mais seguros, mais eficientes e mais eficazes.

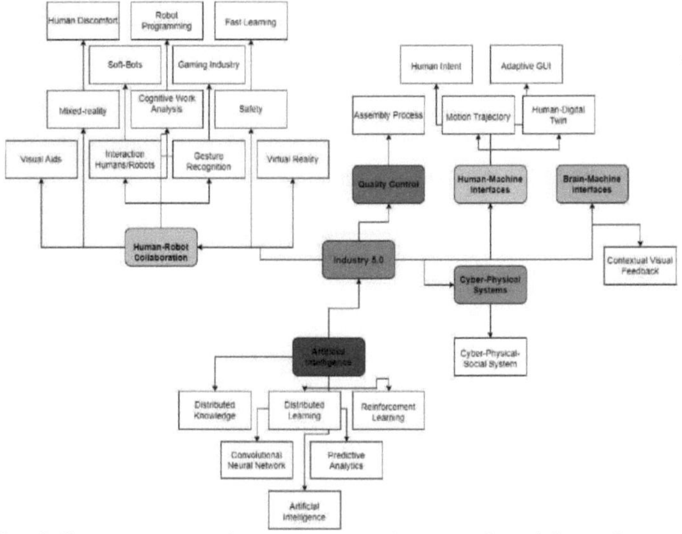

Fig. 2 Componentes e interações em sistemas de colaboração entre humanos e robôs

Tecnologias emergentes e tendências para melhorar a colaboração homem-máquina

A utilização de algoritmos complexos de IA e ML foi um dos maiores progressos na colaboração homem-máquina (Xu et al., 2021; Huang et al., 2022). As máquinas que são alimentadas com dados, os dados ajudam a máquina a aprender, adaptar-se e tomar decisões com pouca dependência humana de supervisão (Maddikunta, et al., 2022; Akundi et al., 2022). Na indústria transformadora, por exemplo, os sistemas de manutenção preditiva podem obter informações a partir de dados de máquinas alimentados por IA e prever falhas de máquinas ocorridas num futuro próximo, a fim de minimizar o tempo de inatividade e maximizar a eficiência (Van Oudenhoven et al., 2023; Maddikunta et al., 2022; Khan et al., 2023). Do mesmo modo, no domínio dos cuidados de saúde, os algoritmos de IA podem ajudar os médicos a diagnosticar doenças através da análise de imagens médicas e de dados dos doentes, de forma mais rápida e precisa do que da forma tradicional

(Gomathi et al., 2023; Maddikunta et al., 2022). Outra tecnologia transformacional que permite a colaboração homem-máquina são os robots (Raffik et al., 2023; Maddikunta, et al., 2022; Zafar et al., 2024). O melhor exemplo são os robôs modernos que estão equipados com sensores, actuadores e capacidades de IA de última geração que lhes permitem detetar o mundo e colaborar com os humanos para realizar tarefas que estão para além do que o melhor robô ou o melhor humano poderiam fazer sozinhos (Maddikunta, et al., 2022; Zafar et al., 2024). Os cobots ou robôs colaborativos destinam-se a trabalhar lado a lado com os seres humanos de forma segura, realizando tarefas como a embalagem, a montagem ou as inspecções. Ao fazer crescer as empresas, a automatização está a aumentar não só a produtividade mas também a segurança no local de trabalho. Além disso, a integração da IA com a robótica está a desenvolver sistemas robóticos intuitivos e adaptáveis, nos quais estes sistemas aprendem com as acções humanas e podem trabalhar em ambientes dinâmicos. A Fig. 3 mostra as tecnologias e tendências emergentes para melhorar a colaboração homem-máquina.

Quadro 1 Tendências emergentes, aplicações e tendências futuras para melhorar a colaboração homem-máquina

References	Trend	Applications	Challenges	Future Trends
Chandel, & Sharma, 2021; Maddikunta et al., 2022	Artificial Intelligence (AI)	Virtual assistants, predictive analytics, decision support	Ethical concerns, bias in algorithms, high implementation costs	Increased integration in all sectors, development of ethical AI frameworks
Taj, & Zaman, 2022; Nguyen, & Tran, 2023	Machine Learning (ML)	Personalization, fraud detection, predictive maintenance	Data quality and privacy issues, algorithm transparency, skill gaps	Expansion in predictive analytics, advancement in unsupervised learning
Mah et al., 2022; Rane, 2023; Davila-Gonzalez, & Martin, 2024	Natural Language Processing (NLP)	Chatbots, language translation, sentiment analysis	Understanding context and nuance, multilingual processing, privacy concerns	Improvement in contextual understanding, real-time language translation capabilities
Paschek et al., 2022 Raja Santhi, & Muthuswamy, 2023	Robotic Process Automation (RPA)	Data entry, invoice processing, customer service	Process complexity, scalability issues, integration with existing systems	Integration with AI for intelligent automation, expansion to more complex processes
Fernández-Caramés, & Fraga-Lamas, 2024; Carrança et al., 2023; Zafar et al., 2024	Augmented Reality (AR)	Training, remote assistance, product visualization	Hardware limitations, user acceptance, data privacy concerns	Development of more affordable and accessible AR devices, enhanced user experiences
Fernández-Caramés, & Fraga-Lamas, 2024; Alojaiman, 2023)	Virtual Reality (VR)	Training, simulation, entertainment	Motion sickness, high costs of equipment, content creation challenges	Adoption in more sectors like healthcare and real estate, development of social VR platforms
Zafar et al., 2024; Husár et al., 2024	Mixed Reality (MR)	Design, prototyping,	High cost of development, limited content	Increasing use in industrial design and healthcare,

		collaborative projects	availability, technical challenges	advancements in MR technology for more seamless integration
Chander et al., 2022; Zong et al., 2021; Özdemir, & Hekim, 2018; Aslam et al., 2020	Internet of Things (IoT)	Smart homes, industrial automation, healthcare monitoring	Security vulnerabilities, data privacy issues, interoperability	Growth in smart city initiatives, more robust security solutions for IoT devices
Leng et al., 2022; Wang et al., 2023	Blockchain Technology	Supply chain management, secure transactions, identity verification	Scalability issues, regulatory concerns, energy consumption	Wider adoption in non-financial sectors, development of energy-efficient blockchain solutions
Anbalagan et al., 2023; Chander, et al., 2022; Fraga-Lamas et al., 2021	Edge Computing	Autonomous vehicles, smart grids, IoT devices	Security risks, data management complexity, need for robust infrastructure	Growth in real-time processing capabilities, expansion in edge AI technologies
Adel, 2023; Kasinathan, et al., 2022	5G Technology	IoT, smart cities, autonomous vehicles	Infrastructure costs, regulatory hurdles, security concerns	Expansion in IoT and smart city applications, further development in 6G research
Nguyen, & Tran, 2023; Coşgun, et al., 2023	Wearable Technology	Health monitoring, augmented reality interfaces, fitness tracking	Privacy concerns, battery life limitations, user compliance	Advancements in health monitoring capabilities, integration with AI for personalized insights
Raffik et al., 2023; Maddikunta, et al., 2022; Zafar et al., (2024)	Collaborative Robots (Cobots)	Manufacturing, healthcare, logistics	Safety concerns, integration with human workflows, high initial costs	Development of more intuitive and safer cobots, increasing adoption in small and midsize enterprises
Lv 2023; Zafar et al., (2024); Mazumder et al., 2023	Digital Twins	Manufacturing, urban planning, healthcare	Data accuracy, integration complexity, high costs of implementation	Increased use in smart cities and infrastructure, advancements in real-time data integration

O advento da Internet das Coisas (IoT) é também significativo, promovendo uma maior eficiência na colaboração homem-máquina (Chander et al., 2022; Zong et al., 2021; Ozdemir, & Hekim, 2018). Os dispositivos IoT são carregados de sensores e estão ligados à Internet, permitindo a recolha e a transmissão de dados em tempo real (Aslam et al., 2020). Esta conetividade torna-se a espinha dorsal da forma como transmitimos informações entre máquinas e seres humanos, incorporando um nível de tomada de decisões e de automatização. Os sensores da IoT podem ser utilizados para monitorizar o desempenho das máquinas e as condições ambientais em tempo real nas fábricas inteligentes (Ozdemir, & Hekim, 2018; Zong et al., 2021), por exemplo, e dar aos operadores humanos informações em tempo real menos humanas. Isto resulta mesmo em sistemas mais eficazes e reactivos, uma vez que a integração da IoT com a IA e o ML para analisar enormes quantidades de dados só melhora com uma maior unificação. As ferramentas para melhorar a interação homem-máquina podem ser a Realidade Aumentada (RA) e a Realidade Virtual (RV), que se preparam para se tornar a próxima plataforma informática e a próxima grande tecnologia (Fernández-Caramés, & Fraga-Lamas, 2024; Carrança et al., 2023; Alojaiman, 2023). A RA coloca informação digital no mundo físico real, dando aos utilizadores A RA permite-lhes experimentar, ver e analisar dados. Na indústria, a RA pode ajudar os trabalhadores na montagem ou fabrico, mostrando instruções de montagem, visualizando possíveis problemas ou colaborando remotamente com especialistas. Por outro lado, a RV cria uma experiência num ambiente virtual completo que pode ser utilizado para formação, simulação ou conceção. Nos cuidados de saúde, a RV está a ser utilizada para simular cirurgias e reabilitação, de modo a que a prática seja eficaz e, ao mesmo tempo, não cause danos físicos. Estas tecnologias não só ajudaram a melhorar a colaboração homem-máquina em grande medida, como também ajudaram a melhorar a formação e o desenvolvimento de competências. O quadro 1 mostra as tendências emergentes, as aplicações e as tendências futuras para melhorar a colaboração homem-máquina.

A PNL e a IA conversacional provocaram uma mudança na interação entre o homem e as máquinas, passando de disposições mais fastidiosas para uma comunicação intuitiva e mais natural (Mah et al., 2022; Davila-Gonzalez, & Martin, 2024). Os algoritmos avançados de PNL permitem que as máquinas compreendam e respondam aos seres humanos utilizando linguagem natural, proporcionando uma comunicação fluida através de comandos de voz, chatbots e assistentes virtuais (Rane, 2023). Por exemplo, no serviço ao cliente, os chatbots alimentados por IA podem responder a perguntas de rotina, permitindo assim que os agentes humanos trabalhem em questões mais complexas. No trabalho, os assistentes virtuais, como o IBM Watson ou o Google Assistant, ajudam a agendar reuniões, gerir e-mails e outras tarefas administrativas que nos tornam a nós e aos trabalhadores em geral mais produtivos e reduzem a fadiga mental. Outra tendência crescente, a computação periférica, está a melhorar a colaboração entre humanos e máquinas, aproximando o processamento de dados do ponto de geração de dados (Anbalagan et al., 2023; Fraga-Lamas et al., 2021). Isto ajuda a reduzir a latência e melhora a capacidade de resposta na criação de aplicações de IA, o que é extremamente importante para a tomada de decisões e a automatização em tempo real. A computação periférica em veículos autónomos, por exemplo, irá processar dados de sensores e câmaras quase em tempo real para que os veículos não colidam com obstáculos. Para além da segurança acrescida, este poder de processamento local é especialmente útil quando a conetividade de rede é um problema; por exemplo, em zonas rurais ou com dispositivos que têm de funcionar autonomamente ou em ambientes com recursos limitados.

Fig. 3 Tecnologias emergentes e tendências para melhorar a relação homem-máquina
colaboração

Esta convergência de IA, robótica, IoT, AR/VR, PNL e computação de ponta está a fazer emergir um novo paradigma de colaboração, como a ideia de gémeos digitais (Lv 2023). Um gémeo digital é a representação virtual de um ativo físico, processo ou sistema, que aplica análises e tecnologias avançadas para simular, prever e otimizar o desempenho em tempo real (Zafar et al., 2024; Mazumder et al., 2023). Os gémeos digitais da IoT oferecem informações imediatas sobre os processos que podem ocorrer a qualquer hora no chão de fábrica. Podem também prever a manutenção, a disfunção do processo e o tempo de inatividade e, com efeito, otimizar as operações. Os gémeos digitais no planeamento urbano podem modelar os efeitos de novos projectos de infra-estruturas - uma vantagem para a tomada de decisões e o planeamento. A IA e a tecnologia digital estão a ter um impacto perturbador na forma como aprendemos, através da personalização dos nossos ecossistemas de aprendizagem na educação. Por outro lado, os sistemas de tutoria de IA, com a ajuda da grande quantidade de dados e conhecimentos que recolhem, podem compreender melhor o desempenho do aluno e personalizar as instruções para servir o indivíduo e, a longo prazo, melhorar os resultados da aprendizagem. Os educadores também estão a utilizar esta tecnologia para criar modelos 3D de raiz que os alunos digitalizam e que podem ser experimentados através de meios de RA/RV, para que os alunos possam aprender matérias complexas de uma forma divertida. O impacto destas tecnologias não se faz sentir apenas nos esforços de colaboração entre o professor e o aluno, mas está também a permitir um novo tipo de aprendizagem entre pares.

Component	Description
Biological Sensors	EEG, EMG, fNIRS, and vitals measurement sensors collect biological data from brain activity, muscle activity, functional near-infrared spectroscopy, and vital signs, respectively.
Visual/Motion Sensors	Devices capturing motion data and visual information, like RGB-D cameras, VR/AR HMD trackers, and motion capture devices, empower interactions in virtual and augmented reality environments.
Direct Input	Handheld controllers and voice commands are methods of direct interaction that allow users to provide input and exercise control over devices.
Human Centric Computational Intelligence	This component ingests, processes, and analyzes human-centric data, allowing intelligent decision-making and predictive analytics.
Human Digital Twin Inputs	It caters to 3D hand pose estimation, gesture recognition, facial expressions, face recognition, natural language processing, motion prediction, brain-computer interface, and biomedical sensor data.
Human Centric Digital Twin	It provides VR/AR functionality, physics simulation, and hardware connectivity with photorealistic rendering to generate an all-inclusive digital representation of the human user.
Physical Environment	It collects information about the environment pertaining to air quality, air flow, light, and noise-level conditions to impact the user's physiological surroundings and overall experience.
Robots (Autonomous Machines)	It is equipped with onboard cameras and other listed sensors, LIDAR and infrared visions, force/torque sensors, and joint angle measurements to allow autonomous operation and interactions.

O quadro 2 apresenta em pormenor os vários elementos envolvidos na criação e interação com um gémeo digital centrado no ser humano. Todos estes elementos são importantes para a recolha, o processamento e a utilização de dados para a construção de uma representação digital abrangente de um utilizador humano que permita capacidades avançadas de interação e simulação. Este quadro explica a interação das plataformas tecnológicas e dos dados que constituem o gémeo digital centrado no ser humano, mostrando assim a sofisticação e a integração necessárias para criar sistemas tão avançados.

IA ética e fiável na indústria 5.0

A utilização da IA num domínio como a Indústria 5.0 traz consigo uma bateria de dilemas éticos (Vyhmeister, & Castane, 2024). No cerne de todos eles, estão questões de responsabilidade (Vyhmeister, & Castane, 2024; Wajid et al., 2022; Chander et al., 2022). À medida que os sistemas de IA ganham mais autonomia, torna-se mais difícil saber em quem confiar quando se discutem as acções que serão tomadas por estes sistemas cada vez mais independentes. No exemplo de um sistema numa fábrica que provoca um acidente, como um robô que conduz um motor de IA, pode ser difícil atribuir a responsabilidade ao operador da máquina, ao fabricante ou à parte que adquiriu o software. Do mesmo modo, os enviesamentos existentes nos algoritmos de IA constituem uma preocupação ética (Chander et al., 2022; Vyhmeister, & Castane, 2024). Uma vez que os sistemas de IA aprendem a partir de dados e, se esses dados contiverem enviesamentos, a IA pode produzir decisões e resultados enviesados. A IA tendenciosa num contexto industrial pode resultar em políticas de contratação discriminatórias e tratamento laboral injusto, bem como numa distribuição injusta de recursos. Independentemente dos limites estabelecidos, é imperativo que os sistemas de IA sejam treinados com base em dados justos e equilibrados e que a sua equidade seja regularmente avaliada. Outro problema ético importante que se coloca é a questão da privacidade (Khan et al., 2023). Na Indústria 5.0, os sistemas de IA recebem os dados de nível - incluindo dados pessoais relativos aos funcionários. Os dados de elevado valor devem ser mantidos privados e protegidos, tanto quanto possível, contra a pirataria informática e a violação de informação privilegiada. Para proteger as informações individuais e cumprir os regulamentos de privacidade, os quadros de governação de dados têm de ser reforçados.

Sem confiança, a IA na Indústria 5.0 nunca poderá ser aceite. Na criação da IA, é essencial que haja transparência. A IA explicável deve ter a capacidade de explicar a sua decisão, porque é que tomou essas decisões em primeiro lugar, o que deve ser compreensível para os seres humanos. As partes interessadas podem compreender claramente quais as decisões que são tomadas e com base em que critérios e, nesta transparência, pode surgir confiança e as partes interessadas podem ter a certeza de que se trata de um sistema válido e justo. Há também o importante requisito de proteger e endurecer os sistemas de IA. Os sistemas de IA também têm de ser capazes de atuar como previsto face a ciberataques e em determinadas condições. Para tal, são necessárias auditorias de segurança regulares, a implementação de cibersegurança de ponta e o acompanhamento vigilante dos pontos vulneráveis na Web. Os quadros de governação da IA ética fiável são a chave (Wajid et al., 2022; Chander et al., 2022). Estas orientações devem ser incorporadas num quadro para a implantação ética da IA, como os princípios da equidade, da responsabilidade, da transparência e da privacidade. O cumprimento destas diretrizes ajuda a garantir que a IA é utilizada de uma forma benéfica para as pessoas e a sociedade.

Na Indústria 5.0, a implementação ética redefinida da IA deve ser apoiada por fortes quadros regulamentares e legais (Akpuokwe, et al.,2024; Gerke et al., 2020). Os governos e os organismos internacionais têm de estabelecer regulamentos que abordem as regras éticas em matéria de IA, responsabilidade, parcialidade e privacidade. A fonte destas regras tem de ser pertinente, tendo em conta a velocidade de evolução constante dos progressos da IA, mas também tem de ter a certeza de que os programadores e os utilizadores finais são bem-vindos. É também necessário estabelecer normas e boas práticas para garantir que a IA é implementada de forma ética. A forma ideal de criar essas normas é através de um processo coletivo de criação e definição com as partes interessadas do meio académico, da indústria e da sociedade civil, para garantir que sejam não só abrangentes, mas também equilibradas.

Desafios e obstáculos à implementação da IA centrada no ser humano

Preocupações com a privacidade e a segurança dos dados

Um grande impedimento à utilização de ferramentas de IA centradas no ser humano é precisamente a dimensão da privacidade e da segurança dos dados (Khan et al., 2023). O próprio sistema de IA, numa especificação de conceção centrada no ser humano, necessita de muitos dados pessoais, o que põe significativamente em causa as preocupações com a privacidade. Encontrar uma forma de manter os dados recolhidos, armazenados ou utilizados em segurança para que não ocorram ataques ou utilizações indevidas é uma tarefa difícil. A privacidade dos dados é uma consideração fundamental e um alvo em movimento, uma vez que operamos num mundo de regulamentos de privacidade de dados em evolução, como o Regulamento Geral sobre a Proteção de Dados (RGPD) na Europa, que estabelece requisitos rigorosos de tratamento de dados. Isto leva as organizações a serem cautelosas com os regulamentos que exigem grandes investimentos em infra-estruturas de dados seguras e procedimentos de conformidade.

Questões de preconceito e equidade

A tomada de decisões depende do facto de os seus dados serem justos ou imparciais (Rajesh, 2023; Vyhmeister, & Castane, 2024). A IA natural procura tratar as pessoas de forma justa e imparcial - mas, tal como a maioria dos outros sistemas principais, é suscetível de obter resultados discriminatórios se os dados utilizados para a formação forem demasiado tendenciosos. Detetar enviesamentos nos dados disponíveis, corrigi-los e garantir que as entradas para os algoritmos são diversificadas e representativas. Para tal, será necessário continuar a trabalhar na recolha e rotulagem de dados e na equidade dos algoritmos. Por último, se quisermos confiar na IA tanto quanto nas nossas próprias intuições, o processo de tomada de decisões deve ocorrer com transparência, o que, em modelos de IA complexos e tão eficazes, significa um elemento final da barreira de confiança entre a máquina e nós.

Implicações éticas e morais

As aplicações de IA são centradas no ser humano e as questões éticas sobre a IA são consequentes (Vyhmeister, & Castane, 2024; Wajid et al., 2022; Chander et al., 2022). As suas fronteiras éticas conduzem a zonas cinzentas morais, em que medida a IA deve mediar processos com impacto na vida humana. Por exemplo, no domínio dos cuidados de saúde, a IA pode diagnosticar doenças, mas até que ponto deve a IA ter uma palavra a dizer sobre se as doenças devem ou não ser tratadas? É difícil criar e respeitar diretrizes e quadros éticos que se apliquem a todos, porque as pessoas de várias origens culturais e de outras sociedades são educadas com valores éticos diferentes.

Interação homem-IA

A interação sem descontinuidades entre os sistemas humanos e de IA é necessária para que a IA seja mais centrada no ser humano (Huang et al., 2022; Maddikunta, et al., 2022). Conceção intuitiva de interfaces de utilizador que satisfaça todas as necessidades dos utilizadores (Akundi et al., 2022; Tiwari et al., 2022). Mas, para o fazer, é necessário compreender a psicologia e o comportamento humanos, que são bastante complexos e diferem de pessoa para pessoa. Além disso, codificar as IA para compreenderem e responderem adequadamente às emoções humanas ou aos sinais sociais constitui um enorme desafio que exigiria avanços nos inúmeros domínios do processamento da linguagem natural e da computação afectiva. O objetivo é criar uma interface de utilizador muito mais natural e valiosa para a IA, mas a interação entre os seres humanos e a IA a este nível ainda está na fase inicial.

Limitações tecnológicas

Apesar dos enormes progressos, existem ainda condicionalismos técnicos que impedem aplicações de IA verdadeiramente humanas. Os actuais modelos de IA, especialmente os modelos de aprendizagem profunda, necessitam de muito poder computacional e de grandes quantidades de dados para serem treinados, o que nem sempre é possível (Jabrane, & Bousmah, 2021; Ozdemir, & Hekim, 2018). Além disso, a maioria dos sistemas de IA não são gerais, o que significa que se destacam em determinadas tarefas, mas têm problemas com o panorama geral. Não existe um caminho fácil para resolver estes enormes desafios tecnológicos, que não têm de parar a investigação e o desenvolvimento, mesmo que estas lacunas não sejam colmatadas, mas que levarão anos a recuperar o atraso em relação ao sistema atualmente em vigor, de formas que serão difíceis de concretizar sem a infraestrutura de IA que é agora tão promissora.

Barreiras societais e culturais

Este facto sugere que a IA centrada no ser humano deve ter em conta o contexto social e cultural (ÓhÉigeartaigh et al., 2020). Embora algo possa ser adequado ou eficaz numa cultura, pode ofender outra cultura. Esta adaptabilidade cultural constitui um enorme desafio, porque os sistemas de IA têm de ser programados de forma a poderem respeitar e compreender as normas e os valores culturais. Além disso, a aceitação social difere significativamente no que diz respeito à IA devido ao receio de deslocação do emprego, à intrusão na privacidade ou à desconfiança tecnológica de populações específicas. A confiança de que o seu trabalho não será substituído pela IA tem de ter origem na partilha de orientações, bem como no envolvimento e na educação do público.

Desafios regulamentares e jurídicos

Dada a infância desta tecnologia, as regras de utilização da IA ainda não são totalmente claras, e os governos e organismos internacionais estão a trabalhar para estabelecer regulamentos para policiar a utilização segura e ética da IA. A questão aqui é que estes regulamentos podem ser bastante diferentes de uma região para outra, o que significa que as empresas que gerem uma rede global têm de estar sempre conscientes e cumprir um cenário em constante mudança. Entretanto, as leis relativas à responsabilidade pelas decisões em matéria de IA, especialmente em domínios como a condução autónoma ou os cuidados de saúde. Este é um procedimento que, mais uma vez, é e será (continuará a ser) um processo complexo e em constante evolução, uma vez que o sistema de IA deve respeitar sempre todas as leis e regulamentos das jurisdições pertinentes (Akpuokwe, et al.,2024; Gerke et al., 2020).

Limitações económicas e de recursos

A implementação de soluções centradas no ser humano e na IA exige muito dinheiro, porque requer investimento em tecnologia, competências e infra-estruturas (Korinek, & Stiglitz, 2021; Zhu et al., 2022). Algumas pequenas empresas, ou as que se encontram em países com baixo nível de desenvolvimento, podem ser excluídas do mercado de soluções avançadas de IA. Há também uma ausência mundial de especialistas em tecnologia na área da IA, o que faz com que muitas organizações tenham dificuldade em encontrar as pessoas certas para criar e gerir um sistema de IA centrado no ser humano. Lidar com estas limitações económicas e de recursos é fundamental para acelerar a adoção generalizada da IA.

Conclusões

A Indústria 5.0 é um futuro profundamente saturado de IA centrada no ser humano e de interação melhorada, aumentada e colaborativa. Esta evolução centra-se na harmonia entre a criatividade humana e as tecnologias inteligentes, criando um ambiente unido que vai muito além das fronteiras demarcadas pela Indústria 4.0. A Indústria 5.0 coloca as experiências humanas com a tecnologia em primeiro lugar, integrando sistemas de IA especificamente concebidos para melhorar o potencial humano, dando ênfase à experiência do utilizador, às preocupações éticas e ao impacto social. O impacto da IA é agora mais notório do que nunca, com os avanços nas ferramentas de interação homem-computador, como o processamento de linguagem natural, a visão computacional, a computação afectiva, etc., a tornarem-se mais aperfeiçoadas e mais fáceis de interagir. Estes avanços permitem que as máquinas detectem e reajam às emoções, posturas e estilo de falar humanos para tornar a interação mais natural e humana. Por exemplo, os robôs colaborativos com IA, ou cobots, foram criados para trabalhar em conjunto com os seres humanos em ambientes de fabrico, melhorando a produtividade e garantindo simultaneamente a segurança e a ergonomia. Tirando partido de sensores de última geração e de algoritmos de aprendizagem automática para a compreensão humana, estes cobots podem sentir as necessidades dos humanos e ajustar o seu ciclo de trabalho, transformando-o numa experiência. Além disso, a IA centrada no ser humano na Indústria 5.0 também está a mudar outros sectores, como a saúde, o sector da educação e o apoio ao cliente. Os diagnósticos orientados pela IA e os planos de tratamento personalizados nos cuidados de saúde permitem melhorar os cuidados prestados aos doentes, proporcionando cuidados de intervenção mais precisos e atempados de elevada qualidade. As plataformas de aprendizagem adaptativa alimentadas por IA proporcionam experiências de aprendizagem personalizadas que se adaptam às necessidades individuais dos alunos e praticam práticas educativas inclusivas. Além disso, os chatbots e os assistentes virtuais representam a ajuda tecnologicamente mais avançada, uma vez que utilizam a IA para realizar um serviço ao cliente empático e pessoal para satisfazer os utilizadores, instantaneamente. A indústria 5.0, ao colocar a interação e a colaboração humanas no centro das atenções, aumenta ainda mais a produtividade e a inovação e, ao mesmo tempo, garante que os avanços tecnológicos sejam disciplinados pelos valores humanos e pelo bem-estar social.

Referências

Adel, A. (2023). Desbloquear o futuro: promover a colaboração homem-máquina e impulsionar a automação inteligente através da indústria 5.0 em cidades inteligentes. Smart Cities, 6(5), 2742-2782.

Akpuokwe, C. U., Adeniyi, A. O., & Bakare, S. S. (2024). Desafios jurídicos da inteligência artificial e da robótica: uma análise exaustiva. Computer Science & IT Research Journal, 5(3), 544-561.

Akundi, A., Euresti, D., Luna, S., Ankobiah, W., Lopes, A., & Edinbarough, I. (2022). Estado da Indústria 5.0-Análise e identificação das tendências actuais de investigação. Applied System Innovation, 5(1), 27.

Alojaiman, B. (2023). Modernizações tecnológicas na indústria 5.0 ERA: A descriptive analysis and future research diretions. Processos, 11(5), 1318.

Anbalagan, S., Raja, G., Gurumoorthy, S., & Ayyakannu, K. (2023). Sistema de deteção de intrusão híbrida assistida por blockchain em veículos autônomos para a indústria 5.0. Transações IEEE sobre eletrônicos de consumo. Aslam, F., Aimin, W., Li, M., & Ur Rehman, K. (2020). Inovação na era da IoT e da indústria 5.0: Estrutura de gestão da inovação absoluta (AIM). Informação, 11(2), 124.

Carrança, A., Sousa, N., Rocha, J., Santos, E., Evangelista, L., Ferreira, A., ... & Margolis, I. (2023, maio). Realidade Aumentada Rumo à Indústria 5.0: Melhorando a interação de voz e toque com base no feedback da experiência do usuário. Na Conferência Internacional sobre Design de Sistemas Inteligentes e Aplicações de Engenharia (pp. 160-171). Singapura: Springer Nature Singapore.

Chandel, A., & Sharma, B. (2021, dezembro). Aspectos tecnológicos da inteligência artificial: indústria 5.0 para a tomada de decisão organizacional. Na Conferência Internacional sobre Sistemas de Informação e Ciências da Gestão (pp. 79-90). Cham: Springer International Publishing.

Chander, B., Pal, S., De, D., & Buyya, R. (2022). Internet das coisas baseada em inteligência artificial para a indústria 5.0. Sistemas de internet das coisas baseados em inteligência artificial, 3-45.

Cosgun, A. E. (2023). Gémeo digital e gémeo digital humano para implementação prática na Indústria 5.0. Em Perspectivas Globais sobre Robótica e Sistemas Autónomos: Desenvolvimento e Aplicações (pp. 168-183). IGI Global.

Davila-Gonzalez, S., & Martin, S. (2024). Gémeo digital humano na indústria 5.0: Uma abordagem holística para a segurança e o bem-estar do trabalhador por meio de IA avançada e análise emocional. Sensors, 24(2), 655.

Fernández-Caramés, T. M., & Fraga-Lamas, P. (2024). Forjando o Metaverso Industrial - onde a Indústria 5.0, Realidade Aumentada e Mista, IIoT, Computação de Borda Oportunista e Gêmeos Digitais se encontram. arXiv preprint arXiv: 2403.11312.

Fraga-Lamas, P., Lopes, S. I., & Fernández-Caramés, T. M. (2021). IoT verde e IA de ponta como facilitadores tecnológicos chave para uma transição digital sustentável para uma economia circular inteligente: Um caso de utilização da indústria 5.0. Sensores, 21(17), 5745.

Gerke, S., Minssen, T., & Cohen, G. (2020). Desafios éticos e jurídicos dos cuidados de saúde orientados para a inteligência artificial. Em Artificial intelligence in healthcare (pp. 295-336). Imprensa académica.

Golovianko, M., Terziyan, V., Branytskyi, V., & Malyk, D. (2023). Indústria 4.0 vs. Indústria 5.0: coexistência, transição ou um híbrido. Procedia Computer Science, 217, 102-113.

Gomathi, L., Mishra, A. K., & Tyagi, A. K. (2023, abril). Indústria 5.0 para cuidados de saúde 5.0: Oportunidades, desafios e possibilidades de pesquisa futura. Em 2023 7ª Conferência Internacional sobre Tendências em Eletrônica e Informática (ICOEI) (pp. 204-213). IEEE.

Huang, S., Wang, B., Li, X., Zheng, P., Mourtzis, D., & Wang, L. (2022). Indústria 5.0 e Sociedade 5.0- Comparação, complementação e co-evolução. Jornal de sistemas de fabrico, 64, 424-428.

Husár, J., Hrehová, S., Knapcíková, L., & Trojanowski, P. (2024, março). A Realidade Mista como Ferramenta de Educação em Perspetiva na Indústria 5.0. Em Conferência Técnico-Científica Internacional MANUFACTURING (pp. 60-73). Cham: Springer Nature Switzerland.

Jabrane, K., & Bousmah, M. (2021). Uma nova abordagem para treinar cobots a partir de uma pequena quantidade de dados na indústria 5.0. Jornal Internacional de Ciência da Computação Avançada e Aplicações, 12(10).

Kasinathan, P., Pugazhendhi, R., Elavarasan, R. M., Ramachandaramurthy, V. K., Ramanathan, V., Subramanian, S., ... & Alsharif, M. H. (2022). Realização de objectivos de desenvolvimento sustentável com tecnologias disruptivas através da integração da indústria 5.0, sociedade 5.0, cidades e aldeias inteligentes. Sustentabilidade, 14(22), 15258.

Khan, M., Haleem, A., & Javaid, M. (2023). Mudanças e melhorias na Indústria 5.0: Uma abordagem estratégica para superar os desafios da Indústria 4.0. Tecnologias Verdes e Sustentabilidade, 1(2), 100020.

Korinek, A., & Stiglitz, J. E. (2021). Inteligência artificial, globalização e estratégias para o desenvolvimento económico (No. w28453). Gabinete Nacional de Investigação Económica.

Leng, J., Chen, Z., Huang, Z., Zhu, X., Su, H., Lin, Z., & Zhang, D. (2022). Middleware de blockchain seguro para iiot descentralizado em direção à indústria 5.0: Uma revisão da arquitetura, facilitadores, desafios e direções. Máquinas, 10(10), 858.

Leng, J., Sha, W., Wang, B., Zheng, P., Zhuang, C., Liu, Q., ... & Wang, L. (2022). Indústria 5.0:

Perspetiva e retrospetiva. Journal of Manufacturing Systems, 65, 279-295.

Lv, Z. (2023). Gémeos digitais na indústria 5.0. Investigação, 6, 0071.

Maddikunta, P. K. R., Pham, Q. V., Prabadevi, B., Deepa, N., Dev, K., Gadekallu, T. R., ... & Liyanage, M. (2022). Indústria 5.0: Um inquérito sobre tecnologias facilitadoras e potenciais aplicações. Jornal de Integração da Informação Industrial, 26, 100257.

Mah, P. M., Skalna, I., & Muzam, J. (2022). Processamento de linguagem natural e inteligência artificial para gestão empresarial na era da indústria 4.0. Ciências Aplicadas, 12(18), 9207.

Mazumder, A., Banerjee, P. S., Karmakar, A., Ghosh, P., De, D., & Song, H. (2023, fevereiro). Gêmeo digital para a indústria 5.0: uma visão, taxonomia e direções futuras. No Simpósio de Doutorado em Computação Centrada no Homem (pp. 246-259). Singapura: Springer Nature Singapore.

Nguyen, H. D., & Tran, K. P. (2023). Inteligência artificial para manufatura inteligente na indústria 5.0: Métodos, aplicações e desafios. Inteligência Artificial para Manufatura Inteligente: Métodos, aplicações e desafios, 5-33.

ÓhÉigeartaigh, S. S., Whittlestone, J., Liu, Y., Zeng, Y., & Liu, Z. (2020). Superando barreiras à cooperação transcultural em ética e governança de IA. Filosofia e tecnologia, 33, 571 -593.

Ozdemir, V., & Hekim, N. (2018). Nascimento da indústria 5.0: Making sense of big data with artificial intelligence,"the internet of things" and next-generation technology policy. Omics: uma revista de biologia integrativa, 22(1), 65-76.

Paschek, D., Luminosu, C. T., & Ocakci, E. (2022). Desafios e perspectivas da indústria 5.0 para sistemas de manufatura na sociedade 5.0. Sustentabilidade e Inovação em Empresas de Manufatura: Indicadores, Modelos e Avaliação para a Indústria 5.0, 17-63.

Raffik, R., Sathya, R. R., Vaishali, V., & Balavedhaa, S. (2023, junho). Indústria 5.0: Aprimorando a colaboração humano-robô por meio de robôs colaborativos - uma revisão. Em 2023 2ª Conferência Internacional sobre Avanços em Elétrica, Eletrônica, Comunicação, Computação e Automação (ICAECA) (pp. 16). IEEE.

Raja Santhi, A., & Muthuswamy, P. (2023). Indústria 5.0 ou indústria 4.0 S? Introdução à indústria 4.0 e uma espreitadela às tecnologias prospectivas da indústria 5.0. Jornal Internacional sobre Design e Fabrico Interactivos (IJIDeM), 17(2), 947-979.

Rajesh, R. (2023). Indústria 5.0: analisando os desafios na implementação usando a análise de influência cinzenta. Jornal de Gestão da Informação Empresarial, 36(5), 1349-1371.

Rane, N. (2023). ChatGPT e Inteligência Artificial Generativa (IA) semelhante para a Indústria Inteligente: papel, desafios e oportunidades para a indústria 4.0, indústria 5.0 e sociedade 5.0. Desafios e oportunidades para a indústria, 4.

Taj, I., & Zaman, N. (2022). Rumo à revolução industrial 5.0 e à inteligência artificial explicável: Challenges and opportunities. Revista Internacional de Computação e Sistemas Digitais, 12(1), 295-320.

Tiwari, S., Bahuguna, P. C., & Walker, J. (2022). Indústria 5.0: Uma abordagem macroperspectiva. No Manual de Pesquisa sobre Gestão Inovadora Usando IA na Indústria 5.0 (pp. 59-73). IGI Global.

Van Oudenhoven, B., Van de Calseyde, P., Basten, R., & Demerouti, E. (2023). Manutenção preditiva para a indústria 5.0: Investigações comportamentais de uma perspetiva de sistema de trabalho. International Journal of Production Research, 61(22), 7846-7865.

Vyhmeister, E., & Castane, G. G. (2024). TAI-PRM: estrutura confiável de gestão de risco de projeto de IA para a Indústria 5.0. IA e Ética, 1-21.

Vyhmeister, E., & Castane, G. G. (2024). Quando a indústria encontra a IA confiável: uma revisão sistemática da IA para a indústria 5.0. arXiv preprint arXiv: 2403.03061.

Wajid, U., Nizamis, A., & Anaya, V. (2022). Rumo à indústria 5.0 - uma estrutura de IA confiável para fabricação digital com humanos no controle. Actas http://ceur-ws. org. ISSN, 1613, 0073.

Wang, Z. J., Chen, Z. S., Xiao, L., Su, Q., Govindan, K., & Skibniewski, M. J. (2023). Adoção de blockchain em cadeias de suprimentos sustentáveis para a Indústria 5.0: Uma perspetiva de múltiplas partes interessadas. Jornal de Inovação e Conhecimento, 8(4), 100425.

Xu, X., Lu, Y., Vogel-Heuser, B., & Wang, L. (2021). Indústria 4.0 e Indústria 5.0-Incepção, conceção e perceção. Jornal de sistemas de manufatura, 61, 530-535.

Zafar, M. H., Langâs, E. F., & Sanfilippo, F. (2024). Explorando as sinergias entre robótica colaborativa, gémeos digitais, aumento e indústria 5.0 para fabrico inteligente: A state-of-the-art review. Robotics and Computer-Integrated Manufacturing, 89, 102769.

Zhu, J., Zhang, J., & Feng, Y. (2022). Restrições orçamentais rígidas e tecnologia de inteligência artificial. Technological Forecasting and Social Change, 183, 121889.

Zong, L., Memon, F. H., Li, X., Wang, H., & Dev, K. (2021). Controle de transmissão ponta a ponta para Internet das Coisas industrial inter-regional na Indústria 5.0. IEEE Transactions on Industrial Informatics, 18(6), 4215-4223.

Capítulo 6: Integrar a Internet das coisas e a cadeia de blocos com a inteligência artificial, a aprendizagem automática e a aprendizagem profunda para uma indústria inteligente

Resumo:

A integração da Internet das Coisas (IoT) e da cadeia de blocos, combinada com o poder da Inteligência Artificial (IA), da Aprendizagem Automática (ML) e da Aprendizagem Profunda (DL), está a transformar a esfera das indústrias inteligentes, propagando uma nova era de produtividade acrescida, garantia de informação e deliberação influenciada pelos dados. A nossa investigação analisa a forma como estas tecnologias de ponta fluem em conjunto para permitir avanços inteligentes na indústria. Estas tecnologias oferecem conetividade condutora e capacidades de comunicação entre dispositivos e podem criar grandes conjuntos de dados, que são essenciais para a tomada de decisões mais informadas e, finalmente, para um funcionamento mais sustentável. Estes dados são então escalonados e processados pelo algoritmo de ML e DL da IA para obter informações preditivas; otimização de processos e para melhorar a automatização. A segurança e a imutabilidade dos dados são fundamentais numa rede IoT, e isto é algo em que a tecnologia blockchain se destaca e garante que os dados trocados dentro destas redes são seguros e inalteráveis. Graças aos recentes desenvolvimentos em IA, ML e DL, podem agora responder melhor aos desafios das aplicações industriais, muito para além da manutenção preditiva e da otimização da cadeia de fornecimento, estendendo-se à monitorização em tempo real e às operações autónomas. A natureza descentralizada da cadeia de blocos reduz o risco de violação de dados e de acesso não autorizado, o que é importante para a segurança dos sistemas industriais. A perspetiva adoptada nesta investigação é, em vez disso, a de uma implementação prática no mundo real, ilustrando algumas das vantagens e desafios da integração destas tecnologias. Abrange igualmente a necessidade de protocolos e quadros estruturados para assegurar a interoperabilidade e a escalabilidade universais. Os resultados apontam para a enorme capacidade de transformação desta integração e sugerem um nível de eficiência, segurança e inovação nunca antes visto, que irá redefinir as indústrias inteligentes hoje e, possivelmente, mais importante, amanhã, definindo efetivamente a quarta revolução industrial e mais além.

Palavras-chave: Internet das coisas, cadeia de blocos, inteligência artificial, aprendizagem automática, aprendizagem profunda, desenvolvimento sustentável.

Introdução

A quarta revolução industrial é uma tendência que combina os avanços tecnológicos em domínios como a inteligência artificial (IA), a aplicação de grandes volumes de dados e a Internet das Coisas (IoT), o aumento do poder computacional e a aproximação de uma conetividade quase omnipresente (Bothra et al., 2023; Dhar Dwivedi et al., 2024). A integração da IdC com a tecnologia de cadeias de blocos e a sinergia da IA, da aprendizagem automática (ML) e da aprendizagem profunda (DL) são alguns dos elementos de mudança de jogo que estão a desempenhar um papel de liderança nesta revolução da nova era (Parker, & Bach, 2020; Samad, et al., 2022; Saritha et al., 2021). A convergência destas tecnologias apresenta oportunidades significativas para sistemas inteligentes e autónomos que podem aumentar a eficiência operacional, a segurança e o processamento de dados em diferentes casos de utilização nos segmentos industriais. A IoT conecta totalmente os dispositivos e ajuda-os a recolher dados e a comunicar, tudo em tempo real (Katare et al., 2018; Ghosh et al., 2018; Radanliev et al., 2021). Mas esta mesma interconexão coloca sérios problemas de segurança, privacidade e integridade dos dados. É aqui que a tecnologia de cadeia de blocos vem em socorro, uma vez que cria um registo descentralizado e imutável das transacções de dados (Ekramifard et al., 2020; Zhang et al., 2021; Kumar et al., 2023). Quando combinados, a IoT e a cadeia de blocos formam uma estrutura forte que é fiável, segura e incentiva a gestão eficaz dos dados (Atlam et al., 2020; Samad, et al., 2022; Dhar Dwivedi et al., 2024). A utilização de IA/ML/DL é uma extensão semelhante deste quadro integrado. Estes dados recolhidos em grande quantidade a partir de dispositivos IoT podem, por sua vez, ser analisados, decifrados e lidos por algoritmos de IA e de ML, fornecendo assim conhecimentos e previsões sobre informações, padrões e processos e ajudando a tomar decisões e a melhorá-las. O DL, um tipo de ML, utiliza redes neuronais para melhorar os dados, melhorando assim os processos de tomada de decisão no mundo complexo de hoje (Taye, 2023). Isto cria os sistemas inteligentes necessários no novo panorama industrial, uma vez que as tecnologias IoT, blockchain e IA sinergizam entre si, resultando em sistemas que podem agir com auto-otimização e capacidades de tomada de decisão autónomas. Neste documento, a integração da IoT e da cadeia de blocos com trabalhos de IA, ML e DL permite uma melhor compreensão e identificação de um potencial combinado do sistema industrial inteligente.

As principais contribuições deste trabalho de investigação incluem:

1) Uma revisão sistemática da literatura que fornece uma análise de trabalhos anteriores que combinaram a IdC, a cadeia de blocos, a IA, o ML e a DL, analisando as principais tendências e lacunas de investigação.
2) A análise de palavras-chave e a coocorrência de palavras-chave na literatura foram utilizadas para descobrir as áreas focais da investigação e da interação tecnológica.
3) Uma análise de clusters divide a literatura em diferentes categorias e fornece informações sobre os principais temas de investigação e as suas tendências ao longo dos anos.

Metodologia

Neste trabalho, realizamos uma revisão abrangente da literatura para integração de IoT e blockchain para IA, ML e DL para indústrias dinâmicas. Uma revisão detalhada da literatura foi realizada por meio de pesquisas em bancos de dados acadêmicos, incluindo IEEE Xplore, ScienceDirect e Google Scholar. As palavras-chave de pesquisa foram "IoT", "blockchain", "IA", "aprendizagem automática", "aprendizagem profunda" e "indústria inteligente". Em seguida, foi utilizada uma análise de conteúdo do tipo termo-chave para encontrar os termos e as frases que se repetiam com mais frequência na revisão da literatura selecionada. Isto incluiu a pesquisa no texto de palavras-chave que apareciam nos artigos e o cálculo da frequência das palavras-chave para identificar os principais temas e padrões da investigação ao longo do tempo. Em seguida, foi utilizada a análise de coocorrência para obter dispersões que revelam a frequência com que estas palavras-chave aparecem juntas em cada artigo. Esta análise forneceu informações sobre as inter-relações entre os diferentes conceitos e tecnologias apresentados na literatura. A análise de clusters dividiu os artigos em diferentes grupos de acordo com as suas co-ocorrências. Os clusters foram visualizados pelo VOSviewer e utilizados para identificar os principais tópicos de investigação e os pontos críticos de tendência na intersecção entre IoT, blockchain, IA, ML e DL no contexto da indústria inteligente. Este quadro metodológico oferece uma forma sistemática de interpretar o que é atualmente conhecido e quais são as prováveis direcções futuras para esta área de investigação multidisciplinar.

Resultados e discussões

Análise de coocorrência e de agrupamento das palavras-chave

A Fig. 1, o diagrama de rede, demonstra de alguma forma as ligações complexas entre as diferentes tecnologias emergentes e a estreita idiossincrasia técnica. Se existir uma estrutura de comunidade intuitiva entre conceitos e tecnologias, a análise de coocorrência e de agrupamento gerará uma visualização para mostrar como os diferentes conceitos e tecnologias estão interligados no domínio das indústrias inteligentes.

Cluster de Inteligência Artificial (IA):

Na Fig. 1, centrámos o cluster principal no cluster da IA. Vemos que no cluster destacado existem muitas ligações que reflectem a ampla utilização e o impacto da IA em muitos domínios. A IA é fundamental para promover a inovação, actuando como um recurso-chave na criação e transformação do conhecimento, com o objetivo de consolidar uma indústria inteligente. As tecnologias de IA beneficiarão significativamente os domínios industriais da próxima geração, como a indústria transformadora, a segurança e a educação. Isto mostra que estes domínios estão co-relacionados.

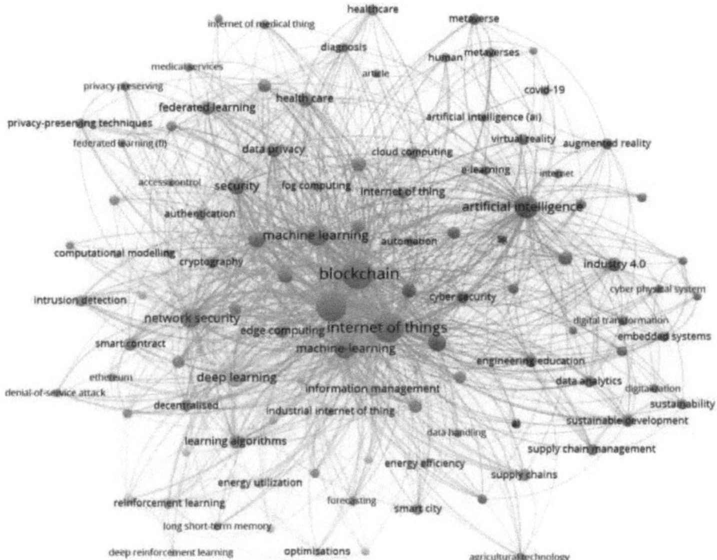

Fig. 1 Análise de coocorrência das palavras-chave na literatura

Cluster da Internet das Coisas (IoT):

Outro agrupamento importante, para além do agrupamento de IA, é o agrupamento em torno da IoT. Este cluster é composto por Blockchain, ML, automação, computação em nuvem, computação de ponta e IoT industrial. O cluster IoT de cadeia de blocos, ML ou qualquer outra tecnologia semelhante demonstra uma combinação perfeita de IoT com esta outra tecnologia de ponta. Para utilizar a recolha e transmissão de dados, a utilização da própria Internet das coisas é vital, especialmente quando combinada com a tecnologia de cadeia de blocos. Ao utilizar estas duas tecnologias em conjunto, os dados são protegidos e armazenados em todo o país. Este cluster explora o ponto de encontro da IA e do ML utilizados para melhorar os processos industriais, e as formas como este processo cria ambientes industriais mais inteligentes e seguros.

Cluster de cadeias de blocos:

A IoT e a cadeia de blocos são duas faces da mesma moeda, sendo a cadeia de blocos uma necessidade para o cluster IoT, uma vez que pode tornar a transferência de dados entre dispositivos mais segura e transparente. Há muitos conceitos na cadeia de blocos, como contactos inteligentes, criptografia, autenticação, descentralização e Ethereum, etc. A cadeia de custódia da cadeia de blocos é vital para que as redes IoT mantenham a integridade dos dados. Os sectores inteligentes, como as indústrias, podem utilizar a cadeia de blocos para funcionar com segurança e fiabilidade.

Cluster de aprendizagem automática e aprendizagem profunda:

A IA e a Internet das Coisas giram em torno da deteção de objectos interligados da aprendizagem automática e da aprendizagem profunda. Os principais tópicos incluem algoritmos de aprendizagem, aprendizagem por reforço, aprendizagem por reforço profundo, memória de longo prazo e optimizações. No entanto, os dados criados pelos dispositivos IoT são muito grandes e as técnicas de aprendizagem automática e de aprendizagem profunda são amplamente utilizadas para analisar e compreender esses dados. A implementação de soluções industriais inteligentes requer a utilização destas tecnologias para a geração de modelos preditivos e para apoiar a melhoria dos processos industriais.

Cluster de segurança e privacidade:

Está relacionado com a segurança e a privacidade, que são essenciais tanto para a IA como para a cadeia de blocos - daí que estes dois elementos formem uma boa combinação. No caso dos quadros industriais inteligentes, a proteção dos dados é a prioridade máxima. Isto inclui a segurança da rede, a deteção de intrusões, a privacidade dos dados, o controlo do acesso, as técnicas de preservação da privacidade e a aprendizagem federada, entre outros. Como podemos ver através da utilização repetida destes termos e de termos relacionados, é dada uma ênfase considerável aos avanços nas medidas de segurança para salvaguardar a privacidade dos dados e evitar a potencial utilização indevida de dados sensíveis através de aplicações IoT e IA. Esta é uma noção comum conhecida como aprendizagem federada, em que podemos formar um modelo em conjunto, mantendo a privacidade dos dados intacta.

Cluster de sustentabilidade e eficiência energética:

Atualmente, muitas pessoas começaram a compreender a gravidade da sustentabilidade e da eficiência energética. Todos estes temas estão inter-relacionados, utilização de energia, cidades inteligentes, eficiência energética e sustentabilidade. As noções estão inter-relacionadas, destacando o foco crescente em soluções industriais inteligentes sustentáveis e energeticamente eficientes. Para alcançar o desenvolvimento sustentável e evitar danos ambientais, as estratégias de energias renováveis e as iniciativas de cidades inteligentes estão a aproveitar o poder da IA e da IoT.

Cluster de serviços médicos e de saúde:

Por último, um grupo mais pequeno tende a concentrar-se na tecnologia dos cuidados de saúde/medicina. O agrupamento concentra-se nas questões mais importantes: saúde, diagnóstico, serviços médicos, Internet das coisas médicas, privacidade segura. Estes agrupamentos ilustram algumas das formas como a IA, a IdC e a cadeia de blocos estão a ter impacto nos cuidados de saúde - melhorando a qualidade dos serviços médicos, aumentando a precisão dos diagnósticos e protegendo a privacidade no que diz respeito às informações de saúde. A figura aponta as tendências e prioridades em desenvolvimento nas indústrias inteligentes, investigando e desenvolvendo em torno de temas como a indústria 4.0, a cibersegurança, a sustentabilidade ou a transformação digital. Estas são tendências que tocam nos objectivos básicos da indústria - desde a automatização de processos até à segurança de ambientes mais digitais, passando pela ecologia e criando empresas mais preparadas para o digital.

Técnicas para integrar a IoT e a cadeia de blocos com IA, ML e DL

Integração da IoT e da IA

A IdC tem tudo a ver com dados e, em especial, com dados em grande escala, com as verticais que envolvem a conetividade dos dispositivos, em que o ML e o DL ou a IA estão a permitir essa funcionalidade. Os sensores IoT fornecem pontos de dados constantes que os algoritmos de IA podem processar imediatamente para obter informações significativas. Nas cidades inteligentes, a IA analisa os dados externos dos sensores IoT para melhorar o tráfego, a utilização de energia e a segurança pública, entre outros aspectos. Os algoritmos de aprendizagem automática podem determinar quando a infraestrutura necessita de manutenção com base nos dados transmitidos por vários sensores, identificando padrões e anomalias. A computação de ponta é uma técnica conhecida em que a IoT é integrada na IA (Biswas, & Wang, 2023; Nguyen et al., 2024). Em vez de enviar toda a informação para processamento para um centro de dados central na nuvem, a computação periférica processa os dados na extremidade da rede onde são criados. Isto reduz a latência, poupa largura de banda e aumenta a privacidade. Os modelos de IA baseados na periferia podem analisar dados em tempo real e até tomar decisões com base nesses dados processados (Nguyen et al., 2024). Por exemplo, nos veículos autónomos, a IA de ponta pode ser utilizada para analisar dados de sensores (input) para tomar decisões de condução em tempo real (output). O quadro 1 mostra as técnicas de integração da IoT e da Blockchain com a IA, o ML e a DL.

Integração de cadeias de blocos e IoT

A utilização de cadeias de blocos juntamente com a IdC resolve os problemas de segurança e confiança dos sistemas IdC (Ekramifard et al., 2020; Zhang et al., 2021; Kumar et al., 2023). Ao utilizar a cadeia de blocos como livro-razão distribuído e imutável, não seria possível qualquer adulteração dos dados registados pelos dispositivos IoT. Isto é especialmente útil na gestão da cadeia de abastecimento, uma vez que a transparência e a rastreabilidade são fundamentais. Os produtos podem ser verificados pela cadeia de blocos, que regista todas as transacções desde o ponto de origem até ao consumidor (Ekramifard et al., 2020; Kumar et al., 2023). Os contratos inteligentes são uma forma de concatenar a cadeia de blocos com a IoT (Shinde et al., 2023; Kumari, & Muthulakshmi, 2023). Os contratos inteligentes são um contrato autoexecutável em que os termos são escritos no código. Os contratos inteligentes aplicam os acordos desde que as condições predefinidas sejam cumpridas. Assim, num cenário de cadeia de abastecimento, um sensor IoT que comunique com um contrato inteligente pode então permitir que a cadeia de blocos confirme se a remessa chegou e desencadeie a libertação de dinheiro (utilizando um contrato inteligente) para pagar a remessa, por exemplo. Para além disso, a cadeia de blocos pode proteger ainda mais a IoT utilizando um paradigma de comunicação mais seguro. A cadeia de blocos garante que cada dispositivo IoT tem uma identidade única e autenticada e que todas as comunicações entre dispositivos são igualmente autenticadas, encriptadas e rastreáveis (Ekramifard et al., 2020; Kumari, & Muthulakshmi, 2023). Pode também ajudar a cadeia de blocos a partilhar dados de forma segura e transparente entre as várias partes interessadas no ecossistema IoT.

Quadro 1 Técnicas para integrar a IoT e a Blockchain com IA, ML e DL

References	Technique	Description	Use Case Example	Key Benefits
Rane, et al., 2023a; Shinde et al., 2023; Kumari, & Muthulakshmi, 2023	Smart Contracts with AI/ML	AI/ML in smart contracts for automated decisions.	Autonomous supply chain management	Automated, efficient decision-making
Bothra et al., 2023; Li et al., 2023; Rane et al., 2023b	IoT Data Analytics with DL	DL models for analyzing IoT data for predictions and anomalies.	Predictive maintenance in industrial IoT	Early detection of issues, reduced downtime
Bothra et al., 2023; Tyagi, 2024	Blockchain for IoT Data Security	Blockchain ensures IoT data integrity and security.	Secure health data sharing	Enhanced data security and integrity

Reference	Approach	Description	Application	Benefits
Shinde et al., 2023; Tyagi, 2024; Bhumichai et al., 2024	Decentralized AI	AI models on decentralized blockchain networks.	Decentralized autonomous vehicles	Increased robustness and fault tolerance
Al Asqah, & Moulahi, 2023; Issa et al., 2023	Federated Learning	ML models trained across decentralized devices.	Collaborative healthcare research	Improved privacy, collaborative model training
Fakhar et al., 2023; Saxena et al., 2024; SaberiKamarposhti, et al., 2024	Smart Grid Management	AI/ML on blockchain-enabled smart grids for efficient energy use.	Optimized energy distribution in smart cities	Improved energy efficiency and real-time monitoring
Biswas, & Wang, 2023; Nguyen et al., 2024	Edge AI with Blockchain	AI on edge devices with blockchain for real-time, secure decisions.	Real-time traffic management	Low latency, enhanced security
Bothra et al., 2023; Hemamalini, et al., 2024	Predictive Analytics for IoT	ML/DL models predict future events from IoT data.	Early fault detection in manufacturing	Proactive maintenance, reduced operational costs
Kousar et al., 2023; Suryavanshi et al., 2023	Blockchain-based AI Marketplaces	Decentralized AI/data marketplaces using blockchain.	Data and model sharing in research communities	Secure and transparent data/model exchange
Bhumichai et al., 2024; Hemamalini et al., 2024; Tyagi, 2024	AI-driven Blockchain Consensus	AI optimizes blockchain consensus mechanisms.	Efficient cryptocurrency transactions	Faster transactions, reduced energy usage
Bothra et al., 2023; Dhar Dwivedi et al., 2024	IoT Device Management	AI/ML manages IoT devices with blockchain logging.	Smart home automation systems	Efficient device management, secure logging
Bothra et al., 2023; Tyagi, 2024; Mishra, & Chaurasiya, 2024	DL for Cybersecurity in IoT	DL detects cybersecurity threats in IoT networks with blockchain integrity.	Intrusion detection systems in critical infrastructure	Enhanced threat detection and response
Xu, et al., 2023; Tyagi, 2024; Tyagi et al., 2024	AI-enhanced Blockchain Analytics	AI analyses blockchain data for insights and fraud detection.	Fraud detection in financial services	Improved fraud detection and business insights
Kashem et al., 2023 Khan et al., 2023	Supply Chain Optimization	IoT, blockchain, and AI/ML for optimizing supply chains.	Real-time tracking and optimization of logistics	Enhanced traceability, reduced inefficiencies
Bothra et al., 2023; Dhar Dwivedi et al., 2024; Hemamalini et al., 2024	AI for Blockchain Scalability	AI predicts and manages blockchain loads for scalability.	Scalable blockchain networks for financial services	Better resource allocation, improved scalability
Bothra et al., 2023; Tyagi, 2024; Hemamalini et al., 2024	IoT and Blockchain Interoperability	Protocols and standards for IoT and blockchain integration with AI/ML enhancement.	Interconnected smart city applications	Seamless data integration, enhanced interoperability

IA, ML e DL nas redes Blockchain

A utilização de IA, ML e DL pode beneficiar grandemente a eficiência, a segurança e a funcionalidade das redes de cadeias de blocos. Os algoritmos de IA podem prever o congestionamento da rede e acelerar o processamento das transacções. Isto pode ajudar a aumentar a segurança das transacções da cadeia de blocos, uma vez que pode ajudar na deteção em tempo real de actividades fraudulentas/arbitrárias sobrepostas às actividades reais dos utilizadores utilizando o ML. O DL oferece a capacidade de analisar padrões de dados complicados e pode ser utilizado para melhorar os modelos de previsão das aplicações de cadeias de blocos (Tyagi, 2024; Mishra, & Chaurasiya, 2024). Esta abordagem implica o recurso à IA para controlar e desenvolver protocolos de consenso de cadeias de blocos. Numa nota mais avançada, os algoritmos de consenso são cruciais para validar com segurança as transacções numa cadeia de blocos. A utilização da IA para prever e ajustar os parâmetros da rede optimizará estes processos para poupar energia e escalar melhor. Para além disso, a combinação de modelos de DL com a cadeia de blocos reforçará a privacidade e a segurança dos dados. A aprendizagem federada (FL) é um método de DL que permite treinar modelos em dispositivos descentralizados sem partilhar quaisquer dados em bruto (Al Asqah, & Moulahi, 2023; Issa et al., 2023).

Combinar a IoT, a cadeia de blocos e a IA

A IoT, a cadeia de blocos e a IA criam uma super sinergia, que pode perturbar várias indústrias (Parker, & Bach, 2020; Saritha et al., 2021; Samad, et al., 2022; Bothra et al., 2023; Dhar Dwivedi et al., 2024;). Um exemplo poderia ser a utilização de dispositivos IoT para detetar e monitorizar dados de pacientes ao vivo, a IA pode ser utilizada para analisar dados para fornecer planos de tratamento personalizados, e a cadeia de bloqueio pode ser utilizada para armazenar dados de uma forma segura que garanta a segurança dos dados dos pacientes e inclua a integridade dos dados dos pacientes. O trabalho agrícola está dividido em duas partes: a primeira parte é utilizada como sensores IoT para o solo, onde a IA pode otimizar o processo de irrigação e fertilização e, por outro lado, a cadeia de blocos pode ser utilizada para a autenticidade dos produtos agrícolas. As redes IoT descentralizadas alimentadas por IA são um método técnico para integrar estas tecnologias. A cadeia de blocos é utilizada para gerir e proteger os dispositivos IoT nestas redes, e os algoritmos de IA analisam os dados criados por estes dispositivos. Por exemplo, uma rede inteligente em que os sensores IoT fazem a medição do consumo de energia, a IA optimiza a distribuição de energia a um bairro e a cadeia de blocos assegura as transacções entre produtores e consumidores de energia. A utilização da IA é também uma das formas de ajudar a prever falhas em sistemas industriais IoT para manutenção preditiva. Os sensores IoT podem monitorizar o estado da maquinaria de uma fábrica, a IA prevê quando uma máquina precisará de manutenção e a cadeia de blocos documenta as actividades de manutenção para efeitos de transparência e rastreabilidade. Este método prático minimiza o tempo de inatividade, prolonga a vida útil do equipamento e aumenta a eficiência operacional.

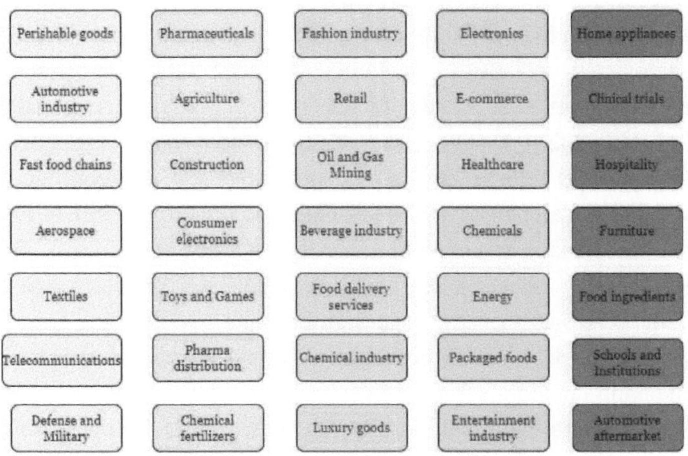

Fig. 2 Indústrias e sectores que exigem a gestão da cadeia de abastecimento

A Fig. 2 apresenta uma lista de indústrias e domínios que requerem a gestão da cadeia de abastecimento, com um espetro de aplicações relativamente amplo. Inclui indústrias de retalho, indústrias da saúde, indústrias agrícolas, indústrias automóvel, da moda, da energia, química e eletrónica, entre muitas outras. Em cada uma destas indústrias, é necessária uma gestão adequada da cadeia de abastecimento para assegurar o fluxo de produtos e serviços desde o ponto de produção até às mãos do consumidor de forma eficaz e eficiente. Por exemplo, nos sectores dos bens perecíveis e da saúde, é necessária uma elevada velocidade e precisão, enquanto os sectores da construção e da energia requerem uma lógica e estratégias de abastecimento complexas. As tonalidades da imagem ajudam a refletir a sua importância relativa ou os requisitos específicos da gestão da cadeia de abastecimento numa indústria específica. Esta diversidade sublinha que as práticas de gestão da cadeia de abastecimento têm de ser especificamente orientadas para as necessidades específicas de uma indústria, oferecendo uma perspetiva crítica sobre a adaptabilidade e o âmbito das estratégias da cadeia de abastecimento.

Arquitetura e conceção de sistemas
A integração da IoT, da Blockchain e da IA tem algumas considerações arquitetónicas que são fundamentais para fornecer soluções coordenadas com uma taxa de eficiência desejada (Samad, et al., 2022; Bothra et al., 2023). Dado que as redes IoT podem envolver milhões de dispositivos que transmitem dados continuamente e, por conseguinte, estão sujeitas a aumentos súbitos de dados de tráfego, a escalabilidade é uma propriedade muito importante a ter (Khan et al., 2023; Dhar Dwivedi et al., 2024). A sua arquitetura deve ser tal que possa ser escalada horizontalmente, o que significa que pode ser incluído um maior número de nós para equilibrar a carga de dados, a redução do desempenho devido a sobrecargas no sistema, etc. Esta escalabilidade é frequentemente facilitada por serviços baseados na computação em nuvem, que concedem a flexibilidade de provisionar e desprovisionar recursos conforme necessário. A interoperabilidade é uma das primeiras preocupações que devem ser abordadas com a riqueza dos

dispositivos e plataformas IoT (Khan et al., 2023; Tyagi, 2024). Deve também utilizar protocolos normalizados e interfaces de programação de aplicações (API), para que estes dispositivos possam comunicar independentemente do fabricante.

É fundamental prestar uma atenção especial à segurança, nomeadamente no que respeita aos dados sensíveis. A utilização da cadeia de blocos introduz um livro-razão obrigatório que impossibilita qualquer modificação, mas os mecanismos de privacidade utilizados devem incluir encriptação, autenticação e controlo de acesso na arquitetura geral. A questão da segurança dos dispositivos periféricos é uma questão importante para muitas indústrias que utilizam estes dispositivos, uma vez que são mais vulneráveis e estão mais expostos a ciberataques. Os dispositivos IoT geram uma grande quantidade de dados, pelo que é fundamental uma gestão eficiente dos dados. Tem de ser ligado ao proprietário da lógica inteligente através da Internet a partir da periferia e só pode transmitir os dados pré-processados (leitura limpa e filtrada) com apenas informações úteis para o servidor central, reduzindo a carga de dados transmitidos aos servidores centrais.

A computação periférica é um princípio de conceção essencial que permite que a computação e o armazenamento de dados estejam localizados nos próprios dispositivos IoT. Permite também uma menor latência, um processamento mais rápido dos dados em tempo real e uma menor largura de banda necessária para enviar os dados de volta aos servidores centrais. Liberta a nuvem ou a rede de cadeias de blocos do processo de hashing dos dados e da utilização do processo de arranque de encriptação executado pelo algoritmo de hashing na cadeia de blocos, além disso, é responsável pela gestão do ciclo de vida do software de ponta a ponta. Os nós de borda são utilizados para o pré-processamento, em que o reencaminhamento de dados exige a análise, a filtragem e a agregação dos dados parcialmente processados, que são pequenos para serem enviados para a nuvem ou para a cadeia de blocos. Uma arquitetura em camadas permite a modularidade e a facilidade de integração. Neste cenário, temos três camadas: a borda, o nevoeiro e a nuvem. Isto representa uma arquitetura típica. Na camada periférica, os dispositivos IoT e os gateways recolhem e pré-processam os dados. A camada de nevoeiro contém nós intermédios que são utilizados para processar, armazenar localmente e tomar decisões para descarregar a nuvem destas tarefas. A camada de nuvem é composta por servidores centralizados que executam o processamento de dados em grande escala, o treino de ML e também fazem o armazenamento a longo prazo.

A natureza distribuída das redes IoT é perfeita para uma blockchain descentralizada. O armazenamento e o processamento descentralizados ajudam a mitigar os backups e a melhorar a robustez de um sistema. Os contratos inteligentes na cadeia de blocos podem ser codificados para executar determinados processos quando algumas condições definidas são cumpridas, fazendo avançar a tomada de decisões com recurso à IA no ecossistema IoT. Agora podemos implementar a IA na conceção do sistema, o que ajudará na análise preditiva e na automatização. Implantável da borda para a nuvem para manutenção preditiva, deteção de anomalias e tomada de decisão automatizada A aprendizagem federada, que permite que um modelo compartilhado seja treinado em vários nós descentralizados sem movimentação de dados brutos, é escolhida devido às suas propriedades, como preservar a privacidade do usuário e reduzir a sobrecarga de comunicação.

A fim de automatizar as interações entre o ser humano e a cadeia de blocos, os contratos inteligentes são uma necessidade (Rane, et al., 2023a; Shinde et al., 2023; Kumari, & Muthulakshmi, 2023). Permitem aplicar restrições, gerir direitos de acesso a dispositivos IoT e tomar medidas de IA, quando se verificam condições específicas. Os contratos inteligentes seguros e económicos são uma tarefa difícil que exige muitas práticas de codificação, testes e uma implementação cuidadosa da lógica para evitar erros e lacunas no código com base nas vulnerabilidades. No limite, precisamos de implementar um modelo leve que possa ser executado em pequenas quantidades de hardware. Técnicas como a quantização do modelo ou a poda podem reduzir a dimensão do modelo e os requisitos computacionais. As estruturas de IA de ponta, como o TensorFlow Lite e o OpenVINO, são utilizadas para implementar modelos e optimizá-los para dispositivos de ponta.

Embora a imutabilidade garanta a integridade dos dados na cadeia de blocos, a manutenção da privacidade tem de ser novamente associada a novas disposições de segurança (Bothra et al., 2023; Dhar Dwivedi et al., 2024). Para permitir essa análise, podemos aplicar técnicas como a privacidade diferencial e a encriptação homomórfica para manter os dados seguros. A conformidade com a regulamentação é importante, garantindo que a forma como os dados são tratados cumpre os requisitos legais. Por conseguinte, é necessária uma monitorização e manutenção frequentes para manter o bom funcionamento do sistema. Os aspectos que podem ser monitorizados com estas ferramentas automatizadas vão desde a saúde dos dispositivos e o desempenho da rede até ao fluxo de dados, passando pelo envio de alertas e pela sugestão de acções para manter a infraestrutura numa base proactiva. É a razão pela qual precisamos de receber actualizações e patches regulares para oferecer uma melhor segurança e melhorar a funcionalidade.

IoT Components	Categories of IoT Convergence	Computational Paradigms	IoT Convergence Category Systems	Impact on Various Sectors
Digital Technology	**Artificial Tools**	**BIG Data**	**Hybrid**	**Healthcare**
Communications & Protocols	Decision making offloaded	Extract information	**Goals of ICS**	**Smart Cities**
- Data Science	Resource allocation	Reliable AI/ML algorithms	**Application Areas**	**Industry 4.0**
	Real-time actions	Increased efficiency		**Smart Agriculture**
	Robotic	**BlockChain**		**Environment**
	Real-time data collection	Security & privacy		**Smart Homes**
	Intercommunication	Decentralization		**Smart Energy/Grid Management**
	Increased robotic capabilities	Elimination of third parties		
	5G & Communication	**Things & Sensors**		
	Bandwidth & computing power	Ubiquitous sensing		
	Reduced delay	Intelligent interaction		
	Network management	Data capturing & caching		
	Math & EDA, Visualization			
	Data analysis & prediction			
	Data storage & arrangement			
	Visual representation			
	Extracting insights			
	Optimizing performance			

O quadro 2 apresenta uma panorâmica de todos os diferentes aspectos que constituem a IdC e as suas relações. Os componentes da IdC estão incluídos na tecnologia digital e incluem comunicações e protocolos e ciência dos dados. A comunicação e os protocolos referem-se à conetividade e à convergência em redes heterogéneas; a ciência dos dados refere-se à análise, ao armazenamento e à visualização de dados para inferir conhecimentos significativos e otimizar o desempenho. Algumas destas categorias de convergência da IoT são ferramentas artificiais, robótica, 5G e comunicação, e matemática e EDA, visualização. As categorias expressam a forma como as várias tecnologias utilizadas na convergência fornecem o ecossistema IoT. Por exemplo, as ferramentas artificiais centram-se na tomada de decisões e na atribuição eficiente de recursos, enquanto o 5G e as comunicações insistem no aumento da largura de banda e na redução dos atrasos na rede. Os paradigmas computacionais são BIG Data, Blockchain e Things & Sensors que fazem parte do ecossistema IoT. Os BIG Data aumentam a fiabilidade e a eficiência dos algoritmos de IA e ML; as cadeias de blocos permitem a transparência e a segurança; e as coisas e os sensores facilitam a deteção ubíqua e as interações inteligentes. Estas categorias incluem os sistemas híbridos, os objectivos dos ICS e as áreas de aplicação, com base nos diferentes enquadramentos e objectivos da implementação da IdC. Em geral, esses sistemas aplicam-se para sublinhar o hibridismo nas aplicações da IdC, os objectivos dos sistemas de controlo integrados e diversos pontos de aplicação, desde os cuidados de saúde até às cidades inteligentes. Por último, descreve o impacto em vários sectores, o que sugere que as tecnologias da IdC têm um vasto alcance. Os domínios visados são os cuidados de saúde, as cidades inteligentes, a indústria 4.0, a agricultura inteligente, o ambiente, as casas inteligentes e a gestão inovadora da energia/rede. O quadro 2 ilustra assim a natureza multi-concetual do ecossistema da IdC, no qual diferentes tecnologias e paradigmas encontram um terreno comum para impulsionar o desenvolvimento e a aplicação da IdC em vários sectores.

Desafios na integração da IoT, da cadeia de blocos e da IA

A escalabilidade é uma questão importante para incorporar a IoT, a cadeia de blocos e a IA em conjunto (Khan et al., 2023; Dhar Dwivedi et al., 2024). As redes IoT podem ser constituídas por milhões de dispositivos, que podem produzir grandes volumes de dados. A própria Blockchain, como um sistema de registo descentralizado, oferece uma abordagem segura para incluir/escrever estas transacções de dados, mas tem sérias limitações no seu estado atual. As redes Blockchain existentes, como a Bitcoin e a Ethereum, não foram criadas para processar a vasta escala de transacções necessárias ao ecossistema Lifeliqe. Por conseguinte, estamos a investigar potenciais soluções, como a fragmentação, as transacções fora da cadeia e a exploração de novos algoritmos de consenso, mas estas são ainda experimentais e terão de ser submetidas a testes rigorosos para serem consideradas prontas para implantações da IdC em grande escala. O quadro 3 mostra os desafios da integração da IdC, da Blockchain e da IA.

Existe outra grande preocupação com a privacidade e a segurança dos dados (Bothra et al., 2023; Dhar Dwivedi et al., 2024). Os dados gerados através de dispositivos IoT correm um risco elevado de serem violados devido à sua vulnerabilidade a pirataria informática e ciberataques. A cadeia de blocos pode suportar níveis de segurança mais elevados, oferecendo um registo não adulterável e verificável de todas as operações. No entanto, esta transparência pode ser uma faca de dois gumes, uma vez que a mesma exposição também pode ter problemas de privacidade, especialmente se a informação for sensível. É importante poder implementar métodos de preservação da privacidade, como as provas de conhecimento zero e a encriptação homomórfica, no quadro da cadeia de blocos, mas isso dificulta a sua integração. Um dos maiores desafios é a interoperabilidade de vários sistemas e dispositivos (Khan et al., 2023; Tyagi, 2024). Os ecossistemas IoT consistem em dispositivos fabricados por muitos fabricantes diferentes, cada um utilizando os seus próprios protocolos de comunicação e formatos de dados. É necessária uma normalização para que a Blockchain e a IA tenham interações significativas com esta vasta gama de dispositivos. No momento, não há um padrão globalmente aceito para a comunicação da IoT, levando a um avanço complexo ao desenvolver uma solução para uma integração perfeita. Embora organizações como o IEEE e o consórcio de internet industrial estejam a tentar desenvolver padrões comuns, poucos foram amplamente adotados.

Quadro 3 Desafios na integração da IoT, da cadeia de blocos e da IA

References	Challenges	IoT	Blockchain	AI	Integration of IoT, Blockchain, and AI
Bothra et la., 2023; Khan et al., 2023; Dhar Dwivedi et al., 2024	Scalability	Managing a vast number of devices and data	Handling large volumes of transactions	Processing large datasets for training and inference	Coordinating data flow and processing at scale
Bothra et la., 2023; Tyagi, 2024	Security	Protecting device integrity and data privacy	Ensuring the immutability and security of transactions	Safeguarding AI models and data from attacks	Ensuring end-to-end security across systems
Khan et al., 2023; Tyagi, 2024	Interoperability	Integrating diverse devices and communicatio n protocols	Interfacing with different blockchain platforms and smart contract standards	Ensuring compatibility of AI models with various data sources and systems	Achieving seamless communicatio n and data exchange across different technologies
Bothra et al., 2023; Dhar Dwivedi et al., 2024	Data Privacy	Securing sensitive information from unauthorized access	Maintaining privacy while ensuring transparency and traceability	Handling personal and sensitive data responsibly	Balancing transparency, security, and privacy in data usage and storage

Mathur et al., 2023; Yadav et al., 2023	Latency and Real-Time Processing	Ensuring low-latency communication and quick response times	Managing the speed of transactions and consensus mechanisms	Providing real-time analysis and decision-making	Synchronizing real-time data processing and decision-making across the integrated system
Bothra et al., 2023; Hemamalini et al., 2024	Energy Consumption	Reducing power usage of connected devices	Handling the energy-intensive nature of blockchain consensus mechanisms	Optimizing the computational resources required for AI processing	Balancing the energy requirements of IoT devices, blockchain operations, and AI processes
Khan et al., 2023; Bothra et al., 2023; Dhar Dwivedi et al., 2024	Cost	Managing the cost of deploying and maintaining a large number of devices	Addressing the high computational and storage costs	Investing in the computational infrastructure for AI training and inference	Minimizing the overall cost of integrating and operating these technologies
Bothra et al., 2023; Aldoseri, et al., 2023	Data Quality and Management	Ensuring accurate and reliable data from various sensors	Maintaining high-quality and verifiable data records	Training AI models with high-quality, representative data	Integrating and maintaining data quality across all systems
Khan et al., 2023; Rane et al., 2023c; Tyagi, 2024	Complexity	Managing the complexity of a large, distributed network of devices	Navigating the complexities of blockchain technology and smart contracts	Dealing with the complexity of developing, training, and deploying AI models	Overcoming the combined complexity of integrating IoT, blockchain, and AI
Shen et al., 2023; Adhikari, & Ramkumar, 2023	Standardization	Lack of universal standards for device communication and data exchange	Absence of standard protocols across different blockchain implementations	Variability in AI frameworks and lack of standardized evaluation metrics	Developing unified standards for interoperability and data exchange across all technologies

A latência é também um grande problema, especialmente quando se trata de aplicações em tempo real (Mathur et al., 2023; Yadav et al., 2023). Os dispositivos IoT vão precisar de estar sempre ligados e de ter sempre capacidade de resposta, uma vez que podem ser obrigados a reagir a entradas ou alterações na rede em qualquer altura. Os mecanismos de consenso e os processos de validação de dados acrescentam, por definição, uma enorme latência a uma cadeia de blocos. Os algoritmos de IA também podem ser particularmente demorados, especialmente se estiverem a efetuar cálculos complexos. Este dilema de operações IoT rápidas versus o processamento seguro e fiável necessário para a cadeia de blocos e a IA é um campo de jogo perigoso; um terreno que as soluções inovadoras, como os sistemas híbridos que tocam nas melhores partes de vários mundos, terão de percorrer. Os desafios regulamentares e jurídicos não podem ser ignorados Embora os ambientes regulamentares associados à cadeia de blocos, à IA e à IdC estejam a amadurecer, existe um amplo espaço para ambiguidade e risco no que diz respeito à propriedade, responsabilidade e conformidade. As empresas globais precisam entender que as regiões têm regulamentações diferentes, tornando-as complicadas. As organizações têm de aderir a estes regulamentos para evitar quaisquer penalizações, ao mesmo tempo que têm a capacidade de inovar sem causar demasiadas perturbações no fluxo de trabalho.

Conclusões

A combinação de IoT e blockchain com IA, ML e DL promete uma progressão revolucionária na indústria inteligente. Esta convergência abriu uma nova era em que a utilização destas tecnologias em conjunto proporciona vantagens sem precedentes em termos de eficiência operacional, segurança e processos de tomada de decisões para diferentes sectores. Mas quando os dispositivos IoT, a cadeia de blocos e as perspectivas de um espaço de confiança são combinados, os dados IoT podem ser validados quanto à autenticidade, ao acesso aos dados e ao tempo. Ao mesmo tempo, os algoritmos de IA, ML e DL dependem desta vasta fonte de dados para realizar análises preditivas complexas, deteção de anomalias e automação em áreas como a manutenção preditiva, a garantia de qualidade e a otimização da cadeia de abastecimento. As alterações recentes demonstram alguns dos ganhos interessantes desta ligação no mundo real. A tecnologia de registo descentralizado da cadeia de blocos é utilizada para minimizar os riscos de violação e adulteração de dados, o que também é essencial em sectores que exigem maior segurança dos dados e maior confiança. Em comparação, os modelos de IA e ML estão a tornar-se cada vez mais sofisticados, criando mais oportunidades para treinar em dados em tempo real e fornecer previsões e inteligência operacional mais significativas. A DL expande a gama de aplicações ao permitir processos mais avançados de reconhecimento de padrões e de tomada de decisões. A sua adoção pelos sectores significa uma capacidade de automatização, produtividade e inovação sem limites. É provável que a investigação e o desenvolvimento futuros se concentrem cada vez mais em aperfeiçoamentos específicos das infra-estruturas, em questões de escala e em melhorias na interoperabilidade entre sistemas díspares. Espera-se que os avanços contínuos nestas tecnologias renovem estas normas, criando domínios industriais mais inteligentes, mais robustos e auto-suficientes.

Referências

Adhikari, N., & Ramkumar, M. (2023). Integração de IoT e blockchain: aplicações, oportunidades e desafios. Network, 3(1), 115-141.

Al Asqah, M., & Moulahi, T. (2023). Aprendizagem federada e integração de Blockchain para proteção da privacidade na Internet das Coisas: Desafios e soluções. Internet do Futuro, 15(6), 203.

Aldoseri, A., Al-Khalifa, K. N., & Hamouda, A. M. (2023). Repensando a estratégia e integração de dados para inteligência artificial: conceitos, oportunidades e desafios. Ciências Aplicadas, 13(12), 7082.

Atlam, H. F., Azad, M. A., Alzahrani, A. G., & Wills, G. (2020). Uma revisão do Blockchain na Internet das Coisas e IA. Big Data e Computação Cognitiva, 4(4), 28.

Bhumichai, D., Smiliotopoulos, C., Benton, R., Kambourakis, G., & Damopoulos, D. (2024). A convergência da inteligência artificial e da cadeia de blocos: o ponto da situação e o caminho a seguir. Informação, 15(5), 268.

Biswas, A., & Wang, H. C. (2023). Veículos autónomos possibilitados pela integração de IoT, inteligência de ponta, 5G e blockchain. Sensores, 23(4), 1963.

Bothra, P., Karmakar, R., Bhattacharya, S., & De, S. (2023). Como podem as aplicações de blockchain e inteligência artificial melhorar o desempenho da Internet das Coisas? - Um inquérito. Redes de Computadores, 224, 109634.

Dhar Dwivedi, A., Singh, R., Kaushik, K., Rao Mukkamala, R., & Alnumay, W. S. (2024). Blockchain e inteligência artificial para Internet das Coisas habilitada para 5G: Desafios, oportunidades e soluções. Transações sobre tecnologias emergentes de telecomunicações, 35(4), e4329.

Ekramifard, A., Amintoosi, H., Seno, A. H., Dehghantanha, A., & Parizi, R. M. (2020). Uma revisão sistemática da literatura sobre a integração de blockchain e inteligência artificial. Segurança cibernética, confiança e privacidade da cadeia de blocos, 147-160.

Fakhar, A., Haidar, A. M., Abdullah, M. O., & Das, N. (2023). Mecanismo de rede inteligente para gestão de energia verde: uma revisão abrangente. International Journal of Green Energy, 20(3), 284-308.

Ghosh, A., Chakraborty, D., & Law, A. (2018). Inteligência artificial na Internet das coisas. CAAI Transactions on Intelligence Technology, 3(4), 208-218.

Hemamalini, V., Mishra, A. K., Tyagi, A. K., & Kakulapati, V. (2024). Aplicações em nuvem baseadas na Internet das Coisas habilitadas para Inteligência Artificial-Blockchain para a sociedade de próxima geração. Computação segura automatizada para sistemas de próxima geração, 65-82.

Issa, W., Moustafa, N., Turnbull, B., Sohrabi, N., & Tari, Z. (2023). Aprendizagem federada baseada em blockchain para proteger a Internet das coisas: Uma pesquisa abrangente. ACM Computing Surveys, 55(9), 1-43.

Kashem, M. A., Shamsuddoha, M., Nasir, T., & Chowdhury, A. A. (2023). Interrupção da cadeia de suprimentos versus otimização: uma revisão sobre inteligência artificial e blockchain. Conhecimento, 3(1), 80-96.

Katare, G., Padihar, G., & Qureshi, Z. (2018). Desafios na integração da inteligência artificial e da internet das coisas. Revista Internacional de Engenharia de Sistemas e Software, 6(2), 10-15.

Khan, A. A., Laghari, A. A., Li, P., Dootio, M. A., & Karim, S. (2023). O papel colaborativo de blockchain, inteligência artificial e internet industrial das coisas na digitalização de pequenas e médias empresas. Scientific Reports, 13(1), 1656.

Kousar, H., Sundara Rajulu Navaneethakrishnan, D. D. S. H., & Tejaswi Vuyyuru, D. D. A. M. (2023). Integrando Inteligência Artificial e Tecnologia Blockchain para Compartilhamento de Dados Seguro e Eficiente. Jornal de Pesquisa em Ciências da Pesca, 10(1S), 5900-5911.

Kumar, S., Lim, W. M., Sivarajah, U., & Kaur, J. (2023). Inteligência artificial e integração de blockchain nos negócios: tendências de uma análise bibliométrica de conteúdo. Fronteiras dos Sistemas de Informação, 25(2), 871-896.

Kumari, S., & Muthulakshmi, P. (2023). Tecnologia habilitada para Inteligência Artificial-Blockchain para Internet das Coisas: Research Statements, Open Issues, and Possible Applications in the Near Future [Declarações de investigação, questões em aberto e possíveis aplicações num futuro próximo]. Preservação da privacidade dos dados genómicos e médicos, 433-480.

Li, J., Herdem, M. S., Nathwani, J., & Wen, J. Z. (2023). Métodos e aplicações para Inteligência Artificial, Big Data, Internet das Coisas e Blockchain na gestão inteligente de energia. Energia e IA, 11, 100208.

Mathur, S., Kalla, A., Gür, G., Bohra, M. K., & Liyanage, M. (2023). Uma pesquisa sobre o papel do blockchain para IoT: Aplicações e aspetos técnicos. Redes de Computadores, 227, 109726.

Mishra, S., & Chaurasiya, V. K. (2024). Algoritmo híbrido de aprendizado profundo para aprimoramento da segurança de cidades inteligentes por meio de blockchain e internet das coisas. Ferramentas e aplicações multimédia, 83(8), 2260922637.

Nguyen, T., Nguyen, H., & Gia, T. N. (2024). Explorando a integração de computação de ponta e blockchain IoT: Princípios, arquitecturas, segurança e aplicações. Jornal de Aplicações de Redes e

Computadores, 103884.

Parker, B., & Bach, C. (2020). A síntese de blockchain, inteligência artificial e internet das coisas. Jornal Europeu de Investigação em Engenharia e Tecnologia, 5(5), 588-593.

Radanliev, P., De Roure, D., Nicolescu, R., Huth, M., & Santos, O. (2021). Inteligência artificial e a internet das coisas na indústria 4.0. CCF Transactions on Pervasive Computing and Interaction, 3, 329-338.

Rane, N., Choudhary, S., & Rane, J. (2023a). Tecnologias de ponta de Inteligência Artificial (IA), Aprendizagem Automática (ML), Blockchain e Internet das Coisas (IoT) para sistemas melhorados de tratamento de águas residuais. Tecnologias de Aprendizagem Automática (ML), Blockchain e Internet das Coisas (IoT) para sistemas melhorados de tratamento de águas residuais (31 de outubro de 2023).

Rane, N., Choudhary, S., & Rane, J. (2023b). Tecnologias de ponta de Inteligência Artificial (IA), Aprendizagem Automática (ML), Blockchain e Internet das Coisas (IoT) para sistemas melhorados de tratamento de águas residuais. Tecnologias de Aprendizagem Automática (ML), Blockchain e Internet das Coisas (IoT) para sistemas melhorados de tratamento de águas residuais (31 de outubro de 2023).

Rane, N., Choudhary, S., & Rane, J. (2023c). Design e desenvolvimento de produtos aprimorados usando Inteligência Artificial (IA), Realidade Virtual (VR), Realidade Aumentada (AR), Impressão 4D / 5D / 6D, Internet das Coisas (IoT) e blockchain: Uma análise. Realidade Virtual (RV), Realidade Aumentada (RA) D, 4.

SaberiKamarposhti, M., Kamyab, H., Krishnan, S., Yusuf, M., Rezania, S., Chelliapan, S., & Khorami, M. (2024). Uma revisão abrangente da integração de rede inteligente aprimorada por IA para energia de hidrogênio: Avanços, desafios e perspectivas futuras. Revista Internacional de Energia de Hidrogénio.

Samad, A. (2022). Internet das Coisas Integrada com Blockchain e Inteligência Artificial no Sistema de Saúde. Revista de Investigação de Sistemas Informáticos e Engenharia, 3(1), 01-06.

Saritha, K., Kurni, M., Madhavi, K., & Nagadevi, D. (2021). Integração da Inteligência Artificial e da Internet das Coisas com a Tecnologia Blockchain. Em Anais da 2ª Conferência Internacional de Engenharia Computacional e Biológica: CBE 2020 (pp. 449-457). Springer Singapura.

Saxena, S., Sharma, H., Juneja, A., & Pandey, K. (2024). Integração da IoT em energias renováveis para cidades inteligentes. Em Smart Cities: Power Electronics, Renewable Energy, and Internet of Things (pp. 199-223). CRC Press.

Shen, M., Gu, A., Kang, J., Tang, X., Lin, X., Zhu, L., & Niyato, D. (2023). Blockchains para inteligência artificial das coisas: Uma pesquisa abrangente. Jornal IEEE Internet das Coisas.

Shinde, N. K., Seth, A., & Kadam, P. (2023). Explorando as sinergias: Uma pesquisa abrangente de integração de Blockchain com inteligência artificial, aprendizado de máquina e IoT para diversos aplicativos. Aprendizado de máquina e otimização para projeto de engenharia, 85-119.

Shinde, N. K., Seth, A., & Kadam, P. (2023). Explorando as sinergias: Uma pesquisa abrangente de integração de Blockchain com inteligência artificial, aprendizado de máquina e IoT para diversos aplicativos. Aprendizado de máquina e otimização para projeto de engenharia, 85-119.

Suryavanshi, A., Apoorva, G., TN, M. B., Rishika, M., & Haq, A. (2023, fevereiro). A integração de Blockchain e AI para Web 3.0: Uma perspetiva de segurança. Em 2023 4ª Conferência Internacional sobre Tendências Inovadoras em Tecnologia da Informação (ICITIIT) (pp. 1-8). IEEE.

Taye, M. M. (2023). Compreensão da aprendizagem automática com aprendizagem profunda: arquitecturas, fluxo de trabalho, aplicações e direcções futuras. Computadores, 12(5), 91.

Tyagi, A. K. (2024). Blockchain e Inteligência Artificial para Segurança Cibernética na Era da Internet das Coisas e Aplicações Industriais da Internet das Coisas. Em Aplicações de IA e Blockchain em Robótica Industrial (pp. 171-199). IGI Global.

Tyagi, A. K., Kukreja, S., Richa, & Sivakumar, P. (2024). Papel da tecnologia Blockchain na Era Inteligente: Uma revisão sobre possíveis aplicações inteligentes. Jornal de Gestão da Informação e do Conhecimento, 2450032.

Xu, L., Jia, F., Lin, X., & Chen, L. (2023). O papel da tecnologia na descarbonização da cadeia de abastecimento: para um quadro concetual integrado. Supply Chain Management: An International Journal, 28(4), 803 -824.

Yadav, M., Agarwal, U., Rishiwal, V., Tanwar, S., Kumar, S., Alqahtani, F., & Tolba, A. (2023). Explorando a sinergia de Blockchain e rede 6G para automação industrial. Acesso IEEE, 11, 137163-137187.

Zhang, Z., Song, X., Liu, L., Yin, J., Wang, Y., & Lan, D. (2021). Avanços recentes na integração de blockchain e inteligência artificial: Análise de viabilidade, questões de pesquisa, aplicações, desafios e trabalho futuro. Redes de Segurança e Comunicação, 2021(1), 9991535.

Capítulo 7: Inteligência artificial generativa como o ChatGPT no avanço da indústria 4.0, 5.0 e da sociedade 5.0

Resumo:

A Indústria 4.0, a Indústria 5.0 e a Sociedade 5.0 são cada vez mais avançadas pela inteligência artificial (IA) generativa tipificada por modelos como o ChatGPT. Uma vez que os investigadores colocaram a tónica numa maior modernização do sector industrial, é a Indústria 4.0 - utilizando sensores, a Internet das Coisas (IoT) e a IA para automatizar e otimizar a produção, bem como sistemas ciber-físicos para monitorizar processos físicos - que melhor se adapta às necessidades actuais das indústrias. A IA generativa pode melhorar ainda mais estes sistemas, permitindo a análise de dados em tempo real, a manutenção preditiva e a tomada de decisões automatizada, conduzindo a uma maior eficiência, à redução do tempo de inatividade e à promoção de mais inovação na indústria transformadora. A IA generativa desempenha um papel importante na transição da indústria para a Indústria 5.0 e no reforço entre aplicações centradas no ser humano com fluxo de trabalho partilhado por humanos e máquinas. Ajuda na personalização das experiências do utilizador, nos sistemas inteligentes de apoio à decisão e na cooperação homem-robô. A IA faz com que as tecnologias futuras estejam em conformidade com os pontos fortes e fracos dos seres humanos, através de interfaces humanas mais naturais e algoritmos de aprendizagem adaptáveis. No paradigma da Sociedade 5.0, ou seja, uma sociedade superinteligente da próxima fase em que os espaços digitais e físicos se fundem numa realidade garantida, a IA generativa é a outra metade da criação de um bairro viável, saudável e abrangente. Em contrapartida, acelera a criação de cidades inteligentes, os avanços nos cuidados de saúde e a reforma do ensino através de soluções inteligentes que abordam questões sociais complexas. Desde a modernização dos serviços públicos até à educação e aos cuidados de saúde inclusivos, as soluções baseadas na IA são essenciais para a operacionalização dos objectivos da Sociedade 5.0 - em que o crescimento centrado na tecnologia garante o bem coletivo da sociedade. A tecnologia, alimentada pelo Processamento de Linguagem Natural (PNL) e pela IA generativa, como o ChatGPT, facilita o avanço de práticas sustentáveis e controladas pelo ser humano que podem ajudar a criar sociedades e indústrias mais eficientes.

Palavras-chave: Inteligência artificial, ChatGPT, Gemini, Processamento de linguagem natural, Modelos de linguagem de grande dimensão, Aprendizagem automática, Aprendizagem profunda.

Introdução

A tecnologia de Inteligência Artificial Generativa (GAI), alimentada pelo ChatGPT, representa um marco importante na tecnologia digital que se prevê que venha a ter um sério impacto na Indústria 4.0, na Indústria 5.0 e na Sociedade 5.0 (Javaid et al., 2023; Rane, 2023a; Sherif et al., 2024). No seu sentido mais lato, a Indústria 4.0, consiste na incorporação de sistemas ciber-físicos, da Internet das Coisas (IoT) e da computação em nuvem, de onde emerge o objetivo de criar fábricas inteligentes e aumentar a eficiência da produção. Os serviços GAI que permitem a manutenção preditiva avançada, a análise de dados em tempo real e a automação inteligente - todos orientados para a obtenção de elevada produtividade e redução dos custos de produção (Rane, 2023b; Terziyan et al., 2024). Além disso, a Indústria 5.0 sublinha a colaboração entre humanos e máquinas, desenvolvendo um método de produção individualizado e orientado para o ser humano (Leng et al., 2022; Xu et al., 2021; Huang t al., 2022). Esta sinergia é facilitada através de hardware e software centrados no ser humano, tal como fornecido pela GAI por interfaces intuitivas e sistemas adaptativos para enfatizar o aumento da tecnologia dos seres humanos e não a substituição do trabalho humano pela tecnologia (Huang et al., 2022; Wang et al., 2023; Rane, 2023c). Ao mesmo tempo, o conceito de Sociedade 5.0 prevê uma futura sociedade superinteligente de integração perfeita entre os espaços físico e cibernético para resolver problemas sociais e melhorar a forma como vivemos (Kiangala, & Wang, 2024; Pan et al., 2023). Neste cenário, a IA generativa é uma parte vital da solução, com novas inovações a serem criadas para os cuidados de saúde, os serviços públicos e a educação (Lo, 2023;

Whalen, & Mouza, 2023; Wang et al., 2023; Muftic et al., 2023). Tal como os sistemas de aprendizagem pessoal orientados para a IA que podem responder às necessidades individuais de uma experiência educativa, os sistemas de saúde inteligentes também podem fornecer diagnósticos preditivos e planos de tratamento personalizados. Além disso, a GAI pode permitir o desenvolvimento de cidades inteligentes que aproveitam os dados para aumentar a eficiência do planeamento urbano, do fluxo de tráfego e da sustentabilidade ambiental (Rathore, 2023; Khowaja et al., 2024; Raman et al., 2024).

A Indústria 4.0 continua focada na produção inteligente, usando, entre outras coisas, IoT, sistemas ciber-físicos e IA para torná-la mais eficiente e até mesmo auto-organizada. O ChatGPT é uma ferramenta vital para a otimização da linha de produção através da análise de dados em tempo real, permitindo insights convincentes para a manutenção preditiva (Rane, 2023a; Sherif et al., 2024). Na transição para a Indústria 5.0, o foco muda da inovação centrada no ser humano para a simbiose homem-máquina entre humanos e máquinas inteligentes. Neste caso, o ChatGPT torna a colaboração entre humanos e robôs mais fácil através das suas funcionalidades de processamento de linguagem, facilitando interações e tomadas de decisão mais acessíveis. Na Sociedade 5.0, conceptualizada no futuro, uma sociedade superinteligente poderá ser alcançada através de uma integração tecnológica perfeita em todos os sectores da vida, alcançando melhores serviços públicos e melhorando a acessibilidade. Informação em tempo real, assistência pessoal avançada e maior automatização - estes três são os elementos críticos que o ChatGPT pode oferecer para melhorar a qualidade de vida e promover o desenvolvimento económico. Por outro lado, a integração da IA generativa nestes quadros avançados constitui um avanço tecnológico fundamental, mas também acarreta sérias implicações éticas e sociais. Dada a grande escala destes sistemas de IA, há que ter em conta a privacidade, a segurança e as possíveis distorções algorítmicas que devem existir para garantir os seus benefícios.

Esta investigação dá os seguintes contributos:

1) Realiza uma análise exaustiva da literatura para traçar um plano da situação da IA generativa na promoção da Indústria 4.0, da Indústria 5.0 e da Sociedade 5.0
2) Utilização de palavras-chave, coocorrência e análise de clusters para revelar as principais tendências, desafios e oportunidades na aplicação de GAI.
3) Oferece um olhar aprofundado sobre os resultados morais, sociais e tecnológicos da adição de GAI a esses complexos quadros comerciais e sociais.

Metodologia

Para fazer previsões cuidadosas sobre o papel da nova IA generativa, em particular do ChatGPT, no avanço da indústria, utilizámos uma análise sistemática da literatura. Esta análise inclui artigos publicados e revistos por pares, documentos de conferências e relatórios relevantes da indústria. Foram efectuadas pesquisas nas principais bases de dados, incluindo IEEE Xplore, ScienceDirect e Google Scholar, utilizando termos de pesquisa como "IA generativa", "ChatGPT", "Indústria 4.0", "Indústria 5.0" e "Sociedade 5.0". Foi utilizada uma análise bibliométrica no VOSviewer para reconhecer as tendências relevantes e os grupos temáticos. Foram extraídas palavras-chave primárias da literatura para obter uma visualização entre as palavras-chave e verificar a relação entre as palavras-chave extraídas. Ajudou a mapear as principais palavras-chave problemáticas e as suas relações. Em seguida, efectuámos uma análise de agrupamento das palavras-chave, para podermos organizar os termos relacionados em agrupamentos temáticos e dar sentido ao panorama da investigação. Foram derivados temas centrais para cada grupo e foram exploradas as tendências emergentes no âmbito da IA generativa que afectam os avanços industriais/societais.

Resultados e discussões
Análise de coocorrência e de agrupamento das palavras-chave

As inter-relações de diferentes palavras-chave de IA generativa

(ChatGPT) são demonstradas na (Fig. 1). Estas ligações são essenciais para a progressão da Indústria 4.0, da Indústria 5.0 e da Sociedade 5.0. Desta forma, podemos perceber claramente a interceção e as associações dos termos e sectores entre eles, o que demonstra a forma como a IA generativa se está a misturar e os seus efeitos em vários sectores e conceitos. O ChatGPT é amplamente reconhecido por acolher uma variedade de discussões e aplicações de investigação. Os termos seguintes estão intimamente relacionados com ele. Os termos são apresentados em primeiro lugar e ao centro para realçar que são parte integrante da utilização do ChatGPT. O grupo vermelho destaca várias palavras-chave, incluindo: "Indústria 4.0", "transformação digital", "desempenho", "estudantes" e "ensino superior". No centro da transformação digital e da inovação estão as iniciativas da Indústria 4.0. Embora a IA seja fundamental para atualizar o ensino e melhorar os resultados da aprendizagem, é ainda mais crucial para formar a próxima geração para um mundo preparado para a tecnologia. Isto é claro devido a palavras-chave como educação e estudantes.

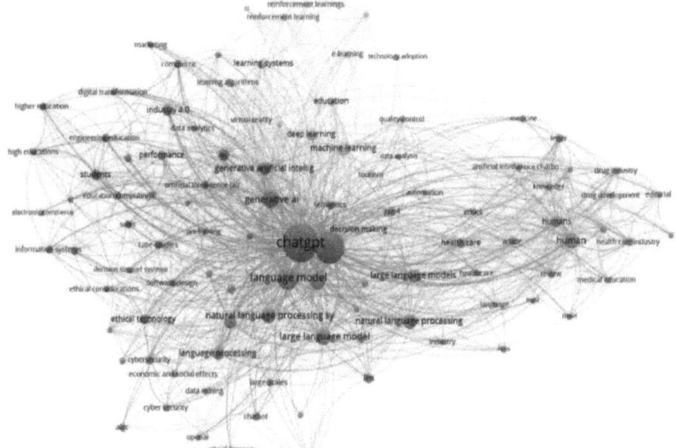

Fig. 1 Análise de coocorrência das palavras-chave na literatura

O cluster a amarelo está principalmente relacionado com os conceitos de aprendizagem automática, aprendizagem profunda, sistema de aprendizagem, aprendizagem por reforço, etc. A IA generativa é o principal grupo de caraterísticas tecnológicas e de paradigmas de aprendizagem que conduziram ao aparecimento da IA generativa. É reconfortante que muito do trabalho nestes domínios tenha continuado a aprofundar-se, centrando-se na aprendizagem profunda e nas técnicas de aprendizagem automática. Isto, por sua vez, traduz-se em modelos de IA mais avançados e eficientes. A aprendizagem por reforço desempenha um papel vital na aprendizagem automática e sublinha a necessidade de os sistemas de IA continuarem a aprender e a reaprender ao longo da sua vida útil. O cluster verde contém nós que conotam "cuidados de saúde", "humanos", "medicina", "desenvolvimento de medicamentos" e "ética", enquanto o amarelo está associado a palavras como "células sanguíneas", "antibióticos", "proteínas", "tratamento" e "bactérias". Destacam-se no grupo dois temas abrangentes em torno da importância da IA generativa para os cuidados de saúde e das aplicações geridas por humanos. A nota sobre considerações éticas é feita porque destaca o debate atual sobre a utilização responsável da IA, especialmente em áreas críticas como os cuidados de saúde. A IA está a transformar o desenvolvimento de medicamentos e os cuidados de saúde, acelerando a investigação, melhorando o diagnóstico e personalizando os tratamentos.

A cibersegurança, o processamento da linguagem natural, os efeitos económicos e sociais (grupo azul), as considerações éticas e a segurança são destacados pelas tecnologias de IA. A PNL é fundamental para uma comunicação eficiente entre os seres humanos e a IA. Este conjunto também sublinha o impacto mais alargado na economia, confirmando até que ponto as tecnologias de IA podem mudar o mundo. As ligações mostradas entre as palavras-chave tinham significados específicos que revelavam outros tipos de conetividade - com relações mais significativas que conduziam à criação de um caminho de investigação e de uma aplicação em conjunto. Neste grupo, as associações estreitas de "ChatGPT", "modelo de linguagem" e "processamento de linguagem natural" sugerem um enfoque nos modelos de linguagem e nas suas aplicações no mundo real. Acima de tudo, temos de perceber que a "IA" está a definir-se como algo que pode trazer revoluções à indústria e melhorar o desempenho, fazendo com que a "Indústria 4.0" e a "transformação digital" funcionem de uma forma muito inter-relacionada.

Tendo em conta as questões éticas comuns de segurança e cibersegurança, a questão da proteção dos sistemas de IA e da promoção de uma utilização responsável é extremamente crítica e bastante interessante. A indústria 4.0 refere-se às tecnologias digitais que racionalizam os processos de fabrico e industriais e envolve um elevado nível de automatização, intercâmbio de dados e eficiência. A IA generativa (por exemplo, ChatGPT) é um modelo que é investigado e que surge de forma crítica, sujeito às circunstâncias de falência, uma vez que abrange toda a rede e inclui linguagem relacionada. Esta visão de humanos e máquinas a trabalhar em conjunto para desenvolver práticas industriais cada vez mais personalizadas e ecológicas é alargada pela noção de Indústria 5.0. Esta visão é então alinhada com a IA no sentido de aplicações centradas no ser humano e nos cuidados de saúde, foco do cluster verde, reflectindo a forma como a IA pode desenvolver o potencial humano numa base interactiva e como pode contribuir para processos industriais mais humanos e sustentáveis. A sociedade 5.0, como está a ser referida, procura construir uma sociedade inteligente em que tudo na vida está totalmente ligado à tecnologia digital, que faz parte da forma como os seres humanos irão melhorar a condição humana nos próximos anos.

IA generativa, como a utilização de ChatGPT na Indústria 4.0, 5.0 e Sociedade 5.0

A Tabela 1 apresenta um panorama comparativo das principais caraterísticas, tecnologias e objectivos que definem a Indústria 4.0, a Indústria 5.0 e a Sociedade 5.0, relativamente ao que a IA generativa - como o ChatGPT - acrescentou. A Indústria 4.0 corresponde à produção inteligente impulsionada pela IoT, pelos sistemas ciber-físicos e pela IA, visando a eficiência e a automatização. O ChatGPT optimiza os processos de produção através da análise avançada de dados e da manutenção preditiva. A indústria 5.0, a inovação centrada no ser humano, deve agora dar igual atenção à colaboração e à sustentabilidade na colaboração mais avançada entre a IA, o ser humano e o robot. O ChatGPT melhora essa interação para facilitar a tomada de decisões e o fabrico personalizado. Sociedade 5.0: Uma sociedade mais do que inovadora que funde a tecnologia na vida quotidiana, estabelecendo assim um crescimento económico que não afecta a qualidade de vida. De notar que alguns dos contributos que o ChatGPT pode dar nesta fase incluem a melhoria dos serviços públicos e o acesso através de assistência personalizada ou de informações em tempo real; através destes paradigmas em evolução, é possível ver o impacto profundo que a IA generativa terá.

Tabela 1 Resumo da utilização de ChatGPT e IA generativa na Indústria 4.0, 5.0 e Sociedade 5.0

Sr. No	Aspect	Industry 4.0	Industry 5.0	Society 5.0
1	Focus	Smart manufacturing	Human-centric innovation	Super-smart society
2	Key Technologies	IoT, Cyber-Physical Systems, AI	Advanced AI, Human-Robot Collaboration	IoT, AI, Big Data, Robotics
3	Goals	Efficiency, Automation	Collaboration, Sustainability	Integration, Quality of Life
4	Characteristics	Data-driven decision making	Symbiotic relationships between humans and machines	Seamless technology integration
5	Examples	Smart factories, Predictive maintenance	Co-working robots, Personalized manufacturing	Smart cities, Enhanced public services
6	ChatGPT's Contributions	Optimizing production lines through real-time data analysis and predictive maintenance insights	Enhancing human-robot collaboration with natural language processing, facilitating smoother interaction and decision making	Improving public services and accessibility by providing real-time information, personalized assistance, and advanced automation

IA generativa na Indústria 4.0

Transformar a construção com IA generativa

Uma série de avanços inovadores estão agora a ser feitos pela IA generativa na indústria da construção, alterando a forma como os edifícios e as infra-estruturas são conceptualizados e compostos (Prieto et al., 2023; Aladag, 2023; Uddin et al., 2023; Nyqvist et al., 2024). Ao evoluir os desafios, a IA generativa cria, de facto, designs de nível seguinte de forma mais optimizada, permitindo uma maior integridade estrutural, redução do desperdício de material e aumento global da eficiência (Prieto et al., 2023; Nyqvist et al., 2024). Um dos principais casos de utilização da IA generativa no sector da construção é durante as fases de projeto. Os algoritmos de IA/ML podem examinar múltiplos parâmetros e restrições de conceção e produzir várias alternativas de conceção arquitetónica e estrutural (Rane et al., 2023d). Os arquitectos e engenheiros podem criar projectos que utilizem o espaço disponível da forma mais eficiente possível, bem como uma arquitetura ecológica e de poupança de energia com uma boa relação custo-eficácia. Por exemplo, uma ferramenta de projeto alimentada por IA pode gerar esquemas de edifícios que maximizem a luz do dia e o fluxo de ar, minimizando a quantidade de iluminação artificial e os sistemas de aquecimento, ventilação e ar condicionado (AVAC) necessários. A IA pode gerar planos de construção elaborados para a construção e calendários para executar um projeto a tempo e dentro de um orçamento de custo-benefício na fase de construção. Além disso, os algoritmos de IA podem identificar possíveis problemas de forma proactiva e, no pior dos casos, propor soluções para reduzir os atrasos e os custos excessivos. Além disso, os robôs com IA e as máquinas de construção autónomas são cada vez mais utilizados para executar tarefas repetitivas e de alta precisão, como a colocação de tijolos e a colocação de betão, de forma rápida e eficiente nos estaleiros de construção. O quadro 2 mostra a IA generativa, como o ChatGPT, na indústria 4.0, 5.0 e na sociedade 5.0.

Revolucionando a conceção e o desenvolvimento de produtos

Um dos impactos mais profundos da IA generativa, como o ChatGPT na Indústria 4.0, é no design e desenvolvimento de produtos (Filippi, 2023; Ozpolat et al., 2023). O design convencional de produtos tende a ser um exercício meticuloso, demorado e iterativo, fortemente dependente da criatividade humana e das capacidades de engenharia. Utilizando algoritmos, a IA generativa cria rapidamente uma grande variedade de opções de conceção, em função de parâmetros de entrada e restrições específicos. Por exemplo, no mundo automóvel, os algoritmos de conceção generativa permitiram a empresas como a General Motors conceber peças mais leves e mais resistentes para automóveis que são também mais eficientes em termos de consumo de combustível e têm um melhor desempenho.

Esses projectos orientados pela IA tendem a ser significativamente mais complexos (de formas que os designers humanos nunca poderiam ter concebido por si próprios). De facto, a IA pode prototipar e testar rapidamente estes desenhos em ambientes virtuais, o que tem um grande impacto no custo e no tempo associados à prototipagem física (Ozpolat et al., 2023). Uma vez que é necessário um elevado grau de precisão e adaptação em áreas como a aeroespacial, isto permite que empresas como a Airbus utilizem a IA para conceber componentes de aeronaves que possam cumprir requisitos de desempenho e segurança muito exigentes.

Melhoria dos processos de fabrico

A IA generativa é muito útil para processos de fabrico, como a redução do tempo de espera através da otimização da linha de produção; manutenção preditiva (Leng, 2022; Kiangala, & Wang, 2024). Nas fábricas inteligentes, os algoritmos de IA combinam-se com os dados dos sensores do equipamento para antecipar quando uma máquina irá falhar e necessitar de manutenção. Com a manutenção preditiva, as empresas podem evitar períodos de inatividade e prolongar a vida útil do equipamento que utilizam, o que resulta em poupanças de custos substanciais. A IA generativa pode ajudar as empresas a melhorar os fluxos de trabalho de fabrico, mostrando as formas mais eficientes de realizar toda e qualquer tarefa relacionada com a produção (Leng, 2022; Kiangala, & Wang, 2024). Muitas indústrias começaram a integrar a IA como parte da sua configuração de fabrico para permitir sistemas de produção mais flexíveis e adaptáveis. Estes sistemas podem afinar automaticamente os calendários de produção e afetar recursos em tempo real, conforme necessário, com base nas alterações da procura ou noutros parâmetros, permitindo-lhes ser tão eficientes e reactivos quanto possível.

Personalização das experiências dos clientes

A IA generativa é fundamental para todos os produtos e serviços da próxima geração na era da personalização (Harahap et al., 2023; Abas et al., 2023; Demir, & Demir, 2023). A IA olha para os clientes e apresenta (através da aprendizagem) uma solução concebida especificamente para cada um deles. Um exemplo é o potencial que a IA tem para desencadear e personalizar as indústrias, desde a moda até ao sector alimentar e de bebidas - a primeira poderia utilizá-la para a conceção de vestuário personalizado e a segunda para produzir receitas e planos de refeições à medida. A IA generativa também permite que as empresas se envolvam com os clientes de formas mais ricas, como marketing personalizado e atendimento ao cliente (Abas et al., 2023;

Demir, & Demir, 2023). Isto aproveita os chatbots e as ajudas virtuais orientadas para a IA para dar respostas e recomendações personalizadas para aumentar a satisfação do cliente, assim para a fé. Os consumidores estão cada vez mais à procura de experiências personalizadas que os atendam de forma exclusiva, tornando isso, pelo menos até certo ponto, um diferencial competitivo em todos os setores.

Quadro 2 IA generativa, como o ChatGPT, na indústria 4.0, 5.0 e na sociedade 5.0

References	Aspect	Industry 4.0	Industry 5.0	Society 5.0
Raj et al., (2023); Alshami et al., (2023); Javaid et al., (2023)	Automation and Efficiency	Enhances automation processes, reducing human intervention.	Balances automation with human creativity and craftsmanship.	Improves societal functions through intelligent automation, leading to better quality of life.
Singh, (2023); Jusman et al., (2023)	Data Analysis and Decision Making	Analyzes large datasets to derive actionable insights for optimizing production and operations.	Uses AI for collaborative decision-making, enhancing human-AI partnerships.	Facilitates informed decision-making at individual and community levels through personalized AI insights.
Harahap et al., (2023); Abas et al., (2023); Demir, & Demir, (2023)	Customization and Personalization	Enables mass customization in manufacturing, providing personalized products and services.	Focuses on hyper-personalization, integrating human touch into automated processes.	Promotes personalized healthcare, education, and other services, catering to individual needs and preferences.
Wang et al., (2023); Rane, (2023c)	Human-Machine Collaboration	Facilitates human-machine collaboration, improving productivity and innovation.	Advances human-robot symbiosis, where machines assist and augment human capabilities.	Encourages AI-human collaboration for societal benefits, such as in healthcare and education.
Chen, (2023); Jha, (2024)	Innovation and R & D	Accelerates research and development through predictive analytics and simulation.	Drives innovation by integrating human creativity with AI's analytical power.	Supports societal advancements through innovative AI applications in public services and infrastructure.
Frederico, (2023); Rathor, (2023); Kmiecik, (2023)	Supply Chain Optimization	Enhances supply chain management with predictive analytics and real-time monitoring.	Integrates sustainability and ethical considerations into supply chain optimization.	Promotes sustainable and resilient supply chains for societal well-being.
George et al., (2023); Rane, (2023d)	Workforce Transformation	Reskills and upskills workforce to adapt to automated and AI-driven environments.	Emphasizes on human-centric skills and roles, complementing AI capabilities.	Ensures equitable access to AI-driven opportunities, fostering inclusive growth.

Rathore, (2023); Khowaja et al., (2024); Raman et al., (2024)	Sustainability	Optimizes resource utilization and reduces waste through AI-driven processes.	Integrates sustainable practices into manufacturing and operations, balancing profit with purpose.	Promotes sustainable living through AI solutions in energy, transportation, and urban planning.
Skandali et al., (2023); Tarabah & Amin (2024)	Customer Engagement	Enhances customer interaction and support with AI-driven chatbots and virtual assistants.	Personalizes customer experiences by understanding and predicting individual needs.	Improves public engagement and service delivery through conversational AI and personalized interfaces.
Rao, (2023); Stahl, & Eke, (2024); Wakunuma, & Eke, (2024)	Ethics and Governance	Develops ethical AI practices, focusing on transparency and accountability.	Ensures AI aligns with human values and ethics, fostering trust in AI systems.	Promotes ethical AI deployment for societal good, addressing privacy, fairness, and transparency.
Al-Hawawreh et al., (2023); Gupta et al., (2023); Alawida et al., (2023)	Cybersecurity	Implements AI-driven security measures to protect industrial systems from cyber threats.	Enhances cybersecurity through advanced threat detection and response, ensuring system integrity.	Secures personal data and public infrastructure against cyberattacks, ensuring privacy and safety.
Filippi, (2023); Özpolat et al., (2023)	Product Development	Speeds up product development cycles with AI-driven prototyping and testing.	Enables co-creation of products with consumers, leveraging AI for better user experience.	Facilitates the development of community-driven products and services, enhancing societal well-being.
Megahed et al., (2024)	Quality Control	Utilizes AI for real-time monitoring and quality assurance in manufacturing.	Integrates AI to predict and rectify defects, enhancing product quality.	Ensures high-quality public services and infrastructure through continuous monitoring and improvement.
Frederico, (2023); Li et al., (2023); Javaid et al., (2023)	Predictive Maintenance	Implements AI for predictive maintenance, reducing downtime and operational costs.	Enhances maintenance strategies with AI, ensuring longevity and reliability of equipment.	Promotes proactive maintenance of public utilities and infrastructure, ensuring uninterrupted services.
Rane, (2023e); Zhang et al., (2023); Hu et al., (2023)	Energy Management	Optimizes energy consumption and efficiency in industrial operations using AI.	Integrates renewable energy sources with smart grid management for sustainable operations.	Enhances energy management in communities, promoting sustainable and efficient energy use.

Adeshola, & Adepoju, (2023); Lo, (2023); Whalen, & Mouza, (2023)	Education and Training	Provides AI-driven training programs to upskill employees in new technologies.	Develops personalized learning paths integrating human expertise with AI guidance.	Enhances lifelong learning opportunities and accessibility through AI-driven education platforms.
Javaid et al., (2023); Wang et al., (2023); Muftić et al., (2023)	Healthcare Integration	Utilizes AI for predictive diagnostics and personalized treatment plans in industrial health management.	Advances health and safety practices by integrating AI for real-time monitoring and response.	Promotes AI-driven healthcare solutions, ensuring accessible and personalized medical care for all.
George, & George, (2023); Chowdhury, (2023); Jarco, & Sulkowski, (2023)	Market Analysis	Uses AI to analyse market trends and consumer behaviour, optimizing business strategies.	Enhances market prediction and customization by integrating human insights with AI analytics.	Supports community-based economic development through AI-driven market analysis and insights.
George et al., (2023); Agathokleous et al., (2023); Pursnani et al., (2023)	Environmental Impact	Reduces environmental footprint through AI-optimized processes and resource management.	Balances industrial growth with environmental stewardship, leveraging AI for sustainable practices.	Enhances environmental conservation efforts through AI-driven monitoring and management systems.
Abdullah et al., (2022); Cao, (2023); Tabone, & de Winter, (2023)	Social Interaction	Facilitates seamless communication and collaboration among workers through AI platforms.	Enhances social interaction by integrating human emotional intelligence with AI capabilities.	Promotes social cohesion and community engagement through AI-driven platforms and initiatives.
Trent, (2023); Wu, (2024)	Economic Growth	Drives economic growth by optimizing industrial processes and enhancing productivity.	Balances economic growth with human well-being and societal progress, leveraging AI innovations.	Supports inclusive economic development, ensuring AI benefits are widely shared across society.

Promover a inovação na gestão da cadeia de abastecimento

A IA generativa está também a transformar a gestão da cadeia de abastecimento (Frederico, 2023; Rathor, 2023; Kmiecik, 2023). O facto de as cadeias de abastecimento globais resultarem simplesmente em logística avançada, gestão de inventário e previsão da procura. Estes modelos podem ser criados com base em inúmeros factores, incluindo prazos de entrega, custos de transporte e variabilidade da procura, e podem ser utilizados algoritmos de IA para os otimizar. As empresas estão a utilizar a IA para acelerar e gerir melhor o seu processo de fabrico e produção a partir da cadeia de abastecimento, reduzindo os custos e permitindo a entrega atempada. A aplicação da IA na gestão da cadeia de abastecimento pode prever perturbações e propor uma solução alternativa que torne a cadeia de abastecimento mais resiliente e flexível (Rathor, 2023; Kmiecik, 2023). Trata-se de uma função essencial, mais do que nunca, no atual mercado global volátil, em que as perturbações da cadeia de abastecimento podem paralisar as operações comerciais.

Permitir infra-estruturas e cidades inteligentes

A IA generativa é igualmente importante neste domínio. A IA está a ser utilizada na criação de arquitetura (edifícios sustentáveis e eficientes, transportes e espaços públicos) - Para os urbanistas e arquitectos, tudo é tido em consideração, desde a utilização de energia, o fluxo de tráfego, o impacto ambiental e muito mais, resultando em ambientes urbanos mais inteligentes e habitáveis (Al Fouri, & Sakher, 2023; Al-Hawawreh et al., 2023; Sonkor, & García de Soto, 2024). No sector da construção, temos cenários de IA que podem criar os projectos de edifícios mais eficientes que permitam a maior utilização do espaço sem gerar custos energéticos elevados (Al Fouri, & Sakher, 2023; Sonkor, & García de Soto, 2024). Por exemplo, nos transportes, os algoritmos de IA podem modelar o tráfego e otimizar os sinais para reduzir o congestionamento e aumentar a mobilidade. Necessário para enfrentar os desafios da urbanização e construir cidades que não só funcionem como sejam sustentáveis.

Facilitar os sistemas autónomos e a robótica

A IA generativa também desempenha um papel crucial para a Indústria 4.0 na área dos sistemas autónomos e da robótica (Wake et al., 2023; Vemprala et al., 2024). As estratégias de controlo e os modelos de tomada de decisão podem ser gerados por algoritmos de IA para permitir que os robôs realizem actividades de nível de competências mais elevado de forma independente. No que diz respeito à logística -

drones autónomos, robôs e gestão de inventário e entrega - ferramentas como estas são mais eficientes e requerem menos intervenção humana. Os sistemas autónomos alimentados por IA estão a revolucionar a agricultura, em grande escala, no domínio agrícola. Os tractores autónomos e os drones com aprendizagem automática podem monitorizar a saúde das culturas, controlar a quantidade de irrigação ou distribuir fertilizantes nas áreas mais necessitadas. O aumento da procura de segurança alimentar de uma forma sustentável está a impulsionar a adoção destas tecnologias que, por sua vez, melhoram a produtividade e a sustentabilidade da agricultura.

Melhorar a gestão e a sustentabilidade da energia

A IA generativa também desempenha um papel na gestão da energia e na sustentabilidade que é abordada na Indústria 4.0 (Rane, 2023e; Zhang et al., 2023; Hu et al., 2023). Por exemplo, os algoritmos de IA podem delinear modelos para poupar e reduzir em grande medida o consumo de energia no processo industrial, limitando assim as emissões globais de CO_2. A IA pode analisar dados de diferentes sensores numa fábrica para otimizar automaticamente as definições de aquecimento, arrefecimento e iluminação para aliviar o desperdício de energia. Para além disso, a IA pode apoiar a rede quando são adicionadas fontes de energia renováveis à mistura, prevendo padrões de produção de energia e ajudando no armazenamento e fornecimento de energia.

IA generativa na indústria 5.0 e na sociedade 5.0

IA generativa e robótica colaborativa

No centro da Indústria 5.0 estão os robôs colaborativos (cobots), que são programados para trabalhar lado a lado com operadores humanos para realizar tarefas que exigem um grau extra de precisão e flexibilidade. Por último, a funcionalidade dos cobots é melhorada com a IA generativa que, ao longo do tempo, permitiu que os cobots aprendessem com as acções humanas e melhorassem o seu desempenho à medida que evoluíam (Wake et al., 2023; Vemprala et al., 2024). Um exemplo pode ser o das linhas de montagem, em que os cobots com IA generativa podem observar os trabalhadores humanos e, em seguida, descobrir como realizar uma nova tarefa sem necessidade de reprogramação. Em segundo lugar, a IA generativa ajuda a criar interfaces homem/máquina semelhantes às humanas, o que constitui uma vantagem óbvia para os trabalhadores que têm de trabalhar com robôs avançados. Através da PNL e das tecnologias de visão por computador, os trabalhadores podem comunicar com os cobots através de simples comandos de voz ou gestos para que estes façam coisas por eles, conseguindo assim fluxos de trabalho simplificados e um aumento da eficiência global.

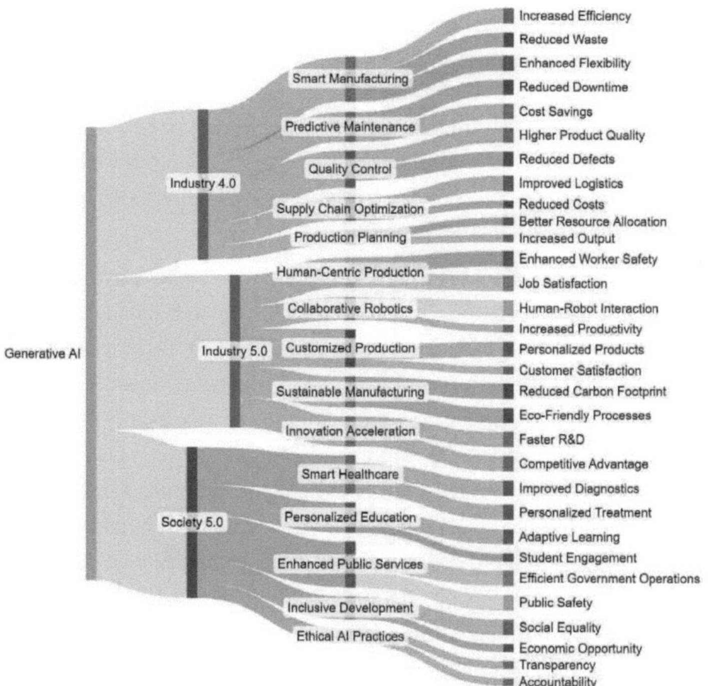

Fig. 2 IA generativa (como ChatGPT) na Indústria 4.0, Indústria 5.0 e Sociedade 5.0

Planeamento urbano e cidades inteligentes

A IA generativa tem sido proeminente na emergência de cidades inteligentes, bem como no planeamento urbano (Al Fouri, & Sakher, 2023; Al-Hawawreh et al., 2023; Sonkor, & García de Soto, 2024). Através da recolha de dados de diferentes fontes (como o tráfego, o ambiente ou mesmo as redes sociais), os sistemas de IA podem fornecer informações que nos podem ajudar na gestão eficaz das infra-estruturas e dos serviços urbanos. A título de exemplo, a IA generativa pode ser utilizada para otimizar as redes de transportes, reduzir as necessidades energéticas ou desenvolver sistemas de gestão de resíduos. Melhorias como estas estão a promover o desenvolvimento da criação de espaços urbanos amigos do ambiente e da sociedade. De facto, a IA generativa está na origem da noção de gémeos digitais, que são modelos virtuais de bens e sistemas físicos. Os planeadores e administradores urbanos utilizam gémeos digitais para realizar simulações e contemplar projectos de desenvolvimento urbano antes de estes se tornarem realidade. Desta forma, minimizamos os riscos e os custos e planeamos as infra-estruturas para responder às necessidades da população urbana. Personalização e customização

A mais defensora das redes atribui uma nova visão de mercado à Indústria 5.0: a hiperpersonalização de produtos e serviços (Harahap et al., 2023; Abas et al., 2023; Demir, & Demir, 2023). Devido ao grande volume de dados do consumidor, a IA generativa desempenha um grande papel, analisando e fornecendo soluções específicas (Abas et al., 2023; Al-Hawawreh et al., 2023). Na indústria da moda, a IA pode criar vestuário personalizado por IA com base nas preferências e nas medidas corporais do indivíduo. A IA também pode adaptar o tratamento através do historial do paciente e dos dados genéticos (cuidados de saúde). Se prestarmos atenção a estes pormenores e compreendermos realmente os consumidores individuais a um nível individual, a rentabilidade global pode aumentar exponencialmente.

Conceção centrada no ser humano

Um princípio fundamental da Indústria 5.0 é que a tecnologia e os processos devem ser concebidos com o bem-estar humano em primeiro plano (Leng et al., 2022; Xu et al., 2021; Huang t al., 2022). Isto é facilitado pela IA generativa, que oferece ferramentas que permitem uma prioridade orientada para o utilizador (Xu et al., 2021; Sonkor, & García de Soto, 2024). Um exemplo disto pode ser as interfaces alimentadas por IA que são mais instintivas e fáceis de utilizar por utilizadores finais com várias capacidades. A IA, por exemplo, que analisa as interações dos trabalhadores, as sinergias e os hábitos de trabalho positivos, pode ser utilizada para uma conceção racional e mútua do local de trabalho. A conceção orientada para o ser humano aumentará a satisfação e a produtividade globais.

Sustentabilidade e eficiência

A IA generativa ajuda a fazer avançar a ambição de sustentabilidade da Indústria 5.0, reduzindo o consumo de recursos e o desperdício (Rathore, 2023; Khowaja et al., 2024; Raman et al., 2024). A IA pode prever padrões de consumo de energia mais estreitos no sector da energia e ajudar a reduzir a utilização global, o que, por sua vez, pode gerar economias de custos substanciais e melhorias ambientais. Por exemplo, a IA na agricultura pode utilizar dados do solo e padrões meteorológicos para prever calendários de plantação e irrigação, produzindo maiores colheitas com menor consumo de recursos. Estas inovações contribuem para um sistema industrial mais limpo e mais económico.

Cuidados de saúde e bem-estar

A IA generativa, como o ChatGPT, está a alterar a face dos cuidados de saúde, permitindo cuidados quase personalizados e preventivos (Javaid et al., 2023; Wang et al., 2023; Muftic et al., 2023). Utiliza dados dos doentes para ajudar a prever problemas de saúde, sugerir serviços preventivos e tratamentos de restauração (Wang et al., 2023; Muftic et al., 2023). Desde wearables que monitorizam condições crónicas a modelos preditivos que podem alertar os prestadores de cuidados de saúde para problemas de saúde antes de se tornarem agudos, a IA pode parecer um passo em direção ao sonho da medicina personalizada. Por exemplo, no caso da saúde mental, os chatbots com IA podem oferecer apoio temporário e encaminhar os indivíduos para os recursos certos (chatbots não tripulados, chatbots tripulados). Este último permite obter melhores resultados em termos de saúde e aproveitar os recursos do sistema de saúde.

Educação e aprendizagem ao longo da vida

A IA potencia experiências de aprendizagem personalizadas da educação na Sociedade 5.0 (Adeshola, & Adepoju, 2023; Lo, 2023; Whalen, & Mouza, 2023). Desde a criação e relevância de aulas personalizadas até ao feedback em tempo real e à conceção de currículos de acordo com a precedência de aprendizagem de cada talento, por exemplo, os alunos que possam estar a ter dificuldades em determinadas disciplinas podem receber recursos adicionais. Pode descobrir lacunas de competências e sugerir programas de formação relevantes para os empregados, assegurando assim uma força de trabalho competente e adaptável. Esta prática educativa individualizada incentiva a aprendizagem ao longo da vida e o desenvolvimento de competências.

Inclusão económica e social

A longo prazo, a IA generativa tem o potencial de servir de ponte entre as clivagens económicas e sociais: proporcionando acesso a vantagens informativas que conduzem à aprendizagem e à oportunidade (Trent, 2023; Wu, 2024). Estas plataformas alimentadas por IA podem fazer corresponder os candidatos a emprego com os fornecedores de emprego de acordo com as competências e preferências, o que pode ajudar a melhorar os resultados do emprego. Nos serviços financeiros, a IA analisa dados financeiros e fornece dicas de investimento específicas e oferece diferentes planos financeiros ao utilizador, tornando os serviços financeiros acessíveis a todos. A IA também tem a capacidade de traduzir línguas no local, o que pode resultar numa comunicação e cooperação interculturais. Estas capacidades estimulam a inclusão de todos e equipam-nos para competir em condições de igualdade na sociedade.

Sustentabilidade ambiental

Ao ajudar a racionalizar os recursos, reduzir os resíduos e diminuir o impacto ambiental dos seres humanos, a IA generativa está mais bem equipada para tornar o nosso mundo mais sustentável (George et al., 2023; Agathokleous et al., 2023; Pursnani et al., 2023). Por exemplo, os algoritmos de IA podem ser utilizados para analisar dados climáticos, a fim de prever padrões de condições meteorológicas extremas e recomendar a melhor forma de lhes dar resposta. No que respeita à conservação, a IA é capaz de monitorizar as populações de animais selvagens e os habitats e, em última análise, orientar esforços específicos de conservação. Estas aplicações ajudam a melhorar a auto-sustentabilidade e a gestão ambiental.

A Fig. 2 ilustra o papel das tecnologias de inteligência artificial (IA) generativa, como o ChatGPT, no avanço dos domínios da Indústria 4.0, Indústria 5.0 e Sociedade 5.0. A IA generativa, no nó central (nó grosso), desempenha um papel importante no preenchimento destes três grandes nós - Indústria 4.0, Indústria 5.0 e Sociedade 5.0. O fabrico inteligente, a manutenção preditiva, o controlo de qualidade, a otimização da cadeia de abastecimento e o planeamento da produção estão entre as várias melhorias na indústria 4.0 facilitadas pela sintetização da IA. Quando falamos de fabrico inteligente, a IA é utilizada para operar as três dimensões, produtividade (a forma eficiente de utilizar os inputs), eficiência (tipo de operação sem desperdícios) e flexibilidade (o tipo de operação multifacetado). A manutenção preditiva permite reduzir o tempo de inatividade e as economias de custos, ao passo que o controlo de qualidade produz produtos mais fiáveis e menos defeitos. A produção centrada no ser humano orientada para a IA, que utiliza a robótica colaborativa para a indústria 5.0 - fabrico centrado no ser humano para produção em massa personalizada e fabrico sustentável, juntamente com a aceleração da inovação. A produção centrada no ser humano beneficia a segurança dos trabalhadores e a satisfação no trabalho, enquanto a robótica colaborativa melhora a interação homem-robô e a produtividade. Os produtos personalizados acabam por agradar aos clientes, assim como o fabrico sustentável - processos e pegadas ecológicos. Isto conduzirá a uma aceleração da inovação impulsionada pela investigação e desenvolvimento (I&D) acelerados e também a vantagens competitivas. Os cuidados de saúde inteligentes, a educação personalizada, os serviços públicos melhorados, o desenvolvimento inclusivo e as práticas éticas de IA também estão no centro das atenções. Os diagnósticos e os planos de tratamento personalizados evoluem no âmbito dos cuidados de saúde inteligentes A educação personalizada vai ao encontro dos alunos no seu percurso de aprendizagem único, o que cria um maior envolvimento. Operações governamentais eficientes, segurança pública reforçada e serviços públicos melhorados. O desenvolvimento inclusivo contribui para a igualdade social e para as oportunidades económicas, a fim de garantir que os progressos realizados para atingir os objectivos continuem a beneficiar toda a sociedade. Este enfoque é articulado por princípios que sublinham a transparência e a responsabilidade no desenvolvimento da IA de acordo com os valores sociais e as normas morais, conhecidas como práticas éticas de IA. Este gráfico abrangente ilustra as muitas formas em que a IA generativa é um fator de mudança em todos os sectores e níveis do ecossistema, desde a eficiência e personalização à compatibilidade ambiental, descobertas e gestão ética. Os nós e fluxos conectados destacam a IA em toda a sua diversidade; uma visão de tecnologias avançadas de IA que complementam a produção, inovações centradas no ser humano e avanços sociais inclusivos - daí a visão de um futuro que é conjunto e sustentável, possibilitado pela IA.

Inteligência artificial generativa multimodal, como o ChatGPT, no sector dos avanços industriais

Os avanços nos sistemas de inteligência artificial (IA) generativa multimodal, tais como modelos semelhantes ao ChatGPT, estão agora a ser rapidamente adoptados em todas as indústrias que se estão a tornar ferramentas transformadoras (Haver et al., 2024; Yang et al., 2024; Wu et al., 2023). A forma física do conteúdo de vídeo é apenas uma das quatro formas através das quais estes sistemas de IA processam e geram conteúdo em várias modalidades (texto, imagens, áudio, vídeo), conferindo-lhes um maior enfoque e aplicabilidade na maioria dos domínios de interesse (Huang et al., 2023; Liu et al., 2023). A IA multimodal na indústria do entretenimento e dos media está a transformar a criação de conteúdos. Desde imagens e vídeos realistas até à música, os profissionais criativos podem agora utilizar estas ferramentas para estimular a sua criatividade. Por exemplo, a IA pode apoiar a criação de efeitos especiais, a criação de actores virtuais e até o guião de cenas. Esta capacidade não só reduz o tempo e o custo de produção, como também permite novas formas de contar histórias que nunca foram possíveis antes. O DALL-E e o ChatGPT também estão a ser utilizados para gerar arte concetual, guiões preliminares e até para comunicar com os fãs de formas inovadoras, explorando ainda mais a interação com o público.

Outra área do sector da saúde em que a IA generativa multimodal é muito benéfica. Estes sistemas podem analisar imagens médicas, analisar notas clínicas e até diagnosticar doenças. Por exemplo, o treino de modelos de IA em dados de imagiologia pode fornecer sugestões de diagnóstico e tratamentos precisos em comparação com os modelos treinados apenas em registos de pacientes. Também são utilizados na formação médica, em que simulam vários cenários médicos complexos, permitindo que os futuros médicos especializados pratiquem com essas situações da vida real. Em conjunto, isto aumenta a exatidão dos diagnósticos e melhora as competências tanto na educação médica como nos cuidados aos doentes. Do mesmo modo, o sector da educação está a tirar partido da IA multimodal. Estas podem proporcionar experiências de aprendizagem personalizadas, alterando os conteúdos de acordo com a forma como cada aluno aprende e à velocidade a que este consegue acompanhar. Através da IA, podem ser criados vídeos educativos, simulações interactivas, leituras personalizadas, etc., que podem ajudar em diferentes tipos de educação. Do mesmo modo, modelos linguísticos como o ChatGPT podem atuar como tutores que podem fornecer explicações para problemas e responder a perguntas em tempo real, tornando possível a prestação de apoio fora das experiências tradicionais de sala de aula. Melhora a disponibilidade de educação de qualidade e permite a aprendizagem ao longo da vida.

Mas, sem dúvida, nenhum sector está mais preparado para assistir a uma mudança maciça do que o serviço ao cliente, onde a IA generativa multimodal, como se vê no exemplo acima, está a mudar a forma como as empresas interagem com os seus clientes. Os chatbots e os assistentes virtuais alimentados por tecnologia de IA disruptiva, que compreendem a linguagem natural ou para melhor ajudar os clientes através de texto ou voz, ou mesmo visualmente sob a forma de imagens. Estes benefícios proporcionam respostas profundas e rápidas, ajudam a reduzir a carga de trabalho dos agentes humanos e são capazes de trabalhar 24 horas por dia, 7 dias por semana. Do mesmo modo, as empresas podem utilizar a IA para estabelecer os denominadores comuns nos pontos de contacto com o cliente, com o objetivo de melhorar o seu serviço. A IA multimodal está atualmente a ser utilizada pela indústria do marketing e da publicidade para proporcionar experiências personalizadas e interactivas. A IA está a entrar em cena, quando se trata de publicidade programática. Por exemplo, o teste de IA pode ser usado para criar automaticamente visuais e cópias personalizadas para cada cliente do segmento (devido à preferência e ao comportamento). Esta tática torna as campanhas de marketing mais direcionadas, melhorando assim as taxas de conversão. Utilizando uma voz de marca mais consistente noutros canais e meios de comunicação, o conteúdo gerado pela IA também pode ser utilizado. A IA multimodal está a transformar a produção e a logística com manutenção preditiva, controlo de qualidade e operações da cadeia de abastecimento. Se as partes interessadas decidirem ser proactivas em vez de reactivas, com a implementação correta, a IA tem o potencial de analisar informações visuais das linhas de produção para detetar defeitos e, em alguns casos, até mesmo prever uma falha no equipamento antes que ela ocorra, reduzindo assim significativamente o tempo de inatividade e os custos de manutenção. Por exemplo, a IA pode ajudar na otimização do encaminhamento e da programação na logística, o que contribuirá para a eficiência e a redução de custos. Desta forma, a ideia da IA ajuda a ter também em conta os recursos, conduzindo a um resultado mais produtivo.

Conclusões

A IA generativa pode impulsionar o fabrico de precisão através da manutenção preditiva, otimizar as cadeias de abastecimento e permitir a inovação na conceção de produtos na Indústria 4.0. Analisa grandes conjuntos de dados que optimizam as operações, minimizam o tempo de inatividade e maximizam a eficiência - acabando por elevar a produtividade a novos patamares. À medida que avançamos para a era da Indústria 5.0, a sociedade volta finalmente a ser a área central e a IA trabalha em conjunto com os seres humanos para tornar os processos industriais mais sustentáveis e robustos. Esta transição está a ser acelerada pela IA, que está a aumentar com sucesso a criatividade e a tomada de decisões humanas, sendo também capaz de personalizar o fabrico e de aliviar os estrangulamentos de integração entre a inteligência humana e a inteligência das máquinas. A IA generativa é uma das pedras angulares da sociedade superinteligente que caracteriza a Sociedade 5.0, onde os espaços digitais e físicos se cruzam para melhorar a qualidade de vida. Desde os cuidados de saúde e a educação até ao planeamento urbano, as soluções baseadas na IA têm o potencial de fornecer aquilo de que cada cidadão necessita, promovendo assim a inclusão e garantindo que os benefícios da tecnologia são partilhados de forma equitativa. Nos cuidados de saúde, a IA generativa pode ajudar na deteção precoce, nas recomendações terapêuticas individualizadas e na descoberta de medicamentos, transformando os cuidados prestados aos doentes. As plataformas de aprendizagem personalizada baseadas em IA estão a ajudar as pessoas a aprender no seu próprio tempo e de acordo com os seus interesses, de formas que são mais acessíveis e mais susceptíveis de serem eficazes na educação. Além disso, a utilização da IA generativa ajuda a resolver problemas mundiais como as alterações climáticas, reduzindo o consumo de energia e tornando as práticas ecológicas mais avançadas. A análise preditiva e a modelação de cenários são fundamentais para o desenvolvimento de estratégias destinadas a fazer face aos impactos ambientais, e é aqui que a avaliação do ciclo de vida pode oferecer uma visão inestimável. Com a IA generativa a ser desenvolvida a um ritmo tão rápido, a sua adoção na Indústria 4.0, na Indústria 5.0 e na Sociedade 5.0 irá gerar enormes impactos sociais a nível global, melhorando as condições para a inovação, a sustentabilidade e o bem-estar humano.

Referências

Abas, M. A., Arumugam, S. E., Yunus, M. M., & Rafiq, K. R. M. (2023). ChatGPT e aprendizagem personalizada: Oportunidades e desafios no ensino superior. Revista Internacional de Pesquisa Acadêmica em Negócios e Ciências Sociais, 13(12).

Abdullah, M., Madain, A., & Jararweh, Y. (2022, novembro). ChatGPT: Fundamentos, aplicações e impactos sociais. Em 2022 Nona Conferência Internacional sobre Análise, Gestão e Segurança de Redes Sociais (SNAMS) (pp. 1-8). Ieee.

Adeshola, I., & Adepoju, A. P. (2023). As oportunidades e os desafios do ChatGPT na educação. Ambientes interactivos de aprendizagem, 1-14.

Agathokleous, E., Saitanis, C. J., Fang, C., & Yu, Z. (2023). Uso do ChatGPT: O que isso significa para a biologia e a ciência ambiental? Science of The Total Environment, 888, 164154.

Al Fouri, A., & Sakher, S. (2023). Inteligência artificial na cidade inteligente. Remittances Review, 8(4).

Aladag, H. (2023). Avaliando a precisão do uso do ChatGPT para gerenciamento de riscos em projetos de construção. Sustentabilidade, 15(22), 16071.

Alawida, M., Mejri, S., Mehmood, A., Chikhaoui, B., & Isaac Abiodun, O. (2023). Um estudo abrangente do ChatGPT: avanços, limitações e considerações éticas no processamento de linguagem natural e cibersegurança. Informação, 14(8), 462.

Al-Hawawreh, M., Aljuhani, A., & Jararweh, Y. (2023). Chatgpt para cibersegurança: aplicações práticas, desafios e direcções futuras. Cluster Computing, 26(6), 3421-3436.

Alshami, A., Elsayed, M., Ali, E., Eltoukhy, A. E., & Zayed, T. (2023). Aproveitando o poder do ChatGPT para automatizar o processo de revisão sistemática: Metodologia, estudo de caso, limitações e direcções futuras. Sistemas, 11(7), 351.

Cao, X. (2023). Uma nova era de interação inteligente: Oportunidades e desafios trazidos pelo ChatGPT. Boletim de Investigação Geográfica, 2, 162-165.

Chen, X. (2023). Forma incorporada de inovação responsável no ChatGPT. Traektoriâ Nauki, 9(6), 70017006.

Chowdhury, N. A. (2023). Desbloqueando o poder do Chat GPT: Um olhar aprofundado sobre o modelo de negócios do ChatAI.

Demir, M., & Demir, §. §. (2023). O ChatGPT é a tecnologia certa para a individualização de serviços e a cocriação de valor? evidências da indústria de viagens. Journal of Travel & Tourism Marketing, 40(5), 383-398.

Filippi, S. (2023). Medindo o impacto do ChatGPT na promoção da geração de conceitos no design de produtos inovadores. Eletrónica, 12(16), 3535.

Frederico, G. F. (2023). ChatGPT em cadeias de suprimentos: evidências iniciais de aplicações e potencial agenda de pesquisa. Logística, 7(2), 26.

George, A. S., & George, A. H. (2023). Uma revisão do impacto da IA do ChatGPT em vários setores de negócios. Jornal de Inovação Internacional da Partners Universal, 1(1), 9-23.

George, A. S., George, A. H., & Martin, A. G. (2023). ChatGPT e o futuro do trabalho: uma análise abrangente do impacto da IA nos empregos e no emprego. Partners Universal International Innovation Journal, 1(3), 154-186.

George, A. S., George, A. H., & Martin, A. G. (2023). O impacto ambiental da IA: A case study of water consumption by chat gpt. Partners Universal International Innovation Journal, 1(2), 97-104.

Gupta, M., Akiri, C., Aryal, K., Parker, E., & Praharaj, L. (2023). Do chatgpt ao threatgpt: Impacto da IA generativa na segurança cibernética e na privacidade. Acesso IEEE.

Harahap, M. A. K., Junianto, P., Astutik, W. S., Risdwiyanto, A., & Ausat, A. M. A. (2023). Uso de ChatGPT na construção de personalização em serviços de negócios. Jurnal Minfo Polgan, 12(1), 1212-1219.

Haver, H. L., Bahl, M., Doo, F. X., Kamel, P. I., Parekh, V. S., Jeudy, J., & Yi, P. H. (2024). Avaliação do ChatGPT multimodal (GPT-4V) na descrição de recursos de imagem de mamografia. Jornal da Associação Canadiana de Radiologistas, 08465371241247043.

Hu, X., Tian, Y., Nagato, K., Nakao, M., & Liu, A. (2023). Oportunidades e desafios do ChatGPT para a gestão do conhecimento em design. Procedia CIRP, 119, 21-28.

Huang, H., Zheng, O., Wang, D., Yin, J., Wang, Z., Ding, S., ... & Shi, B. (2023). ChatGPT para moldar o futuro da odontologia: o potencial do modelo multimodal de linguagem grande. Jornal Internacional de Ciência Oral, 15(1), 29.

Huang, S., Wang, B., Li, X., Zheng, P., Mourtzis, D., & Wang, L. (2022). Indústria 5.0 e Sociedade 5.0- Comparação, complementação e co-evolução. Jornal de sistemas de fabrico, 64, 424-428.

Jarco, D., & Sulkowski, L. (2023, junho). O ChatGPT é melhor em consultoria empresarial do que um analista humano experiente? Uma comparação experimental de soluções para um problema estratégico de negócios. Em Forum Scientiae Oeconomia (Vol. 11, No. 2, pp. 87-109).

Javaid, M., Haleem, A., & Singh, R. P. (2023). Um estudo sobre ChatGPT para a Indústria 4.0: Background, potentials, challenges, and eventualities. Jornal de Economia e Tecnologia, 1, 127-143.

Javaid, M., Haleem, A., & Singh, R. P. (2023). ChatGPT para serviços de saúde: Um estágio emergente para uma perspetiva inovadora. BenchCouncil Transactions on Benchmarks, Standards and Evaluations, 3(1), 100105.

Jha, M., Qian, J., Weber, M., & Yang, B. (2024). ChatGPT e políticas corporativas (No. w32161). Gabinete Nacional de Investigação Económica.

Jusman, I. A., Ausat, A. M. A., & Sumarna, A. (2023). Aplicação do ChatGPT na Gestão Empresarial e na Tomada de Decisões Estratégicas. Jurnal Minfo Polgan, 12(2), 1688-1697.

Khowaja, S. A., Khuwaja, P., Dev, K., Wang, W., & Nkenyereye, L. (2024). Chatgpt needs spade (sustentabilidade, privacidade, fosso digital e ética) evaluation: A review. Computação Cognitiva, 1-23.

Kiangala, K. S., & Wang, Z. (2024). Uma interface homem-máquina híbrida experimental de IA personalizada e chatbot de IA generativa para melhorar o tempo de inatividade de solução de problemas de uma fábrica no contexto da Indústria 5.0. O Jornal Internacional de Tecnologia de

Fabricação Avançada, 132(5), 2715-2733.

Kmiecik, M. (2023). ChatGPT em logística de terceiros - O divisor de águas ou um passo para o desconhecido? Jornal de Inovação Aberta: Technology, Market, and Complexity, 9(4), 100174.

Leng, J., Sha, W., Wang, B., Zheng, P., Zhuang, C., Liu, Q., ... & Wang, L. (2022). Indústria 5.0: Perspetiva e retrospetiva. Journal of Manufacturing Systems, 65, 279-295.

Li, Y. F., Wang, H., & Sun, M. (2023). Modelos de fundação em grande escala do tipo ChatGPT para prognóstico e gerenciamento de saúde: uma pesquisa e roteiros. Engenharia de Confiabilidade e Segurança de Sistemas, 109850.

Liu, Y., Han, T., Ma, S., Zhang, J., Yang, Y., Tian, J., ... & Ge, B. (2023). Resumo da pesquisa relacionada ao chatgpt e perspetiva para o futuro de grandes modelos de linguagem. Meta-Radiologia, 100017.

Lo, C. K. (2023). Qual é o impacto do ChatGPT na educação? Uma rápida revisão da literatura. Ciências da Educação, 13(4), 410.

Megahed, F. M., Chen, Y. J., Ferris, J. A., Knoth, S., & Jones-Farmer, L. A. (2024). Como os modelos generativos de IA, como o ChatGPT, podem ser (mal) usados na prática, educação e pesquisa de SPC? Um estudo exploratório. Engenharia da Qualidade, 36(2), 287-315.

Muftic, F., Kadunic, M., Musinbegovic, A., & Abd Almisreb, A. (2023). Explorando avanços médicos: uma revisão sistemática das aplicações ChatGPT em cuidados de saúde. Southeast Europe Journal of Soft Computing, 12(1), 13-41.

Nyqvist, R., Peltokorpi, A., & Seppdnen, O. (2024). Pode o ChatGPT exceder os humanos na gestão de riscos de projectos de construção? Engineering, Construction and Architectural Management, 31(13), 223-243.

Ozpolat, Z., Yildinm, O., & Karabatak, M. (2023). Ferramentas baseadas em Inteligência Artificial em processos de desenvolvimento de software: Aplicação do ChatGPT. European Journal of Technique (EJT), 13(2), 229-240.

Pan, C., Banerjee, J. S., De, D., Sarigiannidis, P., Chakraborty, A., & Bhattacharyya, S. (2023, fevereiro). ChatGPT: Uma plataforma OpenAI para a sociedade 5.0. No Simpósio de Doutorado em Computação Centrada no Homem (pp. 384-397). Singapura: Springer Nature Singapore.

Prieto, S. A., Mengiste, E. T., & García de Soto, B. (2023). Investigando o uso do ChatGPT para o agendamento de projetos de construção. Edifícios, 13(4), 857.

Pursnani, V., Sermet, Y., Kurt, M., & Demir, I. (2023). Desempenho do ChatGPT no exame de fundamentos de engenharia dos EUA: Avaliação abrangente da proficiência e potenciais implicações para a prática profissional de engenharia ambiental. Computadores e Educação: Inteligência Artificial, 5, 100183.

Raj, R., Singh, A., Kumar, V., & Verma, P. (2023). Analisando os potenciais benefícios e casos de uso do ChatGPT como uma ferramenta para melhorar a eficiência e a eficácia das operações comerciais. BenchCouncil Transactions on Benchmarks, Standards and Evaluations, 3(3), 100140.

Raman, R., Lathabai, H. H., Mandal, S., Das, P., Kaur, T., & Nedungadi, P. (2024). ChatGPT: Literate or intelligent about UN sustainable development goals? Plos one, 19(4), e0297521.

Rane, N. (2023a). ChatGPT e Inteligência Artificial Generativa (IA) semelhante para a Indústria

Inteligente: papel, desafios e oportunidades para a indústria 4.0, indústria 5.0[an] d sociedade 5.0. Desafios e oportunidades para a indústria, 4.

Rane, N. (2023b). ChatGPT e Inteligência Artificial Generativa (IA) semelhante para o sector da construção civil: Contribuição, oportunidades e desafios de modelos linguísticos de grande dimensão para a indústria 4.0, a indústria 5.0 e a sociedade 5.0. Oportunidades e desafios dos modelos de linguagem de grande dimensão para a indústria, 4.

Rane, N. (2023c). ChatGPT e Inteligência Artificial Generativa (IA) semelhante para a indústria da construção civil: Contribuição, oportunidades e desafios de modelos linguísticos de grande dimensão para a indústria 4.0, a indústria 5.0 e a sociedade 5.0. Oportunidades e desafios dos modelos de linguagem de grande dimensão para a indústria, 4.

Rane, N. (2023d). Papel e desafios do ChatGPT e da inteligência artificial generativa semelhante na gestão de recursos humanos. Disponível em SSRN 4603230.

Rane, N. (2023e). Contribuição do ChatGPT e de outras inteligências artificiais generativas (IA) para as energias renováveis e sustentáveis. Disponível em SSRN 4597674.

Rane, N., Choudhary, S., & Rane, J. (2023d). Integrando ChatGPT, Bard e inteligência artificial generativa de ponta no projeto e engenharia de arquitetura: aplicações, estrutura e desafios.

Rao, H. (2023). Considerações éticas e legais por detrás da prevalência do ChatGPT: riscos e regulamentos. Frontiers in Computing and Intelligent Systems, 4(1), 23-29.

Rathor, K. (2023). Impacto da utilização da tecnologia Chatgpt baseada em inteligência artificial para alcançar práticas sustentáveis de gestão da cadeia de abastecimento em indústrias selecionadas. Jornal Internacional de Tendências e Tecnologias Informáticas, 71(3), 34-40.

Rathore, B. (2023). Futuro dos têxteis: fabrico sustentável e previsão através de chatgpt. Eduzone: International Peer Reviewed/Refereed Multidisciplinary Journal, 12(1), 52-62.

Sherif, A., Salloum, S. A., & Shaalan, K. (2024). Revisão Sistemática para Gestão do Conhecimento na Indústria 4.0 e Aplicabilidade do ChatGPT como Ferramenta. Inteligência Artificial na Educação: O poder e os perigos do ChatGPT na sala de aula, 301-313.

Singh, G. (2023). Aproveitamento do chatgpt para a tomada de decisões em tempo real em sistemas autónomos. Eduzone: International Peer Reviewed/Refereed Multidisciplinary Journal, 12(2), 101-106.

Skandali, D., Magoutas, A., & Tsourvakas, G. (2023). Aplicações inteligentes artificiais em serviços bancários habilitados: A próxima fronteira do envolvimento do cliente na era do ChatGPT. Theoretical Economics Letters, 13(5), 1203-1223.

Sonkor, M. S., & García de Soto, B. (2024). Utilização do ChatGPT em projetos de construção: desvendando seus riscos de cibersegurança por meio de uma análise bibliométrica. Revista Internacional de Gestão da Construção, 1 - 9.

Stahl, B. C., & Eke, D. (2024). A ética do ChatGPT-Explorando as questões éticas de uma tecnologia emergente. Revista Internacional de Gestão da Informação, 74, 102700.

Tabone, W., & de Winter, J. (2023). Usando ChatGPT para pesquisa de interação humano-computador: uma cartilha. Royal Society Open Science, 10(9), 231053.

Tarabah, N. E. H., & Amin, M. E. S. (2024). ChatGPT e seu papel na revolução do marketing digital e no aprimoramento do envolvimento do cliente. Em Leveraging ChatGPT and Artificial Intelligence for Effective Customer Engagement (pp. 69-92). IGI Global.

Terziyan, V., Kaikova, O., Golovianko, M., & Vitko, O. (2024). O ChatGPT pode desafiar o impacto científico da pesquisa publicada, particularmente no contexto da indústria 4.0 e da manufatura inteligente? Procedia Computer Science, 232, 2540-2550.

Trent, C. (2023). ChatGPT e eventos atuais na sala de aula de economia. Revista de Inovação em Educação Empresarial, 15(1).

Uddin, S. J., Albert, A., Ovid, A., & Alsharef, A. (2023). Aproveitando o ChatGPT para ajudar no reconhecimento de perigos na construção e apoiar a educação e treinamento em segurança. Sustentabilidade, 15(9), 7121.

Vemprala, S. H., Bonatti, R., Bucker, A., & Kapoor, A. (2024). Chatgpt para robótica: Princípios de design e habilidades de modelo. Acesso IEEE.

Wake, N., Kanehira, A., Sasabuchi, K., Takamatsu, J., & Ikeuchi, K. (2023). Controle de robô de longo passo habilitado para Chatgpt em vários ambientes: Um caso de aplicação. Acesso IEEE.

Wakunuma, K., & Eke, D. (2024). África, ChatGPT e sistemas de IA generativos: Benefícios éticos, preocupações e a necessidade de governação. Philosophies, 9(3), 80.

Wang, D. Q., Feng, L. Y., Ye, J. G., Zou, J. G., & Zheng, Y. F. (2023). Acelerando a integração do ChatGPT e outros modelos de IA em grande escala na pesquisa biomédica e na saúde. MedComm-Future Medicine, 2(2), e43.

Wang, F. Y., Yang, J., Wang, X., Li, J., & Han, Q. L. (2023). Converse com o ChatGPT sobre a indústria 5.0: Aprendizagem e tomada de decisões para indústrias inteligentes. IEEE/CAA Journal of Automatica Sinica, 10(4), 831-834.

Whalen, J., & Mouza, C. (2023). ChatGPT: Challenges, opportunities, and implications for teacher education. Contemporary Issues in Technology and Teacher Education, 23(1), 1-23.

Wu, M. (2024). Os efeitos do ChatGPT no desenvolvimento económico. Destaques em Negócios, Economia e Gestão, 24, 1324-1330.

Wu, T., He, S., Liu, J., Sun, S., Liu, K., Han, Q. L., & Tang, Y. (2023). Uma breve visão geral do ChatGPT: A história, o status quo e o potencial desenvolvimento futuro. IEEE/CAA Journal of Automatica Sinica, 10(5), 11221136.

Xu, X., Lu, Y., Vogel-Heuser, B., & Wang, L. (2021). Indústria 4.0 e Indústria 5.0-Incepção, conceção e perceção. Jornal de sistemas de manufatura, 61, 530-535.

Yang, L., Wang, Z., Li, Z., Na, J. C., & Yu, J. (2024). Um estudo empírico da Análise de Sentimento Baseada em Entidade Multimodal com ChatGPT: Melhorando a aprendizagem em contexto por meio da aprendizagem contrastiva com consciência de entidade. Information Processing & Management, 61(4), 103724.

Zhang, X., Shah, J., & Han, M. (2023). ChatGPT para aprendizagem rápida de distrito de energia positiva (PED): Um teste experimental e comparação com os resultados da discussão de especialistas. Edifícios, 13(6), 1392.

Capítulo 8: A inteligência artificial e a análise de grandes volumes de dados na evolução da Indústria 4.0, 5.0 e Sociedade 5.0

Resumo:

A onda de dados criada por dispositivos conectados e sistemas ciber-físicos num ambiente da Indústria 4.0 é utilizada através de análises avançadas para impulsionar a eficiência da produção, melhorar a manutenção preditiva e potenciar acções em tempo real. O potencial da análise de grandes volumes de dados com inteligência artificial (IA) para transformar o panorama industrial reside na sua capacidade de permitir o processamento de enormes quantidades de dados, revelando padrões e tendências ocultos que abrem uma série de caminhos para permitir operações industriais mais inteligentes e mais reactivas. Os grandes volumes de dados são igualmente importantes para avançar para a Indústria 5.0. Esta fase centra-se mais em formas centradas no ser humano e a colaboração homem-máquina é importante neste domínio. Esta mudança é apoiada pela análise de grandes volumes de dados que produz inteligência inteligente em sistemas que são complementares às capacidades humanas. Com a análise de vastos conjuntos de dados, estes sistemas podem aumentar a forma como os humanos decidem, criam e resolvem problemas. Esta relação entre a intuição humana e a precisão das máquinas está na base da inovação e acelera a resolução de problemas difíceis. Na Sociedade 5.0, a análise de megadados é essencial para uma sociedade superinteligente em que a transformação digital está presente em praticamente todas as vidas. Serviços personalizados nos cuidados de saúde, educação, transportes, planeamento urbano, segurança pública e desenvolvimento sustentável. É essencial produzir ferramentas de aprendizagem automática (ML) acessíveis que possam satisfazer as necessidades das pessoas e das comunidades, desbloqueando benefícios económicos mais amplos e melhorando a qualidade de vida em geral. Num futuro em que os volumes de dados recolhidos através da Internet das Coisas (IoT), a introdução de tipos de ficheiros que permitem armazenar mais dados para adotar a pilha de análise de grandes volumes de dados para as aplicações das empresas, a fim de proporcionar resiliência e agilidade num mundo orientado para os dados.

Palavras-chave: Análise de grandes volumes de dados, Inteligência artificial, Grandes volumes de dados, Aprendizagem automática, Aprendizagem profunda, Internet das coisas

Introdução

O panorama tecnológico recente introduziu uma nova era de inteligência artificial (IA) e de análise de grandes volumes de dados, que depois realizam a transformação das indústrias e da sociedade (Jagatheesaperumal et al., 2021; Sharma et al., 2021; Lampropoulos, 2023). É aqui que a IA e a análise de grandes volumes de dados entram em jogo, levando ao avanço destes paradigmas disruptivos. A tecnologia de IA baseada na aprendizagem automática (ML), na aprendizagem profunda (DL) e no processamento de linguagem natural (NLP) é excelente para lidar com uma enorme quantidade de dados, a fim de detetar padrões, prever resultados e reformular (Ding et al., 2023; Bharadiya, 2023; Rashid et al., 2024). Os grandes volumes de dados requerem um modelo de análise de grandes volumes de dados que envolva conjuntos de dados maciços e complexos por natureza, que consistem em 3Vs - volume, velocidade e variedade. Entre outros benefícios, estas tecnologias permitem a tomada de decisões em tempo real, a manutenção preditiva, a otimização da cadeia de abastecimento, as experiências personalizadas dos clientes (CX) e a criação de produtos e serviços inteligentes. Com o crescimento da Indústria 4.0 e 5.0, as influências não só se espalharam por todo o lado com a ajuda da indústria transformadora, como também tocarão e moldarão várias outras indústrias, como a construção, os cuidados de saúde, a agricultura, as finanças, a educação, etc. A investigação consiste numa revisão exaustiva da literatura relevante para o estudo, elaborada com base na análise de palavras-chave e na coocorrência, e na análise de agregados, que é utilizada para identificar os principais temas, tendências e lacunas com um enfoque estratégico na IA, na análise de grandes volumes de dados e na Indústria 4.0, 5.0 e Sociedade 5.0. Os académicos, os profissionais e os decisores políticos beneficiarão desta síntese ao obterem uma compreensão da investigação existente, dos tópicos emergentes e das áreas para a realização de novos estudos.

Metodologia

Este artigo adopta uma metodologia de revisão sistemática da literatura para investigar a IA, a análise de grandes volumes de dados, a Indústria 5.0 e a Sociedade 5.0. Foram pesquisadas bases de dados académicas (IEEE Xplore, ScienceDirect, Google Scholar) utilizando as palavras-chave: inteligência artificial, análise de grandes volumes de dados, Indústria 4.0, Indústria 5.0, Sociedade 5.0. A inclusão de publicações entre 2010 e 2023 garantiu que apenas alguns dos desenvolvimentos mais recentes com literatura contemporânea fossem destacados. Nesta investigação, para analisar os dados, foi utilizado o método bibliométrico e, através da revisão dos artigos publicados, foi efectuada a coocorrência de palavras-chave e a análise de clusters. O software VOSviewer foi utilizado para a análise de coocorrência com o objetivo de visualizar as relações entre os termos mais frequentes nos artigos selecionados.

Resultados e discussões

Análise de coocorrência e de agrupamento das palavras-chave

Neste novo mundo, embora a Indústria 4.0 seja o maior nó da rede, é o centro que suporta e liga diferentes tecnologias e conceitos. Liga uma rede que ilustra a vasta gama da Indústria 4.0, que inclui tecnologias e técnicas altamente desenvolvidas na Indústria 4.0. Atualmente, a Indústria 4.0 continua a ser fundamental como convergência entre sistemas cibernéticos e físicos para abrir caminho à revolução industrial moderna. Agora, podemos descobrir que as principais contrapartes, como a inteligência artificial e os grandes volumes de dados, têm um papel fundamental no processo da "Indústria 4.0". Na Fig. 1, podemos ver como os nós estão ligados para ilustrar a sinergia entre a tecnologia e os processos industriais. A IA utiliza a análise de grandes volumes de dados para explorar os volumes de dados que estão a ser gerados para melhorar as operações e prever a manutenção. Atualmente, a contribuição da IA e dos grandes volumes de dados é óbvia em todos os cenários industriais inteligentes e orientados para os dados.

O nó da Internet das Coisas (IoT) é fundamental para esta rede. A IoT significa dispositivos físicos ligados à Internet para que os dados em tempo real possam ser recolhidos e analisados. Esta tecnologia é vital para uma Indústria 4.0 óptima, pois permite que a IA e a análise de grandes volumes de dados tenham os dados necessários para funcionar corretamente. Isto também se reflecte em algumas das ligações fundamentais entre a IoT, a IA e os megadados nos ecossistemas industriais modernos com dispositivos interligados e a sua capacidade de impulsionar a inteligência industrial. Os megadados e a IoT estão normalmente associados à computação em nuvem. Com estes dispositivos a produzirem quantidades volumosas de dados, é imperativo tirar partido da computação em nuvem para a gestão de dados. Permite trabalhar com grandes conjuntos de dados e executar algoritmos avançados de IA sem quebrar a cortesia dos recursos de computação escaláveis. A utilização da computação em nuvem por esta rede demonstra a necessidade de uma infraestrutura informática sólida, capaz de suportar aplicações industriais cada vez mais avançadas.

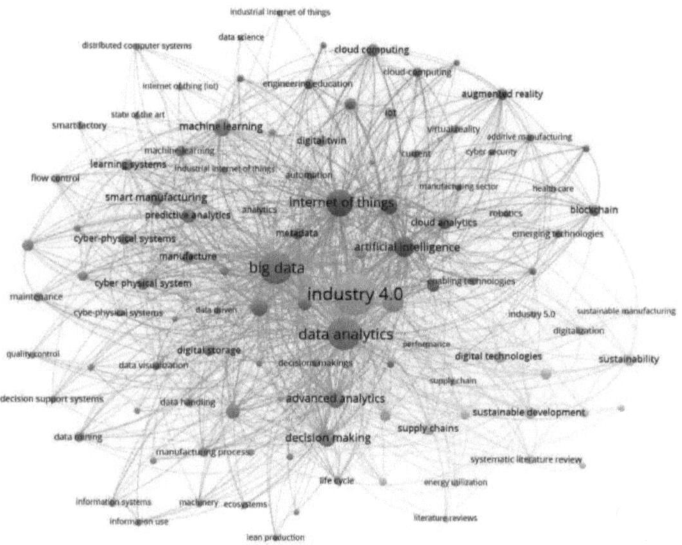

Fig. 1 Análise de coocorrência das palavras-chave na literatura

A rede centra os seus clusters em áreas temáticas importantes para a Indústria 4.0 e 5.0. Um grande agrupamento está centrado nas ideias de "fabrico inteligente" e "sistemas ciber-físicos". A análise preditiva, a manutenção e o controlo de qualidade estão entre os nós que unem estes termos. No sector da indústria transformadora, este agrupamento consiste em aproveitar o poder da IA e dos megadados para tirar ainda mais partido da produção e reduzir o tempo de inatividade e o desperdício. Para concretizar estas ambições, precisamos de sistemas ciber-físicos (CPS), que são sistemas que combinam processos físicos com algoritmos computacionais. Outro agregado é dedicado à sustentabilidade e ao desenvolvimento sustentável. Estas palavras-chave importantes de um agrupamento incluem: cadeias de abastecimento, utilização de energia, tecnologias digitais. Assim, a utilização de IA e de grandes volumes de dados é a forma como o mundo está a contribuir para ser sustentável nas suas operações industriais. Para tal, é necessário melhorar a eficiência da cadeia de abastecimento, reduzir o consumo de energia e adotar tecnologias sustentáveis. O alinhamento com o desenvolvimento sustentável é apenas um exemplo da forma como a sociedade está a tentar manter o crescimento e o desenvolvimento industrial em equilíbrio com a proteção do ambiente, uma tentativa de simplificar uma realidade complexa.

A maior prioridade da rede é também a adaptação de novas tecnologias, como a cadeia de blocos e a realidade aumentada. Ligada ao nó (IoT, fábrica inteligente, computação em nuvem), transacções de dados seguras e transparentes, uma cadeia de blocos é utilizada para verificar a proveniência dos dados e manter um registo de quem carregou ou alterou os dados, incentivando uma boa gestão dos dados e inibindo potenciais utilizações desonestas de uma determinada fonte de dados. A realidade aumentada tem proporcionado vários benefícios para melhorar a forma como os seres humanos e as máquinas interagem, tais como ferramentas de visualização imersiva para manutenção, formação, tarefas de conceção, etc. Estes são apenas alguns exemplos do mundo tecnológico em expansão da Indústria 4.0, e mesmo da Indústria 5.0. A rede inclui a tomada de decisões e a análise de dados. Especialmente ao lado de nós analíticos avançados e de visualização de dados. A organização necessita de utilizar análises avançadas para tomar melhores decisões, de modo a operar mais rapidamente e com custos mais baixos, bem como aumentar/expandir o desempenho. É aqui que os sistemas de apoio à decisão e as ferramentas de visualização de dados são úteis para nos ajudar a descodificar dados complexos e auxiliar no planeamento e execução estratégicos. A Sociedade 5.0 também pode ser encontrada na rede, mas tem menos ligações do que a Indústria 4.0. A Sociedade 5.0 procura uma sociedade que possa satisfazer as necessidades humanas, resolver vários desafios sociais e permitir que as economias prosperem. As ligações da rede mostram claramente que as tecnologias que suportam a Indústria 4.0 são necessárias para alcançar os objectivos da Sociedade 5.0. O progresso nos cuidados de saúde, na educação, nos serviços públicos, todos os sectores estão a ser revolucionados e a ter um impacto nas pessoas, com benefícios para as massas. Este facto foi possibilitado pelos avanços na inteligência artificial (IA), nos grandes volumes de dados, na IdC e na computação em nuvem, que permitem aos servidores remotos armazenar e processar uma quantidade cada vez maior de dados.

Integração da inteligência artificial e da análise de grandes volumes de dados na indústria em evolução

Melhorar a tomada de decisões e a estratégia

As organizações têm sido capazes de tomar decisões baseadas em dados a um nível de exatidão e velocidade que anteriormente era provavelmente inimaginável, graças predominantemente às possibilidades da IA e da análise de grandes volumes de dados (Jagatheesaperumal et al., 2021; Bharadiya, 2023). Historicamente, os processos de tomada de decisão baseavam-se na intuição e em dados que eram frequentemente escassos e o processo de tomada de decisão era frequentemente propenso a erros e lento. Por outras palavras, a análise de grandes volumes de dados permite às empresas tirar partido de grandes volumes de dados estruturados e não estruturados para identificar padrões, tendências e correlações (Sharma et al., 2021; Lampropoulos, 2023; Rashid et al., 2024). Como é que a IA pode ampliar estes poderes Os algoritmos de IA são capazes de os fazer, de prever resultados e de sugerir a melhor solução a seguir. Nas finanças, por exemplo, a análise preditiva assistida por IA ajuda na avaliação do risco e na prevenção da fraude, poupando milhões de euros perdidos nas finanças devido a estas questões. Do mesmo modo, no marketing, um modelo avançado de IA analisa os dados dos clientes para apresentar campanhas personalizadas que ajudam a melhorar o envolvimento dos clientes e facilitam melhores taxas de conversão. O quadro 1 mostra as aplicações e as vantagens da integração da IA e da análise de megadados.

Revolucionar os cuidados de saúde

O sector dos cuidados de saúde não é exceção a esta revolução e assistiu recentemente a uma transformação dramática sob a forma de IA e de análise de grandes volumes de dados (Adeghe et al., 2024; Carpentieri&

Lecca, 2024). Análise de grandes volumes de dados para melhorar os diagnósticos e os tratamentos personalizados A análise de grandes volumes de dados permite obter melhores diagnósticos e tratamentos personalizados graças ao poder dos grandes volumes de dados (Gupta, & Kumar, 2023; Jhawat et al., 2023). Na patologia, os sistemas de deteção de anomalias na imagiologia médica são transformados em radiologistas humanos. Nos cuidados de saúde, por exemplo, a análise preditiva pode prever surtos de doenças e admissões de doentes para melhorar a afetação de recursos, etc.

Otimização da cadeia de abastecimento e da logística

A cadeia de abastecimento e a logística são notoriamente complexas e multidimensionais, onde muitas peças estão envolvidas para maximizar, tanto quanto possível, a sustentabilidade e a eficiência do custo do tempo de execução. Estas operações são optimizadas através do ML e da análise de grandes volumes de dados que permitem a visibilidade em tempo real e a perceção da previsão da manutenção impulsionada pela IA (Shah et al., 2023; Rashid et al., 2024). Estes modelos de previsão da procura baseados na IA são altamente precisos na previsão da procura dos consumidores, o que, por sua vez, pode ajudar a gerir melhor o inventário e a evitar rupturas de stock ou situações de excesso de stock. Além disso, com a análise de grandes volumes de dados, há uma otimização das rotas que conduz à redução dos custos de transporte e dos prazos de entrega.

Impulsionar a inovação na indústria transformadora

Surgem as fábricas inteligentes e a Indústria 4.0, com a IA e a análise de grandes volumes de dados a serem fundamentais no fabrico (Rosati, et al., 2023; Raj et al., 2023). A previsão desta informação é recolhida a partir de sensores instalados nas máquinas, que é analisada por sistemas de manutenção preditiva alimentados por IA e ajuda a prever o possível estado de saúde e avaria das máquinas antes da ocorrência do evento, reduzindo tanto o tempo de inatividade como o custo de manutenção. Outra forma de utilizar a análise de grandes volumes de dados para garantir a qualidade é através da análise dos dados de produção, com o objetivo de descobrir eventuais defeitos e processos de produção que necessitem de ser optimizados.

Transformar o retalho

A IA e a análise de grandes volumes de dados alimentam a transformação do sector do retalho, proporcionando aos retalhistas os meios para melhor compreenderem as escolhas dos consumidores e personalizarem a sua experiência de compra (Bharadiya, 2023; Raji et al., 2024). Os retalhistas podem fornecer aos consumidores recomendações de produtos relevantes e promoções direcionadas, analisando dados de fontes como as redes sociais, registos de transacções e históricos de navegação em linha. Os chatbots e os assistentes virtuais melhoram o serviço ao cliente, oferecendo apoio imediato, assistentes de compras mais personalizados, etc. Para tal, precisamos de assistentes orientados para a IA (Kandi, 2023; Bharadiya, 2023). De facto, as estratégias de preços dos retalhistas melhoram e as situações de inventário são geridas melhor com a ajuda da análise de grandes volumes de dados neste mercado. O Walmart é um exemplo em que a implementação de benefícios de big data e IA se estende não apenas a uma cadeia de suprimentos otimizada, gerenciamento de estoque, mas também a experiência personalizada gera vendas mais altas e satisfação do cliente.

Quadro 1 Aplicações e benefícios da integração da IA e da análise de grandes volumes de dados.

References	Industry	Application Areas	AI Technologies	Big Data Analytics	Benefits
Gupta, & Kumar, (2023); Jhawat et al., (2023); Adeghe et al., (2024); Carpentieri & Lecca, (2024)	Healthcare	Predictive diagnostics, personalized medicine, drug discovery, patient care	ML, NLP, computer vision	Patient data analysis, genomic data analysis	Early disease detection, improved patient outcomes, reduced healthcare costs
Nguyen et al., (2023); Andronie et al., (2023); Ahmadi, (2024)	Finance	Fraud detection, risk management, customer service, algorithmic trading	ML, ML, NLP	Transaction analysis, market data analysis	Enhanced security, better risk assessment, personalized financial services
Kandi, (2023); Bharadiya, (2023); Raji et al., (2024)	Retail	Customer behaviour analysis, inventory management, personalized marketing	ML, NLP, recommendation systems	Sales data analysis, customer feedback analysis	Increased sales, improved customer satisfaction, optimized inventory

Shah et al., (2023); Rosati, et al., (2023); Raj et al., (2023); Rashid et al., (2024)	Manufacturing	Predictive maintenance, quality control, supply chain optimization	ML, computer vision, robotics	Sensor data analysis, production data analysis	Reduced downtime, improved product quality, efficient supply chain management
krishna Vaddy, (2023); Liu et al., (2023); Taniguchi et al., (2023)	Transportation	Route optimization, autonomous vehicles, predictive maintenance	ML, ML, computer vision	Traffic data analysis, vehicle data analysis	Reduced operational costs, improved safety, enhanced passenger experience
Li et al., (2023); Hsu et al., (2023); Mhlanga, (2023)	Energy	Smart grid management, predictive maintenance, energy consumption optimization	ML, IoT, NLP	Sensor data analysis, consumption data analysis	Increased efficiency, reduced operational costs, better resource management
Rosati et al., (2023); Ochuba et al., (2024); Ochuba et al., (2024)	Telecommunications	Network optimization, customer service, predictive maintenance	ML, NLP, computer vision	Network data analysis, customer data analysis	Improved network performance, enhanced customer service, reduced maintenance costs
Purnama, & Sejati, (2023); Javaid et al., (2023)	Agriculture	Precision farming, crop monitoring, supply chain management	ML, IoT, computer vision	Sensor data analysis, weather data analysis	Increased crop yield, optimized resource use, efficient supply chain management
Anmadwar et al., (2023); Demirbaga et al., (2024)	Entertainment	Content recommendation, audience analysis, automated content creation	ML, ML, NLP	User data analysis, content consumption analysis	Enhanced user experience, targeted advertising, streamlined content production
Ahaidous et al., (2023); de Souza Zanirato Maia et al., (2023); Berkat et al., (2024)	Education	Personalized learning, administrative automation, student performance analysis	ML, NLP, computer vision	Student data analysis, educational content analysis	Improved learning outcomes, efficient administration, personalized education
Naeem et al., (2023);	Real Estate	Property valuation, market	ML, NLP, computer vision	Market data analysis,	Accurate property valuations,

Thayyib et al., (2023)		analysis, personalized services		customer preference analysis	improved market predictions, personalized property recommendations
Mühlhoff, & Ruschemeier (2024); Thayyib et al., (2023)	Legal	Document analysis, predictive case outcomes, legal research	NLP, ML, robotic process automation (RPA)	Legal document analysis, case data analysis	Reduced legal research time, improved case outcome predictions, streamlined document processing
Rane, (2023a); Mnyakin, (2023)	Hospitality	Customer experience personalization, demand forecasting, operational efficiency	ML, NLP, recommendation systems	Customer data analysis, booking data analysis	Enhanced guest experience, optimized pricing strategies, improved operational efficiency
Wilkinson et al., (2024); Aderemi et al., (2024)	Insurance	Risk assessment, fraud detection, customer service	ML, NLP, predictive analytics	Claims data analysis, customer data analysis	Better risk assessment, reduced fraud, improved customer service
Li et al., (2023); Rane, 2023b; Datta et al., (2024)	Construction	Project management, safety monitoring, cost estimation	ML, computer vision, IoT	Project data analysis, sensor data analysis	Improved project timelines, enhanced safety, accurate cost predictions
Yeung, (2023); Chao, et al., (2023)	Public Sector	Policy analysis, public safety, service delivery	ML, NLP, computer vision	Social data analysis, crime data analysis	Better policy decisions, improved public safety, efficient service delivery
Stanton et al., (2023; Mohammed et al., (2024)	Aerospace	Predictive maintenance, flight optimization, manufacturing processes	ML, ML, IoT	Sensor data analysis, flight data analysis	Enhanced safety, reduced maintenance costs, optimized flight operations
Bag et al., (2023); Gupta, & Kumar, (2023)	Pharmaceuticals	Drug discovery, clinical trials, supply chain management	ML, ML, computer vision	Clinical data analysis, supply chain data analysis	Faster drug discovery, efficient clinical trials, streamlined supply chain

| Anmadwar et al., (2023); Demirbaga et al., (2024) | Media | Audience segmentation, content creation, advertising optimization | ML, NLP, recommendation systems | Viewer data analysis, content performance analysis | Targeted content, improved viewer engagement, optimized advertising strategies |
| Dayo-Olupona et al., (2023); Rosati et al., (2023) | Mining | Resource exploration, predictive maintenance, operational efficiency | ML, IoT, computer vision | Geological data analysis, sensor data analysis | Improved resource discovery, reduced operational downtime, enhanced safety |

Reforçar a cibersegurança

Dado que os ciberataques são cada vez mais frequentes, estas técnicas tornaram-se mais importantes para a cibersegurança. Podem analisar grandes quantidades de dados de rede em tempo real e, com a ajuda de algoritmos de IA, podem identificar padrões irregulares que podem constituir uma ameaça. Os modelos ML têm objectivos mais elevados de previsões bem sucedidas para detetar malware, mensagens de phishing e outras ciberameaças, em comparação com os métodos mais antigos. Ao darem às empresas uma perspetiva global do mundo da segurança, podem rapidamente impedir vulnerabilidades antes de se manifestarem em problemas e responder rapidamente a incidentes quando estes ocorrem.

Avançar com os veículos autónomos

Os veículos autónomos são também a prova moderna da potente sinergia entre a IA e a análise de grandes volumes de dados, que trabalham para a realidade comercial. Os algoritmos de IA processam os dados em tempo real de diferentes sensores - como câmaras, LiDAR e radar - para ajudar o veículo autónomo a viajar em segurança do ponto A para o ponto B. Como é que estes modelos de IA são treinados para serem precisos e seguros - O treino destes modelos de IA requer dados - muitos dados, e é aí que entra a análise de grandes volumes de dados de condução para tornar os nossos sistemas autónomos seguros e precisos.

Melhorar os serviços financeiros

A integração da IA e dos grandes volumes de dados com aplicações bancárias inteligentes, certamente no sector dos serviços financeiros por baixo das camadas, tem sido um cenário em que todos ganham (Nguyen et al., 2023; Andronie et al., 2023; Ahmadi, 2024). Os robo-consultores baseados em IA oferecem recomendações de investimento personalizadas com base na análise de informações financeiras pessoais e padrões de mercado (Nguyen et al., 2023; Ahmadi, 2024). Utilizar o AM para a deteção de cartões roubados, o roubo de cartões de crédito é um exemplo bem conhecido de fraude que pode ser detectado pelo AM. Por exemplo, os bancos e as instituições financeiras podem utilizar a análise de grandes volumes de dados para compreender o comportamento e as preferências dos consumidores, afinar as suas estratégias de preços e avaliar o risco numa grande variedade de produtos.

Apoiar a sustentabilidade ambiental

Os grandes conjuntos de dados sobre o clima, o consumo de energia, os recursos naturais, etc., podem ser processados por modelos de IA para identificar padrões e prever futuras alterações no ambiente. Isto permite que as organizações e os governos criem estratégias de resposta para reduzir a pegada ambiental e construir um futuro sustentável. Por exemplo, os sistemas de gestão de energia com IA minimizam o consumo de energia nos edifícios, o que pode ajudar a reduzir a pegada de carbono e a poupar nos custos de energia. A análise de grandes volumes de dados é utilizada na agricultura para supervisionar a saúde das culturas, a otimização da irrigação e a melhoria do rendimento, o que resulta em práticas agrícolas sustentáveis.

Melhorar a educação

A IA e a análise de grandes volumes de dados também estão a ser utilizadas para transformar o sector da educação (Ahaidous et al., 2023; Berkat et al., 2024). A IA trabalha com algoritmos para analisar os dados dos alunos e proporcionar um ambiente de aprendizagem adaptável, sendo a forma mais eficiente de personalizar a educação. Permite que os educadores identifiquem mais cedo os alunos em risco e promovam uma intervenção académica atempada. Além disso, as ferramentas de aprendizagem que tiram partido da IA, como os tutores virtuais e os sistemas de classificação automática, melhoram a experiência de aprendizagem e aliviam a carga educativa.

Quadro 2 Espaço ciber-físico: Principais áreas operacionais e programação para a inovação preditiva

Sr. No.	Category	Sub-category/Activity	Details
		Programming, Robotics	Zero failure and waste
1	Functional	Conceptual and Detailed Design	Big-data analytics, Data acquisition and analysis
		Analysis	Data science, Business intelligence, Advanced diagnostics
		Renovation and Finalized Recovery	Internet of Things (IoT) and e-CPS, Inter-operative efficiency
2	Global	Operation and Maintenance	Smart manufacturing, Sustainability
		Logistic Design	Augmented and Virtual Reality, Total quality management
		Documentation	Cloud computing, Data curation
3	Informatics	Fabrication	Cybersecurity, Data storage and usage
		4D/5D Definition	Digital twin simulation, Operative processes
		Feasibility and Zero Failure	Big-data and advanced diagnostic processes

A Tabela 2 aponta os elementos e etapas essenciais para o desenvolvimento da Indústria 4.0, 5.0 e Sociedade 5.0. Neste contexto, foi explicado como a indústria do futuro deve fornecer meios de melhoria através da inteligência artificial (IA) e da análise de grandes volumes de dados para a eficiência operacional, a manutenção preditiva e a colaboração entre humanos e robôs em sistemas ciber-físicos.

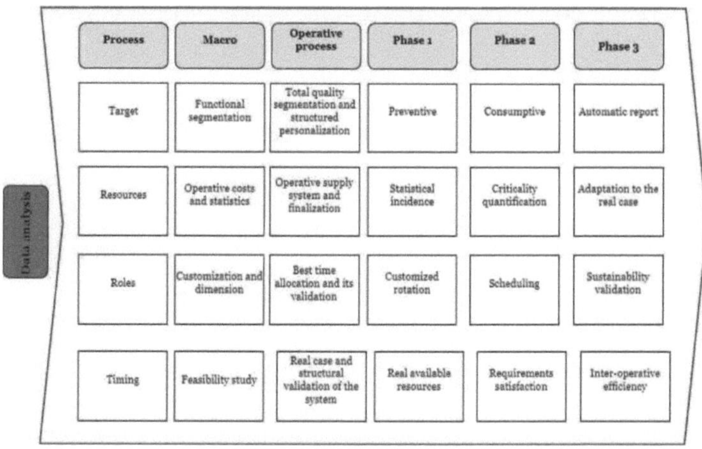

Fig. 2 Diagrama de análise de dados para uma elevada eficiência de interoperabilidade

A Fig. 2 ilustra a elevada eficiência da interoperabilidade para a inovação preditiva automatizada. Começando com o nível macro dos objectivos, passando-os para os processos operativos, divide-se

224

finalmente em três fases: desde a primeira preventiva até à última de relatórios automáticos. Desta forma, é garantida a utilização eficiente dos recursos, a otimização da atribuição de funções e a execução atempada; tarefas que tiram partido da IA e da análise de grandes volumes de dados para melhorar a tomada de decisões e a inovação.

Conclusões

À medida que avançamos na Indústria 4.0, 5.0 e Sociedade 5.0, a integração da IA e da análise de grandes volumes de dados tem servido como um pilar de cada uma delas, impulsionando uma transformação significativa na forma como fazemos negócios, entre outras indústrias. Na era da Indústria 4.0, a análise de grandes volumes de dados com base em IA está a transformar a produção industrial, como a manutenção preditiva, a monitorização em tempo real e a otimização da cadeia de abastecimento, o que, por sua vez, ajuda os fabricantes a aumentar a eficiência e a reduzir as despesas operacionais. Os seres humanos também se tornam uma parte interessada significativa na era da Indústria 5.0, em que a aplicação da IA e dos grandes dados resulta em robótica colaborativa, processos de produção personalizados e, tendo em conta as preocupações de sustentabilidade, avanços tecnológicos do ponto de vista dos seres humanos e do ambiente. Na Sociedade 5.0, o encontro da IA e dos megadados não termina nos portões das fábricas, mas penetra em todas as áreas da vida, criando uma sociedade mais inteligente e mais conectada, onde o poder dos dados melhora os cuidados de saúde, a educação e os serviços públicos. Através da análise de enormes conjuntos de dados, os algoritmos de IA podem prever pandemias, adaptar o ensino para uma aprendizagem individualizada e otimizar o planeamento urbano para melhorar as condições de vida e resolver problemas sociais. A rápida evolução do panorama da IA e a análise de grandes volumes de dados são altamente sugestivas da sua proeminência para impulsionar a inovação e o desenvolvimento sustentável, sublinhando a necessidade de implementar uma forte governação dos dados, práticas éticas de IA e esforços de colaboração intersectorial para beneficiar plenamente das suas imensas capacidades. Isto permitirá lançar as bases para um futuro não só tecnologicamente enriquecedor, mas também financeiramente inclusivo e sustentável.

Referências

Adeghe, E. P., Okolo, C. A., & Ojeyinka, O. T. (2024). O papel do big data nos cuidados de saúde: Uma revisão das implicações para os resultados dos pacientes e a personalização do tratamento. Revista Mundial de Biologia, Farmácia e Ciências da Saúde, 17(3), 198-204.

Aderemi, S., Olutimehin, D. O., Nnaomah, U. I., Orieno, O. H., Edunjobi, T. E., & Babatunde, S. O. (2024). Análise de Big Data no sector dos serviços financeiros: Tendências, desafios e perspectivas futuras: A review. Arquivo do Jornal Internacional de Investigação em Ciência e Tecnologia, 6(1), 147-166.

Ahaidous, K., Tabaa, M., & Hachimi, H. (2023). Rumo à arquitetura IoT-Big Data para a educação do futuro. Procedia Computer Science, 220, 348-355.

Ahmadi, S. (2024). Um estudo abrangente sobre a integração de Big Data e IA na indústria financeira e seu efeito nas oportunidades presentes e futuras. Revista Internacional de Investigação e Revisão Científica Atual, 7(01), 66-74.

Andronie, M., Iatagan, M., Utã, C., Hurloiu, I., Dijmãrescu, A., & Dijmãrescu, I. (2023). Algoritmos de gestão de big data em fintechs artificiais baseadas na Internet das Coisas. Oeconomia Copernicana, 14(3), 769793.

Anmadwar, R., Kulkarni, P., & Pasomba, J. (2023, setembro). Papel da análise de big data na indústria de mídia e entretenimento. Em Anais da Conferência AIP (Vol. 2736, No. 1). Publicação AIP.

Bag, S., Dhamija, P., Singh, R. K., Rahman, M. S., & Sreedharan, V. R. (2023). Plataforma colaborativa baseada em tecnologias de análise de big data e inteligência artificial que fortalece a capacidade de absorção na cadeia de abastecimento de cuidados de saúde: An empirical study. Journal of Business Research, 154, 113315.

Berkat, B., Alexandro, R., & Basrowi, B. (2024). Utilização de big data e inteligência artificial na gestão da qualidade da educação e suas implicações na sustentabilidade escolar. International Journal of Data and Network Science, 8(3), 1895-1906.

Bharadiya, J. P. (2023). A comparative study of business intelligence and artificial intelligence with big data analytics. American Journal of Artificial Intelligence, 7(1), 24.

Carpentieri, B., & Lecca, P. (Eds.). (2024). Análise de Big Data e Inteligência Artificial para Ciências Médicas. John Wiley & Sons.

Chao, K., Sarker, M. N. I., Ali, I., Firdaus, R. R., Azman, A., & Shaed, M. M. (2023). Elaboração de políticas de saúde pública baseadas em big data: Potencial para o sector da saúde. Heliyon, 9(9).

Datta, S. D., Islam, M., Sobuz, M. H. R., Ahmed, S., & Kar, M. (2024). Inteligência artificial e aplicações de aprendizagem automática no ciclo de vida do projeto da indústria da construção: A comprehensive review. Heliyon.

Dayo-Olupona, O., Genc, B., Celik, T., & Bada, S. (2023). Abordagens adotáveis para manutenção preditiva na indústria de mineração: An overview. Política de Recursos, 86, 104291.

de Souza Zanirato Maia, J., Bueno, A. P. A., & Sato, J. R. (2023). Aplicações de Modelos de Inteligência Artificial na Análise e Tomada de Decisão Educacional: Uma Revisão Sistemática. Mundo, 4(2), 288-313.

Demirbaga, Ü., Aujla, G. S., Jindal, A., & Kalyon, O. (2024). Estudos de caso de análise de Big Data do mundo real. Em Big Data Analytics: Teoria, técnicas, plataformas e aplicações (pp. 233-247). Cham: Springer Nature Switzerland.

Ding, H., Tian, J., Yu, W., Wilson, D. I., Young, B. R., Cui, X., ... & Li, W. (2023). A aplicação de inteligência artificial e big data na indústria alimentar. Foods, 12(24), 4511.

Gupta, N. S., & Kumar, P. (2023). Perspetiva da inteligência artificial na gestão de dados de saúde: A journey towards precision medicine. Computadores em Biologia e Medicina, 107051.

Hsu, C. C., Jiang, B. H., & Lin, C. C. (2023). Uma Pesquisa sobre Aplicações Recentes de Inteligência Artificial e Otimização para Redes Inteligentes em Manufatura Inteligente. Energias, 16(22), 7660.

Jagatheesaperumal, S. K., Rahouti, M., Ahmad, K., Al-Fuqaha, A., & Guizani, M. (2021). A dupla de inteligência artificial e big data para a indústria 4.0: Aplicações, técnicas, desafios e direções de pesquisa futuras. IEEE Internet of Things Journal, 9(15), 12861-12885.

Javaid, M., Haleem, A., Khan, I. H., & Suman, R. (2023). Compreender as potenciais aplicações da Inteligência Artificial no Setor Agrícola. Advanced Agrochem, 2(1), 15-30.

Jhawat, V., Gupta, S., Gulia, M., & Nair, A. (2023). Inteligência artificial e ciência de dados na descoberta de medicamentos com base na farmacogenómica: O futuro dos medicamentos. Em Data Science for Genomics (pp. 85-97). Imprensa académica.

Kandi, N. A. (2023). Como a análise de grandes volumes de dados transformará o futuro do retalho de moda. In Handbook of Big Data Research Methods (pp. 72-85). Edward Elgar Publishing.

krishna Vaddy, R. (2023). A inteligência artificial (IA) e a aprendizagem automática que impulsionam a eficiência e a automatização no transporte da cadeia de abastecimento. Revista Internacional de Educação em Gestão para o Desenvolvimento Sustentável, 6(6), 1-20.

Lampropoulos, G. (2023). Inteligência artificial, big data e aprendizado de máquina na indústria 4.0. Em Encyclopedia of data science and machine learning (pp. 2101-2109). IGI Global.

Li, F., Laili, Y., Chen, X., Lou, Y., Wang, C., Yang, H., ... & Han, H. (2023). Rumo a uma indústria de construção orientada para os grandes dados. Jornal de Integração da Informação Industrial, 100483.

Li, J., Herdem, M. S., Nathwani, J., & Wen, J. Z. (2023). Métodos e aplicações para Inteligência Artificial, Big Data, Internet das Coisas e Blockchain na gestão inteligente de energia. Energia e IA, 11, 100208.

Liu, Y., Tao, X., Li, X., Colombo, A. W., & Hu, S. (2023). Inteligência artificial em sistemas ciberfísicos de logística inteligente: Estado da arte e aplicações potenciais. IEEE Transactions on industrial cyberphysical systems, 1, 1-20.

Mhlanga, D. (2023). Inteligência artificial e aprendizagem automática para o consumo e a produção de energia nos mercados emergentes: A review. Energias, 16(2), 745.

Mnyakin, M. (2023). Big Data na indústria hoteleira: Prospects, Obstacles, and Strategies

(Perspectivas, Obstáculos e Estratégias). Jornal Internacional de Inteligência Empresarial e Análise de Grandes Dados, 6(1), 12-22.

Mohammed, T., Saoudi, T., & Younes, M. (2024, abril). Aproveitando a IA e a Indústria 4.0 na Manutenção de Aeronaves: Enfrentando desafios e melhorando a eficiência. Em 2024 Conferência Internacional sobre Engenharia Aeronáutica Global e Tecnologia de Satélites (GAST) (pp. 1-6). IEEE.

Mühlhoff, R., & Ruschemeier, H. (2024). A análise preditiva e as dimensões colectivas da proteção de dados. Direito, Inovação e Tecnologia, 1-32.

Naeem, N., Rana, I. A., & Nasir, A. R. (2023). Imobiliário digital: uma revisão das tecnologias e ferramentas que estão a transformar a indústria e a sociedade. Construção inteligente e cidades sustentáveis, 1(1), 15.

Nguyen, D. K., Sermpinis, G., & Stasinakis, C. (2023). Big data, inteligência artificial e aprendizagem automática: Uma simbiose transformadora a favor da tecnologia financeira. European Financial Management, 29(2), 517-548.

Ochuba, N. A., Olutimehin, D. O., Odunaiya, O. G., & Soyombo, O. T. (2024). Revisão da aplicação da análise de big data na gestão de redes de satélites para otimizar o desempenho e aumentar a fiabilidade, com implicações para futuros desenvolvimentos tecnológicos. Magna Scientia Advanced Research and Reviews, 10(2), 111-119.

Ochuba, N. A., Usman, F. O., Okafor, E. S., Akinrinola, O., & Amoo, O. O. (2024). Análise preditiva na manutenção e fiabilidade da infraestrutura de telecomunicações por satélite: uma revisão concetual das estratégias e dos avanços tecnológicos. Engineering Science & Technology Journal, 5(3), 704-715.

Purnama, S., & Sejati, W. (2023). Internet das coisas, big data e inteligência artificial no sector alimentar e agrícola. Transacções Internacionais sobre Inteligência Artificial, 1(2), 156-174.

Raj, R., Kumar, V., & Shah, B. (2023). Perspectivas adaptativas de análise de big data na cadeia de suprimentos de manufatura sustentável. Benchmarking: An International Journal.

Raji, M. A., Olodo, H. B., Oke, T. T., Addy, W. A., Ofodile, O. C., & Oyewole, A. T. (2024). Análise de dados em tempo real no retalho: Uma revisão das práticas dos EUA e globais. GSC Advanced Research and Reviews, 18(3), 059-065.

Rane, N. (2023a). Reforçar a fidelização dos clientes através da Inteligência Artificial (IA), da Internet das Coisas (IoT) e das tecnologias de Big Data: melhorar a satisfação, o envolvimento, a relação e a experiência dos clientes. Internet das Coisas (IoT) e tecnologias de Big Data: Melhorar a satisfação, o envolvimento, a relação e a experiência do cliente (13 de outubro de 2023).

Rane, N. (2023b). Integração de inteligência artificial (IA) de ponta, Internet das coisas (IOT) e tecnologias de grandes volumes de dados para uma arquitetura, engenharia e construção (AEC) inteligentes e sustentáveis: Desafios e direcções futuras. Indústria da arquitetura, engenharia e construção (AEC): Challenges and Future Diretions (24 de setembro de 2023).

Rashid, A., Baloch, N., Rasheed, R., & Ngah, A. H. (2024). Big data analytics-artificial intelligence e desempenho sustentável por meio de práticas de cadeia de suprimentos verdes em empresas de manufatura de um país em desenvolvimento. Jornal de Gestão de Políticas de Ciência e Tecnologia.

Rosati, R., Romeo, L., Cecchini, G., Tonetto, F., Viti, P., Mancini, A., & Frontoni, E. (2023). Do modelo analítico baseado em conhecimento ao modelo analítico de big data: um novo sistema de suporte à decisão baseado em IoT e aprendizado de máquina para manutenção preditiva na Indústria 4.0. Journal of Intelligent Manufacturing, 34(1), 107-121.

Shah, H. M., Gardas, B. B., Narwane, V. S., & Mehta, H. S. (2023). O estado contemporâneo da análise de grandes volumes de dados e da inteligência artificial para a gestão inteligente dos riscos da cadeia de abastecimento: uma análise exaustiva. Kybernetes, 52(5), 1643-1697.

Sharma, S., Gahlawat, V. K., Rahul, K., Mor, R. S., & Malik, M. (2021). Inovações sustentáveis na indústria alimentar através da inteligência artificial e da análise de grandes dados. Logística, 5(4), 66.

Stanton, I., Munir, K., Ikram, A., & El-Bakry, M. (2023). Análise e implementação de manutenção preditiva para aeronaves: Desafios e oportunidades. Engenharia de Sistemas, 26(2), 216-237.

Taniguchi, E., Thompson, R. G., & Qureshi, A. G. (2023). Análise do transporte urbano de mercadorias: Big Data, Modelos e Inteligência Artificial. CRC Press.

Thayyib, P. V., Mamilla, R., Khan, M., Fatima, H., Asim, M., Anwar, I., ... & Khan, M. A. (2023). Estado da arte das revisões de inteligência artificial e análise de big data em cinco domínios diferentes: um resumo bibliométrico. Sustentabilidade, 15(5), 4026.

Wilkinson, D., Christie, A., Tarr, A. A., & Tarr, J. A. (2024). Big Data, Inteligência Artificial e Seguros. Em The Global Insurance Market and Change (pp. 22-46). Informa Law da Routledge.

Yeung, K. (2023). The New public analytics as an emerging paradigm in public sector administration. Karen Yeung,'The New Public Analytics as an Emerging Paradigm in Public Setor Administration' (2022), 27(2), 1-32.

Zabala-Vargas, S., Jaimes-Quintanilla, M., & Jimenez-Barrera, M. H. (2023). Big data, ciência de dados e inteligência artificial para gerenciamento de projetos na indústria de arquitetura, engenharia e construção: uma revisão sistemática. Edifícios, 13(12), 2944.

Capítulo 9: Gémeos digitais para a indústria 4.0, 5.0 e a sociedade 5.0

Resumo:

Os gémeos digitais, réplicas virtuais de sistemas físicos, combinam dados em tempo real e análises avançadas lideradas pela Inteligência Artificial (IA) para melhorar as operações, prever falhas e criar novos produtos. Os gémeos digitais acrescentam valor aos processos de fabrico utilizando a automação inteligente na era da indústria 4.0, o que ajuda a manutenção preditiva, a monitorização em tempo real e a integração de dispositivos da Internet das coisas (IoT). Isto resulta num maior rendimento, menos tempo de inatividade e poupa muito dinheiro. A automação está a facilitar as transições para a Indústria 5.0, onde os gémeos digitais irão promover a colaboração homem-máquina através do fabrico individualizado e da segurança dos trabalhadores. Com a IA e a robótica, os gémeos digitais podem aprender de forma adaptativa e interagir entre utilizadores e máquinas, permitindo uma elevada taxa de inovação e personalização. Se o conceito de gémeos digitais puder ser alargado aos sistemas sociais, como as pessoas e os sistemas industriais da Sociedade 4.0 que passam a fazer parte da Sociedade 5.0, isto conduzirá eventualmente a um conceito de Sociedade 5.0. Um ecossistema em que os gémeos digitais são aproveitados para questões sociais como os cuidados de saúde, o planeamento urbano e as operações ambientais. As aplicações no domínio dos cuidados de saúde incluem gémeos digitais de pacientes humanos para medicina personalizada, monitorização contínua da saúde e manutenção preditiva da saúde. No planeamento urbano, ajudam a simular e otimizar as infra-estruturas da cidade, a melhorar a gestão dos recursos e a reduzir o impacto ambiental. Além disso, os gémeos digitais ajudam a melhorar a sustentabilidade ambiental através da simulação de ecossistemas e da previsão dos efeitos das alterações climáticas globais para o planeamento estratégico da conservação da vida selvagem. Os gémeos digitais, em associação com a IA, a IoT e a análise de grandes volumes de dados, catapultam o caminho da Indústria 4.0 para a Sociedade 5.0.

A integração destes sistemas não só melhora a produtividade industrial, como também ajuda a sociedade a melhorar os seus padrões de vida e contribui para a construção de um futuro sustentável e inteligente.

Palavras-chave: Gémeos digitais, Internet das coisas, Inteligência artificial, Aprendizagem automática, Aprendizagem profunda, Indústria 4.0

Introdução

Os gémeos digitais fornecem uma tecnologia sofisticada utilizada na indústria que permite que um objeto físico seja representado dinamicamente num espaço digital e simulado desta forma, com o objetivo de poder prever cenários de manutenção futuros e reduzir o atrito da produção através da otimização (Javaid et al., 2023; Su et al., 2023; Wang et al., 2024). Com as indústrias a avançarem para a Indústria 5.0, as soluções centradas no ser humano tornam-se uma mistura de inteligência e criatividade humanas, juntamente com ferramentas sofisticadas (Leng et al., 2023; Wang et al., 2024). Nesta perspetiva, os gémeos digitais permitem uma maior colaboração homem-máquina que promoverá a inovação com calibrações sustentáveis (Wang et al., 2023; Papacharalampopoulos, et al., 2023). A informação derivada dos gémeos digitais pode ser utilizada para criar cidades mais inteligentes, cuidados de saúde e serviços públicos que garantam uma maior qualidade de vida, tornando os gémeos digitais um elemento fundamental no planeamento urbano (Utku et al., 2023; Kataria et al., 2024). Os gémeos digitais com uma face virtual dos sistemas físicos pretendem permitir-nos tomar decisões baseadas em dados, um novo patamar para mitigar os desafios societais e permitir o equilíbrio entre a tecnologia e os valores humanos. Este estudo contribui para o coletivo de conhecimento ao realizar uma revisão detalhada da literatura e ao destacar os principais temas e tendências dos Gémeos Digitais no que diz respeito à Indústria 4.0, Indústria 5.0 e Sociedade 5.0. Este documento tira partido de metodologias como a análise de palavras-chave, o mapeamento de coocorrência e a análise de clusters para classificar e compreender sistematicamente a crescente narrativa sobre Gémeos Digitais. Os resultados lançam luz sobre a versatilidade dos Gémeos Digitais em vários campos e oferecem o poder transformador que contêm, bem como orientam o foco da investigação futura. Este estudo pormenorizado revela a investigação de ponta, bem como fornece informações sobre as práticas académicas e industriais que permitiriam a exploração dos Gémeos Digitais no avanço dos paradigmas industriais e sociais.

Metodologia

As bases de dados académicas pesquisadas incluem Scopus, Web of Science e IEEE Xplore com determinadas palavras-chave no tópico, tais como "gémeos digitais", "Indústria 4.0", "Indústria 5.0" e "Sociedade 5.0". No entanto, os critérios de inclusão foram limitados a artigos de revistas com revisão por pares, artigos de conferências e capítulos de livros relevantes para o campo de estudo. Com base na literatura relevante extraída, foi efectuada uma análise de coocorrência utilizando o software VOSviewer. Esta análise consistiu na extração de palavras-chave dos títulos e resumos dos artigos selecionados, a fim de identificar os termos mais repetidos e a forma como se relacionam. A rede foi então processada para fornecer uma visão geral sobre os tópicos e padrões predominantes no domínio da investigação. Os temas subjacentes que surgiram nos agrupamentos foram analisados em termos de relevância associada aos gémeos digitais nos contextos da Indústria 4.0, Indústria 5.0 e Sociedade 5.0.

Resultados e discussões

Análise de coocorrência e de agrupamento das palavras-chave

O nó de interesse é "indústria 4.0", claramente indicado pela utilização de sombreado vermelho (Fig. 1). A indústria 4.0 significa a tendência atual de automatização e intercâmbio de dados na tecnologia de fabrico, que inclui sistemas ciber-físicos, IoT e computação em nuvem. O vasto número de ligações é uma demonstração da sua centralidade e das suas vastas implicações e áreas de aplicação. Os nós estreitamente relacionados incluem "gémeo digital". Inteligência artificial", "aprendizagem automática" e "IoT". A curta distância destes outros nós significa que o desenvolvimento e o crescimento das indústrias requerem as tecnologias interpretadas pelas terminologias. Os gémeos digitais aparecem de forma proeminente na vista alargada do nó de interesse, indicando o seu valor e significado. A principal razão para a sua importância é a capacidade de fornecer dados em tempo real e conhecimentos analíticos, o que revoluciona a tomada de decisões e a eficiência operacional. As terminologias circundantes "ciclo de vida", "otimização" e "desempenho" enviam um sinal da integração dos gémeos digitais em todos os aspectos do ciclo de vida do produto, desde a conceção até ao desmantelamento.

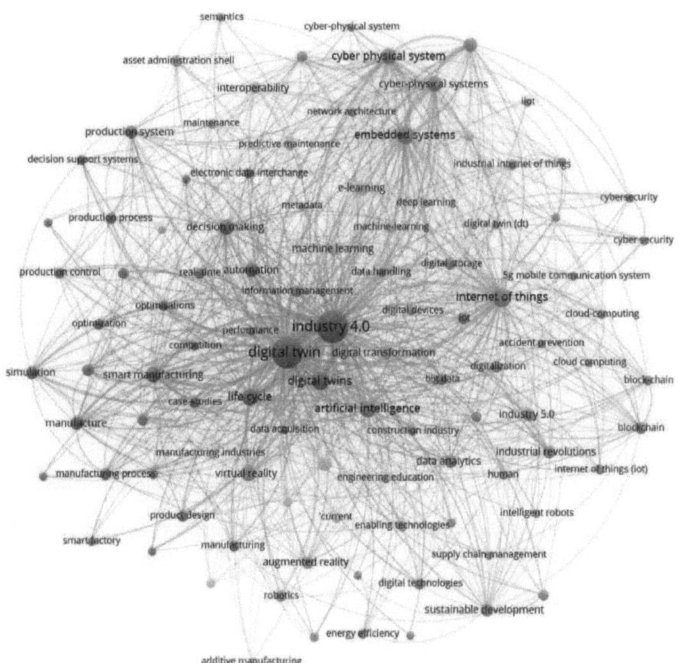

Fig. 1 Análise de coocorrência das palavras-chave na literatura

Do outro lado do cluster da indústria 4.0 está um cluster verde que se centra sobretudo nos "sistemas ciber-físicos" e nos "sistemas incorporados". Este agrupamento sublinha a ligação entre algoritmos computacionais e processos físicos, que está na base da evolução de sistemas industriais inteligentes e interligados. Além disso, os diferentes termos utilizados, como manutenção preditiva, interoperabilidade e arquitetura de rede, indicam que a comunicação e a manutenção da comunicação entre os sistemas é fundamental para garantir a fiabilidade e a eficiência dos sistemas ciber-físicos. A "aprendizagem profunda" e a "aprendizagem eletrónica" também sugerem uma progressão para algoritmos de aprendizagem e sistemas de formação cada vez mais avançados, a fim de aumentar o potencial desses sistemas.

O cluster azul mostra a importância da conetividade e da troca de dados em ambientes industriais modernos, especialmente na Internet das Coisas (IoT) e na Internet Industrial das Coisas (IIoT). Esta classe inclui termos como computação em nuvem, big data e blockchain, ilustrando como essas tecnologias são aproveitadas para redes IoT robustas, seguras e escaláveis. Chamar a este grupo "cibersegurança" é realçar a vulnerabilidade destes sistemas inter-relacionados às ciberameaças e a importância crescente da sua proteção. Além disso, a referência ao "sistema de comunicação móvel 5G" aponta para o facto de que as redes de comunicação modernas são fundamentais para tornar entregável a elevada quantidade de dados que a IoT gera.
É provável que a quantidade de "inteligência artificial" e de "aprendizagem automática" no cluster amarelo resulte do facto de o cluster industrial ser aquele em que a importância de ambos os termos também é realçada. Os processos de gémeos digitais, juntamente com os produtores de dados, como os dispositivos IoT, etc., são sistemas complexos e exigem uma utilização extensiva destas tecnologias para serem funcionais. Trata-se essencialmente de tratamento de dados, aquisição de dados e análise de dados, o que mostra como as indústrias orientadas para os dados se tornaram na era atual. Os termos "realidade virtual" e "realidade aumentada" podem sugerir que as tecnologias

imersivas são utilizadas para melhorar a visualização e a interação com modelos gémeos digitais, esbatendo assim a distinção entre o mundo virtual e o mundo físico. O conceito de "Indústria 5.0" - que é sinónimo de centralidade no ser humano e de desenvolvimento sustentável - é introduzido no grupo roxo. Este agrupamento está ligado a ideias de "gestão da cadeia de fornecimento", "desenvolvimento sustentável" e "eficiência energética", que sugerem uma viragem para formas de indústria mais ecológicas e socialmente responsáveis. O agrupamento entre robôs inteligentes e robótica indica a continuação do papel da automação, mas com mais ênfase na colaboração entre humanos e máquinas para aumentar a eficiência e a inovação.

O grupo azul representa o impacto das tecnologias digitais no sector da construção e no ensino da engenharia. A tecnologia de gémeos digitais e os princípios da Indústria 4.0 servem um vasto espetro de aplicações, muito mais amplo do que o fabrico tradicional - abrangendo a construção e o ensino - que são exemplificados neste grupo. Tornar o agregado mais cativante com palavras como "educação em engenharia" e "estudos de caso", para educar os indivíduos de modo a torná-los aptos para o futuro na era da transformação digital. Os clusters também apresentam uma evolução muito suave das tecnologias de base da Indústria 4.0, que se baseiam na automatização e no intercâmbio de dados, para a Indústria 5.0, mais interessada nos seres humanos e na penetração sustentável. Isto valida a tendência que tem vindo a ganhar força, de considerar os avanços tecnológicos através de uma lente socioambiental. Garante que os retornos económicos da transformação digital são partilhados de forma mais equitativa, em conformidade com objectivos sociais mais amplos.

Metodologias de implementação de gémeos digitais

Fundamentos tecnológicos

A Internet das Coisas (IoT) é fundamental para fornecer o mecanismo de ligação dos activos físicos aos seus gémeos digitais (Al-Ali et al., 2020; Jacoby, & Uslander, 2020; Baghalzadeh Shishehgarkhaneh et al.,

2022). Os sistemas físicos são instrumentados por sensores e dispositivos IoT, recolhendo enormes quantidades de dados enviados para o gémeo digital (Steinmetz et al., 2018; Baghalzadeh Shishehgarkhaneh et al., 2022). Estes dados em tempo real são fundamentais para ter uma representação digital correta e atual. Outro pilar da tecnologia de gémeos digitais é a computação em nuvem, considerando que a nuvem oferece a infraestrutura necessária para armazenar e processar todos os dados fornecidos por inúmeros dispositivos IoT. Além disso, permite a escalabilidade, pelo que as aplicações de gémeos digitais podem tornar-se mais complexas e abranger diferentes escalas sem a necessidade de máquinas físicas. Além disso, a computação periférica está a ser adicionada com mais frequência às concepções de gémeos digitais para ajudar a realizar a análise de dados mais perto do local onde estes residem, o que ajuda a reduzir a latência e dá ao rasto do gémeo digital autoridade de tomada de decisões em tempo real. Para aprofundar e processar os dados recolhidos dos gémeos digitais, um dos elementos-chave é a Inteligência Artificial (IA) e a Aprendizagem Automática (AM) (Alexopoulos et al., 2020; Kaur et al., 2020; Ritto, & Rochinha, 2021). O sistema determina comportamentos e padrões que podem não ressoar logicamente por si só e recomenda manutenção e eficiências em áreas onde são necessárias, uma vez que o sistema e todos os seus componentes móveis estejam devidamente instalados e a funcionar.

Quadro 1 Metodologias de implementação de gémeos digitais

References	Methodology	Description	Key Components	Applications	Benefits
Stojanovic, & Milenovic, (2018); Hui et al., (2022); Bariah, & Debbah, 2024); Shi, et al., (2024)	Data-Driven Modeling	Utilizes real-time and historical data to create and refine the digital twin model.	Sensors, IoT, Data Analytics	Predictive Maintenance, Process Optimization	Real-time insights, improved decision-making
Phanden et al., (2021); Ritto, & Rochinha, (2021); Somers et al., (2023)	Simulation-Based	Uses physics-based models and simulations to replicate the behavior of physical	CAD Models, Simulation Software, Physics Engines	Product Design, Performance Testing	Accurate predictions, risk mitigation

Reference	Approach	Description	Components/Tools	Applications	Benefits
		systems.			
Kaur et al., (2020); Ritto, & Rochinha, (2021); Alexopoulos et al., (2020)	Machine Learning	Employs machine learning algorithms to analyze data and predict system behavior.	ML Algorithms, Training Data, Computational Resources	Anomaly Detection, Predictive Analytics	Automated insights, enhanced predictive power
Lin et al., (2021); Yang e al., 2022; Huang et al., (2023)	Hybrid Approach	Combines data-driven, simulation-based, and machine learning methodologies for comprehensive models.	Mixed components from other methodologies	Complex Systems, Multidisciplinary Applications	Comprehensive modeling, versatility
Orozco-Romero et al., (2020); Qiu, et al., (2023); Marah, & Challenger, (2023)	Agent-Based Modeling	Uses autonomous agents to simulate interactions and behaviors within a system.	Agent Software, Behavioral Rules	Urban Planning, Supply Chain Management	Dynamic interaction modeling, scenario testing
Bondarenko, & Fukuda, (2020); Gejo-García et al., (2022)	System Dynamics	Focuses on understanding and modeling the feedback loops and time delays in complex systems.	Feedback Loops, Dynamic Models	Policy Making, Strategic Planning	Holistic view, long-term analysis
Liu et al., (2021); Zhang et al., (2023)	Process-Oriented	Models the workflow and processes of a system to optimize and simulate operations.	BPM Tools, Workflow Software	Manufacturing, Business Processes	Efficiency improvement, process optimization
Wang et al., (2020); Wen et al., (2022); Almasan et al., (2022)	Network-Based	Models the interconnections and dependencies within a network of components.	Network Analysis Tools, Graph Theory	Telecommunication, Transportation Systems	Improved network reliability, optimization
Karakra et al., (2018); Flores-García (2020); Qiu et al., (2023)	Discrete Event Simulation	Models systems where state changes occur at discrete points in time.	Discrete Event Simulation Software	Logistics, Operations Management	Detailed process analysis, resource optimization
Ugarte et al., (2022); Ugarte Querejeta et al., (2022); Wang et al., (2023)	Virtual Commissioning	Simulates the commissioning of systems to ensure they function correctly before physical deployment.	Virtual Commissioning Software, Simulators	Industrial Automation, Robotics	Reduced commissioning time, early error detection

Técnicas de modelação

Modelação baseada na física:

Os modelos baseados na física descrevem o comportamento dos sistemas em termos de um conjunto de leis físicas e utilizam regras matemáticas que definem um sistema para prever o comportamento físico do sistema. Estes modelos são frequentemente exactos e podem ser úteis para prever a forma como os sistemas responderão a diferentes condições (Sun, & Shi, 2022; Rios, & Bolander, 2023). Por exemplo, os modelos baseados na física para a aerodinâmica de uma aeronave ajudam os engenheiros a realizar testes de várias configurações num mundo virtual em engenharia aeroespacial. O quadro 1 apresenta metodologias para a implementação de gémeos digitais.

Modelação orientada para os dados:

Este tipo de modelo é orientado por dados que utilizam dados históricos e em tempo real para fornecer uma representação preditiva do sistema (Bariah, & Debbah, 2024; Shi, et al., 2024). Este trabalho de análise de dados é frequentemente efectuado com algoritmos de aprendizagem automática (Stojanovic, & Milenovic, 2018; Hui et al., 2022). Pode ser uma ferramenta poderosa em cenários em que a obtenção de um modelo físico abrangente é difícil ou inviável. Os modelos baseados em dados podem otimizar o fluxo de tráfego em cidades inteligentes, utilizando, por exemplo, padrões derivados de todos os tipos de sensores para além dos limites da cidade.

Modelação híbrida:

Tal como o nome sugere, a modelação híbrida é uma combinação de métodos de modelação baseados na física e orientados para os dados e tira partido das vantagens de ambos. Este método pode produzir modelos mais gerais e precisos, particularmente em sistemas complexos em que tanto os modelos baseados na física como os modelos orientados por dados (Lin et al., 2021; Yang e al., 2022; Huang et al., 2023). Os gémeos digitais personalizados que combinam modelos fisiológicos com dados específicos dos pacientes estão também a ser utilizados para adaptar tratamentos e prever resultados de saúde no domínio dos cuidados de saúde utilizando modelos híbridos.

Estratégias de integração

Interoperabilidade:

A interoperabilidade é importante para a integração dos gémeos digitais com outros sistemas e plataformas (Jacoby, & Uslander, 2020; Schmidt et al., 2023). Protocolos padronizados e formatos de dados garantem que os gêmeos digitais se comuniquem com dispositivos IoT, plataformas de nuvem e sistemas corporativos.

Integração orientada para as interfaces de programação de aplicações (API):

Os gémeos digitais devem interagir e integrar todas as outras aplicações de software e serviços, pelo que devem basear-se em API (Redeker et al., 2021; Redeker et al., 2022). As API estabelecem a ligação entre os dados dos gémeos digitais provenientes de uma ferramenta de terceiros e as acções a desencadear, normalizando a forma como os gémeos digitais consomem e actuam sobre os dados. No sector automóvel, as API permitem que os gémeos digitais de veículos se comuniquem com os sistemas de gestão de frotas, transmitindo em tempo real o estado do desempenho e a necessidade de manutenção.

Cibersegurança:

Com os gémeos digitais a gerirem dados sensíveis e a terem a capacidade de afetar sistemas físicos, a segurança é uma das áreas prioritárias e deve ser abordada com muito cuidado. É e será necessário adotar fortes medidas de cibersegurança, como a encriptação, a autenticação e o controlo do acesso, para proteger os gémeos digitais das ciberameaças. Devem também ser efectuadas avaliações de segurança regulares e uma monitorização contínua para reconhecer e resolver as vulnerabilidades que possam surgir.

Escalabilidade:

Para gémeos digitais maiores e mais complexos, a escalabilidade é uma preocupação fundamental (Monteiro et al., 2023; Jia et al., 2022). Historicamente, a expansão das aplicações de gémeos digitais exigia grandes investimentos em hardware, mas com a computação em nuvem, está disponível uma infraestrutura escalável. Além disso, as arquitecturas modulares permitem alterar um sistema de forma escalável, peça a peça, em que as novas funcionalidades e os novos componentes podem ser integrados sem perturbar os componentes mais antigos.

Integração de dados em tempo real:

A concretização do valor dos gémeos digitais assenta na análise preditiva e em tempo real. Os dados em tempo real dos sensores da IdC e de outras fontes são integrados para garantir que os gémeos digitais se mantêm actualizados e reflectem com precisão o ativo físico. A computação periférica e as plataformas de transmissão de dados em tempo real facilitam o tratamento de todos os fluxos de dados em tempo real em rápida evolução.

Plataforma de gémeos digitais para cidades inteligentes

O quadro da plataforma de gémeos digitais (Quadro 2) fornece uma abordagem agregada à gestão e otimização em ambientes urbanos. Ao integrar fontes de dados e aplicações divergentes, as cidades podem melhorar o seu planeamento, sustentabilidade e eficiência operacional. A combinação de tecnologias como a IA, a aprendizagem automática e a visualização de dados em tempo real dará vida a um modelo interativo da cidade para que as decisões sejam mais bem tomadas e os serviços urbanos melhorados.

Quadro 2 Plataforma de gémeos digitais para cidades inteligentes

Category	Components	Description
Applications	Energy and Building Monitoring	Real-time monitoring and management of energy use and building performance.
	Urban Planning	Models and tools for effective urban development and land-use planning.
	Circular Economy and Sustainability	Systems that assist or encourage recycling, resource efficiency, and sustainable practices.
	Traffic, Mobility, Fleet Management	It consists of the management of transportation networks, the flow of traffic, and fleets of vehicles.
	Risk Mitigation and Water Management	In disaster risk reduction and efficient water resource management.
	Pollution Monitoring	Real-time monitoring of the extent of pollution and the level of environmental quality.
	Healthcare	Service integration and monitoring for improved public health outcome.
Digital Twin Platform	Visualization	It provides tools for data and model visualization, including 3D models, maps, and augmented reality.
	Simulation	Creation of digital simulations of physical processes and systems.
	ML/AI	Machine learning and artificial intelligence for predictive analytics in decision support.
	Analytics	Advanced analytics data in insights and decision making.
	DT Model Repository	Centralized repository for digital twin models.
	Federation	Integration of multiple digital twin systems and models.
	DT Edge Instance	Edge computing for real-time data analysis and processing.
	Device Management	IoT device and sensor management tools
	Data Storage	Secure and scalable solutions for large data storage.
	Data Synchronization	Ensuring consistency and real-time updates across data sources.
Data Acquisition	Buildings	Building management systems, sensors, and IoT devices provide this data.
	Citizens	Information that is collected from citizen interactions, surveys, and mobile applications.
	Open Data	Publicly available datasets from governments and other sources.
	Infrastructure	Infrastructural data from urban structures, roads, bridges, and utilities.
	Urban Services	Data from services like public transportation, waste management, and emergency services.
Physical World	-	It represents every real-world entity and data source that feed into a digital twin platform.
Security	-	Ensuring data privacy, integrity, and protection across all components of the platform.

A criação e a gestão de modelos digitais das caraterísticas físicas e funcionais dos edifícios são questões com as quais o Building Information Modeling (BIM) lida principalmente. A este respeito, está de mãos dadas com a Indústria 4.0, que insiste na digitalização para uma maior eficiência e precisão nos processos de fabrico e construção. Por exemplo, optimiza as fases de conceção e construção utilizando modelos 3D com gestão de dados detalhada e documentação adequada. Isto faz com que a tecnologia Digital Twin seja muito mais do que o BIM, uma vez que combinou dados e análises em tempo real numa plataforma digital que fecha a lacuna entre o mundo digital e o mundo físico. Isto é importante para a Indústria 5.0. O Digital Twin permite a monitorização em tempo real, prevê a manutenção e avança a análise para promover a otimização das operações e a tomada de decisões inovadoras. E reforçada pela aprendizagem automática e pelos dados em tempo real, aumenta a adaptabilidade e a capacidade de resposta dos sistemas - totalmente alinhada com os objectivos definidos pela Indústria 5.0 e pela Sociedade 5.0. A tecnologia Digital Twin baseia-se no trabalho de base que o BIM estabeleceu com dados estruturados e interoperáveis que suportam todo o ciclo de vida dos activos, desde a conceção do conceito, passando pela operação e manutenção, até ao fim da vida útil. Inerente a este conceito integrado está um maior ganho de eficiência e sustentabilidade, promovendo simultaneamente um quadro industrial e social mais conectado e inteligente.

Implementação de gémeos digitais na indústria

Na Fig. 2, as fases de introdução de gémeos digitais num ambiente industrial seguem uma sequência de forma sistemática, desde a definição dos objectivos até ao acompanhamento e manutenção do gémeo digital. Começa-se por definir os objectivos, o que realça os parâmetros-chave que explicam por que razão uma empresa quer utilizar gémeos digitais e o que vai poder fornecer. A configuração concetual subjacente garante que as implementações contribuem para os objectivos estratégicos mais amplos da organização, proporcionando uma visão clara da orientação para as etapas seguintes. A recolha de dados inclui a recolha de dados de sensores, dispositivos IoT, etc. Estes dados fornecem o material para a construção de gémeos digitais fiáveis de objectos do mundo real. Após a recolha de dados, a integração de dados é responsável por reunir os dados de diferentes fontes, como um sistema único.

Fig. 2 Implementação de gémeos digitais na indústria

Um aspeto importante desta integração é a criação de um gémeo digital fiável, integrando todas as informações necessárias num modelo completo. Segue-se a modelação, em que os modelos de activos e processos físicos são digitalizados. Estes modelos funcionam como o gémeo digital, oferecendo aos utilizadores uma representação virtual com a qual podem interagir e estudar. Com os modelos prontos, a fase seguinte é a simulação, utilizando os gémeos digitais para indicar o desempenho e os resultados previstos em diferentes condições. Estas instalações de simulação oferecem uma forma inestimável de teste e validação, sem a necessidade de interferir com as operações do mundo real. Finalmente, a otimização segue-se à simulação para utilizar o conhecimento obtido para melhorar os processos e as instalações. Esta etapa visa a otimização das operações com a utilização de dados para acelerar o processo empresarial, reduzir os custos e aumentar a produção total. Durante a fase de implementação, as soluções identificadas durante a otimização devem agora ser implementadas em operações do mundo real, de modo a que os benefícios do gémeo digital sejam concretizados com êxito. A última fase é a monitorização e a manutenção, que se refere simplesmente ao facto de acompanhar os gémeos digitais e de os manter vivos e úteis. Estamos continuamente a atualizar os gémeos digitais para os manter relevantes e eficazes - permitindo a melhoria e adaptação contínuas dos gémeos num mundo em mudança, regido em parte pelo desejo do próprio mundo digital.

Conclusões

Os gémeos digitais são fundamentais para os avanços da Indústria 4.0, que envolvem a criação de réplicas virtuais de activos, processos e sistemas físicos. Ao permitir a manutenção preditiva, otimizar os processos de fabrico e monitorizar em tempo real, aumentaram a eficiência e reduziram os seus custos operacionais. A indústria 5.0 está a tornar os gémeos digitais mais inteligentes para permitir a interação homem-máquina e soluções de fabrico adaptadas e ecológicas. A combinação de métodos geridos pelo homem com a IA e a robótica permite uma biosfera industrial mais flexível e resistente. Os gémeos digitais são elementos importantes para resolver desafios sociais e construir cidades e serviços públicos inteligentes na Sociedade 5.0. Isto significa que permitem simular cenários urbanos, melhorando a prevenção de catástrofes, os sistemas de transporte e a distribuição de energia. A combinação de gémeos digitais com a IoT, a IA e a análise de grandes volumes de dados é uma forma muito mais ampla de abordar o desenvolvimento social, encontrando um equilíbrio bem respeitado entre o progresso económico e o bem-estar pessoal e comunitário. Os avanços na evolução dos gémeos digitais continuarão a impulsionar a inovação e a escala, resultando num mundo mais inteligente, intuitivo e sustentável.

Referências

Al-Ali, A. R., Gupta, R., Zaman Batool, T., Landolsi, T., Aloul, F., & Al Nabulsi, A. (2020). Modelo concetual de gémeo digital no contexto da Internet das coisas. Future Internet, 12(10), 163.

Alexopoulos, K., Nikolakis, N., & Chryssolouris, G. (2020). Aprendizagem automática supervisionada orientada por gémeos digitais para o desenvolvimento de aplicações de inteligência artificial no fabrico. Jornal internacional de fabrico integrado por computador, 33(5), 429-439.

Almasan, P., Ferriol-Galmés, M., Paillisse, J., Suárez-Varela, J., Perino, D., López, D., ... & Barlet-Ros, P. (2022). Gêmeo digital da rede: contexto, tecnologias facilitadoras e oportunidades. Revista IEEE Communications, 60(11), 22-27.

Baghalzadeh Shishehgarkhaneh, M., Keivani, A., Moehler, R. C., Jelodari, N., & Roshdi Laleh, S. (2022). Internet das Coisas (IoT), Modelagem de Informação da Construção (BIM) e Digital Twin (DT) na indústria da construção: A review, bibliometric, and network analysis. Buildings, 12(10), 1503.

Bariah, L., & Debbah, M. (2024). A interação da IA e do gêmeo digital: preenchendo a lacuna entre as abordagens baseadas em dados e baseadas em modelos. IEEE Wireless Communications.

Bondarenko, O., & Fukuda, T. (2020). Desenvolvimento de um gémeo digital de um motor diesel para prever a dinâmica do sistema de propulsão. Energia, 196, 117126.

Flores-García, E., Kim, G. Y., Yang, J., Wiktorsson, M., & Do Noh, S. (2020, agosto). Analisando as caraterísticas do gêmeo digital e da simulação de eventos discretos em sistemas ciberfísicos. Na Conferência Internacional IFIP sobre Avanços em Sistemas de Gestão da Produção (pp. 238-244). Cham: Springer International Publishing.

Gejo-García, J., Reschke, J., Gallego-García, S., & García-García, M. (2022). Desenvolvimento de uma simulação de dinâmica de sistemas para avaliação de sistemas de manufatura baseados no conceito de gêmeo digital. Ciências Aplicadas, 12(4), 2095.

Huang, Z., Fey, M., Liu, C., Beysel, E., Xu, X., & Brecher, C. (2023). Gêmeo digital baseado em aprendizagem híbrida para o processo de fabricação: Estrutura de modelagem e implementação. Robotics and Computer-Integrated Manufacturing, 82, 102545.

Hui, L., Wang, M., Zhang, L., Lu, L., & Cui, Y. (2022). Gêmeo digital para redes: Uma perspetiva de modelagem de desempenho orientada por dados. Rede IEEE.

Jacoby, M., & Uslander, T. (2020). Gémeo digital e Internet das coisas - panorama atual das normas. Ciências Aplicadas, 10(18), 6519.

Javaid, M., Haleem, A., & Suman, R. (2023). Aplicações de gêmeos digitais para a indústria 4.0: Uma revisão. Robótica Cognitiva, 3, 71-92.

Jia, W., Wang, W., & Zhang, Z. (2022). From simple digital twin to complex digital twin Part I: A novel modeling method for multi-scale and multi-scenario digital twin. Advanced Engineering Informatics, 53, 101706.

Karakra, A., Fontanili, F., Lamine, E., Lamothe, J., & Taweel, A. (2018, outubro). Simulação de eventos discretos integrada à computação pervasiva para um gêmeo digital hospitalar. Em 2018 IEEE/ACS 15ª conferência internacional sobre sistemas de computador e aplicações (AICCSA) (pp. 1-6). IEEE.

Kataria, A., Puri, V., & Rani, S. (2024). Papel do Digital Twin na conceção e desenvolvimento de cidades inteligentes. Em AI-Driven Digital Twin e Industry 4.0 (pp. 265-279). CRC Press.

Kaur, M. J., Mishra, V. P., & Maheshwari, P. (2020). A convergência de gêmeos digitais, IoT e aprendizado de máquina: transformando dados em ação. Tecnologias de gémeos digitais e cidades inteligentes, 3-17.

Leng, J., Zhu, X., Huang, Z., Xu, K., Liu, Z., Liu, Q., & Chen, X. (2023). ManuChain II: sistema de contrato inteligente Blockchained como o gêmeo digital da manufatura autônoma descentralizada em direção à resiliência na indústria 5.0. Transações IEEE em sistemas, homem e cibernética: Sistemas.

Lin, Y. W., Tang, T. L. E., & Spanos, C. J. (2021, junho). Abordagem híbrida para gêmeos digitais no ambiente construído. Em Proceedings of the Twelfth ACM International Conference on Future Energy Systems (pp. 450-457).

Liu, S., Lu, S., Li, J., Sun, X., Lu, Y., & Bao, J. (2021). Método de monitoramento orientado ao processo de usinagem baseado em gêmeo digital via realidade aumentada. O Jornal Internacional de Tecnologia de Fabricação Avançada, 113, 3491-3508.

Marah, H., & Challenger, M. (2023). Uma arquitetura para gémeo digital baseado em agentes inteligentes para sistemas ciberfísicos. Em Digital twin driven intelligent systems and emerging metaverse (pp. 65-99). Singapura: Springer Nature Singapore.

Monteiro, J., Barata, J., Veloso, M., Veloso, L., & Nunes, J. (2023). Um gémeo digital escalável para agricultura vertical. Journal of Ambient Intelligence and Humanized Computing, 14(10), 13981-13996.

Orozco-Romero, A., Arias-Portela, C. Y., & Saucedo, J. A. M. (2020). O uso de modelos baseados em agentes impulsionados por gêmeos digitais na cadeia de suprimentos: uma revisão da literatura. Em Computação Inteligente e Otimização: Anais da 2ª Conferência Internacional sobre Computação Inteligente e Otimização 2019 (ICO 2019) (pp. 642-652). Springer International Publishing.

Papacharalampopoulos, A., Foteinopoulos, P., & Stavropoulos, P. (2023). Integração dos requisitos da Indústria 5.0 na seleção de processos de fabrico apoiados por gémeos digitais: uma estrutura. Procedia CIRP, 119, 545-551.

Phanden, R. K., Sharma, P., & Dubey, A. (2021). Uma revisão sobre simulação em gémeo digital para a indústria aeroespacial, fabrico e robótica. Materiais hoje: procedimentos, 38, 174-178.

Qiu, H., Chen, Y., Zhang, H., Yi, W., & Li, Y. (2023). Modelo evolutivo de gémeos digitais com um método de simulação de eventos discretos baseado em agentes. Applied Intelligence, 53(6), 6178-6194.

Redeker, M., Weskamp, J. N., Rossl, B., & Pethig, F. (2021, maio). Rumo a uma plataforma gêmea digital para a indústria 4.0. Em 2021 4ª conferência internacional IEEE sobre sistemas ciber-físicos industriais (ICPS) (pp. 39-46). IEEE.

Redeker, M., Weskamp, J. N., Rossl, B., & Pethig, F. (2022). Uma plataforma gêmea digital para a Indústria 4.0. Em Espaços de dados: Design, Deployment and Future Diretions (pp. 173-200). Cham: Springer International Publishing.

Rios, J., & Bolander, N. (2023). Física num mundo de gémeos digitais. Em The Digital Twin (pp. 577-598). Cham: Springer International Publishing.

Ritto, T. G., & Rochinha, F. A. (2021). Gêmeo digital, modelo baseado em física e aprendizado de máquina aplicados à deteção de danos em estruturas. Sistemas Mecânicos e Processamento de Sinais, 155, 107614.

Schmidt, C., Volz, F., Stojanovic, L., & Sutschet, G. (2023). Aumentando a interoperabilidade entre padrões e especificações de gêmeos digitais: Transformação de DTDL em AAS. Sensors, 23(18), 7742.

Shi, X., Fang, F., & Qiu, R. (2024). Modelagem orientada a dados em gêmeos digitais para deteção de anomalias no sistema de energia. Digital Twin, 4, 5.

Somers, R. J., Douthwaite, J. A., Wagg, D. J., Walkinshaw, N., & Hierons, R. M. (2023). Teste baseado em gêmeos digitais para sistemas ciber-físicos: Uma revisão sistemática da literatura. Tecnologia da Informação e do Software, 156, 107145.

Steinmetz, C., Rettberg, A., Ribeiro, F. G. C., Schroeder, G., & Pereira, C. E. (2018, novembro). Ontologia de internet das coisas para gêmeo digital em sistemas ciberfísicos. In 2018 VIII Simpósio brasileiro de engenharia de sistemas computacionais (SBESC) (pp. 154-159). IEEE.

Stojanovic, N., & Milenovic, D. (2018, dezembro). Abordagem de gêmeos digitais orientada por dados para otimização de processos: Um caso de uso da indústria. Em 2018, Conferência Internacional IEEE sobre Big Data (Big Data) (pp. 4202-4211). IEEE.

Su, S., Zhong, R. Y., Jiang, Y., Song, J., Fu, Y., & Cao, H. (2023). Gémeo digital e suas potenciais aplicações na indústria da construção: Revisão do estado da arte e um quadro concetual. Advanced Engineering Informatics, 57, 102030.

Sun, C., & Shi, V. G. (2022). PhysiNet: Uma combinação de modelo baseado na física e modelo de rede neural para gémeos digitais. Revista Internacional de Sistemas Inteligentes, 37(8), 5443 -5456.

Ugarte Querejeta, M., Illarramendi Rezabal, M., Unamuno, G., Bellanco, J. L., Ugalde, E., & Valor Valor, A. (2022). Implementação de uma solução holística de gêmeos digitais para prototipagem de design e comissionamento virtual. IET Collaborative Intelligent Manufacturing, 4(4), 326-335.

Ugarte, M., Etxeberria, L., Unamuno, G., Bellanco, J. L., & Ugalde, E. (2022). Implementação de comissionamento virtual baseado em gêmeos digitais na fabricação de máquinas-ferramenta. Procedia Computer Science, 200, 527536.

Utku, D. H., Catak, F. O., Kuzlu, M., Sarp, S., Jovanovic, V., Cali, U., & Zohrabi, N. (2023). Aplicativos de gêmeos digitais para cidades inteligentes e conectadas. Em Digital Twin Driven Intelligent Systems e Emerging Metaverse (pp. 141-154). Singapura: Springer Nature Singapore.

Wang, B., Zhou, H., Li, X., Yang, G., Zheng, P., Song, C., ... & Wang, L. (2024). Gémeo digital humano no contexto da indústria 5.0. Robótica e fabrico integrado por computador, 85, 102626.

Wang, H., Lv, L., Li, X., Li, H., Leng, J., Zhang, Y., ... & Luo, G. (2023). Uma abordagem de gestão de segurança para a fabricação centrada no ser humano da Indústria 5.0 com base no gêmeo digital. Journal of Manufacturing Systems, 66, 1-12.

Wang, H., Wu, Y., Min, G., & Miao, W. (2020). Um gêmeo digital baseado em rede neural gráfica para gerenciamento de fatiamento de rede. IEEE Transactions on Industrial Informatics, 18(2), 1367-1376.

Wang, J., Niu, X., Gao, R. X., Huang, Z., & Xue, R. (2023). Comissionamento virtual orientado por gêmeos digitais da máquina-ferramenta. Robótica e fabrico integrado por computador, 81, 102499.

Wen, J., Gabrys, B., & Musial, K. (2022). Rumo à modelagem orientada para gêmeos digitais de sistemas complexos em rede e sua dinâmica: A comprehensive survey. Ieee Access, 10, 66886-66923.

Yang, X., Ran, Y., Zhang, G., Wang, H., Mu, Z., & Zhi, S. (2022). Uma abordagem híbrida orientada por gêmeos digitais para a previsão da degradação do desempenho na unidade de transmissão da máquina-ferramenta CNC. Robotics and Computer-Integrated Manufacturing, 73, 102230.

Zhang, C., Sun, Q., Sun, W., Shi, Z., & Mu, X. (2023). Montagem de gémeos digitais orientada para o desempenho de equipamento topo de gama: uma revisão. The International Journal of Advanced Manufacturing Technology, 126(11), 4723-4748.

Capítulo 10: Inteligência artificial, aprendizagem automática e aprendizagem profunda para cidades e infra-estruturas inteligentes e sustentáveis

Resumo:

O desenvolvimento de cidades e infra-estruturas inteligentes e sustentáveis com a utilização integrada da inteligência artificial (IA), da aprendizagem automática (ML) e da aprendizagem profunda (DL) surgiu como um progresso transformador fundamental no planeamento e gestão urbanos. Enquanto factores-chave de eficiência, sustentabilidade e habitabilidade, estas tecnologias surgiram em resposta a tendências recentes nas paisagens urbanas. A análise em tempo real baseada na IA permite que as cidades obtenham informações para se adaptarem ao comportamento das cidades, o que inclui políticas como a manutenção preditiva de infra-estruturas, a otimização da utilização de energia e a gestão do tráfego. Os algoritmos de ML fornecem abordagens resilientes para a gestão de resíduos, distribuição de água, controlo da poluição, etc., o que acaba por enriquecer o comportamento adaptativo dos sistemas urbanos. O DL, especialmente com a sua correspondência de padrões, ajuda a criar um sistema inteligente de monitorização e gestão dos recursos da cidade, tornando-a sustentável e resistente às ameaças ambientais. A fusão de dispositivos da Internet das coisas (IoT) com modelos de IA, ML e DL tem a capacidade de recolher dados, o que ajuda a tirar partido da governação das cidades baseada em dados. São cada vez mais possíveis soluções integradas para a criação de redes inteligentes, de uma rede de transportes urbanos auto-sustentada e de mecanismos eficazes de serviço público, procurando contribuir para a sustentabilidade do desenvolvimento urbano a longo prazo. A intersecção destas tecnologias não só ajudará as cidades nos seus desafios operacionais quotidianos provocados pela urbanização, como também permitirá às cidades fazer o seu planeamento estratégico a longo prazo, promover o crescimento económico e melhorar a qualidade de vida geral dos residentes. Este caso de utilização é suscetível de lançar as bases para cidades mais inteligentes em todo o mundo, à medida que as nossas cidades evoluem de dia para dia, onde a adoção de IA, ML e DL é fundamental para as futuras possibilidades de infra-estruturas urbanas.

Palavras-chave: Cidade inteligente, Internet das coisas, Desenvolvimento sustentável, Inteligência artificial, Aprendizagem automática, Aprendizagem profunda, Indústria 4.0

Introdução

A rápida taxa de urbanização e o aumento da população nas áreas metropolitanas estão entre as principais causas da necessidade de uma gestão sustentável das cidades com as infra-estruturas correspondentes. De facto, as abordagens tradicionais à gestão das cidades e ao desenvolvimento de infra-estruturas têm sido cada vez mais inadequadas para manter a sustentabilidade de questões como o congestionamento do tráfego, a poluição, o consumo de energia e a gestão de resíduos (Neo et al., 2023; Ghazal et al., 2023). Existe, portanto, uma necessidade que se está a desenvolver para fornecer novas soluções que permitam a criação de cidades inteligentes e sustentáveis. As tecnologias de Inteligência Artificial (IA), Aprendizagem Automática (ML) e Aprendizagem Profunda (DL) podem tornar-se ferramentas poderosas neste contexto, oferecendo soluções avançadas para análise de dados, modelação preditiva e procedimentos de tomada de decisões (De Las Heras et al., 2020; Ahmed et al., 2022; Szpilko et al., 2023). A IA, o ML e o DL já demonstraram capacidades impressionantes em muitos domínios, desde os cuidados de saúde às finanças, e o interesse na sua aplicação à gestão urbana já ganhou terreno (Varshney et al., 2021; Prabakar et al., 2023). Estas poderiam ser tecnologias para otimizar o funcionamento dos sistemas de infra-estruturas críticas e melhorar a utilização dos recursos, melhorando assim a qualidade de vida dos residentes urbanos (Nosratabadi et al., 2019; Singh et al., 2020). Por exemplo, a IA pode impulsionar sistemas inteligentes de gestão de tráfego onde há congestionamento e redução de emissões, os algoritmos de ML prevêem e mitigam falhas de infra-estruturas e os modelos DL permitem uma utilização mais eficiente da energia em redes inteligentes

(David, & Koch, 2019; Chen, & Zhang, 2022; Jafari et al., 2023). Essas inovações tornam-se essenciais no desenvolvimento de ambientes urbanos resilientes que podem se adaptar às mudanças e operar de forma sustentável a longo prazo. Com base nessas observações, o estudo tenta preencher essas lacunas, fornecendo uma revisão aprofundada da literatura, análise de coocorrência de palavras-chave relevantes e análise de cluster para detetar tendências emergentes e prioridades de pesquisa.

Contribuições do trabalho de investigação:

1) Este documento apresenta uma panorâmica da literatura disponível sobre aplicações de IA, ML e DL no desenvolvimento de cidades inovadoras e sustentáveis. São identificadas conclusões significativas, desafios e direcções futuras.
2) Ajuda a identificar e analisar as palavras-chave mais relevantes num determinado domínio, delineando padrões e relações que podem indicar os actuais focos de investigação e áreas de interesse emergentes.
3) Aplica técnicas avançadas de agrupamento a estudos e temas relacionados com grupos, ajudando a compreender os grupos de investigação dominantes e dando a profundidade necessária para aprofundar a compreensão das ligações interdisciplinares dentro desse domínio.

Metodologia

A revisão da literatura, a análise de palavras-chave, a análise de coocorrência e a análise de clusters foram utilizadas neste estudo para analisar os papéis da IA, do ML e do DL no desenvolvimento de cidades e infra-estruturas inovadoras e sustentáveis. A revisão da literatura abrange um estudo aprofundado de revistas académicas, artigos de conferências e relatórios industriais publicados nos últimos dez anos. As principais fontes utilizadas na recolha de artigos incluem o IEEE Xplore, o ScienceDirect e o Google Scholar. Estas fontes seriam guiadas por palavras-chave como "inteligência artificial", "aprendizagem automática", "aprendizagem profunda", "cidades inteligentes" e "infra-estruturas sustentáveis", que orientam o processo de pesquisa. A literatura recolhida é introduzida na ferramenta bibliométrica VOSviewer para análise de palavras-chave e de coocorrência. As ferramentas identificam todos os termos mais frequentes e as suas inter-relações, que são úteis para mostrar tendências emergentes e lacunas de investigação. A análise de coocorrência traça as ligações das palavras-chave entre si, delineando num relance o forte carácter interdisciplinar da investigação nesta área. A análise de clusters permite agrupar a literatura em temas bem definidos. Aplicando algoritmos como o k-means, o estudo agrupa artigos com caraterísticas semelhantes e semelhanças temáticas.

Resultados e discussões

Análise de coocorrência e de agrupamento das palavras-chave

Esta Fig. 1 ilustra a teia interligada de vários termos, em que o termo "cidade inteligente" se encontra no centro, indicando assim a centralidade da "cidade inteligente" no domínio das cidades inteligentes. A extensa rede de conotações do conceito de cidade inteligente revela com exatidão a sua centralidade nos debates sobre IA, aprendizagem automática e aprendizagem profunda em contextos urbanos. As cidades inteligentes são um sistema complexo de sistemas, caracterizado por esta colocação central, que tece uma vasta gama de componentes tecnológicos, ambientais e socioeconómicos que tornam o domínio das cidades inteligentes tão importante.

Grupo 1: Cidades inteligentes e desenvolvimento urbano

Objectivos de desenvolvimento sustentável, planeamento urbano, cidades inteligentes, grandes volumes de dados, aprendizagem automática é o símbolo da fusão do desenvolvimento da cidade com as tecnologias de ponta. Embora a adição de "aprendizagem automática" e "grandes volumes de dados" realce a necessidade de utilizar dados para reforçar o processo de tomada de decisões em projectos de cidades inteligentes. Promove o "desenvolvimento sustentável", apelando a que as cidades sejam inteligentes não apenas por uma questão literal, mas para serem ambientalmente conscientes, duradouras e com poucos recursos. Neste grupo, o planeamento urbano, o desenvolvimento urbano, a IA e a aprendizagem automática criam e gerem lugares urbanos. Enquanto a previsão utiliza a análise preditiva para prever e responder aos desafios urbanos, a tomada de decisões analisa o papel da IA como uma ferramenta para uma governação melhor e mais inteligente.

Grupo 2: Internet das coisas (IoT) e conetividade

O grupo azul que acabámos de descrever inclui os conceitos de grande impacto: "Internet das coisas (IoT)", "sistemas de aprendizagem", "computação periférica" e "sistema de comunicações móveis 5G". Este agrupamento sublinha o valor muito elevado da conetividade e da capacidade de partilhar dados em tempo real para gerir melhor as cidades inteligentes. A razão prende-se, em grande medida, com o excesso de dados que um sistema de dispositivos IoT é capaz de fornecer e transmitir, dados esses que são vitais para o desempenho de muitos serviços urbanos. Processamento e comunicação de dados de baixa latência - é a prioridade para aplicações em tempo real como a gestão do tráfego e a resposta a emergências, a computação periférica e a 5G são a agregação de tudo isto. O relatório sublinha, porém, que a elevada qualidade dos serviços e a capacidade de manter redes seguras são vitais para se ser considerado um dos melhores entre os melhores na criação e manutenção de uma infraestrutura de cidade inteligente.

Cluster 3: Aprendizagem automática e apoio à decisão

O cluster verde centra-se na aplicação da IA para melhorar a análise e a previsão, abrangendo caraterísticas como o ML, a decisão, a máquina de vectores de suporte e a previsão futura. As máquinas de vectores de suporte são algoritmos de aprendizagem automática necessários para a análise de dados em grandes volumes de dados com milhões de conjuntos de dados. Entretanto, o cluster descreve a forma como estas tecnologias são utilizadas na previsão (previsão de tendências e do futuro) e podem ajudar a planear a vida urbana de forma proactiva. O agregado indica a implantação de cuidados de saúde pública com IA em zonas urbanas inteligentes. A aquisição automática de dados abrange a monitorização e o controlo em tempo real do sistema urbano, o que aumenta a segurança e a produtividade com a ajuda da IA.

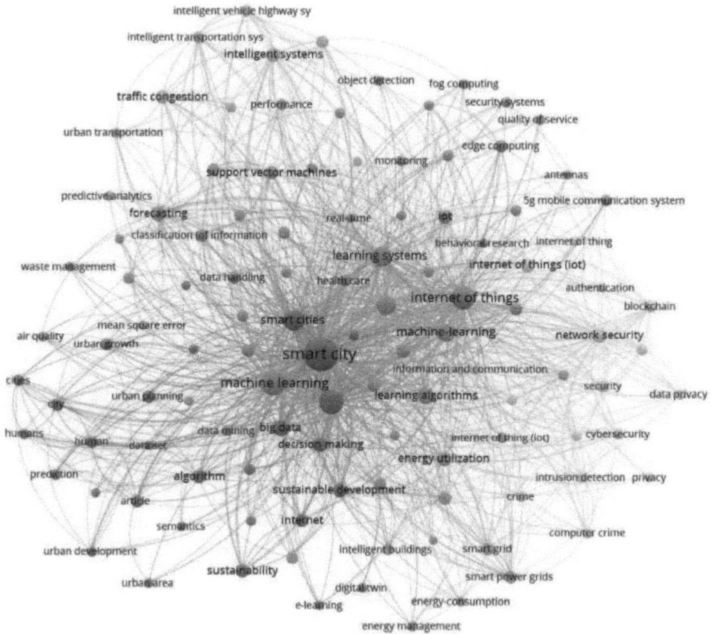

Fig. 1 Análise de coocorrência das palavras-chave na literatura

Grupo 4: Sustentabilidade e gestão ambiental

O cluster roxo cria uma visão geral das perspectivas ambientais das cidades inteligentes, relacionando-as com a sustentabilidade e a gestão da energia, incluindo a rede inteligente e o consumo de energia. Nota: a IA é necessária para atingir o objetivo fundamental, que é a sustentabilidade, uma vez que aproveita melhor os recursos e reduz o impacto ambiental. A tecnologia de rede inteligente é muito importante para garantir a eficiência e a sustentabilidade da energia, bem como o fornecimento e o consumo saudáveis, sendo muito necessária a gestão da rede inteligente com a gestão da energia. A utilização da tecnologia de IA para monitorizar e melhorar as condições ambientais e o domínio relevante é a qualidade do ar e a gestão dos resíduos. A utilização da IA é particularmente crucial no quadro da promoção de práticas de sustentabilidade ambiental através da exposição do conceito de aprendizagem (e-learning) aos residentes da cidade.

Grupo 5: Segurança e privacidade

A presença de termos como segurança de rede, cibersegurança, privacidade de dados, autenticação e outros indica a forte ênfase em garantir a segurança das infra-estruturas das cidades inteligentes. À medida que o mundo continua a ficar mais ligado e mais dependente dos dados nas nossas áreas urbanas, a segurança e a privacidade dos dados nos nossos sistemas tornaram-se incrivelmente importantes. O resultado é que os sistemas da cidade são seguros, com ameaças cibernéticas à cidade detectadas e neutralizadas através da IA e da aprendizagem automática. "Blockchain" significa a utilização de tecnologias descentralizadas para tornar as transacções de dados mais seguras e mais transparentes. "Crime informático" destaca as subtilezas das ciberameaças e a seriedade de garantir a aplicação de medidas de segurança adequadas. A intrincada trama de ligações entre clusters mostra o carácter interdisciplinar das iniciativas de cidades inteligentes. Em diversos contextos, palavras como "Internet", "grandes volumes de dados" e "tomada de decisões" são mais frequentemente utilizadas, para sublinhar a sua enorme importância. Este cruzamento entre a "aprendizagem automática" e as preocupações urbanas relevantes em termos ambientais e de segurança exemplifica a vasta gama de desafios urbanos que a "aprendizagem automática" pode resolver. Em resposta à utilização de máquinas de vectores de apoio e algoritmos de aprendizagem, a integração da IA no planeamento e nas partes operacionais das cidades inteligentes não ficou muito atrás das aplicações de análise preditiva em cenários em tempo real. É necessário harmonizar as estratégias de expansão urbana com os objectivos de desenvolvimento urbano sustentável, a fim de estabelecer uma ligação entre o ordenamento do território e o desenvolvimento sustentável.

Aplicações da inteligência artificial, da aprendizagem automática e da aprendizagem profunda em cidades e infra-estruturas inteligentes e sustentáveis

A rápida urbanização trouxe desafios novos e sem precedentes à gestão das cidades e ao desenvolvimento de infra-estruturas (De Las Heras et al., 2020; Ahmed et al., 2022; Ghazal et al., 2023). Portanto, os conceitos de cidades inteligentes e infraestrutura sustentável surgiram com várias tecnologias que permitem ambientes urbanos eficientes, habitáveis e resilientes. Destas, a IA, o ML e o DL têm sido ferramentas de transformação proeminentes (Varshney et al., 2021; Prabakar et al., 2023). Eles fornecem soluções inovadoras para otimizar as operações da cidade, melhorar a qualidade de vida e promover a sustentabilidade.

Planeamento e gestão urbana

A IA é parte integrante das fases de planeamento e gestão envolvidas no planeamento urbano, através da análise de grandes conjuntos de dados que informam os processos de tomada de decisão (Ullah et al., 2020; Luckey, 2021; Varshney 2021). Os sistemas baseados em IA podem, por conseguinte, processar dados de fontes como imagens de satélite, redes sociais e redes de sensores, fornecendo informações sobre a dinâmica das zonas urbanas. Os algoritmos de IA podem ser utilizados para prever o crescimento da população, os padrões de tráfego e o impacto ambiental, o que é extremamente útil para os responsáveis pelo planeamento urbano desenvolverem projectos mais eficientes e sustentáveis para as zonas urbanas (Luckey, 2021; Varshney 2021; Ahmed et al., 2022). Em segundo lugar, as ferramentas baseadas na IA podem melhorar a afetação de recursos, por exemplo, a distribuição de energia e água, utilizando a previsão de padrões de procura e áreas para uma melhor identificação.

Reforçar a segurança pública

A IA, o ML e a DL contribuem para a segurança pública e a segurança nas cidades inteligentes (Deep, & Verma, 2023; Zhao, 2023). As actividades que parecem fora do normal podem ser detectadas e analisadas em tempo real por sistemas de vigilância com IA, melhorando os tempos de resposta a perigos iminentes. Os algoritmos de DL que acompanham a tecnologia de reconhecimento facial identificam pessoas em locais com muita gente e ajudam na prevenção da criminalidade e na localização de suspeitos ou pessoas desaparecidas. Os modelos de policiamento preditivo orientados para a

IA podem, portanto, ser treinados com base em dados históricos de criminalidade para prever possíveis pontos de acesso, proporcionando assim aos agentes da autoridade uma melhor afetação de recursos e a capacidade de se empenharem em esforços proactivos contra actividades criminosas.

Sistemas de transporte inteligentes (STI)

As tecnologias de IA, ML e DL são extremamente promissoras no sector dos transportes (Majumdar et al., 2021; Chen, & Zhang, 2022). Os ITS incorporam todas estas tecnologias na gestão e racionalização do fluxo de tráfego, reduzindo assim o congestionamento e melhorando a eficiência dos transportes. Os sinais de trânsito podem avaliar a situação do tráfego em tempo real com algoritmos de IA, reduzindo assim o tempo de espera e conservando o combustível. Os modelos de aprendizagem automática poderão prever as condições de tráfego e fornecer os melhores itinerários aos utentes para melhorar a sua experiência de deslocação (Ei Leen et al., 2023; Abdullah et al., 2023). Além disso, os automóveis autónomos, baseados em DL para a perceção e a tomada de decisões, tornam-se uma via para um futuro melhor na mobilidade urbana; isto significa oferecer aos utilizadores modos de transporte mais seguros e mais eficientes.

Gestão e sustentabilidade da energia

Uma das partes mais críticas das iniciativas de cidades sustentáveis é a gestão da energia (Selvaraj et al., 2023). As tecnologias de IA e ML podem tornar possíveis redes inteligentes que ajudarão com processos de otimização associados à distribuição e consumo de energia de forma muito eficaz (Pham, et al., 2021; Chui et al., 2018). A análise dos padrões de utilização de energia por algoritmos de AM permite prever as flutuações da procura e ajustar a oferta em conformidade, reduzindo o desperdício de energia e, consequentemente, os custos. Os sistemas orientados para a IA podem integrar a energia solar e eólica, proveniente de fontes renováveis, na rede muito melhor do que atualmente, prevendo a sua produção e tomando medidas de armazenamento adequadas (Farmanbar et al., 2019; David, & Koch,

2019; Jafari et al., 2023). Isto proporciona maior resiliência e sustentabilidade aos sistemas energéticos urbanos.

Quadro 1 Aplicações de IA, ML e DL em cidades e infra-estruturas inteligentes e sustentáveis

References	Application Area	AI	ML	DL
Majumdar et al., (2021); Chen, & Zhang, (2022); Ei Leen et al., (2023); Abdullah et al., (2023)	Traffic Management	Traffic signal control, congestion prediction	Traffic pattern analysis, anomaly detection	Real-time traffic flow prediction, autonomous vehicle navigation
Selvaraj et al., (2023); Pham, et al., (2021); Chui et al., (2018)	Energy Management	Smart grid optimization, demand response	Energy consumption prediction, anomaly detection in energy usage	Predictive maintenance for energy infrastructure, renewable energy forecasting
Chen, et al., (2022); Szpilko et l., (2023); Udupiet al., (2024)	Waste Management	Route optimization for waste collection, waste sorting	Predictive waste generation models, recycling rate improvement	Image recognition for waste classification, smart bins
Punia, & Mor, (2021); Krishnan et al., (2022); Adedeji et al., (2022)	Water Management	Leak detection, water quality monitoring	Water usage prediction, anomaly detection	Real-time flood prediction, advanced water quality prediction
França et al., (2021); Deep, & Verma, (2023); Zhao, (2023)	Public Safety	Crime prediction, emergency response optimization	Crime pattern analysis, anomaly detection in surveillance	Real-time video analysis for public safety, facial recognition
Szpilko et al., (2023); Alahi et al., (2023); Bibri et al., (2024)	Environmental Monitoring	Pollution tracking, climate change impact analysis	Air quality prediction, anomaly detection	High-resolution environmental monitoring, species identification
Gonçalves et al., (2020); Rodríguez-Gracia et al., (2023)	Building Management	Smart HVAC systems, lighting control	Energy efficiency optimization, fault detection	Predictive maintenance for building systems, occupant behavior modeling

Gangwani, D., & Gangwani, P. (2021); Szpilko (2023); Ullah et al., (2020)	Transportation	Autonomous public transport systems, route optimization	Demand prediction for public transport, service optimization	Real-time passenger flow prediction, autonomous vehicle operations
Ullah et al., (2020); Mehta et al., (2022); Szpilko et al., (2023)	Healthcare Services	Telemedicine, health monitoring	Disease outbreak prediction, patient data analysis	Real-time health monitoring, advanced medical imaging analysis
Ullah et al., (2020); Luckey, (2021); Varshney (2021)	Urban Planning	Land use optimization, infrastructure development	Predictive urban growth models, infrastructure demand analysis	High-resolution urban simulation, real-time construction site monitoring
França et al., (2021); Younus et al., (2022); Alahakoon et al., (2023)	Education	Personalized learning, administrative automation	Student performance prediction, resource allocation	Intelligent tutoring systems, automatic grading
Monteiro et al., (2021); Grimaldia et al., (2021); Alahi, et al., (2023)	Public Services	Chatbots for citizen services, smart kiosks	Service demand prediction, process optimization	Voice recognition for public service access, advanced document analysis
Kishen et al., (2021); Cao, (2021); Oosthuizen et al., (2021)	Retail	Personalized shopping experiences, inventory management	Customer behaviour prediction, sales forecasting	Real-time image recognition for stock management, personalized advertising
Ryman-Tubb et al., (2018); Kunwar, (2019); Mahalakshmi et al., (2022)	Finance	Fraud detection, automated customer service	Credit scoring, risk assessment	Real-time market prediction, advanced financial analysis
Gajdošík, & Marciš, (2019); Bulchand-Gidumal, (2022); Doborjeh et al., (2022)	Tourism and Hospitality	Personalized travel recommendations, smart booking systems	Demand prediction, guest preference analysis	Advanced sentiment analysis, real-time customer feedback processing
Jose et al., (2021); Shaikh et al., (2022); Rahman, & Ravi, (2022)	Agriculture	Crop monitoring, pest detection	Yield prediction, soil quality analysis	Real-time crop health monitoring, advanced image

analysis for
plant diseases

Çınar et al., (2020); Fahle et al., (2020); Rai et al., (2021)	Manufacturing	Predictive maintenance, quality control	Process optimization, defect detection	Real-time anomaly detection in production, advanced robotics control
Kibria et al., (2018); Balmer et al., (2020); Ouyang et al., (2021)	Telecommunications	Network optimization, customer service automation	Service demand prediction, fault detection	Real-time network traffic analysis, advanced signal processing
Sun et al., (2020); Abid et al., (2021)	Disaster Management	Emergency response coordination, resource allocation	Disaster prediction models, damage assessment	Real-time damage detection from satellite imagery, advanced risk modeling
Recuero Virto, & López, (2019); Zhao et al., (2020)	Cultural Heritage Preservation	Digitization of artifacts, virtual tours	Predictive analysis of deterioration, visitor pattern analysis	High-resolution image restoration, real-time monitoring of heritage sites
Frolova, & Ermakova, (2021); Rosili et al., (2021); Zeleznikow, (2023)	Legal Services	Document analysis, case outcome prediction	Legal research optimization, workload prediction	Real-time transcription services, advanced legal analytics
Guo et al., (2019); Sepasgozar et al., (2020); Alzoubi, (2022)	Housing	Smart home systems, automated maintenance	Property value prediction, tenant behaviour analysis	Real-time security monitoring, advanced home automation
Araújo, et al., 2021); Ghosh et al., (2023)	Sports and Recreation	Performance analysis, event management	Player behaviour analysis, fan engagement prediction	Real-time game analysis, advanced motion tracking

Gestão e reciclagem de resíduos

A gestão eficaz dos resíduos é o meio para criar ambientes urbanos limpos e sustentáveis. Uma série de inovações possibilitadas pelas tecnologias de IA, ML e DL pode melhorar os processos de recolha, triagem e reciclagem de resíduos (Chen, et al., 2022; Udupiet al., 2024).

Por exemplo, os sensores e as câmaras alimentados por IA que monitorizam os níveis de enchimento dos contentores de lixo e criam percursos de recolha por si próprios podem ajudar a reduzir os custos operacionais e, ao mesmo tempo, reduzir o impacto no ambiente. Os algoritmos de aprendizagem automática analisam a composição dos resíduos para identificar os materiais recicláveis de forma mais eficaz. Além disso, os modelos DL fazem-no automatizando os procedimentos de identificação e triagem de diferentes tipos de materiais residuais como parte da melhoria dos processos de reciclagem (Szpilko et al., 2023; Udupiet al., 2024).

Edifícios e infra-estruturas inteligentes

A IA, o ML e a DL tornaram-se partes intrínsecas dos edifícios inteligentes e das infra-estruturas conexas (Chew et al., 2020; Das et al., 2023). Os edifícios inteligentes aproveitam o poder destas tecnologias para otimizar a utilização de energia, melhorar o conforto dos ocupantes e aumentar a eficiência em geral. Os sistemas de gestão de edifícios orientados por IA podem rastrear e controlar o AVAC, a iluminação e outras utilidades com base em dados de ocupação em tempo real para reduzir o consumo de energia e os custos operacionais (Gonçalves et al., 2020; Rodríguez-Gracia et al., 2023). A este respeito, os algoritmos de ML podem aproveitar os dados obtidos a partir de sensores para prever as necessidades de manutenção, evitando assim falhas nos equipamentos e prolongando a vida útil das infra-estruturas dos edifícios. Além disso, os modelos de DL podem aumentar a segurança dos edifícios através de uma melhor monitorização de possíveis pontos de acesso ao interior do edifício, o que é conseguido através da deteção eficaz de actividades não autorizadas.

Controlo e gestão ambiental

Uma cidade sustentável necessita de sistemas sólidos de monitorização e gestão ambiental para o bem-estar das pessoas e dos ecossistemas. As tecnologias de IA, ML e DL podem monitorizar constantemente parâmetros como a qualidade do ar/da água ou outros indicadores ambientais (Szpilko et al., 2023; Alahi et al., 2023). Os algoritmos de

IA permitirão analisar os dados dos sensores para detetar fontes de poluição e prever tendências ambientais; assim, são possíveis intervenções atempadas (Alahi et al., 2023; Bibri et al., 2024). A IA/ML pode ajudar a otimizar a gestão da água e dos espaços verdes, antecipando padrões de utilização e detectando oportunidades de conservação. Além disso, os modelos de DL estão a melhorar a modelação e a previsão do clima, ajudando as cidades a estarem mais bem preparadas para lidar com os efeitos das alterações climáticas e atenuá-los.

Sistemas de saúde inteligentes

A saúde é um dos componentes críticos das iniciativas de cidades inovadoras; as inovações tecnológicas de IA, ML e DL contribuem para o reforço dos serviços de saúde (Ullah et al., 2020; Szpilko et al., 2023). Os sistemas de IA podem analisar isoladamente os dados dos doentes, a partir dos quais podem ser feitas recomendações de tratamento personalizadas. Os algoritmos de aprendizagem automática aprendem padrões a partir de registos de saúde e dados das redes sociais para prever o surto de doenças, apoiando assim intervenções precoces e medidas de controlo. Além disso, os modelos DL podem analisar imagens médicas para aumentar as hipóteses de detetar doenças - especialmente as fatais, como o cancro - numa fase precoce, quando é possível um tratamento eficaz. Estas tecnologias permitem, assim, que sistemas de saúde inovadores garantam o acesso das populações urbanas a serviços de saúde eficientes e de elevada qualidade.

Envolvimento e participação dos cidadãos

As tecnologias de IA, ML e DL aumentam ainda mais o nível de envolvimento e participação dos cidadãos que vivem em cidades inteligentes. As plataformas artificialmente inteligentes podem permitir a extração e a análise do feedback do público a partir das redes sociais e de outras fontes para compreender melhor o pulso dos cidadãos e identificar áreas de preocupação. Por último, os modelos de ML permitem personalizar a comunicação com os residentes, informando-os sobre informações relevantes e actualizações sobre serviços e eventos da cidade. Os algoritmos de DL podem ainda facilitar o processamento de linguagem natural e a análise de sentimentos, ajudando as autoridades municipais a compreender melhor os residentes para uma interação eficaz e reactiva. Este tipo de tecnologia reforça o sentido de participação dos cidadãos, criando assim ambientes urbanos mais inclusivos e reactivos.

Sistema de deteção de fissuras baseado em IA

O quadro 2 apresenta o sistema de deteção de fissuras baseado em IA. O sistema de deteção de fissuras baseado na IA combina técnicas avançadas de recolha de dados, conjuntos completos de diversos conjuntos de dados e melhores métodos de pré-processamento para os modelos ML e DL. Esta abordagem multifacetada incorpora uma elevada precisão com a robustez da deteção de fissuras para a existência de uma vasta gama de aplicações industriais. Isto constitui um progresso na monitorização automatizada da saúde estrutural e na manutenção preditiva, abrigando tecnologias de ponta baseadas em IA.

Quadro 2 Sistema de deteção de fissuras baseado em IA

Stage	Details		
Data Collection	CCD / CMOS Sensors, Laser Scanner		
Datasets	CFD, GAPS384, AigleRN, EdmCrack600, CRACK500, DEEPCRACK, RDD		
Pre-Processing	Histogram Equalization, Filtering, Morphological Operations		
AI Based Crack Classification	**Machine Learning Approach**	**Deep Learning Approach**	
	- Support Vector Machine - K Nearest Neighbour - Naive Bayes	**Image patch classification** **-DCNN** **-VGG16** **-ALEXNET** **-RESNET**	**Boundary box regression** **-Faster R-CNN** **-SSD** **-YOLO**	**Semantic segmentation** **-RNN** **-U NET** **-FCN** **-ZF NET**

Tecnologias emergentes e seu potencial impacto em cidades e infraestruturas inteligentes e sustentáveis

As tecnologias que estão mais em ação e desempenham um papel muito significativo no desenvolvimento de uma cidade estão relacionadas com a Internet das Coisas (IoT) (Jin, et al., 2014; Zanella et al., 2014; Rejeb et al., 2022). A IoT permite a interconexão de dispositivos que rodeiam uma pessoa, permitindo-lhes transferir e receber dados (Jin, et al., 2014; Rejeb et al., 2022). No âmbito do conceito de cidade inteligente, os dispositivos IoT podem incluir dispositivos simples, como candeeiros de rua e sinais de trânsito, e dispositivos complexos, como contadores de água e caixotes do lixo. Os dispositivos interligados recolherão uma enorme quantidade de dados que, após análise, podem ser utilizados para otimizar as operações da cidade. Por exemplo, o ajuste da potência dos sensores nos candeeiros de rua inteligentes pode ser ligado/desligado automaticamente em função da hora do dia ou da presença de peões, poupando assim energia. Por outro lado, os sinais de trânsito inteligentes funcionam em tempo real de acordo com a situação de conforto e reduzem o congestionamento e as emissões (Chen, & Zhang, 2022; Ei Leen et al., 2023; Abdullah et al., 2023). Estes facilitam o aproveitamento da IdC para tornar os ambientes urbanos das cidades mais reactivos e eficientes. O quadro 3 apresenta as tecnologias emergentes e o seu potencial impacto nas cidades inteligentes e sustentáveis.

A IA e o ML também se juntam como componentes importantes na criação de cidades inteligentes (Ahmed et al., 2022; Szpilko et al., 2023). A IA pode digerir estes vastos volumes de dados que os dispositivos IoT produzem e analisá-los para tomar decisões e fazer inferências. Por exemplo, nos transportes, a IA pode ser utilizada para controlar os fluxos de tráfego, pré-diagnosticar a manutenção das infra-estruturas e até gerir veículos autónomos. Um conjunto de algoritmos de IA aplicados na gestão da energia garante que a energia é distribuída e consumida de forma optimizada; as fontes de energia renováveis são perfeitamente integradas na rede, reduzindo o consumo total de energia. As soluções baseadas em IA podem também contribuir para o reforço da segurança pública através da execução de policiamento preditivo, em que conjuntos de dados sobre crimes são analisados para prever e prevenir actividades relacionadas com crimes. A análise de grandes volumes de dados constitui outra tecnologia crítica subjacente às iniciativas de cidades inteligentes (Khan et al., 2017; Soomro et al., 2019). As capacidades disponíveis na recolha, processamento e análise de grandes volumes de dados prometem uma compreensão mais profunda da dinâmica urbana por parte dos planeadores e gestores das cidades. Por exemplo, através de grandes volumes de dados, pode ser possível deduzir padrões de utilização de energia, consumo de água ou hábitos de transporte, que também são valiosos para a afetação de recursos. A análise de dados no domínio da saúde pública pode envolver fontes de rastreio de doenças para permitir uma resposta.

Quadro 3 Tecnologias emergentes e seu potencial impacto nas cidades inteligentes e sustentáveis

References	Technology	Description	Impact on Smart Cities	Impact on Sustainable Cities
Jin, et al., (2014); Zanella et al., (2014); Rejeb et al., (2022)	IoT	Interconnected devices exchanging data	Enhances city services, traffic management, efficiency	Real-time resource monitoring, reduces waste
Ahmed et al., (2022); Szpilko et al., (2023)	AI	Machines learning and decision-making	Optimizes operations, enhances public safety, improves services	Increases energy efficiency, supports monitoring, urban planning
Strohbach et al., (2015); Khan et al., (2017); Soomro et al., (2019)	Big Data Analytics	Analysis of large datasets	Improves urban planning, transport systems, services	Supports impact assessments, tracks consumption
Rao, & Prasad, (2018); Shehab et al., (2021)	5G Networks	High-speed, low-latency connectivity	Real-time communication, supports autonomous vehicles	Facilitates energy management, environmental monitoring
Kundu, (2019); Karale, & Ranaware, (2019); Huang, et al., (2022)	Blockchain	Secure, transparent transactions	Enhances security, governance, supply chain	Secure energy trading, waste management tracking
Farmanbar et al., (2019); David, & Koch, (2019); Jafari et al., (2023)	Smart Grids	Digital technology in electrical grids	Optimizes energy, integrates renewables	Reduces waste, supports renewables
Burns et al., (2020); Biloria, (2023)	Autonomous Vehicles	Self-navigating vehicles	Reduces congestion, improves public transport, road safety	Lowers emissions, reduces parking needs
Thellufsen et al., (2020); Lewandowska et al., (2020); Hoang, & Nguyen, (2021)	Renewable Energy	Harnessing renewable energy sources	Increases renewables, lowers carbon footprint	Promotes sustainable energy, reduces emissions
Chew et al., (2020); Das et al., (2023)	Smart Buildings	Tech-enhanced buildings	Enhances efficiency, occupant comfort	Reduces energy consumption, promotes efficiency
White et al., (2021); Cureton, & Dunn, (2021); Qian et al., (2022)	Digital Twins	Virtual replicas for simulation	Improves planning, infrastructure management	Efficient resource management, impact assessments
Jain et al., (2021); Gohari et al., (2022)	Urban Drones	UAVs for delivery, surveillance, inspection	Enhances logistics, emergency response	Reduces congestion, supports monitoring

A tecnologia Blockchain tem aplicações interessantes em termos de replicabilidade, segurança e transparência para os serviços urbanos

(Kundu, 2019; Karale, & Ranaware, 2019). A nova tecnologia blockchain de livro-razão descentralizado e imutável pode ser usada para realizar transações muito seguras e gerenciar dados que mudam com frequência. Garante sistemas de votação seguros e transparentes que ajudam a manter a integridade eleitoral em cidades inteligentes. A cadeia de blocos também pode ser aplicada na gestão da cadeia de abastecimento para rastrear a origem e a circulação de mercadorias, promovendo a sustentabilidade e reduzindo a fraude. Isso também significa que a cadeia de blocos suporta o desenvolvimento de contratos inteligentes - contratos auto-executáveis com os termos diretamente escritos no código. Estes contratos podem automatizar e racionalizar vários processos administrativos, reduzindo a burocracia e aumentando a eficiência. A implantação de redes 5G será o fator de mudança na conetividade das cidades inteligentes. As caraterísticas e funcionalidades inerentes ao 5G, como a alta velocidade, a latência muito baixa e a enorme capacidade, transformaram-no num facilitador do funcionamento sem descontinuidades dos dispositivos IoT, da análise de dados em tempo real e de serviços de comunicação altamente desenvolvidos. De veículos autónomos a redes inteligentes, telemedicina ou mesmo educação remota, as aplicações proteanas suportadas pelo 5G tornaram-no extremamente bem-sucedido (Rao, & Prasad, 2018; Shehab et al., 2021). Por exemplo, no sector dos transportes, o 5G pode facilitar a comunicação veículo-para-tudo e veículo-para-tudo (V2X), interações dos veículos com outros veículos e infra-estruturas para melhorar a segurança e a eficiência. No sector da saúde, a 5G pode ajudar na cirurgia à distância e na monitorização em tempo real dos doentes para aumentar o acesso aos cuidados médicos.

Este facto pode contribuir para ambientes urbanos sustentáveis e está integrado nessas tecnologias emergentes. Por um lado, as técnicas de IoT e IA farão com que as redes inteligentes assegurem a otimização da produção e do consumo de energia, incorporem fontes de energia renováveis e reduzam a pegada de carbono (Lewandowska et al., 2020; Hoang, & Nguyen, 2021). Os sistemas inteligentes de gestão da água podem monitorizar a utilização da água, detetar fugas e assegurar uma distribuição eficiente, poupando assim este recurso. A IoT pode facilitar uma melhor gestão dos resíduos, fazendo com que os sensores habilitados para a IoT acompanhem os níveis de resíduos e optimizem as rotas de recolha para reduzir o consumo de combustível e as emissões de gases a longo prazo. Entre os componentes significativos da infraestrutura urbana, uma área que beneficiará muito destas tecnologias é a dos transportes. Os veículos autónomos impulsionados por IA e 5G podem tornar-se uma panaceia para os acidentes de trânsito, a redução do congestionamento e a redução das emissões. Os sistemas inteligentes de transportes públicos, com informações sobre os viajantes fornecidas em tempo real, tornarão as deslocações em trânsito muito mais eficientes e fáceis de utilizar. Além disso, as plataformas digitais inteligentes permitem soluções de mobilidade eléctrica e partilhada que promovem modos de transporte sustentáveis.

Outra área de impacto das tecnologias emergentes é a dos edifícios e infra-estruturas inteligentes (Chew et al., 2020; Das et al., 2023). Os sensores IoT num edifício inteligente podem monitorizar e controlar significativamente a iluminação, o aquecimento, a ventilação e o ar condicionado (AVAC) e outros sistemas semelhantes para otimizar a utilização de energia e o conforto. Estes edifícios podem explorar fontes de energia renováveis, como os painéis solares, e utilizar sistemas de armazenamento de energia para a gestão da procura. As tecnologias de gémeos digitais podem criar réplicas no espaço virtual de activos físicos em construção. Por conseguinte, podem aumentar a sustentabilidade e a resiliência das infra-estruturas construídas, melhorando as actividades de conceção, construção e manutenção. As tecnologias digitais também contribuem para a segurança pública e a proteção. Por exemplo, os dispositivos de vigilância com IA podem analisar as imagens de vídeo em tempo real para identificar qualquer atividade suspeita e alertar as autoridades competentes para qualquer ameaça. Os dispositivos IoT são úteis na gestão de catástrofes, enviando avisos precoces a diferentes autoridades para que as respostas de emergência possam ser iniciadas a tempo. Além disso, a cadeia de blocos garantirá a integridade e a segurança dos dados críticos contra as ciberameaças.

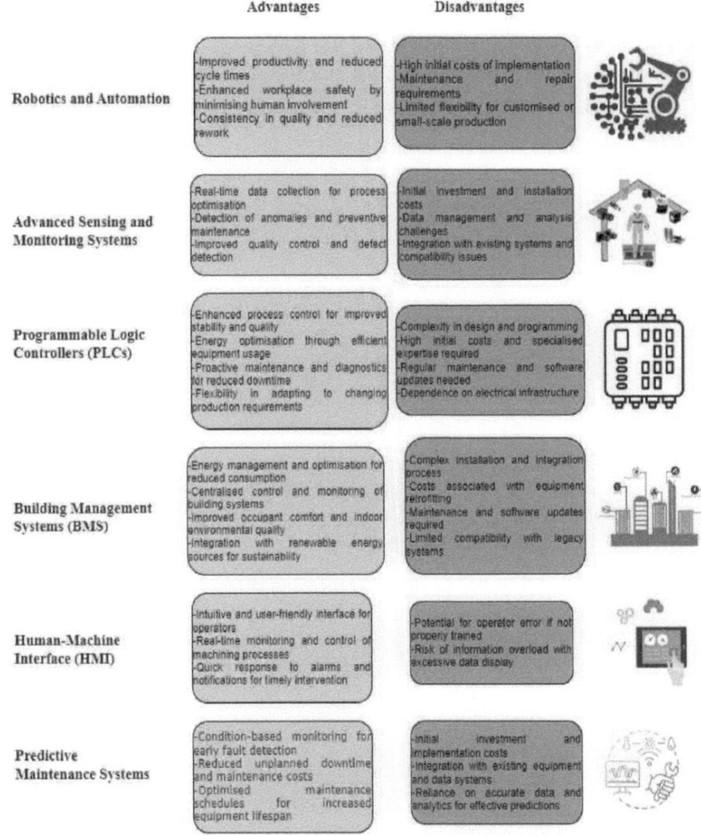

Fig. 2. O papel dos dispositivos industriais na maquinação sustentável: vantagens e desvantagens

A Fig. 2 resume os vários sistemas industriais: sistemas de robótica e automação, sistemas avançados de deteção e monitorização, controladores lógicos programáveis, sistemas de gestão de edifícios, interface homem-máquina e sistemas de manutenção preditiva. Neste documento, cada tecnologia foi tida em consideração com as suas vantagens e desvantagens associadas. As vantagens incluem o aumento da produtividade, a redução de custos, o controlo de qualidade e a otimização energética. Em contraste com estas vantagens estão os inconvenientes relacionados com os enormes custos de investimento inicial, manutenção e problemas de integração. Uma comparação tão pormenorizada permitiria realçar os factores críticos que devem ser tidos em conta ao decidir sobre a implementação destes sistemas industriais.

Quadro 4 Ilustração da abordagem experimental

Steps	The experimental procedure
1	Presentation of the experiment
2	Signing of consentments
3	Explanation of the collaboration
4	Training period
5	Explanation of the first task.
6	Realization of Task 1
7	Answering NASA-TLX
8	Explanation of the second task
9	Realization of the second task
10	The participant will then respond to the NASA-TLX and acceptability questionnaire.

Os participantes seguem um procedimento experimental para realizar algumas tarefas e depois respondem a questionários de avaliação. Esta informação é apresentada em pormenor no Quadro 4. Em primeiro lugar, é apresentada a experiência e, em seguida, os participantes assinam os formulários de consentimento, como se mostra. Depois disso, é explicado o processo de colaboração e é efectuada a formação dos participantes. Depois de concluída a formação, é apresentada uma explicação pormenorizada da primeira tarefa e os participantes executam-na. Após a conclusão da primeira tarefa, é aplicado o questionário NASA-TLX para obter informações sobre a perceção da carga de trabalho da tarefa. De seguida, são apresentadas as instruções relativas à segunda tarefa e os participantes realizam também esta tarefa. No final da segunda tarefa, é pedido aos participantes que preencham o questionário NASA-TLX e um questionário de aceitabilidade, terminando assim o procedimento. Este é um procedimento passo a passo para a avaliação sistemática do desempenho dos participantes em tarefas, bem como das suas percepções relevantes para essas tarefas.

Conclusões

A importância das tecnologias AL, ML e DL no reforço do desempenho urbano em termos de eficiência, sustentabilidade e habitabilidade tem sido acentuada pelos recentes avanços. O software baseado em IA ajuda a analisar dados em tempo real e cria modelos de previsão que são vitais para promover a utilização inteligente dos recursos urbanos. Por exemplo, evita engarrafamentos de trânsito através de sistemas inteligentes de gestão do tráfego, dando um contributo importante para a proteção do ambiente. Os algoritmos de ML desempenham um papel vital na gestão do consumo de energia das redes inteligentes, mantendo um equilíbrio entre os recursos energéticos e a procura de energia, e também para lidar com os recursos de energia renovável, sem quaisquer obstáculos. Graças ao DL, a disciplina que pode processar muitos dados, a estrutura inteligente em serviços humanos/municipais ou infra-estruturas iniciada anteriormente, também pode tornar-se mais sofisticada. Os modelos de DL podem processar imagens de satélite e dados de sensores para o acompanhamento em tempo real do estado das infra-estruturas, permitindo a manutenção preditiva para garantir a resiliência de uma infraestrutura urbana. Esta tecnologia também ajuda muito no domínio da gestão de resíduos, em que os robots inteligentes podem separar os resíduos de forma mais eficaz, conduzindo a melhores iniciativas de reciclagem e a uma menor utilização dos aterros sanitários. Uma ênfase recente na integração de princípios éticos de IA é o que deve impedir que estes avanços sejam feitos em detrimento da privacidade e da segurança. Para ganhar a confiança dos cidadãos e proteger as informações sensíveis, estão agora a ser adoptados quadros de IA mais transparentes e salvaguardas mais substanciais para os dados. Esta interdependência dos criadores de tecnologia com os planeadores urbanos e os decisores políticos tem de continuar se quisermos explorar todo o potencial destas tecnologias para criar cidades habitáveis, justas e ambientalmente sustentáveis.

Referências

Abdullah, S. M., Periyasamy, M., Kamaludeen, N. A., Towfek, S. K., Marappan, R., Kidambi Raju, S., ... & Khafaga, D. S. (2023). Otimizando o fluxo de tráfego em cidades inteligentes: Redes neurais recorrentes baseadas em GRU suaves para previsão aprimorada de congestionamento usando aprendizado profundo. Sustentabilidade, 15(7), 5949.

Abid, S. K., Sulaiman, N., Chan, S. W., Nazir, U., Abid, M., Han, H., ... & Vega-Muñoz, A. (2021). Rumo a uma abordagem integrada de gestão de desastres: como a inteligência artificial pode impulsionar a gestão de desastres. Sustentabilidade, 13(22), 12560.

Adedeji, K. B., Ponnle, A. A., Abu-Mahfouz, A. M., & Kurien, A. M. (2022). Rumo à digitalização dos sistemas de abastecimento de água para o desenvolvimento sustentável de cidades inteligentes - Água 4.0. Ciências Aplicadas, 12(18), 9174.

Ahmed, I., Zhang, Y., Jeon, G., Lin, W., Khosravi, M. R., & Qi, L. (2022). Uma estrutura de IoT inteligente habilitada para blockchain e inteligência artificial para uma cidade sustentável. Revista Internacional de Sistemas Inteligentes, 37(9), 6493-6507.

Alahakoon, D., Nawaratne, R., Xu, Y., De Silva, D., Sivarajah, U., & Gupta, B. (2023). Inteligência artificial autoconstruída e aprendizado de máquina para capacitar a análise de big data em cidades inteligentes. Fronteiras dos Sistemas de Informação, 1-20.

Alahi, M. E. E., Sukkuea, A., Tina, F. W., Nag, A., Kurdthongmee, W., Suwannarat, K., & Mukhopadhyay, S. C. (2023). Integração de tecnologias habilitadas para IoT e inteligência artificial (IA) para um cenário de cidade inteligente: avanços recentes e tendências futuras. Sensors, 23(11), 5206.

Alzoubi, A. (2022). Aprendizagem automática para o consumo inteligente de energia em casas inteligentes. Revista Internacional de Computação, Informação e Fabrico (IJCIM), 2(1).

Araújo, D., Couceiro, M., Seifert, L., Sarmento, H., & Davids, K. (2021). Inteligência artificial na análise do desempenho desportivo. Routledge.

Balmer, R. E., Levin, S. L., & Schmidt, S. (2020). Aplicações de Inteligência Artificial nas Telecomunicações e noutras indústrias de rede. Telecommunications Policy, 44(6), 101977.

Bibri, S. E., Krogstie, J., Kaboli, A., & Alahi, A. (2024). Ecocidades mais inteligentes e suas soluções de ponta em inteligência artificial das coisas para a sustentabilidade ambiental: Uma revisão sistemática abrangente. Ciência Ambiental e Ecotecnologia, 19, 100330.

Biloria, N. (2023). Mobilidade autónoma no ambiente construído. Em Ambientes Inteligentes (pp. 351 - 394). Holanda do Norte.

Bulchand-Gidumal, J. (2022). Impacto da inteligência artificial nas viagens, no turismo e na hotelaria. Em Handbook of e-Tourism (pp. 1943-1962). Cham: Springer International Publishing.

Burns, C. G., Oliveira, L., Hung, V., Thomas, P., & Birrell, S. (2020). Atitudes dos pedestres em relação às interações de espaço compartilhado com veículos autônomos - um estudo de realidade virtual. Em Avanços em Fatores Humanos de Transporte: Anais da Conferência Internacional AHFE 2019 sobre Fatores Humanos em Transporte, 24 a 28 de julho de 2019, Washington DC, EUA 10 (pp. 307-316). Springer International Publishing.

Cao, L. (2021). Inteligência artificial no retalho: aplicações e lógicas de criação de valor. International Journal of Retail & Distribution Management, 49(7), 958-976.

Chen, G., & Zhang, J. (2022). Aplicando Inteligência Artificial e Deep Belief Network para prever o desempenho de evacuação de congestionamento de tráfego em cidades inteligentes. Applied Soft Computing, 121, 108692.

Chen, X. (2022). Abordagem de aprendizagem automática para uma economia circular com reciclagem de resíduos em cidades inteligentes. Energy Reports, 8, 3127-3140.

Chew, M. Y. L., Teo, E. A. L., Shah, K. W., Kumar, V., & Hussein, G. F. (2020). Avaliação do roteiro de implementação da tecnologia 5G para edifícios inteligentes e gestão de instalações em Singapura. Sustentabilidade, 12(24), 10259.

Chui, K. T., Lytras, M. D., & Visvizi, A. (2018). Sustentabilidade energética em cidades inteligentes: Inteligência artificial, monitorização inteligente e otimização do consumo de energia. Energias, 11(11), 2869.

Çinar, Z. M., Abdussalam Nuhu, A., Zeeshan, Q., Korhan, O., Asmael, M., & Safaei, B. (2020). Aprendizado de máquina em manutenção preditiva para manufatura inteligente sustentável na indústria 4.0. Sustentabilidade, 12(19), 8211.

Cureton, P., & Dunn, N. (2021). Gémeos digitais de cidades e futuros evasivos. Em Shaping smart for better cities (pp. 267-282). Imprensa académica.

Das, N., Akshatha, K., & Rani, R. H. J. (2023, dezembro). Navegação de caminho 5G para infraestrutura inteligente. Em 2023 Conferência Internacional sobre Energia Elétrica, Meio Ambiente e Controle Inteligente (PEEIC) (pp. 855859). IEEE.

David, M., & Koch, F. (2019). "Inteligente não é inteligente o suficiente!" antecipando o uso crítico de matérias-primas em conceitos de cidades inteligentes: o exemplo das redes inteligentes. Sustentabilidade, 11(16), 4422.

De Las Heras, A., Luque-Sendra, A., & Zamora-Polo, F. (2020). Tecnologias de aprendizado de máquina para sustentabilidade em cidades inteligentes na era pós-covid. Sustentabilidade, 12(22), 9320.

Deep, G., & Verma, J. (2023). Abraçar o futuro: IA e ML transformando ambientes urbanos em cidades inteligentes. J. Artif. Intell, 5, 57-73.

Doborjeh, Z., Hemmington, N., Doborjeh, M., & Kasabov, N. (2022). Inteligência artificial: uma revisão sistemática dos métodos e aplicações na hotelaria e turismo. International Journal of Contemporary Hospitality Management, 34(3), 1154-1176.

Ei Leen, M. W., Jafry, N. H. A., Salleh, N. M., Hwang, H., & Jalil, N. A. (2023, junho). Mitigando o congestionamento do tráfego em cidades inteligentes e sustentáveis usando aprendizado de máquina: Uma revisão. Na Conferência Internacional sobre Ciência Computacional e suas Aplicações (pp. 321-331). Cham: Springer Nature Switzerland.

Fahle, S., Prinz, C., & Kuhlenkotter, B. (2020). Revisão sistemática sobre métodos de aprendizagem automática (ML) para processos de fabrico - Identificação de métodos de inteligência artificial (IA) para aplicação no terreno. Procedia CIRP, 93, 413-418.

Farmanbar, M., Parham, K., Arild, 0., & Rong, C. (2019). Uma revisão generalizada das redes inteligentes para cidades inteligentes. Energias, 12(23), 4484.

França, R. P., Monteiro, A. C. B., Arthur, R., & Iano, Y. (2021). Uma visão geral do aprendizado de máquina aplicado em cidades inteligentes. Cidades inteligentes: Uma perspetiva de análise de dados, 91-111.

Frolova, E. E., & Ermakova, E. P. (2021). Utilizando inteligência artificial na prática jurídica. Em Tecnologias inteligentes para a digitalização da indústria: Ambiente empresarial (pp. 17-27). Singapura: Springer Singapore.

Gajdosik, T., & Marcis, M. (2019). Ferramentas de inteligência artificial para o desenvolvimento do turismo inteligente. Em Métodos de Inteligência Artificial em Algoritmos Inteligentes: Proceedings of 8th Computer Science On-line Conference 2019, Vol. 2 8 (pp. 392-402). Springer International Publishing.

Gangwani, D., & Gangwani, P. (2021). Aplicações de aprendizagem de máquina e inteligência artificial em sistemas de transporte inteligentes: Uma revisão. Aplicações de Inteligência Artificial e Aprendizado de Máquina: Procedimentos selecionados do ICAAAIML 2020, 203-216.

Ghazal, T. M., Hasan, M. K., Ahmad, M., Alzoubi, H. M., & Alshurideh, M. (2023). Abordagens de aprendizado de máquina para cidades sustentáveis usando a Internet das coisas. Em The Effect of Information Technology on Business and Marketing Intelligence Systems (pp. 1969-1986). Cham: Springer International Publishing.

Ghosh, I., Ramasamy Ramamurthy, S., Chakma, A., & Roy, N. (2023). Revisão da análise desportiva: Aplicações de inteligência artificial, tecnologias emergentes e perspetiva algorítmica. Wiley Interdisciplinary Reviews: Data Mining and Knowledge Discovery, 13(5), e1496.

Gohari, A., Ahmad, A. B., Rahim, R. B. A., Supa'at, A. S. M., Abd Razak, S., & Gismalla, M. S. M. (2022). Envolvimento de drones de vigilância em cidades inteligentes: Uma revisão sistemática. IEEE Access, 10, 56611-56628.

Gonçalves, D., Sheikhnejad, Y., Oliveira, M., & Martins, N. (2020). Um passo em frente em direção à utopia da cidade inteligente: Gestão energética de edifícios inteligentes baseada em modelação adaptativa de substitutos. Energia e Edifícios, 223, 110146.

Grimaldia, D. C., Shallab, C. F. K., & Fontanalsc, I. (2021). De cidade inteligente a cidade orientada por dados. Implementando estratégias baseadas em dados em cidades inteligentes: Um roteiro para a transformação urbana, 1.

Guo, X., Shen, Z., Zhang, Y., & Wu, T. (2019). Revisão sobre a aplicação da inteligência artificial em casas inteligentes. Smart Cities, 2(3), 402-420.

Hoang, A. T., & Nguyen, X. P. (2021). Integrando fontes renováveis no sistema de energia para cidades inteligentes como uma estratégia sagaz para um processo limpo e sustentável. Journal of Cleaner Production, 305, 127161.

Huang, C., Xue, L., Liu, D., Shen, X., Zhuang, W., Sun, R., & Ying, B. (2022). Autorização e autenticação transparente entre domínios assistida por Blockchain para cidade inteligente. IEEE Internet of Things Journal, 9(18), 17194-17209.

Jafari, M., Kavousi-Fard, A., Chen, T., & Karimi, M. (2023). Uma revisão sobre a tecnologia de gêmeos digitais em redes inteligentes, sistemas de transporte e cidades inteligentes: Challenges and future. IEEE Access, 11, 17471-17484.

Jain, R., Nagrath, P., Thakur, N., Saini, D., Sharma, N., & Hemanth, D. J. (2021). Rumo a uma solução de vigilância mais inteligente: A convergência de cidades inteligentes e tecnologias de veículos aéreos não tripulados com eficiência energética. Desenvolvimento e Futuro da Internet dos Drones (IoD): Insights, Trends and Road Ahead, 109140.

Jin, J., Gubbi, J., Marusic, S., & Palaniswami, M. (2014). Um quadro de informação para a criação de uma cidade inteligente através da internet das coisas. IEEE Internet of Things journal, 1(2), 112-121.

Jose, A., Nandagopalan, S., & Akana, C. M. V. S. (2021). Técnicas de Inteligência Artificial para a revolução agrícola: uma pesquisa. Anais da Sociedade Romena de Biologia Celular, 2580-2597.

Karale, S., & Ranaware, V. (2019). Aplicações da tecnologia blockchain no desenvolvimento de cidades inteligentes: uma pesquisa. Revista Internacional de Tecnologia Inovadora e Engenharia de

Exploração, 8(11), 556-559.

Khan, M., Babar, M., Ahmed, S. H., Shah, S. C., & Han, K. (2017). Projeto e planejamento de cidades inteligentes com base em análises de big data. Cidades e sociedade sustentáveis, 35, 271-279.

Kibria, M. G., Nguyen, K., Villardi, G. P., Zhao, O., Ishizu, K., & Kojima, F. (2018). Análise de big data, aprendizado de máquina e inteligência artificial em redes sem fio de próxima geração. Acesso IEEE, 6, 3232832338.

Kishen, R., Upadhyay, S., Jaimon, F., Suresh, S., Kozlova, N., Bozhuk, S., ... & Matchinov, V. A. (2021). Perspectivas de implementação de inteligência artificial para projetar estratégias personalizadas de engajamento do cliente. Pt. 2 J. Legal Ethical & Regul. Isses, 24, 1.

Krishnan, S. R., Nallakaruppan, M. K., Chengoden, R., Koppu, S., Iyapparaja, M., Sadhasivam, J., & Sethuraman, S. (2022). Gestão inteligente de recursos hídricos usando Inteligência Artificial - uma revisão. Sustainability, 14(20), 13384.

Kundu, D. (2019). Blockchain e confiança numa cidade inteligente. Ambiente e Urbanização ASIA, 10(1), 3143.

Kunwar, M. (2019). Inteligência artificial nas finanças: Compreender como a automatização e a aprendizagem automática estão a transformar o sector financeiro.

Lewandowska, A., Chodkowska-Miszczuk, J., Rogatka, K., & Starczewski, T. (2020). Energia inteligente numa cidade inteligente: Utopia ou realidade? dados da Polónia. Energias, 13(21), 5795.

Luckey, D., Fritz, H., Legatiuk, D., Dragos, K., & Smarsly, K. (2021). Técnicas de inteligência artificial para aplicações em cidades inteligentes. Em Proceedings da 18ª Conferência Internacional sobre Computação em Engenharia Civil e de Construção: ICCCBE 2020 (pp. 3-15). Springer International Publishing.

Mahalakshmi, V., Kulkarni, N., Kumar, K. P., Kumar, K. S., Sree, D. N., & Durga, S. (2022). O papel da implementação de inteligência artificial e tecnologias de aprendizado de máquina no setor de serviços financeiros para a criação de inteligência competitiva. Materials Today: Proceedings, 56, 2252-2255.

Majumdar, S., Subhani, M. M., Roullier, B., Anjum, A., & Zhu, R. (2021). Previsão de congestionamento para cidades sustentáveis inteligentes usando IoT e abordagens de aprendizado de máquina. Cidades Sustentáveis e Sociedade, 64, 102500.

Mehta, S., Bhushan, B., & Kumar, R. (2022). Abordagens de aprendizagem automática para aplicações em cidades inteligentes: Emergência, desafios e oportunidades. Avanços recentes na Internet das coisas e na aprendizagem automática: Real- world applications, 147-163.

Monteiro, A. C. B., França, R. P., Arthur, R., & Iano, Y. (2021). Um olhar sobre o aprendizado de máquina na era moderna das cidades inteligentes seguras do futuro sustentável. Em Data-Driven Mining, Learning and Analytics for Secured Smart Cities: Tendências e avanços (pp. 359-383). Cham: Springer International Publishing.

Neo, E. X., Hasikin, K., Lai, K. W., Mokhtar, M. I., Azizan, M. M., Hizaddin, H. F., & Razak, S. A. (2023). Monitoramento da qualidade do ar assistido por inteligência artificial para gerenciamento de cidades inteligentes. PeerJ Computer Science, 9, e1306.

Nosratabadi, S., Mosavi, A., Keivani, R., Ardabili, S., & Aram, F. (2019, setembro). Levantamento do estado da arte de modelos de aprendizado profundo e aprendizado de máquina para cidades inteligentes e sustentabilidade urbana. Na conferência internacional sobre pesquisa e educação global (pp. 228-238). Cham: Springer International Publishing.

Oosthuizen, K., Botha, E., Robertson, J., & Montecchi, M. (2021). Inteligência artificial no retalho: A cadeia de valor habilitada para IA. Australasian Marketing Journal, 29(3), 264-273.

Ouyang, Y., Wang, L., Yang, A., Shah, M., Belanger, D., Gao, T., ... & Zhang, Y. (2021). A próxima década de inteligência artificial em telecomunicações. arXiv preprint arXiv: 2101.09163.

Pham, Q. V., Liyanage, M., Deepa, N., VVSS, M., Reddy, S., Maddikunta, P. K. R., ... & Hwang, W. J. (2021). Aprendizado profundo para resposta à demanda inteligente e redes inteligentes: Uma pesquisa abrangente. arXiv preprint arXiv: 2101.08013.

Prabakar, D., Sundarrajan, M., Manikandan, R., Jhanjhi, N. Z., Masud, M., & Alqhatani, A. (2023). Deteção de ataques cibernéticos baseada em análise de energia por IoT com inteligência artificial em uma cidade inteligente sustentável. Sustentabilidade, 15(7), 6031.

Punia, A., & Mor, N. (2021). Para um amanhã melhor: Cidades inteligentes e sustentáveis usando inteligência artificial. No Manual de Tecnologias de Engenharia Verde para Cidades Inteligentes Sustentáveis (pp. 173-189). CRC Press.

Qian, C., Liu, X., Ripley, C., Qian, M., Liang, F., & Yu, W. (2022). Gémeo digital - réplica cibernética de coisas físicas: Arquitetura, aplicações e futuras direcções de investigação. Internet do Futuro, 14(2), 64.

Rahman, S. M., & Ravi, G. (2022). Papel da inteligência artificial na gestão de pragas. Tópicos actuais em ciências agrícolas Vol, 7, 64-81.

Rai, R., Tiwari, M. K., Ivanov, D., & Dolgui, A. (2021). Aprendizado de máquina em aplicações de manufatura e indústria 4.0. Jornal Internacional de Pesquisa de Produção, 59(16), 4773-4778.

Rao, S. K., & Prasad, R. (2018). Impacto das tecnologias 5G na implementação de cidades inteligentes. Comunicações pessoais sem fios, 100, 161-176.

Recuero Virto, N., & López, M. F. B. (2019). Robôs, inteligência artificial e automação de serviços para o núcleo: remasterizando experiências em museus. Em Robots, artificial intelligence, and service automation in travel, tourism and hospitality (pp. 239-253). Emerald Publishing Limited.

Rejeb, A., Rejeb, K., Simske, S., Treiblmaier, H., & Zailani, S. (2022). O panorama geral da Internet das coisas e da cidade inteligente: uma revisão do que sabemos e do que precisamos de saber. Internet of Things, 19, 100565.

Rodríguez-Gracia, D., de las Mercedes Capobianco-Uriarte, M., Terán-Yépez, E., Piedra-Fernández, J. A., Iribarne, L., & Ayala, R. (2023). Revisão das técnicas de inteligência artificial em edifícios verdes / inteligentes. Computação Sustentável: Informática e Sistemas, 38, 100861.

Rosili, N. A. K., Zakaria, N. H., Hassan, R., Kasim, S., Rose, F. Z. C., & Sutikno, T. (2021). Uma revisão sistemática da literatura sobre métodos de aprendizado de máquina na previsão de decisões judiciais. IAES International Journal of Artificial Intelligence, 10(4), 1091.

Ryman-Tubb, N. F., Krause, P., & Garn, W. (2018). Como a investigação sobre Inteligência Artificial e aprendizagem automática afecta a deteção de fraudes com cartões de pagamento: A survey and industry benchmark. Aplicações de Engenharia da Inteligência Artificial, 76, 130-157.

Selvaraj, R., Kuthadi, V. M., & Baskar, S. (2023). Sistema de gestão e monitorização de energia de edifícios inteligentes baseado em inteligência artificial em cidades inteligentes. Tecnologias e Avaliações de Energia Sustentável, 56, 103090.

Sepasgozar, S., Karimi, R., Farahzadi, L., Moezzi, F., Shirowzhan, S., M. Ebrahimzadeh, S., ... & Aye, L. (2020). Uma revisão sistemática do conteúdo da inteligência artificial e da Internet das aplicações das coisas em casa inteligente. Ciências Aplicadas, 10(9), 3074.

Shaikh, T. A., Rasool, T., & Lone, F. R. (2022). Para alavancar o papel da aprendizagem automática e da inteligência artificial na agricultura de precisão e na agricultura inteligente. Computadores e Eletrónica na Agricultura, 198, 107119.

Shehab, M. J., Kassem, I., Kutty, A. A., Kucukvar, M., Onat, N., & Khattab, T. (2021). Redes 5G para cidades inteligentes e sustentáveis: Uma revisão dos desenvolvimentos recentes, aplicações e perspetivas futuras. IEEE Access, 10, 2987-3006.

Singh, S., Sharma, P. K., Yoon, B., Shojafar, M., Cho, G. H., & Ra, I. H. (2020). Convergência de blockchain e inteligência artificial na rede IoT para a cidade inteligente sustentável. Cidades e sociedade sustentáveis, 63, 102364.

Soomro, K., Bhutta, M. N. M., Khan, Z., & Tahir, M. A. (2019). Análise de big data de cidades inteligentes: Uma revisão avançada. Revisões Interdisciplinares Wiley: Exploração de dados e descoberta de conhecimentos, 9(5), e1319.

Strohbach, M., Ziekow, H., Gazis, V., & Akiva, N. (2015). Towards a big data analytics framework for IoT and smart city applications. Em Modeling and processing for next-generation big-data technologies: with applications and case studies (pp. 257-282). Cham: Springer International Publishing.

Sun, W., Bocchini, P., & Davison, B. D. (2020). Aplicações da inteligência artificial para a gestão de catástrofes. Natural Hazards, 103(3), 2631-2689.

Szpilko, D., de la Torre Gallegos, A., Jimenez Naharro, F., Rzepka, A., & Remiszewska, A. (2023). Gestão de resíduos na cidade inteligente: Práticas actuais e direcções futuras. Recursos, 12(10), 115.

Szpilko, D., Naharro, F. J., Lăzăroiu, G., Nica, E., & de la Torre Gallegos, A. (2023). Inteligência artificial na cidade inteligente - uma revisão da literatura. Gestão de Engenharia na Produção e Serviços, 15(4), 53-75.

Thellufsen, J. Z., Lund, H., Sorknæs, P., 0stergaard, P. A., Chang, M., Drysdale, D., ... & Sperling, K. (2020). Cidades inteligentes de energia num contexto de energia 100% renovável. Renewable and Sustainable Energy Reviews, 129, 109922.

Udupi, P. K., Jose, M., & Ullah, A. (2024). Sistema de gestão de resíduos de cidade inteligente habilitado para IA. Em Handbook of Artificial Intelligence for Smart City Development (pp. 76-99). CRC Press.

Ullah, Z., Al-Turjman, F., Mostarda, L., & Gagliardi, R. (2020). Aplicações de inteligência artificial e aprendizado de máquina em cidades inteligentes. Computer Communications, 154, 313-323.

Varshney, H., Khan, R. A., Khan, U., & Verma, R. (2021). Abordagens de inteligência artificial e aprendizado de máquina em cidades inteligentes: Revisão crítica. Na série de conferências IOP: Ciência e Engenharia de Materiais (Vol. 1022, No. 1, p. 012019). Publicação IOP.

Varshney, H., Khan, R. A., Khan, U., & Verma, R. (2021). Abordagens de inteligência artificial e aprendizado de máquina em cidades inteligentes: Revisão crítica. Na série de conferências IOP: Ciência e Engenharia de Materiais (Vol. 1022, No. 1, p. 012019). Publicação IOP.

White, G., Zink, A., Codecá, L., & Clarke, S. (2021). Uma cidade inteligente gémea digital para feedback dos cidadãos. Cities, 110, 103064.

Younus, A. M., Abumandil, M. S., Gangwar, V. P., & Gupta, S. K. (2022). Sistema de educação inteligente baseado em IA para uma cidade inteligente usando um algoritmo de salto adaptativo aprimorado. Em Ecossistemas de cidades inteligentes centrados em IA (pp. 231-245). CRC Press.

Zanella, A., Bui, N., Castellani, A., Vangelista, L., & Zorzi, M. (2014). Internet das coisas para cidades inteligentes. IEEE Internet of Things journal, 1(1), 22-32.

Zeleznikow, J. (2023). As vantagens e os perigos da utilização da aprendizagem automática para apoiar a elaboração de previsões jurídicas. Wiley Interdisciplinary Reviews: Data Mining and Knowledge Discovery, 13(4), e1505.

Zhao, H. (2023). Gestão de recursos de dados de segurança pública baseada em inteligência artificial em cidades inteligentes. Open Computer Science, 13(1), 20220271.

Zhao, M., Wu, X., Liao, H. T., & Liu, Y. (2020, abril). Explorando frentes de pesquisa e tópicos de aplicação de Big Data e Inteligência Artificial para patrimônio cultural e pesquisa em museus. Na série de conferências IOP: Ciência e Engenharia de Materiais (Vol. 806, No. 1, p. 012036). IOP Publishing.

Capítulo 11: Política e regulamentação da inteligência artificial na indústria

Resumo:

A rápida evolução das tecnologias de inteligência artificial (IA) exigiu a adoção de políticas e regulamentos normalizados para proporcionar cuidados adequados, salvaguarda e equidade no sector. Este estudo revisita o terreno para identificar as políticas e os quadros regulamentares em matéria de IA que estão atualmente a ser implementados e as suas questões mais relevantes. A IA está a entrar - ou melhor, já existe - em tudo, desde a saúde às finanças, e, em todo o mundo, os reguladores e os governos estão agora a analisar tanto a necessidade de inovação como a exigência de supervisão. Alguns programas notáveis incluem o AI Act da União Europeia, onde se espera classificar os sistemas de IA por "níveis de risco" e ter requisitos mais rigorosos para aplicações de alto risco. Nos Estados Unidos, as orientações em matéria de transparência, responsabilidade e desburocratização. As conclusões sublinham a necessidade de normas globais convergentes, uma vez que as tecnologias de IA são transnacionais. Consequentemente, a privacidade dos dados e as considerações éticas, incluindo a transparência algorítmica, são algumas das principais questões para os reguladores. Isto reforça a importância das parcerias público-privadas (PPP) e de uma abordagem partilhada na formulação de regulamentos ágeis e preparados para o futuro. As tendências emergentes podem ser vistas em caixas de areia regulamentares para pilotos de IA para o desenvolvimento de inovações de IA num ambiente controlado e conselhos de ética de IA que orientam as práticas empresariais para a IA. Reflecte também sobre os efeitos que estas regulamentações podem ter na inovação e na dinâmica do mercado, sugerindo que, embora difícil, a regulamentação é necessária para apoiar a confiança do público e garantir o desenvolvimento sustentável das tecnologias de IA. Os resultados sugerem que uma postura abrangente e pró-ativa do quadro político, que permita estar aberto a uma abordagem pedagógica, na qual sejam ouvidas várias vozes, é o mecanismo mais adequado para governar a IA.

Palavras-chave: Política, Regulamentação, Inteligência artificial, Tomada de decisões, Sistema de apoio à decisão, Aprendizagem automática, Aprendizagem profunda

Introdução

O ritmo acelerado de desenvolvimento das tecnologias de inteligência artificial (IA) impulsionou mudanças profundas em diferentes sectores; essa implantação é naturalmente acompanhada pela co-evolução do panorama político e regulamentar (Wischmeyer, & Rademacher, 2020; Hoffmann-Riem, 2020; de Almeida et al., 2021). À medida que a IA se integra nos sectores da saúde, financeiro, da produção e dos transportes, entre outros, o mesmo acontece com o estabelecimento de quadros regulamentares sólidos para supervisionar a sua implantação e reduzir os riscos associados (Erdélyi, & Goldsmith, 2018; Lauterbach, 2019; Taeihagh, 2021;). O duplo desafio para os decisores políticos é incentivar a inovação nas fases iniciais e, ao mesmo tempo, garantir que os sistemas de IA cumprem as normas éticas de segurança e geram a confiança do público (Wischmeyer, & Rademacher, 2020; Hoffmann-Riem, 2020). Por conseguinte, o equilíbrio das respostas criativas a ambos os desafios tem de ser apoiado por uma boa compreensão das possibilidades tecnológicas da IA, bem como dos seus efeitos socioeconómicos decorrentes da sua implantação. Em termos de políticas, os ambientes regulamentares em torno da IA têm sido historicamente reactivos, por exemplo, estabelecendo normas em reação a uma questão específica, em vez de uma definição proactiva de normas. Estas abordagens conduziram a um panorama regulamentar fragmentado, que apresenta uma elevada incoerência entre jurisdições e sectores. As organizações internacionais e os governos nacionais tomaram recentemente diferentes iniciativas para clarificar as políticas de IA, reconhecendo assim a urgência de quadros regulamentares harmonizados e orientados para o futuro neste domínio. Estes quadros devem abordar questões centrais, tais como a privacidade dos dados, a transparência dos algoritmos, a responsabilidade e a forma como a IA pode aprofundar as desigualdades pré-existentes (Manheim, & Kaplan, 2019; Capraro, et al., 2024). Especificamente, a investigação sobre a política e a regulamentação da IA na comunidade académica acelerou o seu ritmo, gerando um enorme corpo de literatura em estudos jurídicos, ética, economia e tecnologia (Cath, 2018; Wong, 2021). O impacto dos diferentes tipos de regulamentação na inovação da IA e o carácter prático das várias abordagens políticas têm sido analisados pelos investigadores através de uma série de metodologias. O presente documento contribui para o discurso contínuo, realizando uma revisão cuidadosa da literatura sobre a política e a regulamentação da IA na indústria.

Contribuições do presente estudo:

1) Este estudo apresenta uma síntese exaustiva da literatura disponível sobre a política de IA e a sua regulamentação, com temas de grande consenso e divergência.

2) Este estudo utiliza técnicas sofisticadas de extração de texto para identificar tópicos populares em discussão e as suas inter-relações, obtendo uma compreensão granulada do discurso atual.

3) Este estudo utiliza métodos estatísticos para descobrir diferentes grupos de estudos relacionados, apontando tendências emergentes susceptíveis de receberem uma atenção significativa no futuro.

Metodologia

Este documento aborda questões de política e regulamentação relevantes para a IA na indústria com uma análise exaustiva da literatura. A identificação de artigos académicos, documentos de política e relatórios da indústria é feita através de bases de dados como o Google Scholar, Scopus e Web of Science. A pesquisa bibliográfica centrou-se na recolha exaustiva de literatura orientada por palavras-chave como "inteligência artificial", "política de IA", "regulamentação da IA", "IA industrial" e "governação da IA". Os dados da literatura são depois introduzidos num software bibliométrico, o VOSviewer, para análise de coocorrência, a fim de determinar a frequência com que as palavras-chave aparecem e a sua relação. Através da análise de clusters da rede de coocorrência, é possível dividir ainda mais esta literatura em grupos distintos relativamente a semelhanças temáticas. Cada grupo representa um aspeto particular da política e da regulamentação da IA e permite uma análise pormenorizada dos subtópicos: questões éticas, quadros regulamentares e desafios específicos do sector. Esta abordagem metodológica proporciona uma análise sistemática e estruturada do acervo de conhecimentos existente, ajudando a aprofundar a compreensão da natureza complexa da governação da IA na indústria.

Resultados e discussões

Análise de coocorrência e de agrupamento das palavras-chave

O tema mais vasto da rede também demonstra a ideia de que a "inteligência artificial" é vital para a fronteira da investigação. Aqui, vários nós semanticamente semelhantes ao nó central estão ligados como se mostra na Fig. 1, mostrando as aplicações da IA, o que explica a natureza interdisciplinar da IA. Trata-se de um cluster importante na rede que trata da "tomada de decisões" e do "sistema de apoio à decisão". Esta família está estreitamente integrada na IA, o que significa que um conjunto de conceitos importantes é abrangido por esta família, como a aprendizagem automática, a aprendizagem profunda, as redes neuronais e a aprendizagem por reforço. Estas ligações ilustram a razão pela qual a IA é fundamental para os processos de tomada de decisão numa vasta gama de sectores. Quando os algoritmos de aprendizagem automática e de aprendizagem profunda são integrados em sistemas de apoio à decisão, a exatidão das previsões e a eficiência da resolução de problemas aumentam muito. Outro grande grupo está relacionado com a ética, a privacidade e a regulamentação - o que é significativo. Este grupo demonstra a crescente atenção dada à ética na IA, à privacidade dos dados e à regulamentação. A relação entre estes termos e a IA demonstra o diálogo e a investigação sobre como tornar as tecnologias de IA mais robustas, que continua ao longo dos tempos.

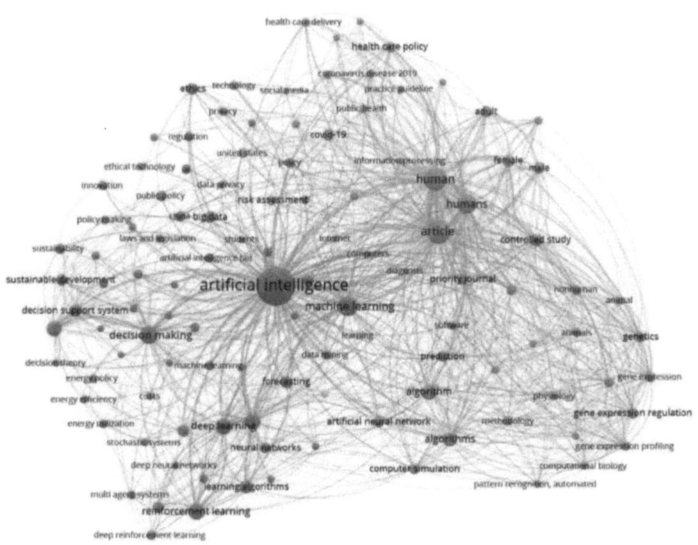

Fig. 1 Análise de coocorrência das palavras-chave na literatura

A execução final com o sentido da maior responsabilidade. Este grupo trata da forma como a governação molda as implicações sociais da IA. Por exemplo, a existência das palavras "política pública", "elaboração de políticas" e "leis e legislação" é clara. O diagrama também liga "desenvolvimento sustentável" e "política energética". Os temas que ligam este grupo à inteligência artificial incluem a eficiência energética, o consumo de energia e a sustentabilidade. As ligações aqui demonstradas são casos de como a IA pode ter um impacto real neste tipo de sustentabilidade, ajudando a poupar energia e a promover políticas ecológicas. A poderosa parceria da IA nos sistemas de gestão de energia contribuirá muito para a concretização dos objectivos de sustentabilidade. Outro conjunto cativante de tópicos pertence à intersecção de "política de cuidados de saúde", "saúde pública" e "covid-19". Os termos que aparecem neste grupo estão relacionados com a prestação de cuidados de saúde, o processamento de informação e o conhecimento clínico, que é relevante para a inteligência artificial.

A aplicação generalizada de tais terminologias é representativa da proeminência da IA no sector dos cuidados de saúde - mais ainda na era da pandemia de Covid-19. A IA contribuiu para os avanços nas ferramentas de diagnóstico, para uma gestão mais racionalizada dos dados de saúde e prestou uma ajuda inestimável aos projectos de saúde pública.

O diagrama de rede mostra, para além de um agregado de genética, a expressão genética e a biologia computacional. O objetivo deste agrupamento é centrar-se na aplicação da IA na investigação biológica e médica. As relações entre estas palavras-chave e "inteligência artificial" reforçam o papel da IA tanto na elucidação da informação genética como na sua regulação. Os algoritmos baseados em IA ajudam a compreender melhor dados biológicos complexos e estão próximos de comunidades como a genómica e a medicina personalizada. Além disso, a presença dos termos "Internet", "redes sociais" e "estudantes" na rede indica a rápida penetração da IA nos domínios da tecnologia digital e da educação. O aparecimento de tecnologias de IA nestes domínios começou a mudar a forma como a informação é armazenada e partilhada, afectando a maioria das áreas da sociedade. O diagrama de rede revela a importância da investigação interdisciplinar no domínio da IA. As interações entre domínios como a ética, os cuidados de saúde, a política energética e a biologia computacional explicam claramente a IA nos seus contextos mais amplos, bem como as suas aplicações práticas. Uma abordagem de disciplina única não funcionará para os problemas multifacetados que a IA apresenta. É importante adotar a abordagem interdisciplinar, que as nossas sociedades têm de adotar de qualquer forma.

Política e regulamentação da inteligência artificial na indústria

Panorama regulamentar mundial

Os cenários regulamentares da IA diferem de país para país e de região para região porque implicam ambientes jurídicos, culturais e económicos muito diferentes. A Lei da IA proposta estabelece um quadro alargado para regulamentar a IA na União Europeia. Neste sentido, a legislação classificará as aplicações de IA em termos de risco como mínimo, limitado ou elevado e aplicará requisitos mais rigorosos às aplicações de alto risco. Significa também testes rigorosos, documentação e requisitos de transparência para reduzir os possíveis danos. No caso dos Estados Unidos, a regulamentação da IA é mais específica do sector e menos centralizada. Várias agências federais, como a Food and Drug Administration (FDA) e a Federal Trade Commission (FTC), são responsáveis pelas aplicações de IA nos seus domínios. O National Institute of Standards and Technology (NIST) está também a desenvolver um quadro voluntário que orientará o desenvolvimento e a implementação da IA, delineando princípios como a transparência, a justiça e a responsabilidade. No entanto, é a abordagem mais prática que a China tem adotado na definição de políticas de IA. O conceito está plenamente incorporado no Plano de Desenvolvimento da Nova Geração de Inteligência Artificial da China, que estabelece objectivos ambiciosos para a liderança da IA até 2030, juntamente com regulamentos que gerem a segurança dos dados, a transparência algorítmica e as normas éticas.

Considerações éticas e de segurança

A definição de políticas em matéria de IA tem necessariamente de se confrontar com preocupações éticas (Vesnic-Alujevic et al., 2020; de Almeida et al., 2021). A capacidade da IA para promover situações já existentes ou tendenciosas aumentou o escrutínio da equidade algorítmica. Os regulamentos exigem agora frequentemente que os criadores implementem a possibilidade de detetar e atenuar o preconceito nos sistemas de IA. Ao abrigo da nova lei sobre a IA, por exemplo, a UE exige avaliações periódicas e documentação das actividades para garantir a conformidade com as normas éticas. Outra preocupação importante é a segurança, em especial para aplicações de alto risco, como os veículos autónomos e os cuidados de saúde. Os organismos reguladores exigem testes e validação rigorosos dos sistemas de IA para que tenham um desempenho fiável nos mais variados cenários e condições. A FDA, no seu documento de orientação relacionado com os dispositivos médicos baseados em IA, afirma que é necessário um acompanhamento contínuo através da vigilância pós-comercialização, em que as oportunidades de melhoria podem ser aproveitadas com uma ação atempada.

Privacidade e segurança dos dados.

Uma vez que os sistemas de IA requerem frequentemente grandes quantidades de dados pessoais, a privacidade e a segurança dos dados passaram a fazer parte da regulamentação da IA (Tschider, 2018; Saura et al., 2022). A União Europeia tem normas elevadas em matéria de proteção de dados, o que influencia a forma como os sistemas de IA podem recolher, armazenar e processar dados pessoais ao abrigo do Regulamento Geral sobre a Proteção de Dados (RGPD). A conformidade com o GDPR exigiria práticas eficazes de gestão de dados, avaliações de impacto e consentimento livre do utilizador para qualquer organização. É o caso de um benchmarking semelhante para a privacidade de dados através da Lei de Privacidade do Consumidor da Califórnia (CCPA), e teve um impacto na IA. Estas leis deram aos consumidores o controlo sobre os seus dados, desde os direitos de acesso à rescisão e à opção de não partilhar dados pessoais.

Responsabilidade e transparência

A responsabilização e a transparência da IA são esperadas se os sistemas merecerem a confiança do público (de Almeida et al., 2021; Novelli et al., 2023). As novas diretivas dos reguladores exigem que os criadores de IA expliquem claramente como as decisões são tomadas pelos seus sistemas; isto é muito crítico em áreas como a banca, em que as decisões baseadas na IA afectam a vida pessoal de qualquer ser humano. As noções de "IA explicável" ou XAI - para abreviar - estão a crescer, com os quadros regulamentares a apoiarem os sistemas de IA que garantem que os resultados são compreensíveis e interpretáveis (Ebers, 2020; Zednik, 2021). Isto facilita a compreensão por parte das partes interessadas - utilizadores e reguladores - do raciocínio subjacente às decisões de IA e permite um melhor controlo e responsabilização.

Cooperação internacional e normalização

Uma vez que a IA é de natureza global, requer colaboração internacional para a harmonização das normas regulamentares (Erdélyi, & Goldsmith, 2018; de Almeida, 2021; von Ingersleben-Seip, 2023). Organizações como a Organização Internacional de Normalização (ISO) e o Instituto de Engenheiros Eléctricos e Electrónicos (IEEE) estão a tentar desenvolver normas globais de IA. Estas normas significariam interoperabilidade para além das fronteiras - segurança e considerações éticas a par - promovendo o comércio e a cooperação internacionais eficientes. Os princípios da IA, adoptados por mais de vários países, oferecem um quadro para o desenvolvimento e utilização responsáveis da IA. Estes princípios estabelecem valores centrados no ser humano, transparência, robustez e responsabilidade como princípios orientadores que as políticas devem seguir a nível nacional, ao mesmo tempo que oferecem instruções para a cooperação internacional.

Regulamentação específica do sector

Os desafios e os riscos relativos à IA diferem consoante os sectores, o que, por sua vez, exige abordagens regulamentares diferentes. Os impulsos regulamentares no sector da saúde orientam-se em torno da segurança dos doentes, da proteção dos dados de saúde e da eficácia. A FDA abriu o seu caminho regulamentar para dispositivos médicos baseados em IA, no qual se espera que os fabricantes forneçam provas sobre segurança e eficácia, mas também concordem com a vigilância pós-comercialização para acompanhar o desempenho dos dispositivos ao longo do tempo. Para os veículos autónomos no sector automóvel, a tónica é colocada na forma como podem funcionar de forma segura e protegida. As normas relativas aos testes e à implantação baseiam-se, por conseguinte, em simulações rigorosas e em testes reais para provar que podem funcionar em segurança em diferentes ambientes. Entre outros, os organismos reguladores que garantem este facto incluem a National Highway Traffic Safety Administration (NHTSA) nos EUA e o European New Car Assessment Programme (Euro NCAP).

Desafios na regulamentação da IA

Provavelmente, uma das dificuldades mais críticas na política e na regulamentação é a transparência e a capacidade de prestar contas (Novelli et al., 2023; Taeihagh, 2021). Os sistemas de IA, e em particular os que utilizam a aprendizagem automática, são mecanismos de "caixa negra" que obscurecem a forma como as decisões são tomadas. Esta opacidade pode ser muito intrusiva em domínios como a justiça penal, a saúde ou as finanças, onde a IA é utilizada. Em segundo lugar, a impossibilidade de as pessoas afectadas contestarem ou recorrerem das decisões da IA sem explicações claras diminui a confiança nestes sistemas. A este respeito, os decisores políticos devem, neste momento, estabelecer quadros que obriguem os criadores de IA a tornar a IA transparente e a aumentar a clareza sobre a forma como são tomadas as decisões no âmbito do sistema de IA. Outro desafio crítico é o do enviesamento e da equidade na IA (Lauterbach, 2019; de Almeida et al., 2021). Os grandes conjuntos de dados de formação na maioria dos sistemas de IA podem estar imbuídos de preconceitos históricos que reflectem preconceitos já presentes na sociedade. Se esses preconceitos não forem mantidos à distância, podem ainda ser aumentados pelo algoritmo de IA e causar efeitos prejudiciais. Por exemplo, foi demonstrado que os sistemas de IA para contratação, concessão de empréstimos ou aplicação da lei tratam certos grupos demográficos pior do que outros. É essencial desenvolver regulamentação que obrigue à justiça e à igualdade nos sistemas de IA. Isto implica não só a normalização técnica do tratamento de dados e da equidade algorítmica, por exemplo, mas também a diversidade nas equipas que desenvolvem estas tecnologias, para garantir que uma perspetiva mais ampla ancore a conceção e a aplicação da IA.

Outra área de destaque nos debates políticos sobre a IA está relacionada com as preocupações de privacidade (Manheim, & Kaplan, 2019; Saura et al., 2022). A maioria dos sistemas de IA requerem grandes quantidades de dados para serem executados de forma eficaz, levantando assim preocupações sobre a recolha, armazenamento e utilização de informações pessoais. As violações de dados de alto nível e os casos de utilização não autorizada aumentaram a sensibilidade do público em geral em relação à privacidade. Os decisores políticos têm de equilibrar os benefícios da análise de dados baseada em IA com a necessidade de proteger os direitos de privacidade individuais. Isto implicaria a implementação de políticas rigorosas de proteção de dados, como o Regulamento Geral sobre a Proteção de Dados da União Europeia, proporcionando aos indivíduos um maior controlo sobre os dados pessoais e sanções pesadas em caso de incumprimento. A forma como a IA se desenvolve rapidamente é outro desafio regulamentar. Os processos regulamentares tradicionais demoram muitas vezes o seu tempo a deliberar, mas têm dificuldade em acompanhar o ritmo da evolução rápida da IA. Este desfasamento pode produzir regulamentos que estão simplesmente desactualizados ou que constituem um grande obstáculo à inovação, ao imporem requisitos pesados às tecnologias emergentes. Os decisores políticos devem desenvolver abordagens regulamentares mais ágeis

que se possa adaptar aos avanços tecnológicos. Pode implicar caixas de areia regulamentares flexíveis, no âmbito das quais poderão ser experimentadas novas aplicações de IA, ainda num contexto regulamentar flexível.

Outras preocupações cruciais a este respeito são os impactos económicos e o futuro do trabalho. A IA pode perturbar os mercados de trabalho através da automatização muito rápida de tarefas que até agora eram executadas por seres humanos. Embora seja capaz de aumentar a produtividade e precipitar o crescimento económico, também abre perspectivas de deslocação de postos de trabalho e de aumento da desigualdade económica. A transição exigirá que os decisores políticos promovam programas de educação e formação para os trabalhadores que os dotem de competências relevantes adaptadas a uma economia diretamente afetada pela IA, centrando-se na criação e no desenvolvimento de redes de segurança social para os trabalhadores afectados pela deslocação de postos de trabalho. Além disso, a natureza global do desenvolvimento e da implantação da IA torna-o complicado em termos de política e de regulamentação. O desenvolvimento, a aplicação e o funcionamento das tecnologias de IA são actividades comerciais internacionais. Para o efeito, surge a necessidade de cooperação global e de harmonização da regulamentação. A partir de soluções nacionais díspares, pode surgir uma fragmentação regulamentar, que acarreta sobretudo despesas complexas em caso de conformidade para as empresas multinacionais e conduz a um efeito de corrida para o fundo no que respeita às normas aplicadas. As organizações e coligações internacionais têm de dar lugar a quadros coerentes que garantam normas de prática consistentes a nível mundial. As considerações éticas devem informar o desenvolvimento e a utilização da IA (Roberts et al., 2021; Vesnic-Alujevic et al., 2020). Agora que os sistemas de IA estão a tornar-se cada vez mais autónomos, surgem algumas questões relevantes na tomada de decisões morais e éticas. Por exemplo, no que diz respeito aos veículos autónomos, as decisões relativas ao tipo de acções que uma IA tem de realizar em situações decisivas para a vida dão origem a dilemas éticos complexos. Os decisores políticos devem envolver os especialistas em ética, os tecnólogos e o público na criação de diretrizes para abordar estas questões morais.

Outro domínio que suscita fortes preocupações reafirma os riscos de segurança associados à IA (Hoffmann-Riem, 2020; Fortes et al., 2022). Uma vez que a IA é vulnerável a muitos tipos diferentes de ataques, incluindo o envenenamento de dados, ataques adversários ou mesmo o roubo de modelos, que podem comprometer a sua integridade e fiabilidade em infra-estruturas críticas relacionadas com a saúde, a energia ou as finanças, isto pode ter implicações graves. Os decisores políticos devem estabelecer normas de segurança elevadas e seguir as melhores práticas para proteger os sistemas de IA de actividades malignas. O problema é o do controlo e da governação da IA. Com os investigadores a trabalharem para tornar a IA cada vez mais poderosa e capaz, será imperativo garantir que estes futuros sistemas de IA permaneçam sob controlo humano e que as suas acções estejam de acordo com os valores humanos. Isto inclui mecanismos de controlo humano com linhas distintas de responsabilização, criando sistemas de segurança para evitar que a IA actue fora dos parâmetros pretendidos.

O Quadro 1 apresenta uma panorâmica estruturada dos vários custos e benefícios associados aos quadros regulamentares, bem como dos seus impactos finais na sociedade. Estes incluem várias categorias de custos: custos diretos, que dizem respeito aos custos diretos de cumprimento e incómodo; custos de aplicação relacionados com actividades de monitorização, adjudicação e execução; e custos indirectos, relacionados com custos de cumprimento mais amplos e outros custos mais gerais. No que se refere aos benefícios, o quadro separa os benefícios diretos - como o aumento do bem-estar e da eficiência do mercado - dos benefícios indirectos, que incluem efeitos macroeconómicos mais amplos e outros benefícios não monetizáveis. Estes regulamentos manifestam os seus impactos finais no bem-estar, felicidade, satisfação com a vida, qualidade ambiental, crescimento económico, nível de vida e emprego. Os políticos precisam desta análise exaustiva para apreciar plenamente todas as implicações da regulamentação, de modo a poderem tomar decisões informadas para equilibrar os custos com os benefícios para a sociedade.

Quadro 1 Panorama estruturado dos vários custos e benefícios associados aos quadros regulamentares, bem como dos seus impactos finais na sociedade

Category	Type	Description
Regulatory Costs	**Direct costs**	Direct compliance costs, hassle costs
	Enforcement costs	Monitoring, adjudication, enforcement
	Indirect costs	Indirect compliance costs, other costs
Regulatory Benefits	**Direct benefits**	Improved well-being, market efficiency
	Indirect benefits	Indirect compliance benefits, wider macroeconomic effects, other, non-monetizable benefits
Ultimate Impact	-	Well-being, happiness, and life satisfaction
	-	Environmental quality
	-	Economic growth and living standards
	-	Employment

Direcções futuras na política e regulamentação da IA

Um dos domínios importantes em que a futura política de IA tem de se concentrar é o estabelecimento de guias de ética e quadros claramente definidos (Petit, 2017; Wong, 2021). Uma vez que os sistemas de IA estão a ser cada vez mais integrados na vida quotidiana, é essencial garantir que funcionam de forma a respeitar os direitos humanos e os valores sociais. O estabelecimento de orientações éticas para a IA está a ser desenvolvido em resposta a questões de parcialidade, preocupações com a privacidade e transparência dos processos de tomada de decisão da IA. Para além das considerações éticas, são necessárias fortes normas de segurança no desenvolvimento da IA (Reed, 2018; de Almeida et al., 2021). A IA avançada tem riscos potenciais associados às suas consequências não intencionais e à sua utilização maliciosa. Tudo isto exige, por conseguinte, a criação de protocolos de segurança abrangentes. Os decisores políticos reconhecem cada vez mais a necessidade de estabelecer normas que garantam que os sistemas de IA sejam robustos, fiáveis e seguros - assegurando riscos mínimos com benefícios máximos.

Outra área crítica que afecta as orientações políticas futuras é a das implicações económicas da IA (George, 2023; Bhat, 2023). Existe a capacidade de melhorar imensamente a produtividade e impulsionar o crescimento económico; no entanto, são muitos os riscos associados ao impacto da deslocação de postos de trabalho na desigualdade económica. Nesse sentido, os governos e as organizações internacionais estão a avaliar uma série de políticas que podem ser postas em prática para obter um crescimento justo, particularmente no que diz respeito à melhoria das competências e à requalificação dos trabalhadores para as novas funções criadas pelas mudanças. Existe também a pressão para que sejam adoptadas políticas de apoio à inovação, assegurando simultaneamente que os benefícios económicos da IA sejam generalizados. Isto inclui o financiamento da investigação e do desenvolvimento da IA, incentivos para empresas éticas em fase de arranque no domínio da IA e regulamentação contra práticas monopolistas na indústria tecnológica.

A governação dos dados faz parte da regulamentação central da IA, uma vez que os sistemas de IA se baseiam em grandes volumes de dados. No futuro, a política de IA reforçará ainda mais as regras em matéria de recolha, armazenamento e utilização de dados para preservar a privacidade das pessoas e evitar monopólios de dados. Outra tendência relevante na política de IA é a ênfase crescente na cooperação e normalização internacionais (von Ingersleben-Seip, 2023; Laux, et al., 2024). O desenvolvimento da IA não se restringe a um país; pelo contrário, é um esforço global. Por conseguinte, a adesão a diferentes regulamentações entre países cria problemas para a colaboração e a inovação internacionais. As organizações estão a definir orientações e normas internacionais para a IA. Os seus esforços visam harmonizar as regras além-fronteiras, com o objetivo de ajudar a desenvolver de forma segura e benéfica as tecnologias de IA em todo o mundo. No futuro, haverá mais tratados e acordos internacionais relativos à governação da IA que conduzirão a uma abordagem muito mais convergente para enfrentar os desafios globais colocados pela IA.

As orientações políticas futuras serão também moldadas pelo papel da IA em sectores críticos como os cuidados de saúde, as finanças e os transportes (Rane, 2023). Com efeito, estes sectores têm requisitos regulamentares específicos para que o desenvolvimento e as aplicações de IA garantam alguma segurança, fiabilidade e equidade nessas áreas. Por exemplo, nos cuidados de saúde, a utilização da IA para diagnóstico e planeamento de tratamentos implica uma validação e supervisão rigorosas para evitar danos aos doentes. Do mesmo modo, os algoritmos de negociação baseados em IA e os sistemas de pontuação de crédito financeiro necessitam de regulamentação capaz de travar os enviesamentos e garantir a transparência. Cada vez mais, os decisores políticos estão a elaborar orientações sectoriais específicas para lidar com questões particulares relacionadas com a IA nas áreas. Outros factores determinantes das futuras orientações políticas em matéria de IA são a confiança do público. Para que haja difusão e aceitação generalizada, as tecnologias de IA requerem confiança na sua equidade, fiabilidade e transparência. De facto, os decisores políticos estão a concentrar cada vez mais os seus esforços em medidas de reforço para aumentar a confiança do público através da natureza obrigatória da abertura nos processos de tomada de decisões em matéria de IA e de mecanismos de responsabilização e reparação. Inclui comités de ética da IA, consultas públicas e uma ampla participação das partes interessadas na elaboração de políticas de IA para incutir confiança e garantir que essas tecnologias respondem ao apelo do bem público.

Outra componente essencial da política de IA no futuro será a educação e a sensibilização. Com a difusão da IA, é necessário que o público compreenda as suas implicações. Estas políticas de literacia em matéria de IA representam, a um nível, programas que gozam de primazia no ensino a todos os níveis e, a outro, campanhas públicas destinadas a sensibilizar os cidadãos para os benefícios e riscos associados a estas tecnologias emergentes. Isto implica, por conseguinte, a integração da educação em matéria de IA no currículo e recursos adicionais para a aprendizagem ao longo da vida, a fim de permitir que cada cidadão navegue num mundo orientado para a IA. Muito provavelmente, terão de ser aplicadas algumas abordagens adaptativas e iterativas na política de IA e na sua futura regulamentação, uma vez que as taxas de inovação mais rápidas exigem regulamentações mais flexíveis que respondam aos novos desafios e oportunidades que surgem. Cada vez mais, os controlos de supervisão abrangem caixas de areia regulamentares e programas-piloto que permitem testar tecnologias de IA em ambientes controlados. Essas abordagens fornecem aos reguladores os meios para coletar dados, avaliar impactos e ajustar políticas para garantir que os regulamentos permaneçam relevantes e eficazes em meio a um cenário tecnológico em rápida evolução.

Conclusões

A regulamentação e a política industrial da IA têm estado no centro das atenções de muitos governos e organizações em todo o mundo. Como a IA está a tornar-se omnipresente em sectores que vão desde os cuidados de saúde, às finanças e à indústria transformadora, a questão da criação de medidas regulamentares fortes nunca foi tão necessária. O AI Act é a lei da União Europeia que propõe níveis de risco para os sistemas de IA e inclui uma série de obrigações para as aplicações de alto risco. Este quadro legislativo tem por objetivo garantir a transparência, a responsabilidade e o respeito pelos direitos fundamentais no combate à norma mundial de regulamentação da IA. Entretanto, o aumento da atividade reguladora nos Estados Unidos inclui a aprovação da Lei da Iniciativa Nacional de IA para melhorar a fiabilidade da IA através do financiamento da investigação, do desenvolvimento da força de trabalho e da coordenação entre agências. A China está a desenvolver agressivamente a governação da IA, procurando assegurar avanços tecnológicos juntamente com uma regulamentação rigorosa da utilização de dados e da transparência algorítmica. Ao adotar uma estratégia dupla, pretende garantir a inovação, bem como o controlo dos avanços da IA. No entanto, continuam a existir desafios. A discussão em curso gira em torno da forma como a IA pode ser regulamentada de modo a não asfixiar a inovação. Com o rápido crescimento do interesse global na IA, tanto como bem económico como estratégico, está a desenvolver-se uma ênfase paralela nas abordagens cooperativas para harmonizar os regulamentos relacionados com a IA além-fronteiras, a fim de construir um ecossistema para a ética e a segurança da IA. A ação colaborativa, apoiada por abordagens ágeis à regulamentação, será crucial à medida que as nações e os sectores procuram negociar estes desafios para um futuro cada vez mais concentrado na IA e nas suas exigências de segurança, equidade e justiça.

Referências

Bhat, I. A. (2023). Inteligência artificial e seu impacto na economia indiana. Tendências de investigação em matérias multidisciplinares, 94.

Capraro, V., Lentsch, A., Acemoglu, D., Akgun, S., Akhmedova, A., Bilancini, E., ... & Viale, R. (2024). O impacto da inteligência artificial generativa nas desigualdades socioeconómicas e na elaboração de políticas. PNAS nexus, 3(6).

Cath, C. (2018). Governar a inteligência artificial: oportunidades e desafios éticos, jurídicos e técnicos. Transacções Filosóficas da Sociedade Real A: Ciências Matemáticas, Físicas e de Engenharia, 376(2133), 20180080.

de Almeida, P. G. R., dos Santos, C. D., & Farias, J. S. (2021). Regulação da inteligência artificial: um quadro para a governação. Ética e Tecnologia da Informação, 23(3), 505-525.

Ebers, M. (2020). Regulamentar a IA explicável na União Europeia. Uma visão geral do (s) quadro (s) jurídico (s) atual (is). Uma visão geral do (s) quadro (s) jurídico (s) atual (is) (9 de agosto de 2021). Liane Colonna/Stanley Greenstein (eds.), Anuário Nórdico de Direito e Informática.

Erdélyi, O. J., & Goldsmith, J. (2018, dezembro). Regulamentação da inteligência artificial: Proposta para uma solução global. Em Proceedings of the 2018 AAAI/ACM Conference on AI, Ethics, and Society (pp. 95-101).

Fortes, P. R. B., Baquero, P. M., & Amariles, D. R. (2022). Riscos da inteligência artificial e regulação algorítmica. Revista Europeia de Regulação de Riscos, 13(3), 357-372.

George, A. S. (2023). Future Economic Implications of Artificial Intelligence (Implicações económicas futuras da inteligência artificial). Partners Universal International Research Journal, 2(3), 20-39.

Hoffmann-Riem, W. (2020). A inteligência artificial como um desafio para a lei e a regulamentação. Regulação da inteligência artificial, 1-29.

Lauterbach, A. (2019). Inteligência artificial e política: quo vadis? Política Digital, Regulação e Governação, 21(3), 238-263.

Laux, J., Wachter, S., & Mittelstadt, B. (2024). Três vias para a normalização e divulgação ética por defeito ao abrigo da Lei da Inteligência Artificial da União Europeia. Computer Law & Security Review, 53, 105957.

Manheim, K., & Kaplan, L. (2019). Inteligência artificial: Risks to privacy and democracy (Riscos para a privacidade e a democracia). Yale JL & Tech, 21, 106.

Novelli, C., Taddeo, M., & Floridi, L. (2023). Accountability na inteligência artificial: o que é e como funciona. AI & SOCIETY, 1-12.

Petit, N. (2017). Direito e regulação da inteligência artificial e dos robots - quadro concetual e implicações normativas. Disponível em SSRN 2931339.

Rane, N. L. (2023). Colaboração multidisciplinar: principais intervenientes na implementação bem sucedida do ChatGPT e de inteligência artificial generativa semelhante na indústria transformadora, financeira, retalhista, dos transportes e da construção.

Reed, C. (2018). Como devemos regular a inteligência artificial? Philosophical Transactions of the Royal Society A: Mathematical, Physical and Engineering Sciences, 376(2128), 20170360.

Roberts, H., Cowls, J., Morley, J., Taddeo, M., Wang, V., & Floridi, L. (2021). A abordagem chinesa à inteligência artificial: uma análise da política, ética e regulamentação. Ética, governação e políticas em inteligência artificial, 47-79.

Saura, J. R., Ribeiro-Soriano, D., & Palacios-Marqués, D. (2022). Avaliação das questões de privacidade da ciência de dados comportamentais na implantação de inteligência artificial do governo. Government Information Quarterly, 39(4), 101679.

Taeihagh, A. (2021). Governação da inteligência artificial. Política e sociedade, 40(2), 137-157.

Tschider, C. A. (2018). Regulando a internet das coisas: discriminação, privacidade e segurança cibernética na era da inteligência artificial. Denv. L. Rev., 96, 87.

Vesnic-Alujevic, L., Nascimento, S., & Polvora, A. (2020). Impactos sociais e éticos da inteligência artificial: Notas críticas sobre os quadros políticos europeus. Política de Telecomunicações, 44(6), 101961.

von Ingersleben-Seip, N. (2023). Concorrência e cooperação na definição de normas de inteligência artificial: Explicando padrões emergentes. Revista de Investigação Política, 40(5), 781-810.

Wischmeyer, T., & Rademacher, T. (Eds.). (2020). Regulamentação da inteligência artificial (Vol. 1, No. 1, pp. 307321). Cham: Springer.

Wong, A. (2021). Ética e regulamentação da inteligência artificial. Em Inteligência Artificial para Gestão do Conhecimento: 8º Workshop Internacional IFIP WG 12.6, AI4KM 2021, Realizado no IJCAI 2020, Yokohama, Japão, 7 a 8 de janeiro de 2021, Artigos Selecionados Revisados 8 (pp. 1-18). Springer International Publishing.

Zednik, C. (2021). Resolver o problema da caixa negra: um quadro normativo para uma inteligência artificial explicável. Filosofia e tecnologia, 34(2), 265-288.

Capítulo 12: Desafios da implementação da inteligência artificial para uma indústria inteligente e sustentável

Resumo:

Inteligente e sustentável é o caminho a seguir quando se trata de indústrias e, embora a inteligência artificial (IA) seja o caminho para a transformação, tem o seu próprio conjunto de desafios para uma incorporação maciça. Em primeiro lugar, a construção de uma infraestrutura de IA é muito dispendiosa e o investimento seria difícil para muitas organizações, por exemplo, as pequenas e médias empresas (PME), para se tornarem cobiçadas no mercado. O domínio da IA é multifacetado, exigindo uma mão de obra tecnicamente sólida e especializada em ciência dos dados e aprendizagem automática, o que constitui um recurso escasso a nível mundial. Além disso, em qualquer indústria com dados sensíveis, há grandes questões que surgem a par da adoção de sistemas de IA, especificamente relacionadas com a privacidade e a segurança dos dados. A ética é outra questão importante e, sem um tratamento cuidadoso, a tradição de seres humanos tendenciosos através da IA pode levar a um resultado turbinado. Além disso, as questões operacionais são galopantes; a integração da IA em sistemas e operações antigos pode ser complexa e morosa. Isto não é escalável em tempo de execução devido à natureza dinâmica das tecnologias de IA e resulta num aumento da carga operacional de actualizações/manutenção contínuas. Além disso, normalmente presta pouca atenção ao aspeto da sustentabilidade; os sistemas de IA tendem a ter um grande consumo de energia, contrariando o objetivo de reduzir a pegada ambiental. Mesmo assim, as questões jurídicas acompanham a IA à medida que esta continua a crescer em popularidade, uma vez que as regras que se aplicam à IA estão a formar-se e apresentam diferenças significativas consoante a região. A resposta a estes desafios exigirá uma abordagem integrada do sistema, que englobe a regulamentação governamental, a aprendizagem académica e a exposição da indústria, a fim de criar um ambiente político favorável, educar e formar adequadamente a mão de obra e incentivar a inovação na criação de soluções eficientes e sustentáveis baseadas na IA. Tudo isto exige iniciativas combinadas para que a IA atinja todo o seu potencial em indústrias inteligentes e sustentáveis.

Palavras-chave: Desafios, Inteligência artificial, Qualidade dos dados, Privacidade dos dados, Custo, Segurança dos dados, Ética.

Introdução

A tecnologia está pronta para tomar de assalto várias indústrias, uma vez que tem o potencial de lhes proporcionar projectos simplificados e uma abordagem inovadora e sustentável para os seus negócios, conduzindo assim à eficiência na forma como as coisas são feitas. Automação, tomada de decisão baseada em dados e processos otimizados são as marcas das novas indústrias inteligentes alimentadas por tecnologias de inteligência artificial (IA) implantadas em operações industriais (Sun, & Medaglia, 2019; Peres et al., 2020). Mas a implantação da IA na indústria é uma tarefa complexa, repleta de dificuldades que podem limitar a sua oportunidade de promover negócios mais sustentáveis (Kaplan, & Haenlein, 2020; Celik et al., 2022; Peres et al., 2020). Um grande obstáculo decorre da complexidade técnica dos sistemas de IA (Bhima, et al., 2023). Ambas as soluções de IA têm de estar imersas em conhecimentos de aprendizagem automática, ciência dos dados e engenharia. Muitas indústrias têm dificuldade em reunir o conjunto de talentos e recursos para construir modelos de IA fortes. Além disso, a implementação da IA nos sistemas industriais actuais é um desafio para a empresa devido a problemas de interoperabilidade, à incapacidade de escalar aplicações de IA e à qualidade dos dados (Aldoseri et al., 2023; Pansara, 2023). A IA também funciona do lado da organização. A resistência à mudança, a fraca visão estratégica e a falta de liderança para compreender e apoiar a IA são um impedimento fundamental para a adoção de tecnologias de IA. Por exemplo, muitas empresas podem ser desafiadas a integrar a sua estratégia de IA num objetivo de negócio maior, e o mesmo se aplica aos objectivos de sustentabilidade. Este desalinhamento conduz a resultados não óptimos, desperdiça recursos e compromete os potenciais benefícios da IA. Um segundo grande desafio é, evidentemente, colocado por considerações éticas (Du, & Xie, 2021; Slimi, & Carballido, 2023). A IA nas indústrias desencadeia preocupações com a perda de emprego, a privacidade e os preconceitos. É crucial obter a confiança e a aceitação do público de que os sistemas de IA são transparentes, justos e responsáveis (Arrieta et al., 2020; Longo et al., 2020; Das, & Rad, 2020). É importante navegar no panorama ético para que as indústrias possam evitar impactos sociais adversos e criar uma IA mais responsável. Este documento tenta esclarecer os desafios enfrentados pela indústria no sentido da implementação da IA para indústrias inteligentes e sustentáveis.

Contributos da investigação:

1) A presente investigação tem como objetivo fazer uma revisão sistemática da literatura associada à aplicação da IA nas indústrias e estabelecer uma noção das principais áreas abrangidas, bem como identificar temas e lacunas da implementação da IA nas indústrias.

2) Utilizando as palavras-chave de desafios que podem ser extraídas de cada publicação, os pipelines conseguem determinar os principais temas que abrangem a maioria das publicações e fornecem o panorama do campo de investigação atual.

Metodologia

Esta investigação consiste numa literatura detalhada de bases de dados como IEEE Xplore, Scopus, Google Scholar, etc. de artigos académicos, documentos de conferências e publicações relevantes. As palavras-chave de pesquisa foram "inteligência artificial", "indústria inteligente", "indústria sustentável", "desafios", "desafios da IA" e "indústria 4.0". A análise das palavras-chave da literatura recolhida é utilizada para descobrir os principais temas e tendências. Esse processo incluiu a extração e o exame de percentis relativamente a palavras-chave nos resumos e títulos destes artigos selecionados para avaliar a frequência e a relação entre elas. Os resultados destas análises serviram para oferecer uma compreensão estruturada do estado atual da investigação e salientaram áreas e lacunas que devem ser abordadas em diferentes frentes da integração da IA em ambientes industriais.

Resultados e discussões

Desafios da implementação da IA para uma indústria inteligente e sustentável

A IA tem o potencial de transformar a indústria, associada a aumentos de eficiência, reduções de resíduos e práticas empresariais mais sustentáveis (Sun, & Medaglia, 2019; Peres et al., 2020). A concretização destes benefícios não está isenta de desafios críticos. A IA na criação de indústrias inteligentes e ecológicas sugere uma interação complexa entre as dimensões tecnológica, económica, social e regulamentar. Um dos principais desafios é o facto de a IA ter de ser integrada nas infra-estruturas industriais antigas. A maioria das indústrias trabalha com sistemas antigos, nenhum dos quais foi concebido para qualquer tipo de tecnologia de IA. Tornar os sistemas compatíveis com a IA implica um enorme investimento financeiro e de tempo. Grande parte deste investimento implica a atualização do hardware através da instalação de sensores, até à garantia final de que os dados fazem algum sentido para os algoritmos de IA. Além disso, a heterogeneidade dos ambientes industriais implica que nenhuma solução única é adequada para todos, o que exige soluções personalizadas e pode ser bastante dispendioso e complexo. O quadro 1 mostra o resumo dos desafios da implementação da IA para uma indústria inteligente e sustentável.

Os dados são a vida para a IA, mas, mais do que em qualquer outro lugar, os problemas a este respeito foram identificados no sector industrial. Embora as indústrias gerem enormes volumes de dados, estes são sobretudo desestruturados, heterogéneos e dispersos por vários departamentos. Para que a implantação da IA seja eficaz, são necessários dados limpos e de qualidade, o que implica grandes esforços de limpeza, normalização e integração (Lotfian et al., 2021; Aldoseri et al., 2023). Além disso, a privacidade e a segurança dos dados são fundamentais, especialmente quando se trata de informações industriais sensíveis. Isto aumenta o desafio devido aos riscos de ciberataques e violações de dados no mundo atual, juntamente com a exigência de que sejam tomadas medidas adequadas de cibersegurança para a integridade dos dados (Bécue et al., 2021; Sontan, & Samuel, 2024). Outro grande desafio é a escassez de talentos qualificados (Mukherjee, 2022; Vishwakarma, & Singh, 2023). Para implementar a IA, as indústrias precisam de equipas multidisciplinares, incluindo especialistas em ciência dos dados e IA, e especialistas no domínio que compreendam o contexto específico em que uma indústria opera. Atualmente, existe uma escassez global desses profissionais qualificados, pelo que pode ser difícil para as indústrias encontrar o tipo certo de talento que irá liderar ou apoiar as iniciativas de IA. Isto também requer a reconversão do pessoal existente para trabalhar com tecnologias de IA, o que, por si só, é uma tarefa que exige muitos recursos.

Os custos de implementação de soluções de IA podem também ser proibitivos (Mun et al., 2020; Rane, 2023). Por exemplo, o desenvolvimento e a implantação de qualquer sistema de IA exigem investimentos iniciais substanciais em tecnologias, infra-estruturas e pessoal altamente qualificado. Este pode ser um custo que nem todas as indústrias, especialmente as pequenas e médias empresas (PME), podem suportar confortavelmente. Além disso, o retorno do investimento (ROI) dos vários projectos de IA é, na sua maioria, indefinido, uma vez que os benefícios levam tempo a concretizar-se e são, na sua maioria, intangíveis. No entanto, não se pode ignorar as considerações éticas e sociais relativas à implantação da IA nas indústrias. Por último, um sistema de IA pode substituir os trabalhadores humanos, conduzindo a um desemprego maciço e a perturbações sociais. Por conseguinte, torna-se muito importante para os sectores encontrar um equilíbrio entre a automatização e o emprego de pessoas sem efeitos adversos para a mão de obra. Isto significa requalificação e atualização de competências no trabalho, uma cultura organizacional de aprendizagem contínua e a identificação de estratégias de colaboração homem-máquina. Por último, há que ter em conta a forma como a IA será utilizada eticamente para tomar decisões que afectam os trabalhadores e o ambiente, garantindo a transparência e a equidade dos processos baseados na IA.

Quadro 1 Resumo dos desafios da implementação da IA para uma indústria inteligente e sustentável

References	Challenge	Description	Potential Solutions
Lotfian et al., (2021); Aldoseri et al., (2023); Pansara, (2023)	Data Quality	Ensuring high-quality, diverse data for AI models.	Implement data governance, use cleaning tools, collect diverse data.
Irani et al., (2023); Misra et al., (2023)	Legacy Systems Integration	Integrating AI with existing systems.	Use middleware/APIs, phased implementation, modernization.
Shaw et al., (2019); Rajendran, (2021); Dhar Dwivedi et al., (2024)	Scalability	Scaling AI solutions across operations/sites.	Design scalable architectures, use cloud/edge computing.
Mun et al., (2020); Rane, (2023)	Cost	High initial investment for AI technology and personnel.	Cost-benefit analysis, seek grants/subsidies, public-private partnerships.
Mukherjee, (2022); Vishwakarma, & Singh, (2023)	Talent Shortage	Lack of skilled AI professionals.	Invest in training, collaborate with academia, offer competitive salaries.
Chaudhary et al., (2020); Bécue et al., (2021); Sontan, & Samuel, (2024)	Cybersecurity Risks	Increased vulnerability to cyber-attacks.	Implement robust cybersecurity, conduct regular audits, use AI for threat detection.
Cath, (2018); Igbinenikaro, & Adewusi, (2024)	Regulatory Compliance	Navigating complex regulations.	Stay updated on regulations, use compliance systems, engage with regulatory bodies.
Du, & Xie, (2021; Slimi, & Carballido, (2023	Ethical Concerns	Addressing bias, job displacement, transparency.	Develop ethical guidelines, ensure transparency, detect/mitigate bias.
Chui et al., (2018); Nishant et al., (2020); Ahmad et al., (2021)	Energy Consumption	Managing AI's increased energy demands.	Optimize algorithms, use energy-efficient hardware, invest in renewable energy.
Valtiner, & Reidl, (2021); Lemos et al., (2022); Smith et al., (2022)	Change Management	Resistance to AI adoption among employees/stakeholders.	Conduct change programs, provide training, involve stakeholders.
Zeid et al., (2019); Macharia et al., (2023)	Interoperability	Ensuring AI works with various hardware/software.	Adopt open standards, use interoperable platforms, collaborate with consortia.
Feng et al., (2022); Steidl et al., (2023); Aldoseri et al., (2023)	Continuous Improvement	Updating AI models to adapt and improve.	Implement continuous learning, monitor performance, incorporate feedback.
Nishant et al., (2020); Zhao & Gómez Fariñas (2023)	Environmental Impact	Balancing AI's footprint with sustainability goals.	Conduct impact assessments, optimize resource use, invest in green tech.
Wang et al., (2015); Lin, & Zhao, (2020)	Resource Allocation	Allocating sufficient resources for AI projects.	Prioritize projects, secure executive support, manage resources efficiently.

Arrieta et al., (2020); Longo et al., (2020); Das, & Rad, (2020)	Transparency and Explainability	Making AI decision processes understandable.	Use explainable AI techniques, provide clear documentation, transparent communication.
ÓhÉigeartaigh et al., (2020); Budhwar et al., (2022)	Cultural Barriers	Fostering a culture of innovation and sustainability.	Promote innovation culture, provide cultural training, highlight success stories.
Lins et al., (2021); Kokkonen et al., (2022)	Vendor Lock-in	Avoiding dependence on specific AI vendors.	Choose open-source solutions, diversify vendors, negotiate flexible contracts.
Reyna et al., (2022); Kulkov et al., (2023); Walk et al., 2023); Fan et al., (2023)	Performance Metrics	Establishing metrics to evaluate AI's impact on sustainability.	Define clear KPIs, use monitoring tools, regularly review/adjust metrics.

Existem também desafios associados a questões regulamentares e de conformidade (Cath, 2018; Igbinenikaro, & Adewusi, 2024). Embora o ambiente regulamentar para a IA ainda não tenha sido estabelecido, diferentes regiões e países estão a utilizar os seus quadros e normas. As partes interessadas nas indústrias terão de estar à frente de um ambiente regulamentar tão complexo e por vezes fragmentado, assegurando que as implementações de IA se alinham com as leis e regulamentos aplicáveis. Isto inclui a adesão aos regulamentos de direitos de autor e proteção de dados, segurança padrão e diretrizes ambientais. Manter-se a par das alterações regulamentares e cumprir os requisitos de conformidade exige recursos dedicados e especializados nesta área. A sustentabilidade é um objetivo essencial para as indústrias inovadoras e tem os seus desafios. Embora a IA possa fundamentalmente trabalhar para melhorar a sustentabilidade através da otimização da utilização de recursos e da redução de resíduos, o impacto a curto prazo das tecnologias de IA no ambiente não pode ser negligenciado. Assim, os sistemas de IA, especialmente os que abrangem a aprendizagem automática e profunda, utilizam intensivamente a energia, aumentando a pegada de carbono. O desafio consistirá em equilibrar a eficiência impulsionada pela IA com os custos ambientais da tecnologia (Nishant et al., 2020; Zhao & Gómez Fariñas 2023). Torna-se imperativo que as indústrias procurem soluções de IA sustentáveis, como algoritmos energeticamente eficientes e a alimentação dos sistemas de IA através de fontes de energia renováveis.

Outro desafio crítico é a interoperabilidade e a normalização (Macharia et al., 2023). Os ambientes industriais são tipicamente caracterizados por vários sistemas e equipamentos adquiridos a diferentes fornecedores com base em protocolos e normas. Uma vez que os sistemas de IA têm de ser integrados e comunicar bem com componentes diversificados num ambiente altamente industrializado, o acoplamento tornar-se-ia um aspeto central da sua implementação eficaz. A existência de protocolos e interfaces deficientes pode levar a problemas de incompatibilidade e, por conseguinte, dificultar uma implantação sem problemas. Para ultrapassar estes problemas, torna-se crucial o desenvolvimento de normas para todo o sector e a colaboração entre os fornecedores, bem como entre todas as partes interessadas. O ritmo a que as mudanças tecnológicas estão a ocorrer está a forçar outro parâmetro de desafio à implementação. As próprias tecnologias de IA estão a mudar muito rapidamente, uma vez que novos algoritmos, ferramentas e técnicas estão em contínuo desenvolvimento. As indústrias terão de acompanhar este ritmo para se manterem competitivas, mas haverá grandes limitações de recursos associadas a uma curva de aprendizagem constante. Será necessária uma abordagem estratégica e investimento para se manter atualizado com os novos desenvolvimentos em IA e para garantir que as soluções implementadas não sejam substituídas por inovações que as tornem obsoletas. Existem barreiras culturais e organizacionais à adoção da IA nas indústrias (Budhwar et al., 2022). Poucos são os que adoptam rapidamente a mudança e, por isso, os funcionários e a gestão resistem às novas tecnologias. Isto pode dever-se à falta de conhecimentos sobre a IA, ao receio de perder o emprego ou ao ceticismo quanto ao retorno dos resultados que podem advir da utilização da IA. Para tal, será necessária uma liderança forte, uma comunicação clara do valor e do impacto da IA e uma abordagem de colaboração em que participem todas as partes interessadas envolvidas no processo de adoção da IA. A abertura à inovação e à mudança tem de ser criada para que as indústrias possam implementar a IA.

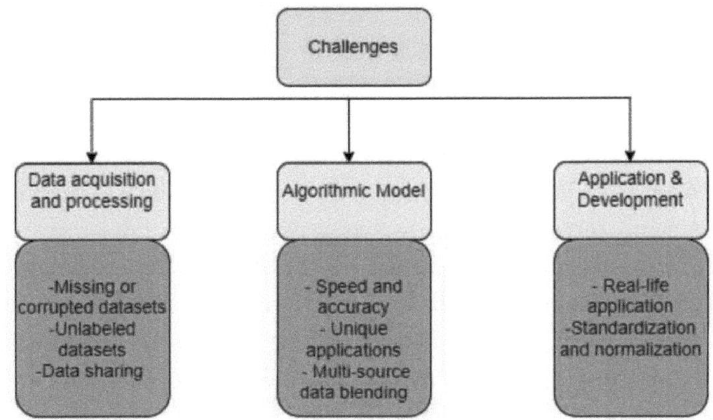

Fig. 1 Desafios na implementação da aprendizagem automática (ML) na indústria transformadora

A Fig. 1 resume em pormenor os problemas na implementação do suporte ML na indústria transformadora. A superação destes desafios exige práticas robustas de tratamento de dados, desenvolvimento de algoritmos avançados e estratégias de aplicação prática. A resolução destes obstáculos é essencial para concretizar todo o potencial do ML para aumentar a eficiência, reduzir os custos e estimular a inovação na indústria transformadora. O relatório identifica três áreas temáticas em que são encontrados desafios: Aquisição e processamento de dados, modelo algorítmico e aplicação e desenvolvimento.

Aquisição e tratamento de dados

Conjuntos de dados em falta ou corrompidos: Dados incompletos ou danificados podem impedir significativamente a formação e a eficácia dos modelos de ML.

Conjuntos de dados não rotulados: A falta de dados etiquetados dificulta o treino de qualquer modelo de aprendizagem supervisionado; é necessário um esforço adicional no processo de etiquetagem dos dados.

Partilha de dados: A partilha de dados entre diferentes sistemas ou organizações não está isenta de desafios em matéria de privacidade, segurança e interoperabilidade.

Modelo Algorítmico:

Velocidade e exatidão: Modelos rápidos e precisos são algumas das tarefas mais difíceis que as aplicações em tempo real relacionadas com o fabrico exigem na sua fase de desenvolvimento.

Aplicações especializadas: Podem ser necessários algoritmos específicos em cada processo de fabrico, o que torna difícil o desenvolvimento de modelos adaptáveis e gerais.

Combinação de dados de várias fontes - Algo tão complexo como a integração de dados de várias fontes é indispensável para uma análise profunda e para a tomada de decisões.

Aplicações e desenvolvimento:

Aplicação no mundo real: A tradução dos modelos de ML da teoria para a prática significa que devem ser traduzidos de acordo com as restrições do mundo real e a integração operacional.

Padronização e normalização: os mesmos padrões de dados e normalização devem ser seguidos de forma semelhante em diferentes conjuntos de dados e leituras de sistemas que ajudam na implantação eficaz do ML.

Conclusões

Há vários obstáculos a ultrapassar quando se trata de implementar a IA como criadora de indústrias inteligentes e sustentáveis, estes desafios são tanto técnicos como não técnicos. Embora a IA tenha o poder de mudar completamente a forma como as empresas operam, aumentando a eficiência, reduzindo os desperdícios e promovendo a sustentabilidade ambiental, o caminho para a sua adoção continua a ser muito difícil. Esta é uma tarefa difícil principalmente devido ao custo e à complexidade que implica desenvolver e acompanhar qualquer sistema de IA. As empresas, em particular as pequenas e médias empresas (PME), precisam de investir na aquisição, manutenção e desenvolvimento de conhecimentos sobre máquinas complexas. Há também desafios substanciais relacionados com os dados. No entanto, a IA depende, em última análise, dos seus conjuntos de dados. Os dados de qualidade estão a tornar-se cada vez mais difíceis de encontrar. Mas muitas indústrias debatem-se com a acumulação e o processamento de dados, principalmente devido ao nível de regulamentação. Para além de abordar o enviesamento destes sistemas, é essencial ultrapassar os enviesamentos nos algoritmos de IA e proteger a integridade dos dados para evitar a criação de processos de tomada de decisão errados que possam prejudicar as iniciativas de sustentabilidade. Para além disso, a integração da IA no processo industrial existente é o que parece ser uma parte difícil do mesmo. A maioria das indústrias está a funcionar com sistemas antigos que são difíceis de integrar com a IA moderna. Exigiria mais esforço e pode, potencialmente, interferir com o funcionamento atual das coisas. Isto também tem a ver com o facto de um grande grupo de trabalhadores não possuir as competências necessárias para implementar a IA; são necessários conhecimentos especializados não só em tecnologias de IA, mas também em sectores específicos. A eliminação desta lacuna exige programas de formação alargados e uma mudança na cultura empresarial. Naturalmente, existem desafios éticos e regulamentares significativos. O rápido desenvolvimento da IA ultrapassou as estruturas regulamentares estabelecidas e gerou incertezas e potenciais riscos de obstáculos. É vital que as aplicações de IA cumpram as normas éticas e contribuam para os objectivos de sustentabilidade. A IA está preparada para transformar as indústrias inteligentes e sustentáveis, mas, para que a sua adoção seja bem sucedida, é necessário ultrapassar estes problemas complexos.

Referências

Ahmad, T., Zhang, D., Huang, C., Zhang, H., Dai, N., Song, Y., & Chen, H. (2021). Inteligência artificial na indústria de energia sustentável: Status Quo, desafios e oportunidades. Journal of Cleaner Production, 289, 125834.

Aldoseri, A., Al-Khalifa, K. N., & Hamouda, A. M. (2023). Repensando a estratégia e integração de dados para inteligência artificial: conceitos, oportunidades e desafios. Ciências Aplicadas, 13(12), 7082.

Arrieta, A. B., Díaz-Rodríguez, N., Del Ser, J., Bennetot, A., Tabik, S., Barbado, A., ... & Herrera, F. (2020). Inteligência Artificial Explicável (XAI): Conceitos, taxonomias, oportunidades e desafios para uma IA responsável. Fusão de informação, 58, 82-115.

Bécue, A., Praça, I., & Gama, J. (2021). Inteligência artificial, ciberameaças e Indústria 4.0: Desafios e oportunidades. Revista de Inteligência Artificial, 54(5), 3849-3886.

Bhima, B., Zahra, A. R. A., Nurtino, T., & Firli, M. Z. (2023). Melhoria da eficiência organizacional através da integração da inteligência artificial nos sistemas de informação de gestão. APTISI Transactions on Management, 7(3), 282-289.

Budhwar, P., Malik, A., De Silva, M. T., & Thevisuthan, P. (2022). Artificial intelligence-challenges and opportunities for international HRM: a review and research agenda. The InTernaTIonal Journal of human resource managemenT, 33(6), 1065-1097.

Cath, C. (2018). Governar a inteligência artificial: oportunidades e desafios éticos, jurídicos e técnicos. Transacções Filosóficas da Sociedade Real A: Ciências Matemáticas, Físicas e de Engenharia, 376(2133), 20180080.

Celik, I., Dindar, M., Muukkonen, H., & Jarvela, S. (2022). As promessas e os desafios da inteligência artificial para os professores: Uma revisão sistemática da investigação. TechTrends, 66(4), 616-630.

Chaudhary, H., Detroja, A., Prajapati, P., & Shah, P. (2020, dezembro). Uma revisão de vários desafios em segurança cibernética usando inteligência artificial. Em 2020, 3ª Conferência Internacional sobre Sistemas Sustentáveis Inteligentes (ICISS) (pp. 829-836). IEEE.

Chui, K. T., Lytras, M. D., & Visvizi, A. (2018). Sustentabilidade energética em cidades inteligentes: Inteligência artificial, monitorização inteligente e otimização do consumo de energia. Energias, 11(11), 2869.

Das, A., & Rad, P. (2020). Oportunidades e desafios na inteligência artificial explicável (xai): A survey. arXiv preprint arXiv:2006.11371.

Dhar Dwivedi, A., Singh, R., Kaushik, K., Rao Mukkamala, R., & Alnumay, W. S. (2024). Blockchain e inteligência artificial para Internet das Coisas habilitada para 5G: Desafios, oportunidades e soluções. Transações sobre tecnologias emergentes de telecomunicações, 35(4), e4329.

Du, S., & Xie, C. (2021). Paradoxos da inteligência artificial nos mercados de consumo: Desafios e oportunidades éticas. Journal of Business Research, 129, 961-974.

Fan, Z., Yan, Z., & Wen, S. (2023). Aprendizagem profunda e inteligência artificial em sustentabilidade: uma revisão dos ODS, energia renovável e saúde ambiental. Sustentabilidade, 15(18), 13493.

Feng, J., Phillips, R. V., Malenica, I., Bishara, A., Hubbard, A. E., Celi, L. A., & Pirracchio, R. (2022). Melhoria da qualidade da inteligência artificial clínica: rumo à monitorização e atualização contínuas dos algoritmos de IA nos cuidados de saúde. NPJ medicina digital, 5(1), 66.

Igbinenikaro, E., & Adewusi, A. O. (2024). Navegando nas complexidades legais da inteligência artificial em acordos comerciais globais. Revista Internacional de Investigação Aplicada em

Ciências Sociais, 6(4), 488-505.

Irani, Z., abril, R. M., Weerakkody, V., Omar, A., & Sivarajah, U. (2023). O impacto dos sistemas legados na transformação digital na administração pública europeia: Lesson learned from a multi case analysis. Government Information Quarterly, 40(1), 101784.

Kaplan, A., & Haenlein, M. (2020). Governantes do mundo, uni-vos! Os desafios e as oportunidades da inteligência artificial. Business Horizons, 63(1), 37-50.

Kokkonen, H., Lovén, L., Motlagh, N. H., Kumar, A., Partala, J., Nguyen, T., ... & Riekki, J. (2022). Autonomia e inteligência no continuum da computação: Challenges, enablers, and future diretions for orchestration. arXiv preprint arXiv:2205.01423.

Kulkov, I., Kulkova, J., Rohrbeck, R., Menvielle, L., Kaartemo, V., & Makkonen, H. (2023). Desenvolvimento sustentável orientado para a inteligência artificial: Examinando abordagens organizacionais, técnicas e de processamento para alcançar objetivos globais. Desenvolvimento sustentável.

Lemos, S. I., Ferreira, F. A., Zopounidis, C., Galariotis, E., & Ferreira, N. C. (2022). Inteligência artificial e gestão da mudança em pequenas e médias empresas: uma análise da dinâmica em iniciativas de adaptação. Annals of Operations Research, 1-27.

Lin, M., & Zhao, Y. (2020). Gestão de recursos com base em inteligência artificial para futuras comunicações sem fios: A survey. China Communications, 17(3), 58-77.

Lins, S., Pandl, K. D., Teigeler, H., Thiebes, S., Bayer, C., & Sunyaev, A. (2021). Inteligência artificial como serviço: classificação e direções de pesquisa. Engenharia de Sistemas de Informação e Negócios, 63, 441456.

Longo, L., Goebel, R., Lecue, F., Kieseberg, P., & Holzinger, A. (2020, agosto). Inteligência artificial explicável: Conceitos, aplicações, desafios de pesquisa e visões. Na conferência internacional de domínio cruzado para aprendizado de máquina e extração de conhecimento (pp. 1-16). Cham: Springer International Publishing.

Lotfian, M., Ingensand, J., & Brovelli, M. A. (2021). A parceria da ciência cidadã e da aprendizagem automática: benefícios, riscos e desafios futuros para o envolvimento, a recolha de dados e a qualidade dos dados. Sustentabilidade, 13(14), 8087.

Macharia, V. M., Garg, V. K., & Kumar, D. (2023). Uma revisão da tecnologia dos veículos eléctricos: Arquitecturas, tecnologia de baterias e respetivo sistema de gestão, normas relevantes, aplicação de inteligência artificial, cibersegurança e desafios de interoperabilidade. IET Electrical Systems in Transportation, 13(2), e12083.

Misra, S. K., Sharma, S. K., Gupta, S., & Das, S. (2023). Um quadro para superar os desafios à adoção da inteligência artificial nas organizações governamentais indianas. Technological Forecasting and Social Change, 194, 122721.

Mukherjee, A. N. (2022). Aplicação da inteligência artificial: benefícios e limitações para o potencial humano e para a economia de mão de obra intensiva - uma investigação empírica sobre a indústria indiana assolada pela pandemia. Management Matters, 19(2), 149-166.

Mun, J., Housel, T., Jones, R., Carlton, B., & Skots, V. (2020). Aquisição de sistemas de inteligência artificial: Desafios de desenvolvimento, riscos de implementação e oportunidades de custo/benefício. Naval Engineers Journal, 132(2), 79-94.

Nishant, R., Kennedy, M., & Corbett, J. (2020). Inteligência artificial para a sustentabilidade: Challenges, opportunities, and a research agenda. Revista Internacional de Gestão da Informação, 53, 102104.

ÓhÉigeartaigh, S. S., Whittlestone, J., Liu, Y., Zeng, Y., & Liu, Z. (2020). Superando barreiras à cooperação transcultural em ética e governança de IA. Filosofia e tecnologia, 33, 571 -593.

Pansara, R. (2023). Cultivando a qualidade dos dados para estratégias, desafios e impacto na tomada de decisões. Revista Internacional de Educação em Gestão para o Desenvolvimento Sustentável, 6(6), 24-33.

Peres, R. S., Jia, X., Lee, J., Sun, K., Colombo, A. W., & Barata, J. (2020). Inteligência artificial industrial na indústria 4.0-revisão sistemática, desafios e perspectivas. Acesso IEEE, 8, 220121-220139.

Rajendran, R. M. (2021). Escalabilidade e computação distribuída em NET para cargas de trabalho de IA em grande escala. Eduzone: International Peer Reviewed/Refereed Multidisciplinary Journal, 10(2), 136-141.

Rane, N. (2023). Integrar a Modelação da Informação da Construção (BIM) e a Inteligência Artificial (IA) para uma gestão inteligente do calendário, custos, qualidade e segurança da construção: Desafios e Oportunidades. Gestão de Custos, Qualidade e Segurança: Challenges and Opportunities (16 de setembro de 2023).

Reyna, M. A., Nsoesie, E. O., & Clifford, G. D. (2022). Repensar as métricas de desempenho de algoritmos para a inteligência artificial em medicina de diagnóstico. JAMA, 328(4), 329-330.

Shaw, J., Rudzicz, F., Jamieson, T., & Goldfarb, A. (2019). Inteligência artificial e o desafio da implementação. Jornal de investigação médica na Internet, 21(7), e13659.

Slimi, Z., & Carballido, B. V. (2023). Navegando pelos desafios éticos da inteligência artificial no ensino superior: Uma análise de sete políticas globais de ética em IA. Revista TEM, 12(2).

Smith, T. G., Norasi, H., Herbst, K. M., Kendrick, M. L., Curry, T. B., Grantcharov, T. P., ... & Cleary, S. P. (2022). Criação de um modelo prático de gerenciamento de mudanças transformacionais para a implementação de novas tecnologias habilitadas para inteligência artificial na sala de cirurgia. Procedimentos da Clínica Mayo: Inovações, Qualidade e Resultados, 6(6), 584-596.

Sontan, A. D., & Samuel, S. V. (2024). A intersecção entre a Inteligência Artificial e a cibersegurança: Challenges and opportunities. World Journal of Advanced Research and Reviews, 21(2), 1720-1736.

Steidl, M., Felderer, M., & Ramler, R. (2023). O pipeline para o desenvolvimento contínuo de modelos de inteligência artificial - Estado atual da investigação e da prática. Journal of Systems and Software, 199, 111615.

Sun, T. Q., & Medaglia, R. (2019). Mapeamento dos desafios da Inteligência Artificial no sector público: Evidence from public healthcare. Government Information Quarterly, 36(2), 368-383.

Valtiner, D., & Reidl, C. (2021). Sobre a gestão da mudança na era da inteligência artificial: uma abordagem sustentável para superar os problemas de adaptação a uma transformação tecnológica disruptiva. Journal of Advanced Management Science Vol, 9(3).

Vishwakarma, L. P., & Singh, R. K. (2023). Uma análise dos desafios para os recursos humanos na implementação da inteligência artificial. Em The Adoption and Effect of Artificial Intelligence on Human Resources Management, Part B (pp. 81-109). Emerald Publishing Limited.

Walk, J., Kühl, N., Saidani, M., & Schatte, J. (2023). Inteligência artificial para a sustentabilidade: Facilitando sistemas inteligentes de produtos e serviços sustentáveis com visão computacional. Journal of Cleaner Production, 402, 136748.

Wang, X., Li, X., & Leung, V. C. (2015). Técnicas baseadas em inteligência artificial para redes heterogéneas emergentes: State of the arts, opportunities, and challenges. IEEE Access, 3, 1379-1391.

Zeid, A., Sundaram, S., Moghaddam, M., Kamarthi, S., & Marion, T. (2019). Interoperabilidade no fabrico inteligente: Desafios da investigação. Machines, 7(2), 21.

Zhao, J., & Gómez Fariñas, B. (2023). Inteligência artificial e decisões sustentáveis. European Business Organization Law Review, 24(1), 1-39.

Capítulo 13: Tendências emergentes e investigação futura no domínio da inteligência artificial, da aprendizagem automática e da aprendizagem profunda

Resumo:

A Inteligência Artificial (IA), a Aprendizagem Automática (ML) e a Aprendizagem Profunda (DL), cada uma delas construída num nível mais elevado da tecnologia comprovada que impulsiona a inovação e a eficiência. Há também algumas outras tendências futuristas claramente no horizonte, como a incorporação da IA com dispositivos da Internet das Coisas (IoT) para criar ambientes mais inteligentes e mais reactivos. A Inteligência Artificial Explicável (XAI) está também a tornar-se mais importante, tal como a necessidade de transparência e responsabilidade na tomada de decisões sobre IA. A aprendizagem federada também surgiu como uma abordagem interessante para a formação de modelos com preservação da privacidade em ML, através da formação de modelos descentralizados em vários dispositivos sem partilhar dados em bruto. Os modelos de transformação, como o GPT-4 e o BERT, são modelos de transformação que revolucionaram o domínio do processamento de linguagem natural (PNL) em DL, capazes de compreender e gerar linguagem humana com mais nuances. A sua utilização aumentou drasticamente e são utilizados em tudo, desde diagnósticos de cuidados de saúde à criação automatizada de conteúdos. Além disso, a implicação da IA com base em cadeias de blocos para desenvolver aplicações de IA à prova de pirataria informática, sobretudo nas finanças e na gestão da cadeia de abastecimento, está a tornar-se cada vez mais popular. No futuro, surgirá mais investigação em torno da criação de modelos híbridos de IA que contenham tanto raciocínio simbólico como redes neuronais, e esperamos que a investigação futura se centre na criação de sistemas de IA muito mais fortes e flexíveis. Certamente, o estudo mais aprofundado das questões éticas em torno da utilização da IA - especialmente o que se aprende sobre parcialidade e justiça - continuará a ser uma área importante de investigação. Por outro lado, ganharão importância práticas de IA mais sustentáveis que visem as pegadas de carbono dos modelos de IA em grande escala. As tendências acima referidas sublinham a forma como as tecnologias de IA, ML e DL estão em constante evolução e se espera que venham a mudar radicalmente vários sectores.

Palavras-chave: Inteligência artificial, IA explicável, aprendizagem automática, aprendizagem profunda, processamento de linguagem natural, Internet das coisas, cadeia de blocos

Introdução

Nos últimos anos, a Inteligência Artificial (IA), a Aprendizagem Automática (AM) e a Aprendizagem Profunda (AP) passaram rapidamente de novidades a tecnologias utilizadas em inovações numa vasta gama de domínios e na vida quotidiana (Michalski et aal., 2013; Ongsulee, 2017; Jakhar, & Kaur, 2020). Nos sectores da saúde, finanças, transportes, entretenimento e outros, estes avanços desencadearam revoluções, permitindo eficiências e oportunidades anteriormente inimagináveis (Das et al., 2015; Panch et al., 2018). A adaptação da IA, do ML e da DL a aplicações regulares tornou evidente que há um longo caminho a percorrer e a explorar (Michalski, et al., 2014; Campesato, 2020). Além disso, os investigadores estão também a prestar mais atenção à explicação e à interpretabilidade dos modelos de IA, aos dados e aos enviesamentos algorítmicos que ainda existem nestes sistemas e à melhoria da robustez e da segurança destes sistemas (Helm et al., 2020). Além disso, a fusão da IA com outras tecnologias emergentes, como a Internet das Coisas (IoT) e a cadeia de blocos, introduz novas perspectivas e desafios. Com o ritmo acelerado dos desenvolvimentos em IA, ML e DL, reconhecer e aprender as novas tendências é vital para ajudar a orientar o futuro da investigação nestes domínios e a concretizar todos os benefícios da IA, ML e DL, bem como a reduzir quaisquer possíveis ameaças. Este documento de investigação apresenta uma análise aprofundada e uma referência da situação e das tendências actuais da IA, da AM e da DL.

Contribuição do trabalho de investigação:

1) Apresenta uma análise exaustiva dos desenvolvimentos recentes e

da investigação em curso em IA, ML e DL, discute as várias tendências e as limitações da investigação existente.

2) Aplica métodos bibliométricos avançados às redes de coocorrência de palavras-chave e utiliza métodos de agrupamento para identificar os grupos de investigação que podem ser extraídos atualmente, para compreender de forma organizada o panorama da investigação e a sua evolução.

Metodologia

A abordagem utilizada para realizar a investigação é um estudo bibliográfico sistemático sobre IA, ML e DL, utilizando as ferramentas e técnicas da análise bibliométrica para determinar as tendências emergentes e as futuras linhas de investigação. O primeiro passo foi pesquisar as bases de dados de investigação académica mais aplicáveis, como a Scopus, a Web of Science e a IEEE Xplore, para encontrar literatura publicada nos últimos dez anos. Utilizámos palavras-chave, como "inteligência artificial", "aprendizagem automática", "aprendizagem profunda", "tendências emergentes" e "investigação futura" na pesquisa para garantir uma seleção adequada. Os dados extraídos da literatura foram depois analisados através da análise de coocorrência de palavras-chave para identificar as palavras-chave frequentemente mencionadas e as suas relações com outras. Estas redes de palavras-chave podem ser visualizadas e, desta forma, esta análise desempenha um papel no mapeamento da estrutura intelectual do campo com um resultado gráfico. O software VOSviewer foi utilizado para efetuar a análise de coocorrência, que revelou os temas importantes com as suas interligações. Além disso, foi efectuada uma análise de agrupamento das palavras-chave identificadas relacionadas com IA, AM e DL para as classificar em grupos temáticos, correspondentes a subcampos individuais ou tópicos principais em IA, AM e DL. Isto permitiu-nos agrupar as publicações e encontrar agrupamentos de investigação e tópicos de tendência na investigação. Em primeiro lugar, foram integrados os resultados da coocorrência de palavras-chave e das análises de agrupamentos, que foram utilizados para identificar as tendências actuais nestes tópicos de investigação e fornecer indicações para estudos futuros nestas áreas em rápido desenvolvimento.

Resultados e discussões

Análise de coocorrência e de agrupamento das palavras-chave

A Fig. 1 está segmentada em vários grupos relacionados, representados em cores diferentes, que englobam diferentes domínios temáticos nos vastos domínios da IA, do ML e do DL. Esta análise da ocorrência de palavras-chave em publicações de investigação fornece provas da importância e da interligação de grupos em torno de determinados temas. O principal (e maior) grupo, que é demonstrado pelo sombreado vermelho, é sobre "Inteligência artificial". Este grupo realça a importância da IA em muitos contextos e a sua ligação a paradigmas tecnológicos mais alargados. Neste caso, a relevância da IA para apoiar o desenvolvimento de soluções sustentáveis e inovadoras através do desenvolvimento sustentável, sustentabilidade, grandes volumes de dados, sistemas de apoio à decisão, inovação. Este grupo destaca a natureza interdisciplinar da IA em relação à análise de grandes volumes de dados, à tomada de decisões e à promoção da sustentabilidade. Algumas delas incluem descobrir como utilizar as tecnologias digitais, criar um catálogo de metadados e participar na concorrência para obter uma vantagem competitiva.

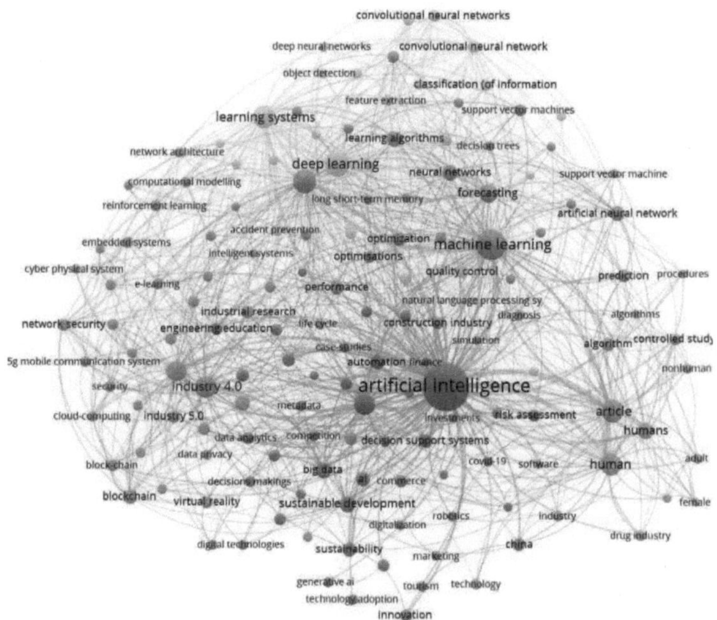

Fig. 1 Análise de coocorrência das palavras-chave na literatura

No lado esquerdo do grupo principal de IA existe um grupo verde separado dedicado aos valores da "Indústria 4.0" e da "Indústria 5.0". Este grupo está a centrar-se na ajuda da IA e do ML para moldar o futuro da automação industrial, do fabrico inteligente e dos sistemas ciberfísicos. As palavras da tecnologia "segurança da rede", "cadeia de blocos", "realidade virtual", "computação em nuvem" e "sistema de comunicação móvel 5G" representam a complicada rede de apoio tecnológico à Indústria 4.0 e 5.0. O valor que todos estes sectores obtêm do funcionamento com mais inteligência artificial a ditar a eficiência operacional, medidas de segurança mais fortes e uma cultura de criatividade. A ênfase na educação em engenharia, na investigação industrial e nas classificações do ciclo de vida destaca um compromisso com a educação e a investigação como componentes-chave da educação e da investigação, reflectindo a importância da aprendizagem ao longo da vida e do avanço da tecnologia industrial. O círculo azul representa a "aprendizagem profunda" e os seus "sistemas de aprendizagem". A importância histórica dos algoritmos de aprendizagem profunda, nas redes neuronais, nas redes neuronais convolucionais (CNN) e nas redes de memória de curto prazo (LSTM), foi mesmo documentada numa compilação. A terminologia para os mesmos algoritmos de aprendizagem, aprendizagem por reforço, redes neuronais, máquina de vectores de apoio (SVM) e classificação de dados é frequentemente utilizada de várias formas, destacando as principais abordagens e metodologias subjacentes à DL. Palavras como "deteção de objectos", "extração de caraterísticas" e "previsão" realçam as aplicações pragmáticas do DL em áreas como a integração da visão computacional, o processamento da linguagem natural e a análise preditiva. Este sector contribui para o progresso dos sistemas educativos e para a sua influência em múltiplos sectores.

Agregado azul claro, sobre o tema "aprendizagem automática" - fortemente ligado ao aglomerado de focagem DL. Esta coleção mostra as várias formas como os algoritmos e modelos de aprendizagem automática podem ser utilizados para otimizar as operações e melhorar o desempenho. E os nomes das classes de caraterísticas, como "otimização", "controlo de qualidade", "simulação", "indústria da construção" e até mesmo o nome do domínio, mostram claramente que a aprendizagem automática é essencial para tornar muitos processos mais eficientes e mais precisos nas indústrias. Com outros termos, como chamar-lhes "aprendizagem automática" nos três casos: "manutenção preditiva", "avaliação de riscos" e "diagnóstico". Sublinhar a importância de agir de forma proactiva e preventiva, especialmente nos sectores da construção e dos cuidados de saúde. A amplitude das áreas de domínio servidas por algoritmos de aprendizagem automática é claramente evidente na coleção, fornecendo exemplos de como as técnicas de aprendizagem automática são utilizadas numa vasta gama de domínios técnicos e não técnicos.

O grupo roxo mostra as interações de IA/Humano, para frases como humano, humanos, artigo, não-humano, adulto. Esta comunidade dedica-se aos aspectos éticos, sociológicos e psicológicos da IA e às suas aplicações nas artes liberais e ciências, humanidades, filosofia prática e teórica. A utilização de palavras como "humano", "artigo", "humanos" significa a ênfase em trabalhos académicos sobre a interação entre o homem e a IA; reflexões éticas e as suas implicações sociais. A utilização de expressões como "indústria farmacêutica" e "estudo controlado" realça o imperativo de aplicar processos científicos estabelecidos e requisitos éticos na investigação sobre IA, em especial em domínios sensíveis como os cuidados de saúde e os produtos farmacêuticos. Os termos significativos "algoritmos de aprendizagem", "redes neuronais", "redes neuronais convolucionais", "máquinas de vectores de apoio" e "árvores de decisão" indicam os fundamentos puros para obter os conhecimentos mais recentes no domínio da IA. É importante notar que um número significativo de aplicações de IA (sobretudo nas áreas do reconhecimento de imagem e voz) requer a utilização de "redes neuronais profundas", por exemplo, "deteção de objectos", "extração de caraterísticas", etc., para ser incorporado. Este núcleo centra-se na investigação recente que procura melhorar a precisão e a eficiência dos algoritmos de aprendizagem e a sua integração em diferentes sistemas de IA.

Intercalados nesta rede estão termos relacionados com aplicações e exemplos específicos, em que a IA, o ML e o DL têm efeitos no mundo real. A escolha de termos como "prevenção de acidentes", "desempenho", "controlo de qualidade", "estudos de casos" e "sistemas de processamento de linguagem natural" parece indicar uma vasta gama de aplicações que estão a considerar. Estes temas sublinham o valor de compreender o que uma variedade de indústrias pode fazer para beneficiar das tecnologias de IA para resolver problemas específicos, aumentar a eficiência e otimizar o desempenho em todos os sectores. Inclui a fusão de IA, ML e DL e é designada como a rede que reside no pico da tecnologia. Todas as tecnologias avançadas se integram perfeitamente com a IA, uma vez que termos como "blockchain", "realidade virtual", "sistema de comunicação móvel 5g" e "sistema ciber-físico" são visíveis nos diagramas utilizados pelos investigadores. Esta integração acaba por levar ao desenvolvimento de soluções excepcionais e fiáveis que servem problemas complexos com elevada eficiência. Na "Indústria 4.0" e na "Indústria 5.0", a IA está a ser utilizada para revolucionar as operações industriais, permitindo a automação inteligente e a conetividade. Identifica potenciais caminhos adicionais para a subsequente exploração pela rede. Nestas décadas, a utilização dos termos "desenvolvimento sustentável" e "sustentabilidade", bem como "grandes volumes de dados" e "sistemas de apoio à decisão", tem vindo a aumentar em termos de frequência em ligação com a IA, o que sugere uma atenção crescente à sustentabilidade, à IA e à tomada de decisões. De facto, a elevada utilização de termos como "otimização", "controlo de qualidade" e "desempenho" parece sugerir uma tendência de melhoria da eficiência e da eficácia dos algoritmos de IA. As inter-relações entre estes grupos ilustram a diversidade e a fluidez das actividades de investigação em IA, ML e DL.

Tendências emergentes nas tecnologias de inteligência artificial, aprendizagem automática e aprendizagem profunda

O processamento da linguagem natural (PNL) é uma das principais tendências que continuamos a observar na IA (Baidoo-Anu, & Ansah, 2023; Currie, 2023). As tecnologias de PNL evoluíram significativamente com modelos como o GPT-4 da Open AI (Fitria, 2023). Por exemplo, aprende um modelo de linguagem baseado em texto da Internet e, desde então, tem tido um desempenho notável tanto em aplicações de PNL, como chatbots de atendimento ao cliente, quanto em ferramentas de geração de conteúdo mais especializadas. A procura de sistemas de IA mais conscientes do contexto e de experiências de conversação não vai parar e está a correr um pouco mais depressa graças a uma melhor investigação e à integração de grandes modelos linguísticos em todo o tipo de plataformas. Uma tendência relacionada é o aumento das motivações sociais para a "IA ética". Com a maior prevalência dos sistemas de IA, as questões relacionadas com o enviesamento, a transparência e a responsabilidade na IA assumiram um papel central (Leavy et al., 2020; Schwartz et al., 2022; Ferrara,

2023). Esta lista crescente de quadros e diretrizes é um foco para as empresas comerciais que trabalham em IA, mas também, cada vez mais, precisa de ser considerada à medida que vemos mais amplamente como o poder e a autoridade estão a ser exercidos através da tecnologia e dos dados. Isto implica impor a equidade nos algoritmos de IA, melhorar a explicabilidade e tornar os sistemas de IA transparentes e responsáveis. O movimento ético da IA é um desenvolvimento importante para estabelecer a confiança do público na IA e garantir que as tecnologias de IA sirvam a todos numa base social (Schwartz et al., 2022; Ferrara, 2023). O quadro 1 apresenta as tendências emergentes em matéria de IA, AM e DL.

Quadro 1 Tendências emergentes nas tecnologias de IA, ML e DL

References	Trend	Description	Applications	Key Technologies/Methods
Emmert-Streib et al., (2020); Arrieta, et al., (2020)	Explainable AI (XAI)	Enhancing the transparency and interpretability of AI models.	Healthcare, Finance, Legal	SHAP, LIME, Model-agnostic explanations
Zhang et al., (2021); Mammen, (2021); Banabilah et al., (2022)	Federated Learning	Training ML models across decentralized devices or servers holding local data samples.	Healthcare, Mobile Devices, IoT	Federated Averaging, Secure Aggregation
Iodice, (2022); Zaidi et al., (2022)	TinyML	Implementing ML models on low-power and resource-constrained devices.	IoT, Edge Computing, Wearables	Model Quantization, Pruning, Edge AI
Pan, (2020); Kim, & MacKinnon, (2018); Niu et al., (2020)	Transfer Learning	Utilizing knowledge from pre-trained models for new tasks with limited data.	Natural Language Processing (NLP), Computer Vision	Pre-trained Models (e.g., BERT, GPT)
Krishnan et al., (2022); Rani et al., (2023)	Self-supervised Learning	Training models with minimal labeled data by leveraging large amounts of unlabeled data.	NLP, Image Recognition, Robotics	Contrastive Learning, Autoencoders
Leavy et al., (2020); Schwartz et al., (2022); Ferrara, (2023)	AI Ethics and Bias Mitigation	Developing methods to ensure fairness, accountability, and transparency in AI systems.	Hiring Processes, Law Enforcement, Lending	Fairness-aware Algorithms, Bias Audits
Li, (2017); François-Lavet et	Reinforcement Learning (RL)	Training models through trial and	Robotics, Game Playing,	Q-learning, Deep Q Networks (DQN)

References		Description	Applications	Techniques
al., (2018); Dong et al., (2020)		error to maximize cumulative rewards.	Autonomous Systems	
Xu et al., (2021); Franchini et al., (2023)	Neural Architecture Search (NAS)	Automatically designing and optimizing neural network architectures.	Image Classification, NLP, Automated ML	Evolutionary Algorithms, Reinforcement Learning
Panch et al., (2018); Rubinger et al., (2023)	AI in Healthcare	Applying AI for diagnosis, treatment recommendations, and personalized medicine.	Radiology, Drug Discovery, Patient Monitoring	CNNs, RNNs, Medical Image Processing
Dunjko, & Briegel, (2017); Khan, & Robles-Kelly, (2020); Umer, & Sharif, (2022)	Quantum ML (QML)	Leveraging quantum computing to enhance ML algorithms and solve complex problems.	Cryptography, Material Science, Optimization Problems	Quantum Circuits, Quantum Algorithms
Jackson, (2018); He et al., (2020); Rayhan, (2023)	Autonomous Systems	Developing self-operating systems capable of performing tasks without human intervention.	Self-driving Cars, Drones, Industrial Automation	RL, Computer Vision, Sensor Fusion
Baltrušaitis, et al., (2018); Cukurova, et al., (2019); Blasch et al., (2021)	Multimodal Learning	Integrating and processing data from multiple modalities (e.g., text, image, audio).	Virtual Assistants, Content Recommendation	Multimodal Transformers, Fusion Networks
Goodfellow et al., (2020); Ali et al., (2021)	Generative Adversarial Networks (GANs)	Using neural networks to generate realistic data, such as images and videos.	Image Synthesis, Data Augmentation, Art and Design	GANs, StyleGAN, CycleGAN
Nishant et al., (2020); Kar et al., (2022); Taghikhah et al., (2022)	AI for Sustainability	Applying AI to address environmental and sustainability challenges.	Climate Modeling, Energy Management, Wildlife Conservation	Predictive Analytics, Optimization Algorithms
Wang et al., (2020); Maadi, et al., (2021); Saha et al., (2023)	Human-AI Collaboration	Enhancing the synergy between human intelligence and AI capabilities.	Creative Industries, Decision Support Systems	Co-creation Tools, Interactive ML
Hua e al., (2023); Merenda et al., (2020)	Edge AI	Deploying AI algorithms on edge devices to process data locally and reduce latency.	Smart Devices, Autonomous Vehicles, IoT	Edge Computing, On-device ML
Li, (2018); Ansari et al., (2022); Kaur et al., (2023)	AI in Cybersecurity	Utilizing AI for threat detection, prevention, and response in cybersecurity.	Network Security, Fraud Detection, Malware Analysis	Anomaly Detection, Behavioral Analysis
Paris et al., (2013); Gatt, & Krahmer, (2018); Baidoo-Anu, & Ansah,	Natural Language Generation (NLG)	Generating human-like text from data inputs using AI.	Content Creation, Chatbots, Data Summarization	GPT-4, Transformer Models

(2023); Currie, (2023)				
Hermann, (2022); Averineni et al., (2024); Bhardwaj et al., (2025)	AI-driven Personalization	Customizing user experiences and recommendations using AI.	E-commerce, Streaming Services, Digital Marketing	Collaborative Filtering, DL
Lv, & Xie, (2022); Radanliev, et al., (2022); Shen, et al., (2023)	Digital Twins	Creating virtual replicas of physical systems using AI for simulation and analysis.	Manufacturing, Healthcare, Smart Cities	Simulation Models, IoT Integration
Rahman et al., (2018); Kadam, & Vaidya, (2020)	Zero-shot and Few-shot Learning	Training models to perform tasks with little to no labeled data.	NLP, Image Recognition, Voice Assistants	Meta-learning, Transfer Learning
Kruse et al., (2019); Hentzen et al., (2022)	AI in Financial Services	Applying AI for fraud detection, trading, and personalized banking services.	Banking, Investment, Insurance	Predictive Analytics, NLP, ML Algorithms
Mazzone, & Elgammal, (2019); Cheng, (2022)	AI for Creative Arts	Using AI to generate art, music, and other creative content.	Art Generation, Music Composition, Film Production	GANs, RNNs, Style Transfer
Khalid, et al., 2023); Torkzadehmahani, et al., (2022)	Privacy-preserving AI	Developing AI techniques that protect data privacy and confidentiality.	Healthcare, Finance, Personal Data Management	Differential Privacy, Homomorphic Encryption
Davenport, (2018); Prat, (2019); Alghamdi, & Al-Baity, (2022)	Augmented Analytics	Leveraging AI to enhance data analytics processes, including data preparation and insight generation.	Business Intelligence, Data Science, Decision Support	Automated ML, NLP, Predictive Analytics

Uma tendência notável no domínio do AM, o AM automatizado (AutoML), está a aumentar (Singh, & Joshi, 2022). O objetivo do AutoML é dizer em termos muito fáceis de serem usados por pessoas naturais que não conhecem o ML, que se aplica a todo o processo de aplicação do estudo de máquina a problemas do mundo real e o torna disponível para não especialistas (Karmaker et al., 2021; Singh, & Joshi, 2022). Isso não se deve apenas ao impulso atual de tornar o ML mais acessível a outras organizações por motivos de democratização, mas também porque eles não precisam ser considerados especialistas em ML para melhor utilizá-lo. As ferramentas AutoML tratam da identificação dos melhores modelos, da afinação dos hiperparâmetros e da otimização da implementação dos modelos de ML, minimizando assim o tempo e o esforço necessários para construir uma solução de ML eficaz. O DL - um subconjunto do ML - continua a evoluir rapidamente com novas arquitecturas e técnicas que quebram os limites do que é possível alcançar. Os transformadores são uma dessas arquitecturas de redes neuronais, mais eficientes, que demonstraram um desempenho sem paralelo na PNL e na visão por computador - uma nova arquitetura que não teria sido possível há alguns anos. Tirando partido de dados em grande escala e de hardware potente para a formação, estes modelos podem aprender padrões complexos, proporcionando um desempenho de ponta em tarefas como o reconhecimento de imagens, a tradução de línguas e a realização de jogos. Além disso, são cada vez mais interessantes os modelos DL de baixo peso e optimizados para os limites, que podem ser implementados em processadores com menos capacidades, o que torna possível aplicar a IA em domínios como a IoT ou a computação móvel.

A IA e o ML, como toda a gente sabe, são uma bênção, mas a IA com outras tecnologias de ponta, como a computação quântica, está a crescer ainda mais. A computação quântica é uma nova tecnologia promissora que pode ser capaz de resolver problemas complexos mais rapidamente e em maior escala do que os computadores clássicos, e a sua combinação com a IA pode levar a grandes progressos em áreas como a criptografia, a otimização e o desenvolvimento de medicamentos (Dunjko, & Briegel, 2017;

Khan, & Robles-Kelly, 2020; Umer, & Sharif, 2022). A forma como os algoritmos quânticos podem ser injectados nos modelos de ML está a ser investigada para resolver problemas que anteriormente não podiam ser resolvidos (Khan, & Robles-Kelly, 2020; Umer, & Sharif, 2022). Uma nova vaga de aplicações que tiram partido da IA está a avançar para uma maior personalização. Os algoritmos de IA são personalizados e treinados para aprender com o comportamento do utilizador e agir em conformidade. Em casos como a medicina personalizada, em que as recomendações feitas por algoritmos de IA sobre o tipo de plano de tratamento que deve ser seguido por um doente após uma análise dos dados do doente, ou o comércio eletrónico, em que a recomendação ao utilizador com base no seu comportamento para comprar ou não comprar um determinado produto, estes algoritmos fornecem os resultados em função de compartimentos. As tecnologias de IA estão a permitir que as empresas ofereçam experiências personalizadas à escala e com um grau de personalização até agora inimaginável.

Outra tendência importante é o papel da IA no desenvolvimento de sistemas autónomos (He et al., 2020; Rayhan, 2023). A corrida ao desenvolvimento de veículos autónomos, drones e robótica mais avançados e fiáveis é acelerada pela IA e pela formação em DL. Em suma, trata-se de tecnologias que permitem às máquinas compreender o mundo que as rodeia, tomar decisões com base na informação disponível e aprender com as suas experiências para criar máquinas mais seguras e mais eficientes. A era da condução autónoma dos automóveis registou progressos significativos. A IA e o ML estão a mudar a forma como a indústria, como a dos cuidados de saúde e dos cuidados aos doentes, pode ser revolucionada com a sua utilização. As imagens médicas estão a ser analisadas, os surtos de doenças estão a ser previstos e os planos de tratamento são adaptados utilizando algoritmos de IA. Um exemplo mais ilustre nesta linha é a utilização da IA para a descoberta e o desenvolvimento de medicamentos (Deng et al., 2022; Mak et al., 2023). Os algoritmos de aprendizagem automática podem analisar conjuntos de dados extremamente vastos para encontrar pistas para novos medicamentos, prever o sucesso provável desses compostos e otimizar ainda mais a estrutura química do medicamento, etc. Isto acelera o desenvolvimento de novas terapias e, simultaneamente, reduz os custos, tornando os cuidados de saúde mais acessíveis.

A integração da IA e da IoT é uma nova tendência (Alahi et al., 2023). Quando utilizados em conjunto como IAoT, os sistemas inteligentes ligados à Internet podem recolher e analisar informações, conduzindo a um comportamento ainda mais acionável e à tomada de decisões. Isto pode ser utilizado em sectores generalizados como as casas inteligentes, a monitorização dos cuidados de saúde, a automação industrial, etc. Atualmente, uma das grandes tendências da investigação em IA é melhorar a interpretabilidade e a explicabilidade dos modelos de IA. Quanto mais complexo for um sistema de IA, mais difícil se torna compreender porque é que esse sistema toma uma determinada decisão. Para resolver este problema, os investigadores estão a encontrar formas de revelar detalhes do modelo de IA que permitam aos utilizadores compreender a lógica subjacente às decisões tomadas pelo modelo de IA. Isto é ainda mais importante em casos de vida ou morte, como os cuidados de saúde e as finanças, em que é necessário confiar nos sistemas de IA.

Investigação futura em inteligência artificial, aprendizagem automática e tecnologias de aprendizagem profunda

A interpretabilidade, a explicabilidade, a responsabilidade e a compreensibilidade têm sido uma das questões centrais da investigação em AM e IA (Arrieta, et al., 2020; Emmert-Streib et al., 2020). A situação está a tornar-se ainda mais complexa com o aumento da complexidade dos modelos de DL nos sistemas de IA, e pode não ser claro como tomam decisões (Arrieta et al., 2020; Hassija et al., 2024). Os métodos para aumentar a inteligibilidade, ou a transparência, dos sistemas de IA podem ser uma área de foco para trabalhos futuros. Pode envolver o desenvolvimento de novos algoritmos que gerem explicações interpretáveis por humanos para as suas previsões; esta é uma das técnicas para garantir a confiança nos sistemas de IA, especialmente em domínios em que os resultados são críticos, como os cuidados de saúde, as finanças ou os automóveis autónomos. O quadro 2 mostra a investigação futura em IA, ML e DL.

Outra é a IA ética, que é um ponto de investigação muito importante no futuro (Schwartz et al., 2022; Ferrara, 2023). À medida que os sistemas de IA proliferam, é cada vez mais importante que sejam concebidos e aplicados de forma justa, transparente e não discriminatória. Está prevista mais investigação para desenvolver quadros e orientações eticamente utilizáveis para as tecnologias de IA. Estes envolvem métodos de deteção e atenuação de preconceitos nos sistemas de IA, o desenvolvimento de técnicas robustas de preservação da privacidade e a garantia de que os sistemas de IA estão alinhados com os valores humanos. O desafio consiste em fabricar uma IA não só potente mas também fiável e congruente com as convenções sociais e as normas éticas.

Quadro 2 Investigação futura em tecnologias de IA, ML e DL

References	Future Research	Applications	Key Technologies/Methods
Emmert-Streib et al., (2020); Arrieta, et al., (2020)	Explainable AI (XAI)	Healthcare, finance, legal systems, autonomous vehicles	Model interpretability, causal inference, feature attribution, visualizations
Zhang et al., (2021); Mammen, (2021); Banabilah et al., (2022)	Federated Learning	Healthcare data analysis, mobile device personalization, finance	Decentralized training, secure multiparty computation, differential privacy
Leavy et al., (2020); Schwartz et al., (2022); Ferrara, (2023)	Ethical AI	Automated decision systems, HR and recruitment, loan approval	Fairness algorithms, bias detection and mitigation, ethical frameworks
Dunjko, & Briegel, (2017); Khan, & Robles-Kelly, (2020); Umer, & Sharif, (2022)	Quantum ML	Drug discovery, cryptography, optimization problems	Quantum algorithms, quantum circuits, variational quantum eigensolver
He et al., 2020; Rayhan, (2023); Jackson, (2018)	Autonomous Systems	Self-driving cars, delivery drones, robotic process automation	Sensor fusion, path planning, control systems, reinforcement learning
Cowls et al., (2023); Kaack et al., (2022)	AI for Climate Change	Environmental monitoring, disaster prediction, sustainable resource management	Climate modeling, anomaly detection, geospatial analysis, predictive analytics
Shastri et al., (2021); Sun et al., (2021)	Neuromorphic Computing	Real-time processing in IoT devices, brain-computer interfaces, adaptive robotics	Spiking neural networks, analog computing, neuromorphic hardware
Bengesi, et al., (2024); Wang et al., (2024)	Generative Models	Content creation, data augmentation, virtual reality, gaming	Generative Adversarial Networks (GANs), variational autoencoders (VAEs), diffusion models
Li, (2017); François-Lavet et al., (2018); Dong et al., (2020)	Reinforcement Learning (RL)	Game AI, robotics, personalized recommendations, financial trading	Q-learning, policy gradients, deep Q-networks (DQNs), actor-critic methods
Wang et al., (2020); Maadi, et al., (2021); Saha et al., (2023)	Human-AI Collaboration	Collaborative robotics, decision support systems, creative industries	Human-in-the-loop learning, mixed-initiative interaction, co-adaptive systems

Panch et al., (2018); Rubinger et al., (2023)	AI in Healthcare	Disease diagnosis, treatment planning, patient management, drug discovery	Medical imaging analysis, predictive modeling, natural language processing for clinical data
Paris et al., (2013); Gatt, & Krahmer, (2018); Baidoo-Anu, & Ansah, 2023); Currie, 2023)	Natural Language Processing (NLP)	Chatbots, virtual assistants, language translation, sentiment analysis	Transformer models, BERT, GPT, attention mechanisms, sequence-to-sequence models
Hua e al., (2023); Merenda et al., (2020)	Edge AI	Real-time analytics in IoT, smart cameras, industrial automation	On-device ML, model compression, hardware accelerators, federated learning
Wang, (2021); Huisman et al., (2021)	Meta-Learning	Few-shot learning, rapid adaptation to new tasks, transfer learning	Model-agnostic meta-learning (MAML), meta-reinforcement learning, self-supervised learning
Li, (2018); Ansari et al., 2022; Kaur et al., (2023)	AI for Cybersecurity	Threat detection, anomaly detection, intrusion prevention	ML-based detection systems, adversarial training, behavioral analysis, cryptographic methods
Deng et al., (2022); Mak et al., (2023)	AI for Drug Discovery	Identifying new drug candidates, personalized medicine, repurposing existing drugs	Molecular modeling, DL, bioinformatics, cheminformatics
Zhao et al., (2019); Spanaki et al., (2022)	Swarm Intelligence	Coordination of drones, autonomous vehicles, robotic systems	Multi-agent systems, distributed computing, collective behavior algorithms
Rahman et al., (2018); Kadam, & Vaidya, (2020)	Zero-Shot Learning	Image recognition, natural language processing, anomaly detection	Semantic embeddings, transfer learning, generative models
Konar, (2018); Dong et al., (2020)	Cognitive Computing	Enhancing human cognition, brain-machine interfaces, improving decision-making	Neuromorphic hardware, natural language processing, DL
Colchester et al., (2017); Kabudi et al., (2021)	Adaptive Learning Systems	Personalized education, adaptive training programs, e-learning platforms	ML algorithms, student modeling, intelligent tutoring systems
Tomašev et al., (2020); Floridi et al., (2021)	AI for Social Good	Poverty alleviation, disaster response, public health interventions	Predictive analytics, social network analysis, data mining
Janowicz et al., (2020); Martin, & Freeland, (2021); Chen et al., (2023); Palmini, & Cugurullo, (2023)	Spatial AI	Autonomous navigation, augmented reality, geospatial data analysis	Computer vision, sensor fusion, SLAM (Simultaneous Localization and Mapping)
Yusupova et al., (2021); Gratch, (2021)	Emotion AI (Affective Computing)	Human-computer interaction, mental health assessment, customer service	Sentiment analysis, facial expression recognition, speech emotion recognition

Eli-Chukwu, (2019); Sood et al., (2022)	AI in Agriculture	Precision farming, crop disease detection, yield prediction	Remote sensing, UAVs (unmanned aerial vehicles), machine vision, predictive analytics
Buchholtz, (2020); Mania, (2023)	AI for Legal Technology (LegalTech)	Contract analysis, legal research, predictive justice	Natural language processing, information retrieval, predictive modeling
Aguilar et al., (2021); Rocha et al., (2021); Li, et al., (2023)	AI in Energy Management	Smart grids, energy consumption optimization, renewable energy integration	Predictive maintenance, demand response, optimization algorithms, IoT integration

Espera-se que a aprendizagem por reforço (AR), um tipo de AM em que um agente aprende a tomar decisões executando algumas acções e recebendo recompensas, registe grandes melhorias (Li, 2017; Dong et al., 2020). É provável que a investigação em LR investigue cada vez mais a eficiência e a escalabilidade dos algoritmos de LR (Li, 2017; François-Lavet et al., 2018). Isto inclui a elaboração de novas estratégias para os grandes espaços de estado e de ação que o mundo real frequentemente apresenta, bem como a criação de algoritmos mais eficientes em termos de amostragem que exijam menos interações entre professores e alunos. Além disso, a combinação da RL com outros paradigmas de aprendizagem, por exemplo, a aprendizagem supervisionada e não supervisionada, deverá conduzir a sistemas de IA mais robustos e flexíveis.

Prevê-se que a IA e o ML sejam a fonte de muitas oportunidades em diferentes sectores verticais, sendo os cuidados de saúde um dos mais promissores (Rubinger et al., 2023). De facto, o mais provável no futuro será a investigação sobre medicina personalizada, o que significa que grandes quantidades de dados podem ser analisadas por sistemas de IA para oferecer tratamentos personalizados para os doentes. Para tal, é necessário combinar dados de diferentes fontes, como genomas, historial médico e factores de estilo de vida, para produzir previsões precisas e personalizadas. De um modo mais geral, espera-se que a investigação também investigue novas áreas de IA no desenvolvimento de medicamentos, imagiologia médica e previsão e prevenção de doenças. A combinação da IA e dos wearables com a IoT pode criar uma nova ferramenta para monitorizar os doentes e um diagnóstico ainda mais preciso e precoce que, em última análise, conduz a uma melhor saúde.

Outra direção com opções interessantes para a investigação é a combinação da IA com outras tecnologias emergentes. Ao racionalizar os cálculos desta forma, podemos alimentar as caraterísticas de processamento de dados muito eficientes em tempo real que a Internet das coisas (IoT) exige, fundindo a IA e a computação de ponta (Alahi et al., 2023). Do mesmo modo, a integração da IA com a tecnologia de cadeia de blocos poderá reforçar a resiliência, a segurança e a transparência dos sistemas de IA. A integração da IA e da computação quântica é também bastante interessante, uma vez que a quântica poderia acelerar consideravelmente a formação de modelos de IA complexos que permitiriam resolver problemas atualmente impossíveis. Uma outra área interessante seria a decomposição em inteligência geral, que seria a dos sistemas de inteligência geral artificial (AGI). Ao contrário da IA estreita, que é desenvolvida para tarefas específicas, a AGI destina-se a tornar-se um sistema de uso geral com a capacidade de raciocinar, aprender e aplicar conhecimentos numa vasta gama de tarefas, tal como a inteligência humana. A AGI, por outro lado, exigirá inovações numa série de domínios diversos, como a aprendizagem por transferência, a meta-aprendizagem e a criação de algoritmos mais generativos e de aprendizagem.

A investigação futura planeia centrar-se também na colaboração entre humanos e IA (Xu, et al., 2021). Em vez de ser vista como um substituto do trabalho humano, os investigadores estão mais interessados na forma como a IA pode ser utilizada para melhorar a produtividade e o desempenho humanos. A implantação comercial exige que os sistemas de IA não só trabalhem em colaboração com os seus homólogos humanos, mas o software de IA também deve ter uma compreensão precisa de um utilizador, antecipando as suas intenções e capaz de se adaptar de forma flexível a diferentes estilos de trabalho. No entanto, uma melhor interpretação da linguagem natural em interfaces melhoradas e uma compreensão contextual mais clara tornam a interação entre o homem e a IA normalizada e mais fiável, ou seja, menos propensa a erros/utilização indevida no local de trabalho. Isto indica que a sustentabilidade ambiental é uma preocupação crescente para a investigação em IA. Também foram levantadas preocupações relativamente ao impacto ambiental de grandes modelos de IA no contexto da formação, que é um processo de consumo de energia. No futuro, a investigação poderá continuar a explorar algoritmos e hardware mais eficientes do ponto de vista energético, bem como a forma como a IA pode ser aplicada a desafios ambientais como as alterações climáticas, a gestão de recursos e os esforços de conservação.

Conclusões

Uma das tendências mais prolíficas que está a emergir é a integração da IoT com a IA, melhorando e simplificando os meios de processamento de dados e de tomada de decisões em tempo real. Aqui, a sinergia está a revolucionar os domínios dos cuidados de saúde - análise preditiva para descobrir doenças em fases iniciais, e cidades inteligentes - que dependem da gestão de recursos. Além disso, a IA explicável (XAI) está também a crescer para satisfazer as necessidades cruciais de transparência e confiança nos sistemas de IA. Com modelos de IA cada vez mais complexos, é importante ter uma ideia do processo de tomada de decisão, especialmente em domínios com decisões de alto risco, como a construção, as finanças e os cuidados de saúde. Este padrão tem implicações claras para o desenvolvimento de métodos de IA "interpretáveis" que trocam o desempenho pela interpretabilidade. Outra grande tendência é a IA de ponta, o que significa executar algoritmos de IA diretamente no dispositivo em vez de utilizar soluções centralizadas baseadas na nuvem. Isto minimiza o atraso, garante a proteção dos dados e ajuda a tomar medidas imediatas. A IA de ponta é adequada para sectores como a condução autónoma e a automação industrial, que exigem a capacidade de processar instantaneamente grandes quantidades de dados de sensores e câmaras. O restante trabalho futuro centra-se também nos impactos éticos e sociais da IA e do ML. É imperativo garantir que os sistemas de IA sejam justos, imparciais e respeitem a privacidade. A computação quântica pode dar um grande impulso à quantidade de potência computacional disponível para os algoritmos de IA e de ML - porque a sua velocidade aumenta exponencialmente. Esta tendência crescente pressagia um futuro em que a IA está por detrás de todo o tipo de coisas, trazendo inovações sem esforço e novas oportunidades em todos os sectores da vida.

Referências

Aguilar, J., Garces-Jimenez, A., R-moreno, M. D., & García, R. (2021). Uma revisão sistemática da literatura sobre o uso de inteligência artificial na autogestão de energia em edifícios inteligentes. Renewable and Sustainable Energy Reviews, 151, 111530.

Alahi, M. E. E., Sukkuea, A., Tina, F. W., Nag, A., Kurdthongmee, W., Suwannarat, K., & Mukhopadhyay, S. C. (2023). Integração de tecnologias habilitadas para IoT e inteligência artificial (IA) para um cenário de cidade inteligente: avanços recentes e tendências futuras. Sensors, 23(11), 5206.

Alghamdi, N. A., & Al-Baity, H. H. (2022). Análise aumentada impulsionada por IA: uma transformação digital para além da inteligência empresarial. Sensores, 22(20), 8071.

Ali, S., DiPaola, D., & Breazeal, C. (2021, maio). O que são GANs? Apresentando redes adversárias generativas para alunos do ensino médio. Em Proceedings of the AAAI Conference on Artificial Intelligence (Vol. 35, No. 17, pp. 15472-15479).

Ansari, M. F., Dash, B., Sharma, P., & Yathiraju, N. (2022). O impacto e as limitações da inteligência artificial na cibersegurança: uma revisão da literatura. Jornal Internacional de Pesquisa Avançada em Engenharia da Computação e Comunicação.

Arrieta, A. B., Díaz-Rodríguez, N., Del Ser, J., Bennetot, A., Tabik, S., Barbado, A., ... & Herrera, F. (2020). Inteligência Artificial Explicável (XAI): Conceitos, taxonomias, oportunidades e desafios para uma IA responsável. Fusão de informação, 58, 82-115.

Averineni, A., Vamsi, V. S., Manikanta, A. M., Reddy, A. R., & Reddy, K. D. S. (2024, março). Integração Estratégica da Inteligência Artificial na Gestão do Relacionamento com o Cliente: Um caminho para a personalização. Em 2024 2ª Conferência Internacional sobre Tecnologias Disruptivas (ICDT) (pp. 107-111). IEEE.

Baidoo-Anu, D., & Ansah, L. O. (2023). Educação na era da inteligência artificial generativa (IA): Compreender os potenciais benefícios do ChatGPT na promoção do ensino e da aprendizagem. Journal of AI, 7(1), 52-62.

Baltrusaitis, T., Ahuja, C., & Morency, L. P. (2018). Aprendizagem de máquina multimodal: Uma pesquisa e taxonomia. Transacções IEEE sobre análise de padrões e inteligência artificial, 41(2), 423-443.

Banabilah, S., Aloqaily, M., Alsayed, E., Malik, N., & Jararweh, Y. (2022). Revisão da aprendizagem federada: Fundamentals, enabling technologies, and future applications. Information processing & management, 59(6), 103061.

Bengesi, S., El-Sayed, H., Sarker, M. K., Houkpati, Y., Irungu, J., & Oladunni, T. (2024). Avanços na IA generativa: uma revisão abrangente de GANs, GPT, autoencoders, modelo de difusão e transformadores. Acesso IEEE.

Bhardwaj, S., Sharma, N., Goel, M., Sharma, K., & Verma, V. (2025). Aprimorando a segmentação de clientes no comércio eletrônico e no marketing digital por meio de estratégias de personalização orientadas por IA. Avanços no Marketing Digital na Era da Inteligência Artificial, 41-60.

Blasch, E., Pham, T., Chong, C. Y., Koch, W., Leung, H., Braines, D., & Abdelzaher, T. (2021). Aprendizado de máquina / inteligência artificial para fusão de dados de sensores - oportunidades e desafios. Revista IEEE Aerospace and Electronic Systems, 36(7), 80-93.

Buchholtz, G. (2020). Inteligência artificial e tecnologia jurídica: Desafios para o Estado de direito. Regulação da inteligência artificial, 175-198.

Campesato, O. (2020). Inteligência artificial, aprendizagem automática e aprendizagem profunda. Mercúrio Aprendizagem e Informação.

Chen, M., Claramunt, C., Qoltekin, A., Liu, X., Peng, P., Robinson, A. C., ... & Lü, G. (2023). Inteligência artificial e análise visual no espaço geográfico e no ciberespaço: Oportunidades e desafios de investigação. Earth-Science Reviews, 241, 104438.

Cheng, M. (2022, abril). A criatividade da inteligência artificial na arte. Em Proceedings (Vol. 81, No. 1, p. 110). MDPI.

Colchester, K., Hagras, H., Alghazzawi, D., & Aldabbagh, G. (2017). Um levantamento das técnicas de inteligência artificial utilizadas para sistemas educativos adaptativos em plataformas de e-learning. Journal of Artificial Intelligence and Soft Computing Research, 7(1), 47-64.

Cowls, J., Tsamados, A., Taddeo, M., & Floridi, L. (2023). The AI gambit: leveraging artificial intelligence to combat climate change-opportunities, challenges, and recommendations. Ai & Society, 1-25.

Cukurova, M. (2019, maio). Análise de aprendizagem como extensores de IA na educação: Aprendizagem de máquina multimodal versus análise de aprendizagem multimodal. Em Inteligência artificial e educação adaptativa (Vol. 2019). AIAED.

Currie, G. M. (2023, maio). Integridade acadêmica e inteligência artificial: ChatGPT é hype, herói ou heresia? Em Seminários em Medicina Nuclear. WB Saunders.

Das, S., Dey, A., Pal, A., & Roy, N. (2015). Aplicações da inteligência artificial na aprendizagem automática: revisão e perspetiva. Revista Internacional de Aplicações Informáticas, 115(9).

Davenport, T. H. (2018). Da análise à inteligência artificial. Journal of Business Analytics, 1(2), 7380.

Deng, J., Yang, Z., Ojima, I., Samaras, D., & Wang, F. (2022). Inteligência artificial na descoberta de medicamentos: aplicações e técnicas. Briefings in Bioinformatics, 23(1), bbab430.

Dong, H., Dong, H., Ding, Z., Zhang, S., & Chang. (2020). Aprendizagem por reforço profundo. Singapura: Springer Singapore.

Dong, Y., Hou, J., Zhang, N., & Zhang, M. (2020). Investigação sobre o modo como a inteligência humana, a consciência e a computação cognitiva afectam o desenvolvimento da inteligência artificial. Complexity, 2020(1), 1680845.

Dunjko, V., & Briegel, H. J. (2017). Aprendizado de máquina) e inteligência artificial no domínio quântico. arXiv preprint arXiv: 1709.02779.

Eli-Chukwu, N. C. (2019). Aplicações da inteligência artificial na agricultura: A review. Pesquisa em Engenharia, Tecnologia e Ciências Aplicadas, 9(4).

Emmert-Streib, F., Yli-Harja, O., & Dehmer, M. (2020). Inteligência artificial explicável e aprendizagem automática: Uma perspetiva enraizada na realidade. Revisões Interdisciplinares Wiley: Data Mining and Knowledge Discovery, 10(6), e1368.

Ferrara, E. (2023). Equidade e enviesamento na inteligência artificial: Um breve levantamento das fontes, impactos e estratégias de mitigação. Sci, 6(1), 3.

Fitria, T. N. (2023, março). Tecnologia de inteligência artificial (IA) na aplicação OpenAI ChatGPT: Uma revisão do ChatGPT na redação de um ensaio em inglês. Em ELT Forum: Journal of English Language Teaching (Vol. 12, No. 1, pp. 44-58).

Floridi, L., Cowls, J., King, T. C., & Taddeo, M. (2021). Como projetar IA para o bem social: Sete factores essenciais. Ética, Governança e Políticas em Inteligência Artificial, 125-151.

Franchini, G., Valeria, R., Porta, F., & Zanni, L. (2023). Pesquisa de arquitetura neural através de metodologias de aprendizagem automática padrão. Matemática em Engenharia, 5(1)), 1-21.

François-Lavet, V., Henderson, P., Islam, R., Bellemare, M. G., & Pineau, J. (2018). Uma introdução ao aprendizado por reforço profundo. Fundamentos e Tendências® em Aprendizado de Máquina, 11(3-4), 219-354.

Gatt, A., & Krahmer, E. (2018). Levantamento do estado da arte na geração de linguagem natural: Tarefas principais, aplicações e avaliação. Jornal de Pesquisa em Inteligência Artificial, 61, 65-170.

Goodfellow, I., Pouget-Abadie, J., Mirza, M., Xu, B., Warde-Farley, D., Ozair, S., ... & Bengio, Y. (2020). Redes adversárias generativas. Comunicações da ACM, 63(11), 139-144.

Gratch, J. (2021). O campo da Computação Afetiva: Uma perspetiva interdisciplinar. Jinko chino, 31(1).

Hassija, V., Chamola, V., Mahapatra, A., Singal, A., Goel, D., Huang, K., ... & Hussain, A. (2024). Interpretação de modelos de caixa negra: uma revisão sobre inteligência artificial explicável. Computação Cognitiva, 16(1), 45-74.

He, H., Gray, J., Cangelosi, A., Meng, Q., McGinnity, T. M., & Mehnen, J. (2020, agosto). Os desafios e oportunidades da inteligência artificial para robôs confiáveis e sistemas autônomos. Em 2020, 3ª Conferência Internacional sobre Robótica Inteligente e Engenharia de Controle (IRCE) (pp. 68-74). IEEE.

Helm, J. M., Swiergosz, A. M., Haeberle, H. S., Karnuta, J. M., Schaffer, J. L., Krebs, V. E., ... & Ramkumar, P. N. (2020). Aprendizado de máquina e inteligência artificial: definições, aplicações e direções futuras. Revisões atuais em medicina musculoesquelética, 13, 69-76.

Hentzen, J. K., Hoffmann, A., Dolan, R., & Pala, E. (2022). Inteligência artificial em serviços financeiros voltados para o cliente: uma revisão sistemática da literatura e uma agenda para pesquisas futuras. International Journal of Bank Marketing, 40(6), 1299-1336.

Hermann, E. (2022). Inteligência artificial e personalização em massa de conteúdos de comunicação - Uma perspetiva ética e de literacia. Novos media e sociedade, 24(5), 1258-1277.

Hua, H., Li, Y., Wang, T., Dong, N., Li, W., & Cao, J. (2023). Computação de ponta com inteligência artificial: Uma perspetiva de aprendizagem de máquina. ACM Computing Surveys,

55(9), 1-35.

Huisman, M., Van Rijn, J. N., & Plaat, A. (2021). Uma pesquisa de meta-aprendizagem profunda. Revisão de Inteligência Artificial, 54(6), 4483-4541.

Iodice, G. M. (2022). Livro de receitas TinyML: Combine inteligência artificial e dispositivos incorporados de ultra-baixo consumo para tornar o mundo mais inteligente. Packt Publishing Ltd.

Jackson, B. W. (2018). A inteligência artificial e o nevoeiro da inovação: Um mergulho profundo na governação e na responsabilidade dos sistemas autónomos. Santa Clara High Tech. LJ, 35, 35.

Jakhar, D., & Kaur, I. (2020). Inteligência artificial, aprendizagem automática e aprendizagem profunda: definições e diferenças. Dermatologia clínica e experimental, 45(1), 131-132.

Janowicz, K., Gao, S., McKenzie, G., Hu, Y., & Bhaduri, B. (2020). GeoAI: técnicas de inteligência artificial espacialmente explícitas para a descoberta de conhecimentos geográficos e não só. Jornal Internacional de Ciência da Informação Geográfica, 34(4), 625-636.

Kaack, L. H., Donti, P. L., Strubell, E., Kamiya, G., Creutzig, F., & Rolnick, D. (2022). Alinhando a inteligência artificial com a mitigação das mudanças climáticas. Nature Climate Change, 12(6), 518-527.

Kabudi, T., Pappas, I., & Olsen, D. H. (2021). Sistemas de aprendizagem adaptativa habilitados para IA: Um mapeamento sistemático da literatura. Computadores e Educação: Inteligência Artificial, 2, 100017.

Kadam, S., & Vaidya, V. (2020). Revisão e análise de abordagens de aprendizagem de zero, um e poucos disparos. Em Design e Aplicações de Sistemas Inteligentes: 18ª Conferência Internacional sobre Design e Aplicações de Sistemas Inteligentes (ISDA 2018) realizada em Vellore, Índia, de 6 a 8 de dezembro de 2018, Volume 1 (pp. 100-112). Springer International Publishing.

Kar, A. K., Choudhary, S. K., & Singh, V. K. (2022). Como a inteligência artificial pode impactar a sustentabilidade: Uma revisão sistemática da literatura. Journal of Cleaner Production, 376, 134120.

Karmaker, S. K., Hassan, M. M., Smith, M. J., Xu, L., Zhai, C., & Veeramachaneni, K. (2021). Automl até à data e mais além: Desafios e oportunidades. ACM Computing Surveys (CSUR), 54(8), 1-36.

Kaur, R., Gabrijelcic, D., & Klobucar, T. (2023). Inteligência artificial para a cibersegurança: Literature review and future research diretions. Fusão de Informações, 101804.

Khalid, N., Qayyum, A., Bilal, M., Al-Fuqaha, A., & Qadir, J. (2023). Inteligência artificial de preservação da privacidade nos cuidados de saúde: Técnicas e aplicações. Computadores em Biologia e Medicina, 106848.

Khan, T. M., & Robles-Kelly, A. (2020). Aprendizagem automática: Quantum vs clássico. IEEE Access, 8, 219275219294.

Kim, D. H., & MacKinnon, T. (2018). Inteligência artificial na deteção de fraturas: transferência de aprendizado de redes neurais convolucionais profundas. Radiologia clínica, 73(5), 439-445.

Konar, A. (2018). Inteligência artificial e computação suave: modelagem comportamental e cognitiva do cérebro humano. CRC press.

Krishnan, R., Rajpurkar, P., & Topol, E. J. (2022). Aprendizagem auto-supervisionada em medicina e cuidados de saúde. Nature Biomedical Engineering, 6(12), 1346-1352.

Kruse, L., Wunderlich, N., & Beck, R. (2019). Inteligência artificial para o sector dos serviços financeiros: O que desafia as organizações a ter sucesso.

Leavy, S., O'Sullivan, B., & Siapera, E. (2020). Data, power and bias in artificial intelligence. arXiv preprint arXiv:2008.07341.

Li, J. H. (2018). A segurança cibernética encontra a inteligência artificial: uma pesquisa. Fronteiras da Tecnologia da Informação e Engenharia Eletrónica, 19(12), 1462-1474.

Li, J., Herdem, M. S., Nathwani, J., & Wen, J. Z. (2023). Métodos e aplicações para Inteligência Artificial, Big Data, Internet das Coisas e Blockchain na gestão inteligente de energia. Energia e IA, 11, 100208.

Li, Y. (2017). Aprendizagem por reforço profundo: Uma visão geral. arXiv preprint arXiv:1701.07274.

Lv, Z., & Xie, S. (2022). Inteligência artificial nos gémeos digitais: Estado da arte, desafios e tópicos de investigação futura. Digital Twin, 1, 12.

Maadi, M., Akbarzadeh Khorshidi, H., & Aickelin, U. (2021). Uma revisão sobre a interação homem-IA na aprendizagem de máquinas e ideias para aplicações médicas. Revista internacional de investigação ambiental e saúde pública, 18(4), 2121.

Mak, K. K., Wong, Y. H., & Pichika, M. R. (2023). Inteligência artificial na descoberta e desenvolvimento de medicamentos. Descoberta e avaliação de medicamentos: Safety and Pharmacokinetic Assays, 1-38.

Mammen, P. M. (2021). Aprendizagem federada: Opportunities and challenges. arXiv preprint arXiv:2101.05428.

Mania, K. (2023). Tecnologia jurídica: Assessment of the legal tech industry's potential. Journal of the Knowledge Economy, 14(2), 595-619.

Martin, A. S., & Freeland, S. (2021). O advento da inteligência artificial nas actividades espaciais: Novos desafios jurídicos. Política Espacial, 55, 101408.

Mazzone, M., & Elgammal, A. (2019, fevereiro). Arte, criatividade e o potencial da inteligência artificial. Em Artes (Vol. 8, No. 1, p. 26). MDPI.

Merenda, M., Porcaro, C., & Iero, D. (2020). Aprendizado de máquina de borda para dispositivos iot habilitados para a IA: A review. Sensors, 20(9), 2533.

Michalski, R. S., Carbonell, J. G., & Mitchell, T. M. (2014). Aprendizagem de máquina: Uma Abordagem de Inteligência Artificial (Volume I) (Vol. 1). Elsevier.

Michalski, R. S., Carbonell, J. G., & Mitchell, T. M. (Eds.). (2013). Aprendizagem de máquinas: Uma abordagem de inteligência artificial. Springer Science & Business Media.

Nishant, R., Kennedy, M., & Corbett, J. (2020). Inteligência artificial para a sustentabilidade: Challenges, opportunities, and a research agenda. Revista Internacional de Gestão da Informação, 53, 102104.

Niu, S., Liu, Y., Wang, J., & Song, H. (2020). Uma pesquisa de uma década sobre aprendizagem por transferência (2010-2020). IEEE Transactions on Artificial Intelligence, 1(2), 151-166.

Ongsulee, P. (2017, novembro). Inteligência artificial, aprendizagem automática e aprendizagem profunda. Em 2017, 15.ª conferência internacional sobre TIC e engenharia do conhecimento (ICT&KE) (pp. 1-6). IEEE.

Palmini, O., & Cugurullo, F. (2023). Cartografando o urbanismo da IA: Fontes conceptuais e implicações espaciais da inteligência artificial urbana. Descobrir a Inteligência Artificial, 3(1), 15.

Pan, S. J. (2020). Aprendizagem por transferência. Learning, 21, 1-2.

Panch, T., Szolovits, P., & Atun, R. (2018). Inteligência artificial, aprendizado de máquina e sistemas de saúde. Jornal de saúde global, 8(2).

Paris, C. L., Swartout, W. R., & Mann, W. C. (Eds.). (2013). Geração de linguagem natural em inteligência artificial e linguística computacional (Vol. 119). Springer Science & Business Media.

Prat, N. (2019). Análise aumentada. Engenharia de sistemas de informação e negócios, 61, 375-380.

Radanliev, P., De Roure, D., Nicolescu, R., Huth, M., & Santos, O. (2022). Gémeos digitais: Inteligência artificial e os sistemas ciber-físicos da IoT na Indústria 4.0. Revista Internacional de Robótica Inteligente e Aplicações, 6(1), 171-185.

Rahman, S., Khan, S., & Porikli, F. (2018). Uma abordagem unificada para aprendizagem convencional de zero-shot, zero-shot generalizado e poucos-shot. IEEE Transactions on Image Processing, 27(11), 5652-5667.

Rani, V., Nabi, S. T., Kumar, M., Mittal, A., & Kumar, K. (2023). Aprendizagem auto-supervisionada: Uma revisão sucinta. Arquivos de Métodos Computacionais em Engenharia, 30(4), 2761-2775.

Rayhan, A. (2023). A inteligência artificial na robótica: Da automatização aos sistemas autónomos.

Rocha, H. R., Honorato, I. H., Fiorotti, R., Celeste, W. C., Silvestre, L. J., & Silva, J. A. (2021). Um algoritmo de programação baseado em Inteligência Artificial para gerenciamento de energia do lado da demanda em Smart Homes. Applied Energy, 282, 116145.

Rubinger, L., Gazendam, A., Ekhtiari, S., & Bhandari, M. (2023). Aprendizagem automática e inteligência artificial na investigação e nos cuidados de saúde. Injury, 54, S69-S73.

Saha, G. C., Kumar, S., Kumar, A., Saha, H., Lakshmi, T. K., & Bhat, N. (2023). Colaboração humano-IA: Explorando interfaces para aprendizagem interactiva de máquinas. Tuijin Jishu/Journal of Propulsion Technology, 44(2), 2023.

Schwartz, R., Schwartz, R., Vassilev, A., Greene, K., Perine, L., Burt, A., & Hall, P. (2022). Towards a standard for identifying and managing bias in artificial intelligence (Vol. 3, p. 00). Departamento de Comércio dos EUA, Instituto Nacional de Normas e Tecnologia.

Shastri, B. J., Tait, A. N., Ferreira de Lima, T., Pernice, W. H., Bhaskaran, H., Wright, C. D., & Prucnal, P. R. (2021). Fotônica para inteligência artificial e computação neuromórfica. Nature Photonics, 15(2), 102-114.

Shen, Z., Arraño-Vargas, F., & Konstantinou, G. (2023). Inteligência artificial e gémeos digitais em sistemas de energia: Tendências, sinergias e oportunidades. Digital Twin, 2(11), 11.

Singh, V. K., & Joshi, K. (2022). Aprendizagem automática de máquinas (AutoML): Uma visão geral das oportunidades de aplicação e investigação. Journal of Information Technology Case and Application Research, 24(2), 7585.

Sood, A., Sharma, R. K., & Bhardwaj, A. K. (2022). Investigação em inteligência artificial na agricultura: uma revisão. Online Information Review, 46(6), 1054-1075.

Spanaki, K., Karafili, E., Sivarajah, U., Despoudi, S., & Irani, Z. (2022). Inteligência artificial e segurança alimentar: inteligência de enxame de drones AgriTech para operações AgriFood inteligentes. Planeamento e Controlo da Produção, 33(16), 1498-1516.

Sun, B., Guo, T., Zhou, G., Ranjan, S., Jiao, Y., Wei, L., ... & Wu, Y. A. (2021). Dispositivos sinápticos baseados em aplicações de computação neuromórfica em inteligência artificial. Materiais Hoje Física, 18, 100393.

Taghikhah, F., Erfani, E., Bakhshayeshi, I., Tayari, S., Karatopouzis, A., & Hanna, B. (2022). Inteligência artificial e sustentabilidade: soluções para os desafios sociais e ambientais. Em Inteligência artificial e ciência de dados em deteção ambiental (pp. 93-108). Imprensa académica.

Tomasev, N., Cornebise, J., Hutter, F., Mohamed, S., Picciariello, A., Connelly, B., ... & Clopath, C. (2020). IA para o bem social: desbloqueando a oportunidade de impacto positivo. Nature Communications, 11(1), 2468.

Torkzadehmahani, R., Nasirigerdeh, R., Blumenthal, D. B., Kacprowski, T., List, M., Matschinske, J., ... & Baumbach, J. (2022). Técnicas de inteligência artificial de preservação da privacidade em biomedicina. Métodos de informação em medicina, 61(S 01), e12-e27.

Umer, M. J., & Sharif, M. I. (2022). Uma pesquisa abrangente sobre aprendizado de máquina quântica e possíveis aplicações. Jornal Internacional de E-Saúde e Comunicações Médicas (IJEHMC), 13(5), 1-17.

Wang, D., Churchill, E., Maes, P., Fan, X., Shneiderman, B., Shi, Y., & Wang, Q. (2020, abril). Da colaboração humano-humano à colaboração humano-IA: Projetando sistemas de IA que podem trabalhar em conjunto com as pessoas. In Extended abstracts of the 2020 CHI conference on human factors in computing systems (pp. 16).

Wang, J. X. (2021). Meta-aprendizagem em inteligência natural e artificial. Opinião atual em ciências do comportamento, 38, 90-95.

Wang, X., He, Z., & Peng, X. (2024). Conteúdo gerado por inteligência artificial com modelos de difusão: A Literature Review. Mathematics, 12(7), 977.

Xu, J., Zhao, L., Lin, J., Gao, R., Sun, X., & Yang, H. (2021, julho). KNAS: pesquisa de arquitetura neural verde. Na Conferência Internacional sobre Aprendizado de Máquina (pp. 11613-11625). PMLR.

Xu, X., Lu, Y., Vogel-Heuser, B., & Wang, L. (2021). Indústria 4.0 e Indústria 5.0-Incepção, conceção e perceção. Jornal de sistemas de manufatura, 61, 530-535.

Yusupova, N., Bogdanova, D., Komendantova, N., & Hassani, H. (2021). Extração de informações sobre pesquisa em computação afetiva a partir da análise de dados de plataformas digitais conhecidas: Pesquisa em Inteligência Artificial Emocional. Digital, 1(3), 162-172.

Zaidi, S. A. R., Hayajneh, A. M., Hafeez, M., & Ahmed, Q. Z. (2022). Desbloqueando a inteligência de ponta por meio do aprendizado de máquina minúsculo (TinyML). IEEE Access, 10, 100867-100877.

Zhang, C., Xie, Y., Bai, H., Yu, B., Li, W., & Gao, Y. (2021). Uma pesquisa sobre aprendizagem federada. KnowledgeBased Systems, 216, 106775.

Zhao, X., Wang, C., Su, J., & Wang, J. (2019). Pesquisa e aplicação baseada no algoritmo de inteligência de enxame e inteligência artificial para sistema de decisão de parque eólico. Renewable energy, 134, 681-697.

Zubatiuk, T., & Isayev, O. (2021). Desenvolvimento de potenciais de aprendizagem de máquina multimodal: em direção a uma inteligência artificial consciente da física. Contas de Pesquisa Química, 54(7), 1575-1585.

Printed by Books on Demand GmbH, Norderstedt / Germany